국적법
國籍法

석동현 저

法 文 社

序 文

2010년 4월 21일 국회에서 통과되고 5월 4일에 정부가 공포한 새 국적법(법률 제10275호)이 2011년 1월 1일부터 전면 시행에 들어갔다. 그리고 새 국적법에 맞추어 정비된 새 국적법시행령(대통령령 제22588호)과 국적법시행규칙(법무부령 제728호)도 함께 발효되었다.

새 국적법은 우리나라에서 1948년 국적법이 최초로 제정된 이래 제10차 개정에 해당된다. 1997년의 제4차 개정법률이 선천적 국적결정기준을 부계혈통주의에서 부모양계혈통주의로 변경하고 부부 또는 가족의 동일국적 주의를 개별국적 주의로 변경하는 등 국적제도의 틀을 새롭게 갖추었다면, 2010년의 제10차 개정법률은 지난 60여 년간 매우 엄격하게 불허되던 후천적 복수국적을 비록 전면적 허용은 아니지만 대폭 허용하고 있다는 점에서 우리나라의 국적제도는 새로운 전환점을 맞이하였다고 볼 수 있다.

이와 같이 국적제도의 역사에 획을 긋는 두 차례의 개정과정에서 필자는 1997년의 제4차 개정당시는 법무부 법무과 검사로서, 2010년의 제10차 개정당시는 법무부 출입국·외국인정책본부장으로서 개정법률안의 성안을 비롯하여 국회 제출 및 국회의 심의과정에 이르기까지 법 개정 절차의 거의 전과정에 깊이 관여할 기회를 가졌으니 이는 대단히 영광스러운 일인 동시에, 국적법의 운용에 대해 무거운 책임을 느끼지 않을 수 없다.

새 국적법에서 복수국적을 허용하는 범위와 그 방식을 간략히 살펴보자면, 종전에는 대한민국 국적을 취득한 외국인은 기존에 보유하던 외국 국적을 포기해야 했지만 새 국적법은 그중 우수인재, 결혼이민자, 해외입양인, 고령의 재외동포 등에 대해서는 대한민국 내에서 그 외국 국적을 행사하지 않겠다는 서약만 하면 포기까지는 하지 않아도 되도록 하였고, 복수국적자중 숫적으로 가장 많은 선천적 복수국적자의 경우 종전에는 대한민국 국적을 선택하려면 외국 국적을 포기해야 했지만 새 국적법은 원정출산자가 아닌 한, 대한민국 내에서 외국 국적을 행사하지 않겠다는 서약만 하면 그 국적을 포기하지 않고도 대한민국 국적을 선택할 수 있도록 함으로써 결과적으로 복수국적을 계속 유지할 수 있게 해 주었다. 다만, 우리나라 국민이 외국 국적을 자진 취득한 경우는 새 국적법에서도 종전과 동일하게 대한민국 국적을 자동 상실하는 것으로 함으로써 복수국적을 전면 허용하는 것은 아닌 점을 분명히 하였다.

본서는 새 국적법의 전체 내용을 축조식으로 해설하기 위한 책이다. 아울러, 그동안 우리나라에서 국적법에 관한 교과서나 이론서가 발간된 적이 없었던 점을 감안하여 서두 부분에 국적제도에 관한 기초 이론도 간략하게 소개하였다.

본서의 내용은 모두 4편으로 구성되어 있다. 제1편에서는 국적제도에 관한 기초 이론을, 제2편은 우리나라 국적법의 연혁과 총 10회에 걸친 개정의 요지를 소개하고, 제3편에서는 새 국적법의 전체 내용과 개정부분의 취지 등을 조문순서에 따라 축조식으로 해설하였다. 마지막으로 제4편에서는 북한주민의 법적 지위 문제 및 최초의 대한민국 국민에 관한 정의규정의 문제 등 국적이론 분야에서 아직 논쟁의 소지가 있는 사항을 정리해 보았다.

검사 신분으로 형사법이 전공이어야 할 필자가 약간 특이하게도 국적문제에 대해 관심을 쏟게 된 것은, 1995년 9월 당시 우리나라 국적행정의 주무관서였던 법무부 법무과 검사로 부임하여 1998년 2월까지 약 2년 6개월 동안 국적업무의 처리 및 국적법령의 정비를 담당하게 된 것이 그 계기가 되었다.

그 이후 부장검사 시절인 2003년 3월에는 법무부 법무과장으로 다시 약 1년간 국적업무를 처리하게 되었고, 그리고 검사장으로 승진한 이후인 2009년 8월에는 법무부 출입국^외국인정책본부장으로 부임하여 약 2년간 재직하면서 또 다시 국적업무를 지휘 감독할 기회를 가지게 되었다.

특기할 사항은 법무과장으로 재직할 당시 내부의 다수 반대의견에도 불구하고 국적업무를 법무실 법무과에서 출입국관리국(출입국^외국인정책본부의 前身)으로 이관할 필요성을 극력 주장한 것이 계기가 되어 결국 2006년도에 국적업무의 이관이 이루어지게 되었다는 점이다. 그렇게 주장했던 이유는 국적업무와 출입국관리업무는 밀접한 관계가 있어 한 부서에서 통합 관장하는 것이 효율적이라는 소신 때문이었다.

여하간 그렇게 이관된 이후에 필자가 검사장으로서는 약 25년 만에 출입국·외국인정책본부장으로 부임하여 세 번째로 다시 국적업무에 관여하게 되었으니 필자에게 국적문제는 정말로 특별한 인연이 아닐 수 없다.

이러한 인연 속에서 1995년 이후 현재까지 법무부가 아닌 검찰청에 근무하는 동안에도 계속 국적문제에 관심을 가지면서 별로 학문적 깊이도 없는 부끄러움을 무릅쓰고 이따금 국적 또는 국적법에 관한 글을 기고하거나 그 기고문을 모아 「국적법연구」라는 제목의 책을 내기도 하였다.

필자가 국적문제에 매달려온 위 기간은 우리나라의 국적제도나 국적법령이 그 이전까지의 낡은 틀을 버리고 대단히 중요한 변화를 거듭해 오면서 시대의 요구에 맞게 정착해 온 시기라고 볼 수 있다.

1990년대 중반까지는 재한화교들을 위주로 1년에 100명도 안되는 외국인들이 우리나라에 귀화하는 정도였고, 재미동포 사회의 이중국적 허용 요구 외에는 국적분야에서 이렇다하게 사회의 이목을 끄는 문제들이 거의 없었다. 그러다가 1992년 한중 수교를 계기로 1990년대 중반부터 수많은 중국동포들이 국내로 들어오면서부터 국적회복자와 귀화자가 급증하였는가 하면, 2000년도 이후에는 결혼이민자가 급증하면서 위장결혼 시비와 귀화관련 각종 민원, 복수국적의 허용여부 논란, 원정출산자 및 병역미필자의 국적이탈 제한, 우수 외국인재 확보, 재일 조총련계 동포들의 전향 문제 등 국적과 관련된 많은 문제들이 계속 우리 사회의 관심사항으로 부각되고 있는 실정이다.

그럼에도 불구하고 아쉬운 대목은 학계의 관심부족 등으로 아직 국내에서는 국적관련 논문이 그리 많지 않고, 국적법 또는 국적제도에 관한 연구서적도 거의 없다는 점이다. 결혼이민자와 중국동포를 비롯한 국적취득자와 선천적 복수국적자가 지속적으로 늘고 있는 가운데 복수국적을 허용키로 한 이번 제10차 개정 국적법의 시행을 계기로, 이제 우리 학계에서도 국적문제에 관한 연구와 논쟁이 활발하게 진행될 것을 기대하여 마지않는다. 아울러 그러한 연구와 논쟁에 본서가 기초자료가 될 수 있기를 바라는 마음 간절하다.

이제 끝으로 본서가 책으로 나오기 까지의 경위와 도와 주신 분들에 대한 고마움을 글로 적고자 한다. 먼저 한국계 2세 재일교포로서 일본 가제출판(加除出版) 주식회사의 부사장으로 재직중인 야나기다(柳田勝一) 씨에게 감사의 뜻을 적는 것이 도리일 것 같다. 야나기다 부사장은 1998년 당시 국적법 제4차 개정을 계기로 필자에게 재일교포들의 관심이 높은 만큼 우리나라 국적법을 일본에 소개할 필요가 있다고 강권하였고 결국 필자를 포함한 3인 공저로 일본 가제출판에서 「大韓民國 新國籍法 解說」이라는 책자를 출간하였던 바가 있다. 작년에 국적법 제10차 개정이 이루어지자마자 야나기다 씨로부터 다시 개정부분을 반영한 책자를 다시 가제출판에서 출간하자는 고마운 권고를 받게 되면서 본서의 원고 집필에 착수하게 되었다. 그러한 경과로 본서의 출간에 앞서 일본 가제출판에서 먼저 책이 나올 예정이며, 한편 이번에는 우리나라에서도 국적법 해설서를 내기로 하고 일본에 보낸 원고내용을 약간 더 보완하여 법문사에서 책을 내게 된 것이다.

필자가 바쁜 직무 중에도 본서의 원고를 작성하는 과정에서 법무부 출입국외국인 정책본부의 구본준 사무관과 류인성 사무관, 김종승 계장의 도움을 많이 받았다. 특히 오랫동안 법무부와 일선 출입국관리사무소에서 체류관리업무와 국적업무를 담당해 온 구본준 사무관은 특유의 성실함으로 필자의 원고를 일일이 검토하여 그 내용을 적절하게 보완해 주는 한편, 하급심을 포함한 우리 법원의 판례와 국적관련 예규, 참고문헌의 정리 및 색인 작업을 일일이 도와주었다. 구 사무관의 도움이 아니었다면 본서를 내기가 어려웠을 것으로 생각한다.

그리고 상업성이 매우 낮을 것이 분명한 본서를 출판하기로 결정해준 법문사 배효선 사장님과 김영훈 부장, 그리고 편집을 위해 수고해 주신 최문용 차장 등 여러분에게도 감사드리며 본서의 부족하기 짝이 없는 부분들은 앞으로 차차 보완해 나갈 것을 다짐한다.

2011년 10월

저자 석 동 현 識

차 례

제1편 國籍에 관한 一般理論

제 2 편 大韓民國 國籍法의 沿革

제 3 편 國籍法 逐條 解說

제 4 편　爭點事項 檢討

부　록

제 1 편
國籍에 관한 一般理論

제 1 장

國籍의 概念

제1절 概念的 定義

국적(nationality, nationalité, Staatsangehörigkeit)을 개념적으로 정의하기 위한 시도는 그동안 무수히 행하여져 왔으나, 대체로 "어떤 개인을 특정한 국가에 귀속시키는 법적인 유대"[1]라고 설명하는 것이 일반적이다. 즉 국적이란 자연인이 특정한 국가에 대하여 특별한 유대를 가지고 있는 경우에 국제법의 원칙에 따라 그 국가가 자국의 국내법으로 부여한 법적 인연이라는 것이다. 이런 바탕 위에서 국적은 특정 국가의 국민이 되는 자격[2]이라고 정의할 수도 있고, 어떤 개인이 특정한 국가의 구성원이 되는 자격 또는 지위[3]라고도 정의할 수 있을 것이다.

각 국가는 자국의 관할권이 미치는 영역 내에서 자국의 법령이나 제도를 운용함에 있어 자국의 구성원 즉, 자국민과 그에 속하지 않는 사람을 구별하여 취급하게 된다. 이때 국적의 유무가 바로 그 구별의 기준이 되기도 한다. 즉 그 국가의 국적을 가진 사람은 국민(national)이거나 국민이 될 자격을 갖춘 사람이고, 한편 그 국적이 아닌 다른 국적을 가졌거나 아무 국적도 가지지 아니한 사람은 외국인(alien)[4]이 되는 것이다.

1) 徐希源, 國際私法講義, 一潮閣, 1998年, p.64; 江川英文, 山田鐐一, 早田芳郎, '國籍法' 有斐閣, 1989年 p.1; 横田喜三郎, 國際法 II (新版), 有斐閣, 1982年 p.195.

2) 權寧星, 헌법학원론, 法文社, 2010년, p.117; 金哲洙, 제10판 헌법개설, 博英社, 2010년, p.42.

3) 山田三良, 國際私法, 有斐閣, 1932年, p.140; 黑木忠正, 細川清, 外事法·國籍法, 有斐閣, 1988年, p.237; 平賀健太, 國籍法(上), 帝國判例法規出版, 1950年 p.71.

4) 각국의 국적 및 출입국에 관련된 법령 또는 행정작용에 있어서 외국인(alien)이란 자국민이 아닌 자를 의미하는 것이 일반적이다. 따라서 외국인 중에는 무국적자도 포함된다. 우리나라의 출입국관리법 제2조 제2호에서는 외국인을 "대한민국의 국적을 가지지 아니한 자"로 정의하고 있고, 미국 이민국적법 제101조 제3호도 "외국인(alien)이라 함은 합중국의

이와 같은 국적의 개념은 근대국가가 탄생하기 시작한 18세기말부터 19세기 무렵에 성립되었다고 한다.[5] 중세 봉건국가에 있어서는 영토는 군주의 소유물이고 영민(領民)은 토지의 종속물로 간주되었으며 주민이 다른 영주가 지배하는 영역으로 이주하는 것이 자유롭지 않았으므로 통상 사람은 출생지에 그대로 정주하여 그 출생지의 주민이 되는 동시에 그 나라의 사람인 자격을 취득하였다.[6] 이러한 시기에 봉건영주가 지배하는 국가와 영민과의 관계는 지연관계에 기초를 두고 있었고 그 점에서 국적과 주소의 구별이 명확치 않았다고 할 수 있다.

한편 봉건제도에 있어서의 영구충성(永久忠誠, perpetual allegiance) 의무는 국민의 자격과 주민의 자격을 분리하여 국적 개념을 형성하는 하나의 중요한 계기가 되었다. 전형적인 봉건왕정인 11세기의 영국에서는 국왕에 대한 충성의무를 지는 자는 국왕의 신민(臣民, subject)으로서 국민의 자격을 취득하였다.

봉건제도 자체가 토지의 영유관계(領有關係)를 기초로 한 것이므로 충성의무도 정신적인 것이라기보다는 그 토지의 영유관계를 기초로 성립된 것이었고, 이러한 충성의무는 국왕의 영토 내에서의 출생에 따라 원시적으로 발생하였으며 그 관계는 일단 발생하면 개인의 의사에 따라 자유로이 변경될 수 있는 성질이 아니었다. '한번 신민이면 영구히 신민이다.(Once a subject, always a subject)'라는 법언은 이러한 취지에서 유래된 것이다.

그 후 봉건제도가 붕괴되고 국민주권 사상에 기초한 근대 국민국가가 태동하면서 봉건제도 하에서의 충성의무를 기초로 하는 신민의 개념도 국가 구성원에 해당하는 국민의 개념으로 점차 대체되게 되었다. 국민이라 함은 국가에 소속된 개개의 자연인을 말하며, 이들 개개인은 그 전체로서 국민(national, Staatsvolk)을 구성하게 되는 것이다.

시민(citizen) 또는 국민(national)이 아닌 자를 말한다"고 규정하고 있다.

5) 江川英文 외 2人, 앞의 책 p.1.

6) 平賀健太, 앞의 책, p.8.

제 2 절 國際法的 意義

국제법에서는 국적을 국가의 인적 관할권의 기준 또는 근거로서 설명한다. 국제사회 내에서 개개의 국가가 행사하는 관할권은 영토 관할권(territorial supremacy)과 인적 관할권(compétence personnelle)으로 구별되는데 이중 영토 관할권은 국가가 국경선으로 획정(劃定)되는 자국의 영토 내에서 행사하는 관할권을 뜻하고, 인적 관할권은 국가가 특정한 자연인, 법인 기타 물건에 대하여 자국과의 특정한 유대에 근거하여 대인적(對人的)으로 행사하는 관할권을 의미한다.

일반적으로 모든 국가는 자국의 영토 내에서는 영토 관할권에 기초하여 포괄적이고 배타적인 주권 행사를 할 수 있으므로 영토 내에서는 인적 관할권이 특별히 문제될 여지가 없다. 따라서 인적 관할권은 주로 영토 이외의 지역 즉, 외국 또는 국제공간에서 자국민을 위하여 행사되고 실현되는 것이라 할 수 있다. 이 때 인적 관할권의 작용근거가 되는 동시에 행사범위의 한계가 되기도 하는 법적 인연[7]이 바로 국적인 것이다.

이와 같이 특정국가의 인적 관할권을 획정하는 기준이 되는 국적은 반드시 자연인에게만 국한되는 것이 아니라 법인, 선박, 항공기, 혹은 우주물체[8]에 관해서도 적용된다.

1955년의 Nottebohm사건 판결[9]에서 국제사법재판소(ICJ)는 국적의 의

---

7) 柳炳華^朴魯馨^朴基甲, 국제법I, 법문사, 1999년, p.367.
8) 柳炳華^朴魯馨·朴基甲, 앞의 책, p.367.
9) Nottebohm 사건은 Nottebohm이라는 사람의 국적의 유효성에 관한 사건이다. Nottebohm은 원래 독일 국민이었는데 과테말라에 거처를 두고 그곳에서 많은 사업을 벌이면서 과테말라와 독일, 그리고 동생이 살고 있는 리히텐슈타인을 왕래하면서 생활하였다. 그러던 중 1939년 8월 20일에 리히텐슈타인에 귀화하여 그 국적을 취득하였으며 그때부터 리히텐슈타인의 여권으로 스위스 취리히 주재 과테말라 영사관에서 비자를 받아 과테말라로 돌아와 사업을 계속하였으며 과테말라 정부는 외국인 명부와 그의 신분증상의 국적을 리히텐슈타인으로 변경해주었다. 그러다가 1941년도에 미국과 독일, 과테말라와 독일 간에 전쟁이 시작되면서 Nottebohm은 1943년에 과테말라 정부에 의해 체포되어 미국으로 압송된 뒤 1946년까지 적국인으로 억류되고 그의 미국 내 재산이 동결되었으며, 그 후 과테말라에 입국하고자 하였으나 재입국이 거부되자 리히텐슈타인으로 돌아갔으며 과테말라에 있던 그의 재산도 몰수되었다. 리히텐슈타인에서는 과테말라가 Nottebohm을 체포 · 억류 · 추

미에 관하여 '국적이란 사회적 유대 그리고 권리의무의 상호성에 결부된 존재, 이익, 감정상의 실효적 연대성을 기초로 하는 법적 인연'이라고 판시한 바가 있다.

제 3 절 國籍 問題의 法的 性格

전통적 국가이론인 옐리네크(Georg Jellinek)의 국가 3요소설에 의할 때 국민은 주권 및 영역과 더불어 국가의 3대 요소를 구성한다.[10] 전체로서의 국민(Staatsvolk)은 모든 국가권력의 원천이 되는 동시에 개개인으로서의 국민은 국가권력에 의한 보호의 대상이 된다.

국적은 바로 이러한 의미를 가지는 국민의 신분 또는 국민의 자격을 정하는 기준이라는 점에서 국적 또는 국적결정에 관한 사항은 우선 헌법분야의 문제가 될 수 있다.

또한 국적은 국제사회 내에서 개개인이 특정한 국가에 대하여 법적으로 귀속되는지 여부를 결정짓는 요소이므로 우리 헌법 제6조 제1항이 규정하고 있는 국제질서 존중주의[11]와 직접적인 관련이 있고, 국적관련 법령의 입법에 관한 입법부의 재량권은 헌법 및 국제법상의 제약을 받을 수밖에 없다. 그에 따라 국적은 그 국제적 효력에 대한 관계국의 승인 문제라든가 자국민에 대한 외교적 보호권에 관련된 국제법적 개념을 정립하지 않고서는 그 대상 범위를 결정할 수 없다는[12] 점에서 국적결정의 문제는 국제법 분야

방하고 재입국을 거절하였고, 그의 재산을 몰수한 것이 국제법 위반이라면서 배상을 해야 한다고 국제사법재판소에 제소하였다. 이에 대해 과테말라는 Nottebohm의 국적을 문제 삼아 그 청구는 받아들일 수가 없다고 하였다. 재판소의 결론은 Nottebohm과 리히텐슈타인의 관계는 매우 약하며 Nottebohm의 귀화는 여러 가지 정황에 비추어 적국인으로서의 지위를 중립국인으로 바꾸기 위한 것에 불과하여 과테말라가 그의 리히텐슈타인 국적을 인정할 의무는 없다는 이유로 리히텐슈타인의 청구를 기각하였다(ICJ Reports, 1955, p.23).

10) 權寧星, 앞의 책, p.112; 金哲洙 앞의 책, p.39.

11) 국제질서는 기본적으로 국제법규와 조약으로 형성되기 때문에 국제법규와 조약의 준수, 그리고 그 성실한 이행은 바로 국제질서를 존중하는 것이 되고 이를 바탕으로 우리 헌법은 제6조 제1항에서 '헌법에 의하여 체결·공포된 조약과 일반적으로 승인된 국제법규는 국내법과 같은 효력을 가진다'고 하여 국제질서 존중의 의사를 명백히 하고 있다(權寧星, 앞의 책, p.174).

의 문제가 될 수 있다.

뿐만 아니라 국적은 국제사법(國際私法) 분야에서도 문제가 된다. 국제사법상 일정한 종류의 법률관계를 해결함에 있어서는 본국법을 준거법으로 삼도록 되어 있는데 만약 당사자가 두 개 이상의 국적을 가지고 있거나 또는 아무런 국적도 가지고 있지 않는, 이른바 국적저촉의 상태에 처해 있다면 그 경우에는 우선 국적저촉의 문제를 해결하지 않고서는 당사자의 본국법을 정할 수가 없기 때문이다. 이러한 국적저촉은 사법의 충돌문제 해결에 있어 선행적으로 해결되어야 할 문제라는 점에서 국제사법 분야에서도 국적득상(國籍得喪)의 근거 또는 국적결정의 기준을 논의하게 되는 것이다.[13] 다만 이는 궁극적으로 사법관계에 있어서의 준거법을 결정하기 위한 문제를 해결하기 위한 것이므로 국적이 가지는 공법적 성격이나 국적 변동에 관한 국가 고유의 결정권한까지 국제사법적 논의의 범주에 포함되는 것은 아니라고 보아야 한다.

제 4 절 類似 制度와의 區別

국적과 유사한 제도이면서도 그 법적 성격과 기능을 달리하는 제도로서 시민권, 영주권 및 가족관계등록(舊 호적) 등이 있다.

1. 시민권(Citizenship)

대부분의 대륙법계 국가가 국적 제도를 운영하고 있는 것과 달리 영미법계 국가는 주로 시민권 제도를 운영하고 있다. 시민권 제도를 운영하는 주요 국가들은 역사적으로 시민계급을 주체로 하여 봉건제도와 절대왕정을 타파하기 위한 시민혁명을 경험한 공통점을 가지고 있으며 이들 국가의 지

12) 白忠鉉, "우리나라 국적법의 국제법상의 문제점", 한국국제법학의 諸문제(箕堂李漢基博士古稀紀念論文集), 박영사, 1986년, p.143.

13) 프랑스의 국제사법 교과서에서는 국적의 득실(得失) 문제를 다루고 있는 것이 보통인데, 다만 이것은 국적의 득실문제가 국제사법에 속하기 때문이 아니라 오로지 법학교육상의 편의에 의한 것이라고 한다(徐希源, 앞의 책. pp.22~23).

배나 식민통치를 받았던 국가들도 그 영향으로 시민권 제도를 운영하는 경우가 많다.

시민권 제도를 운영하는 국가에서 시민권을 보유한 자는 그 국가나 정부에 대한 영구적 충성의무를 부담하는 동시에 공민으로서의 모든 권리(full civil rights)를 향유하게 된다. 이와 같이 시민권자는 그 국가 공동체의 주요 구성원으로서 공법관계에서의 권리 · 의무의 주체가 되는 동시에 관할권의 객체가 된다. 따라서 시민권 제도를 운영하는 국가에서의 시민권은 국적 제도만을 운영하는 국가에 있어서의 국적과 비교할 때 그 법적 성격이나 기능 면에서 거의 대등하다고 하겠다. 그렇기 때문에 국적입법례상 국적의 취득에 관한 법률해석이나 논의에 있어서 외국 시민권의 취득은 그 나라 국적의 취득과 사실상 같은 의미를 가진다.

한편 시민권 제도를 운영하는 국가 중에서도 시민권과 별도로 국적의 개념을 채용하고 있는 국가가 적지 않다.[14] 이러한 국가에 있어서는 국적은 시민권보다 더 기초적인 신분개념이다. 이러한 국가의 구성원들은 국적과 시민권을 모두 가지고 있는 시민(citizen)과, 국적은 있지만 시민권은 없는 국민(national)으로 구분된다. 그리고 시민은 다시 출생과 동시에 시민권을 취득한 생래적 시민(citizen at birth = native born citizen)과 후천적으로 귀화절차를 거쳐 시민권자가 된 귀화시민(naturalized citizen)으로 구분된다.

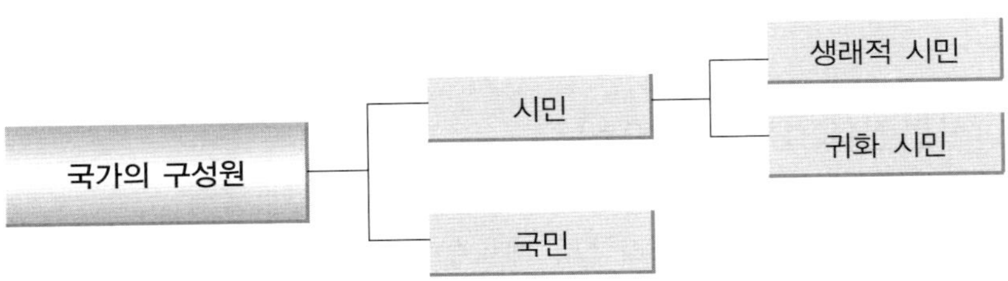

국적제도와 시민권 제도를 함께 운영하는 국가의 대표적 사례인 미국의 경우를 살펴보면, 미국 이민국적법(Immigration and Nationality Act) 제101조 제1항 제22호는 미국 국민(national of the United States)의 정의에 관하여 '합중국의 시민(citizen) 및 시민은 아니지만 합중국에 대하여 항구적 충

14) 시민권제도만을 운영하는 국가는 필리핀, 이탈리아 등을 들 수 있고, 시민권제도와 별도로 국민 또는 신민(臣民)의 자격을 의미하는 국적에 관한 제도를 이원적으로 운영하는 국가로서는 미국, 영국, 캐나다, 호주, 뉴질랜드, 아르헨티나, 인도네시아 등을 들 수 있다.

성의무를 지는 자'로 나열적으로 규정함으로써, 요컨대 시민권자는 아니면서도 미국의 관할권에 종속되는 국민이 존재함을 분명히 하고 있다.

동 법률에 의하면 해외속령(Outlying Possessions)[15]을 제외한 미국의 영토(territories)[16]에서 출생한 자는 출생과 동시에 미국의 시민이 되나(제301조 제1항 제1호), 반면에 해외속령에서 출생한 자는 부 또는 모가 미국 시민인 경우에만 출생과 동시에 미국 시민이 되며(제301조 제1항 제5호), 그렇지 아니한 경우에는 국민(national)일 뿐 미국 시민은 아닌 것으로(제308조) 규정하고 있다.[17] 한편 미국 수정헌법 제14조는 외국인의 귀화(nationalization)란 그가 미국의 '시민권'을 취득하는 것을 의미한다는 취지로 규정하고 있다.[18]

영국도 국적법(The British Nationality Act 1981)에서 자국민을 시민권자와 신민(臣民)으로 구분하고 있다. 동 법률에 의하면 영국이라는 국가의 인적 구성원은 ① 시민(British Citizen), ② 부속영토 시민(British Dependent Territories Citizen), ③ 해외시민(British Overseas Citizen) 및 ④ 신민(British Subject)으로 구분된다. 그중 ① 내지 ③에 해당하는 자는 신민인 동시에 시민인데 반하여 ④에 해당하는 자는 신민이기는 하나 시민은 아니다. 또한 동 법률 제35조는 영국의 신민이 다른 나라의 시민권(citizenship)이나 국적(nationality)을 취득하면 어느 경우에나 신민의 권리를 상실하는 것으로 규정하고 있다. 이는 대외적으로는 신민 자격의 유무를 기준으로 자국의 인적 관할권을 행사하겠다는 취지로 볼 수 있을 것이다.

15) 미국 이민국적법 제101조 제1항 제29호는 미합중국 해외속령으로서 American Samoa, Swains Islands를 규정하고 있다. 해외속령은 미합중국의 영토(Territories)에는 포함되지 않으나, 단 대외적인 관계에 있어서는 미합중국의 전속관할 내에 있고 미합중국 국민의 거주영역이 되며 미합중국 정부의 외교적 보호권이 미친다.

16) 미합중국의 영토(Territories of the United States)라 함은 북미대륙의 舊 47개주(continental united states)에 Alaska, Hawaii, Puerto Rico, the Virgin Islands 및 Guam을 포함한 지역을 의미한다.

17) 비록 이와 같이 미국은 시민과 국민을 법적으로 구분하고 있기는 하나 양자는 연방 정부나 주 정부에 대하여 충성의무를 지고 있는 점에서는 다를 바 없으며, 그 밖의 권리·의무에 있어서도 20세기 初까지는 상당한 차이가 있었지만 그 후 많은 해외속령이 합중국 영토에서 이탈하고 해외속령에서 출생한 국민에 대한 시민권의 부여가 점차 확대되면서 현재는 거의 차이가 없다고 한다(萩野芳夫, 國籍·出入國と 憲法, 勁草書房. 1982年, p.359).

18) 미국 수정헌법 제14조는 미합중국 영토에서 출생하거나 귀화한 자는 미합중국의 관할권에 예속되며 미합중국의 시민인 동시에 그가 거주하는 주의 시민이라고 규정하고 있다.

이와 같이 국적과 시민권으로 자국민의 신분을 이원화하고 있는 국가에 있어서도 국적은 추상적 지위에 불과할 뿐이어서 구성원 개개인의 입장에서는 시민권의 보유여부가 구체적이며 실질적인 의미를 가진다. 그런 점에서 결국 국적과 시민권을 이원화하는 국가의 경우에도 자국민의 신분을 시민권의 단일 신분으로 운영하는 국가와 비교할 때 공민 신분제도의 운영면에서 별 다를 바는 없다고 하겠다.

2. 영주권(Permanent Residence)

영주권은 국가가 자국 내에 거주하는 외국인에 대하여 자국 내에 영구히 또는 장기적으로 거주할 수 있도록 부여한 자격을 의미한다. 국가가 외국인에게 자국 내에 영주할 권리를 부여하거나 혹은 그 권리를 박탈 또는 실효시키는 것은 국적 행정이 아니라 외국인에 대한 출입국 또는 체류 관리 행정의 일환으로 이루어지게 된다. 영주권자의 입장에서 본다면 영주권을 취득하는 것은 자신의 국적을 유지하면서 거주국 정부로부터 그 국가 내에서 영주할 수 있는 자격을 획득하는 것이 된다.

따라서 영주권은 법적 성격이나 기능의 측면에서 볼 때 국적과는 전혀 별개의 개념이며 외국 영주권의 득상은 일반적으로 국적의 변경과는 직접적 연관은 없다고 할 것이다. 그리고 현실적으로 외국에 거주하는 자국민이 그 거주국 정부로부터 영주권을 취득하였다 하더라도 그러한 사실 만으로 자국 국적을 상실시키는 입법례도 거의 존재하지 아니한다.[19]

우리나라 사람들은 통상적으로 영주권이라 하면 주로 미국의 영주권을 연상하면서 혹 미국의 독특한 제도로 생각하는 경향이 있으나, 영주권을 앞서 설명한 바와 같이 어떤 국가가 자국민이 아닌 외국인에 대하여 자국 영토 내에서 영구적으로, 혹은 장기간 체류할 수 있도록 부여한 권리라는 의

19) 우리나라 법률에서도 우리 국민이 외국 영주권을 취득하더라도 그 사실만으로 대한민국 국적을 상실하지는 않는다. 즉 외국의 영주권을 가진 사람도 기본적으로 대한민국 국민이다. 다만 외국 영주권을 가진 사람들에 대해서는 상시 거주지가 외국이라는 전제하에서 그 영주권을 포기한 후가 아니면 국내에서 주민등록을 할 수 없도록 하고 있다(주민등록법 제6조 제3항, 해외이주법 제2조). 그로 인하여 법적으로는 대한민국 국민이지만 일반국민들과는 달리 투표권이나 재산권행사, 그리고 주민등록번호가 필요한 제반 분야에서 다소 제약을 받고 있는 것은 사실이다.

미로 이해한다면, 영주권 제도는 외국인의 체류를 허용하는 국가의 대부분이 운영하고 있다고 보아야 한다.

우리나라의 경우에도 영주권을 법률상의 권리 또는 제도로 규정하고 있지는 않지만 출입국관리법 시행령에서 각종 체류자격의 하나로 영주자격(F-5)을 규정해 두고 있다. 체류외국인 중에서 영주자격이 부여된 사람은 예컨대 대만 국적의 화교들이나 중국 조선족 동포 등 우리나라에 계속 거주하여 생활의 근거가 국내에 있는 자, 그의 배우자 및 출생 자녀, 그리고 우리 국민의 배우자 등이다. 체류 외국인 중 특별히 우리나라에 특별한 공로가 있다는 이유로 영주자격을 받기도 한다. 이러한 영주자격을 가진 외국인들을 영주권자라고 불러도 무방할 것이다.

> 2000년 이후 외국인 근로자와 결혼 이민자 등 국내체류 외국인이 급증하고 이들 중 대한민국에 귀화하려는 사람이 늘고 있다. 이와 관련하여 현재 출입국관리법 시행령상의 각종 체류자격 중 하나로 되어 있는 영주자격을 다른 체류자격과 달리 출입국관리법상의 법적 권리 즉, 영주권으로 격상하거나 영주허가제도로 전환한 연후에, 영주권 또는 영주허가를 받은 자에 한해 귀화자격을 부여하는 이른바 영주권 전치주의를 채택하자는 주장이 점차 많아지고 있다.

그리고 현재 일본에 살고 있는 재일동포 중 일본에 귀화한 사람들을 제외한 대부분은 1991년 4월 26일에 제정된 출입국관리특별법에 의하여 '특별영주자'로서 일본 내에 종신적으로 거주하는 것이 허용되고 있다는[20] 점에서 역시 영주권자와 유사한 법적 지위를 가진다고 볼 수 있다.

3. 가족관계등록(舊 호적)

국적은 국가제도를 전제로 국민이라는 공법상의 신분을 의미하고, 가족

20) 재일동포의 일본내 재류자격은 많은 변천을 거듭하여 왔는데 1991년에 한일 외무장관의 합의각서 서명에 따라 위 특별법이 제정되기 전까지는 1965년 한일협정시의 법적지위협정에 따른 「협정영주권자」, 1952년도의 샌프란시스코조약 발효당시의 출입국관리법(법제126호)에 의한 이른바 「법126호자」, 법126호자의 자녀인 「특정재류자」, 위 특정재류자의 자녀인 「특별재류자」, 1981년도의 출입국관리법에 의한 「특례영주자」 등으로 복잡하게 나뉘어져 있었다. 이에 관한 상세한 내용은 鄭印燮, 재일교포의 법적지위, 서울대학교 출판부 1996年, pp.68-69와 세계한민족총서 제4권(日本편), 통일원 1996년, pp.115-118을 참조.

관계등록은 가족제도를 전제로 하여 가족관계의 등록 등에 관한 법률(이하 『가족관계등록법』이라 한다)에 따라 사법상의 신분을 등록하고 이를 공시(公示)하는 제도로서 양자는 그 법적 기초를 달리한다.

그러나 가족관계등록 제도는 출생이나 사망, 혼인이나 입양 등 개인의 사적관계에 기초한 신분변동 사항뿐 아니라 국적의 유무와 득실의 경과 등 국적 관련사항을 공시하는 제도로서의 의미를 가지기 때문에 국적제도는 가족관계등록 제도와 유기적인 관계를 맺게 된다.

> 우리나라의 신분등록제도는 오랫동안 호적제도였으나, 2007년에 제정된 가족관계등록법에 따라 2008년 1월 1일부터 가족관계등록제도로 대체되었다. 종전의 호적제도는 호주(戶主)를 기준으로 가(家)단위로 국민의 가족관계를 편제하고 신분변동사항을 기록해 왔으나, 가족관계등록제도는 국민 개개인 별로 가족관계의 취득 · 발생 및 변동사항의 기록관리가 이루어지게 되었다. 일본은 아직도 호적제도가 유지되고 있다.

우리나라나 일본의 경우에는 별도로 국적의 변동을 공시하는 공부(公簿)를 별도로 운영하지 않고, 국민의 신분을 가진 자만이 등재될 수 있는 가족관계등록부(우리나라), 또는 호적부(일본)를 공시수단으로 삼는 제도를 운영하고 있다. 우리나라의 가족관계등록부 또는 일본의 호적부는 출생이나 입양, 혼인 등 사법적 신분변동에 관한 사항을 공시하는 기능 외에도 국적의 유무 및 득실을 공증하는 기능도 아울러 가지고 있는 셈이며, 따라서 국적 변동에 관한 일종의 증거자료가 될 수 있다.

다만, 우리나라에 있어 가족관계등록법에 의한 가족관계등록의 신고나 접수는 국적 득상의 실체적 효과를 창설하는 것은 아니고 단지 국적법에 의하여 형성된 국적의 득상 또는 국적의 실체적 변동을 절차적 · 보고적으로 정리하는 행위에 지나지 아니한다. 즉, 출생 또는 귀화 등 국적법에 규정된 국적취득 원인(또는 절차)에 기하여 대한민국 국적을 취득한 사실이 있다면 출생신고를 하지 않았다거나 기타의 사정으로 가족관계등록부에 등재되지 않은 사람이라도 그가 대한민국 국적을 취득 또는 보유한 실체적 지위에는 영향을 미치지 아니하고, 한편 가족관계등록부에 등재되어 있는 우리 국민이 외국에 귀화하는 등의 국적상실 사유가 발생하여 대한민국 국적을 상실한 경우에 그 사실에 기한 가족관계등록의 정리가 이루어지지 않았다 하더라도 그는 이미 대한민국 국적을 상실한 사람에 해당되고 더 이상 대한민국 국민의 지위와 권리를 주장할 수 없게 되는 것이다.

가족관계등록 제도가 이상적으로 운영되기 위해서는 선천적으로든 후천적으로든 대한민국 국적을 취득한 자는 가능한 지체없이 모두 가족관계등록부에 등재되어야 하고, 또한 등록부에 등재된 국민에게 국적법에 규정된 국적상실 사유가 발생한 경우 지체없이 가족관계등록부에서 삭제되는 등 국적의 취득 또는 변동경과가 적기에 소상히 기록됨이 마땅한 일이겠지만 현실적으로는 그렇지 못하다.

예컨대 우리 국민인 자가 외국에 거주하면서 그 나라 국적이나 시민권을 취득함으로써 우리 국적법(제15조제1항)에 의해 대한민국 국적을 상실한 경우라도 당사자 또는 그 가족이 우리나라 국적관서나 가족관계등록관서에 그 사실을 신고하기 전까지 또는 당사자가 우리나라에 출입국하는 과정에서 그 사실이 발견되어 관련 공무원이 조치를 취하기 전까지의 상당기간 동안 기존의 가족관계등록이 그대로 남아있는[21] 경우가 현실적으로 적지 아니한 실정이다.

이처럼 가족관계등록부의 기록을 국적변동의 경과와 일치시키기란 매우 어렵지만 절대 대다수의 국민은 양자가 일치되고, 또한 우리나라의 경우에는 가족관계등록부가 국적 판단의 유일한 공적 자료라고 하는 점에서 비록 공신력은 인정되지 않는다 하더라도 어떤 사람이 대한민국 국적을 보유하고 있는지 여부를 확인하는 1차적 수단으로서 가족관계등록은 강한 추정력을 발휘한다고 할 수 있다.

21) 우리 국민이었던 사람이 외국 국적을 취득한 뒤에도 국내 가족관계등록이 말소되지 아니한 채 계속 그대로 남아 있는 경우에 흔히 그 사람을 그 외국 국적과 대한민국 국적을 함께 보유한 복수국적자인 것으로 오인하는 경우가 많다. 그러나 그러한 사람은 대한민국 국적을 상실하였으므로 외국인에 불과하며 복수국적자가 아니라는 것을 유의할 필요가 있다. 즉 그 경우는 우리 국민의 신분에서 외국인의 신분으로 국적이 변경되었으므로 당연히 제적, 정리되어야 할 가족관계등록(호적)이 미정리 상태로 남아있는 것에 불과한 것이다.

제 2 장
國籍의 機能

제 1 절 國際法的 機能

1. 외교적 보호권

무릇 국가는 자국 영토가 아닌 공간에 체류하는 자국민, 즉 재외국민이 체류국으로부터 부당한 대우를 받거나 불법적으로 권리의 침해를 받으면 국제법상 승인되는 대인 관할권을 기초로 외교적 교섭 또는 국제법에 따라 체류국 정부에 대하여 자국민에 대한 보호 또는 구제 등 적절한 조치를 요구할 수 있는 권리를 가진다.

이러한 권리를 외교적 보호권(diplomatic protection) 또는 재외국민 보호권이라고 한다. 외교적 보호권은 당해 국가의 국내법 규정에 관계없이 국제법과 국제사회의 관행에 의하여 승인되어 있다.

국제사회에서 외교적 보호권이 구체적으로 행사되기 위한 요건으로서는, 그 대상자가 불법행위로 인하여 손해를 입은 때로부터 외교적 보호권의 행사에 의한 최종 판결이 있을 때까지 외교적 보호권을 주장하는 국가의 국적을 보유하고 있어야 하고,[22] 그 국적은 국제법상 용인되는 유효한 국적이어야 하며,[23] 체류국의 국내적 구제절차가 완료된(exhaustion of local remedies) 이후라야만[24] 한다는 것 등을 들 수 있다. 이러한 외교적 보호권

22) 李錫龍, 국제법, 세창출판사, 2011년, p.185; 柳炳華^朴魯馨^朴基甲, 국제법II, 법문사, 2000년, p.430; 李漢基 국제법강의, 박영사, 2010년, p.592.

23) 국제사법재판소의 Nottebohm 사건은 국가와 그 국적으로 되어 있는 개인 간에 아무런 현실적 유대가 없다는 이유로 그 국적의 유효성을 부인한 사례이다.

24) 국제사법재판소는 1959년에 선고한 Interhandel 사건을 통하여, 국가의 외교적 보호권 행사에 있어서 국내적 구제완료를 요구하는 이유는 불법행위가 발생한 국가에게 자국의 법과 자국이 가지고 있는 방법에 따라 구제할 기회를 준다는데 그 목적이 있다고 판시한 바

행사의 근거 또는 그 대인적 한계를 획정하는 기준이 바로 국적인 것이다.

국가는 자국민에 대하여 외교적 보호권을 발동할 의무가 있는가? 이 점에 관하여 국제법 학자들은 외교적 보호권은 법적 성격상 국가 고유의 권리로서 행사되는 것일 뿐 국가가 국민의 권리를 대행하는 것은 아니므로 자국민의 요청이 있다 하더라도 국가 입장에서 반드시 외교적 보호권을 발동해야만 한다는 의무가 있는 것은 아니며, 반대로 자국민의 요청이 없다 하더라도 필요시에는 국가가 이를 발동할 수 있다고 한다.

우리 헌법은 제2조 제2항에서 '국가는 법률이 정하는 바에 의하여 재외국민을 보호할 의무를 진다'고 되어 있어 재외국민에 대한 국가의 보호의무를 명시하고 있다. 이러한 재외국민의 보호에 관한 규정은 1980년의 제7차 개정헌법에서 신설되었다. 현행 헌법 제10조는 재외국민의 외교적 보호에 관하여 '국가는 개인이 가지는 불가침의 기본적 인권을 확인하고 이를 보장할 의무를 진다'고 하여 국가의 의무사항으로 규정하고 있는 바, 이는 헌법이 갖는 기본권 보장규범적 특성을 나타낸 것이라고 할 수 있다.

2. 자국민 수인의무 및 외국인 수인거절권

모든 국가는 다른 국가에서 입국 또는 체류가 거절된 자국민을 자국에 받아들일 의무가 있다. 어떠한 국가도 외국인에 대하여 자국의 영역내에 체류할 권리를 반드시 보장해 주어야 할 의무는 없으나, 자국민이 다른 국가에서 어떠한 이유로 추방을 당한 경우에는 그 자국민을 받아 들여야 한다는 것이 국제사회의 보편적 원칙이다. 이를 자국민의 수인의무(受認義務)라 한다.

한편 국가는 기본적으로 자국민에 대하여는 입국을 불허할 수 없고 강제퇴거를 명할 수도 없지만, 외국인에 대하여는 국내법이 정한 사유 또는 주권적 재량으로 입국 또는 비자 발급을 불허하거나 국내 체류 중인 자의

있다(ICJ Reports, 1959, p.27). 그 외에 국내적 구제완료를 요구하는 취지에 관하여는 개인이 외국의 영토에 들어가는 것은 그 국가의 법을 따르겠다는 의사표시로 볼 수 있고 다른 국가의 입장을 존중하여 분쟁이 국제분쟁으로 번지는 것을 막아야 하며, 피해내용에 대한 조사는 발생지에서 이루어지는 것이 좋다는 인식에 따른 것이라고 보는 견해도 있다(柳炳華^朴魯馨^朴基甲, 앞의 책 국제법II, pp.431~432; 李漢基, 앞의 책, p.589).

강제퇴거를 명할 수 있다.[25] 이를 가리켜 외국인에 대한 수인거절권(受認拒絶權)이라고 한다.

제 2 절 國內法的 機能

최고 규범인 헌법을 비롯한 각종 국내법은 기본적으로 국민을 대상으로 하여 그가 가지는 권리와 의무를 규율하게 된다. 그러나 오늘날 대부분의 국가는 국제조약 및 일반적으로 승인된 국제법규에 대해서도 자국의 국내법과 동일한 효력을 인정하고 있으며 이에 따라 자국 내에 체류하는 외국인에 대해서도 기본적 인권에 관한 사항 및 사법상의 기본권에 관하여 내국인과 대등한 법률상 지위를 인정하고 있다.

우리나라 헌법도 제6조에서 '외국인은 국제법과 조약이 정하는 바에 의하여 그 지위가 보장'됨을 규정하고 있다. 그러나 각국의 국내현실에 있어서는 정도면에서 차이만 있을 뿐 내국인과 외국인은 출입국 · 체류, 참정권, 취업 · 재산보유 기타 경제활동 등의 공 · 사법적 법률관계에 있어 차별적으로 취급될 수밖에 없다.

제 3 절 國際私法上의 連結點

국적은 국제사법상의 법률관계에 적용될 준거법(準據法)을 정하는데 있어 그것을 정하는 기준이 되는 연결점 중 가장 중요한 항목이다. 북유럽 여러 나라와 남미의 일부 국가가 주소를 연결점으로 하여 주소지법을 준거법으로 하고 있는 것과 달리 우리나라를 포함한 대륙법계 국가는 국적을 연결

---

25) 강제퇴거는 각 국가가 자국내에 머무는 것이 바람직하지 않다고 인정되는 사람에 대해 강제력을 가지고 국외로 추방하는 작용으로서 국제법이 인정하는 각 국가의 고유한 권리이다. 우리 출입국관리법에서도 강제퇴거의 대상을 외국인으로 한정해 놓고 있다(제46조). 따라서 내국인 즉 대한민국 국민은 강제퇴거의 대상이 될 수 없다. 대법원 판례(대법원 1996.11.12. 선고 96누1221)도 우리 국민은 출입국관리법상의 강제퇴거처분의 대상이 될 수 없다고 판시하고 있다.

점으로 삼아 본국법을 준거법으로 하고 있다. 본국법을 준거법으로 하는 법제에서는 당사자가 어느 나라의 국적을 가지고 있는가에 따라 본국법이 결정된다.

제 3 장

國籍의 法源

국적의 법원(法源)이란 국적 결정의 기준이 되거나 그 기준에 영향을 미치는 법적 근거를 의미한다. 국적의 취득과 상실은 각국의 성문법 또는 불문법에 의하여 주로 결정되게 되며, 드물기는 하지만 조약, 선언, 의정서 등 국제법에 따라 정하여지는 경우도 있다.

국적의 결정에 관한 법원은 국내적 법원과 국제적 법원으로 나누어 볼 수 있다.

제 1 절 國內的 法源

대부분의 국가는 자국 국적의 득상(得喪)에 관한 독립된 법령을 두고 있다. 국적을 국민이 되는 신분이라고 하는 이유에서 1803년의 프랑스 민법이 그 서두에 국적의 득상에 관한 규정을 둔 것을 비롯하여 과거에는 민법에 국적에 관한 규정을 두는 입법례도 많았으나 현재는 민법에 국적 규정을 두고 있는 나라는 이란(1959년 법)과 스페인(1982년 법) 정도에 지나지 않는다. 한편 라틴 아메리카 각국은 국적은 통치권의 객체인 신민의 자격이나 지위를 정한다고 하는 이유에서 헌법에 국민의 지위와 함께 국적의 득상에 관한 규정을 두고 있는 경우가 대부분이다.

또한 국적의 득상에 관한 규정을 민법과 헌법(인도 1976년 법), 민법과 국적법(포르투갈), 헌법과 국적법(멕시코 1974년 법), 민법 및 헌법과 국적법(파나마 1972년 법, 베네수엘라 1961년 법, 볼리비아 1967년 법)에 분산하여 규정하고 있는 예도 있다.

우리나라는 제헌헌법 제3조가 “대한민국의 국민 되는 요건은 법률로써 정한다"고 규정한 이래 현행 헌법 제2조에 이르기까지 국민이 되는 요건을 법률에 위임하고 있는 바, 동 위임에 따라 대한민국 국민이 되는 요건을 정한 법률이 바로 국적법이다.

제 2 절 國際的 法源

국적에 관한 국제적 법원으로 최초이자 대표적인 것은 1930년의 "헤이그 협약"이다. 동 협약은 국제사회가 국적의 저촉을 최대한 줄이는 동시에 국적의 저촉으로 인하여 초래되는 각종 문제에 효율적으로 대처하기 위하여 1930년 4월 12일 국제연맹의 국제법전 편찬위원회가 헤이그(Hague)에서 채택한 협약으로서 정식 명칭은 '국적법의 저촉에 관련된 약간의 문제에 관한 협약(Convention on Certain Questions relating to the Conflict of Nationality Laws)'이다.

그 밖에도 UN이 채택한 "세계인권선언(Universal Declaration of Human Rights, 1948)", "무국적자의 지위에 관한 협약(Convention relating to the Status of Stateless Person, 1954)", "기혼여성의 국적에 관한 조약(Convention on the Nationality of Married Women, 1957)", "무국적자 감소에 관한 조약(Convention on the Reduction of Statelessness, 1961)", "복수국적의 감소 및 복수국적에 따른 군사적 의무에 관한 조약(Convention on Reduction of Cases of Multiple Nationality and Military Obligations in Cases of Multiple Nationality, 1963)" 및 동 조약의 "추가 의정서(Additional Protocol)", "국제인권규약(International Covenant on Human Rights, 1966)" 등이 있으며, 국제호적위원회가 채택한 "무국적의 감소에 관한 유럽 조약(European Convention on Reduction of Statelessness, 1973)", 유럽이사회 각료위원회(Council of Europe, Committee of Ministers)가 채택한 "혼인 중 출생자의 국적에 관한 결의 및 국적이 다른 배우자의 국적에 관한 결의(1977)", "국적에 관한 유럽조약(European Convention on Nationality, 1997)" 등을 중요한 국제적 법원으로 들 수 있다.

그리고 UN이 채택한 "난민의 지위에 관한 협약(Convention relating to

the Status of Refugees, 1951)",[26] "시민적 · 정치적 권리에 관한 국제규약(International Covenant on Civil and Political Rights; B규약, 1966)",[27] "난민지위에 관한 의정서(Protocol relating to the Status of Refugees, 1967)",[28] "여성차별 철폐협약(Convention on the Elimination of All Forms of Discrimination against Women, 1979)",[29] "아동의 권리에 관한 협약(Convention on the Rights of the Child, 1989)"[30] 등도 그 내용상 국적의 득상에 관한 내용을 담고 있다는 점에서 국적에 관한 중요한 법원이라 할 수 있다.

한편 전쟁 기타 원인에 의하여 국가가 독립, 병합, 영토의 귀속 변경 등이 발생하는 경우에는 수반하여 국적의 변동이 생길 수 있다. 이러한 경우 국적의 득상은 관련 당사국 간의 조약에 따라 결정되지만 그 조약 중에 국적의 득상에 관한 규정이 없더라도 국제관례에 따라 국적의 득상이 추정될 수 있다. 이러한 조약도 국적법의 법원이 된다. 예를 들면 1884년의 미국과 멕시코간의 평화조약, 1871년의 프랑스와 독일간의 프랑크푸르트 조약, 1898년의 미국과 스페인간의 평화조약, 1905년의 포츠담 조약, 1920년의 베르사유 조약, 1947년의 이탈리아와의 평화조약, 1951년 9월 8일에 체결되고 1952년 4월 28일에 발효된 연합국과 일본 간의 샌프란시스코 조약(이른바 대일(對日) 평화조약)등이 해당된다.

샌프란시스코 조약은 일본이 제2차 세계대전에서 패전하기 전까지 강점하고 있던 조선과 대만 등 외국 영토의 처리에 관한 조약으로서 국적 문제에 관한

---

26) 우리나라는 1992년 12월 3일 동 협약의 가입서를 기탁하여 1993년 3월 3일부터 효력이 발생되게 되었는데 동 협약 제7조(3년 거주난민에 대한 상호주의 적용 면제)를 유보하였다.

27) 우리나라는 1990년 4월 10일에 동 규약의 가입서를 기탁하여 1990년 7월 10일부터 효력이 발생되게 되었는데 아무런 조항도 유보하지 아니하였다. 한편 우리나라는 국제연합이 같은 날 채택한 동 규약의 선택의정서(Optional Protocol)에도 가입서를 기탁하였다.

28) 우리나라는 1992년 12월 3일에 동 의정서의 가입서를 기탁하여 같은 날 부터 효력이 발생되게 되었는데 아무런 조항도 유보하지 아니하였다.

29) 우리나라는 1984년 12월 27일에 본 협약의 비준서를 기탁하여 1985년 1월 26일에 효력이 발생하게 되었는데 당시 국적에 관한 남녀평등을 규정한 동 협약 제9조와 혼인 · 가족생활에서의 남녀평등을 규정한 제16조 제1항이 국내법에 저촉되어 동 조항에 대한 가입은 유보하였었다. 그러다가 1991년 민법 개정과 1997년 국적법 제4차 개정으로 제9조의 국내법 저촉사항은 해소가 되었다.

30) 우리나라는 1991년 11월 20일에 본 협약의 비준서를 기탁하여 1991년 12월 20일에 효력이 발생되게 되었는데 당시 제9조 제3항(부모와의 면접교섭 유지권)등 3개 조항을 유보하였다.

내용은 전혀 언급되지 않았다. 그러나 사실상 동 조약의 발효에 의하여 그때까지 일본에 체류하던 조선인들은 일본인 신분에서 외국인 신분으로 전락하게 되었다. 1952년 4월 19일에 내려진 「평화조약의 발효에 따른 조선인^대만인 등에 관련된 국적 및 호적사무에 관하여」 라는 제목의 법무성 민사국장 통달(通達) 438호는, 조선과 대만은 조약 발효일로부터 일본의 영토에서 분리되었기 때문에 조선인과 대만인은 일본국 내에 거주하는 자를 포함하여 모두 일본국적을 상실한다고 되어있다. 이렇게 법령도 아닌 통달의 형태로 재일조선인의 국적 문제가 처리되었다.

제 4 장

國籍의 決定

제 1 절 國籍의 決定에 관한 國際法上의 原則[31)]

국가마다 역사, 문화, 정치적 배경 등 여러 가지 여건이 서로 다른 관계로 국적의 득상과 관련하여 모든 국가가 통일적으로 채용하는 국제법 원칙은 존재하기 어렵다. 봉건적 속지주의 전통을 계수하고 있는 영국은 출생지주의의 원칙을 택하고 있고, 로마법의 전통을 계수한 유럽대륙의 각국은 혈통주의 원칙을 택하고 있다.

또한 역사적으로 국적이나 시민권의 부여 또는 거절 등에 관한 결정은 국제법상 각 국가에 전속된 권한인 동시에 영토주권(territorial supremacy)의 속성을 가지므로 모든 국가에 일반적이고 강행적으로 적용되는 국제법 원칙은 없다. 국제법이 국적의 득상에 관한 결정을 각 국가의 국내법 관할사항으로 취급하는 것은 바로 이러한 점 때문이다.

그러나 이와 같이 각국이 독자적으로 국적결정의 기준을 운영함으로 인하여 야기될 수 있는 국적저촉의 문제를 해결하고 인류전체에 보편적 이념의 실현을 위하여 국제사회는 끊임없는 협력을 하여 왔다. 이러한 국제적 협력은 구체적으로 각종의 국제조약으로 구현되어 왔으며 그 축적에 의하여 '국적유일의 원칙'과 '국적자유의 원칙'이라고 하는 두 가지의 원칙이 형성되게 되었다.

31) 국적의 득상에 관한 국제법 원칙에 대하여는 Manual of Public International Law, 1968년, p.471 이하(8. Individual in International Law 편) 참조.

1. 국적유일의 원칙

국적유일의 원칙이란 사람은 반드시 국적을 가지되, 오직 하나의 국적을 가져야 한다는 원칙을 의미한다. 달리 표현하여 단일국적의 원칙이라고도 한다.

본 원칙은 누구든지 반드시 국적을 가질 수 있게 하여야 하며 무국적 상태에 처하게 해서는 안 된다는 것과 누구든지 하나의 국적만을 가져야 할 뿐 복수의 국적을 가져서는 안 된다는 두 가지의 이상을 동시에 함축하고 있다.

1895년에 영국 케임브리지에서 개최된 만국국제법학회가 "모든 사람은 반드시 국적을 가져야 하며 한편 누구도 2개의 국적을 가져서는 아니 된다"는 국적유일의 원칙을 최초로 선언한 이후에 동 원칙을 구현하기 위한 국제사회의 노력은 두 가지의 방향으로 전개되어 왔다.

즉 사람은 누구나 국적을 가져야 한다는 원칙을 위하여 무국적 발생을 방지하고 무국적자의 법적 지위를 보호하기 위한 노력을 추구해 오는 한편, 사람은 누구나 하나의 국적만을 가져야 한다는 원칙을 위하여 이중국적의 발생을 최대한 억제하고, 이중국적자에 대한 법률저촉의 문제를 합리적으로 해결하기 위한 노력을 추구해 온 것이다.

오늘날 국적유일의 원칙은 거의 대부분의 국가가 수용하고 있다고 할 수 있다. 구체적으로 설명하자면 모든 국가는 선천적 무국적자의 발생을 막기 위하여 혈통주의 또는 출생지주의 형태로 출생과 동시에 선천적으로 자국민이 되는 자를 결정하는 나름의 기준을 운영하고 있을 뿐만 아니라 나아가 혈통주의 국가에서는 출생지주의적 요소를, 출생지주의 국가에서는 혈통주의적 요소를 보충적으로 병용하고 있기까지 한 것이다.

또한 절대다수의 국가들은 이중국적자의 발생을 막기 위한 장치로서 후천적 사유에 기하여 이중국적을 보유하는 것을 억제하는 규정을 두고 있다. 예컨대 자진하여 외국의 국적을 취득한 자국민에 대하여 자국적을 상실하는 것으로 간주하는가 하면 자국에 귀화하려는 외국인에 대하여는 종전에 보유하던 외국 국적 또는 시민권을 포기하도록 요구하는 것이 지배적 경향이다. 우리나라도 마찬가지이다.

2. 국적자유의 원칙

국적자유의 원칙이란 국적의 득상에 관하여 개인의 자유로운 의사를 보장해 주어야 한다는 내용을 근간으로 하는 원칙이다. 이러한 국적자유의 원칙을 구현하기 위한 국제적 협력은 개인이 자유로이 국적을 선택하는 권리를 보장하고자 하는 각종 국제협약으로 구현되어 왔다고 할 수 있다.

앞서 국적유일의 원칙을 설명하면서 모든 국가가 속인주의 또는 속지주의에 의하여 출생아동으로 하여금 자국 국적을 취득하도록 하고 있다고 하였는데 이는 일종의 강제부여주의에 기초한 것으로서 당해 아동 본인이나 그 대리인의 자유의사에 기한 선택의 결과로 보기는 어렵다고 할 것이다.

따라서 국적자유의 원칙이 내포하는 실질적 의미는 출생 이외의 사유에 기한 국적의 변경, 즉 기존의 국적과 별도로 이민, 귀화, 국제결혼 등 후천적 사유로 다른 국가의 국적을 새로이 취득하는 과정에서 주로 발현된다고 할 것인 바, 이러한 국적의 변경을 둘러싼 문제에 관한 국제사회의 합의는 당사자 본인의 자유의사가 존중되어야 한다는 것으로 새겨 볼 수 있다.

국적자유의 원칙에도 일정한 한계는 있다. 거의 모든 국가는 자국민이 다른 나라의 국적을 취득함이 없이 유일 국적인 자국적을 포기하는 것을 허용하지 아니한다. 또한 국가로서는 자국 국적의 취득을 원하는 외국인에 대하여 자국 내에 주소를 두고 있을 것과 자국에 대한 충성의 선서 등 일정한 요건을 갖출 것을 요구할 수 있으며, 한편 자국민인 자가 국적의 포기를 원하는 경우에도 병역이나 납세의 불이행 또는 사법절차가 진행 중인 점 등을 이유로 국적의 포기를 불허할 수도 있는 것이다.

제 2 절 國籍決定의 形態와 基準

국적의 구체적인 결정에 관하여 국제법은 한 사람에게 하나의 국적을 부여해야 한다는 것, 무국적을 방지하여야 한다는 것, 국적부여에는 국가와 그 사람 사이에 일정한 유대가 있거나 본인의 의사에 근거해야 한다는 것 등의 일반원칙만을 제시하고 국적의 구체적인 결정은 국내법에 맡기고 있다.

1. 국가에 의한 국적결정

각국은 국제법상 원칙의 범위 내에서 독자적 기준과 재량에 기초한 국내법에 따라 자국의 국적을 부여한다. 국제법상 원칙에서 벗어나지 않는 한, 국가가 어떤 사람을 자국민으로 인정할 것인지와 누구를 자국민이 아닌 것으로 보는지에 관한 구체적 결정은 자국의 국내법에 기초한 국가의 자유재량이라고 할 수 있다.

국가에 의한 국적의 결정에 관한 문제는 먼저 출생자에 대한 선천적 국적 부여와 외국인에 대한 후천적 국적 부여로 나누어 생각할 수 있다.

가. 선천적 국적(nationalit d'origine)의 결정

선천적 국적은 출생 그 자체를 원인으로, 출생과 동시에 취득하게 되는 국적으로서 생래적 국적 또는 근원 국적이라고도 한다. 모든 국적입법례는 출생과 동시에 즉, 선천적으로 자국의 국민 또는 시민이 되는 자의 기준을 정해 두고 있다.

이러한 선천적 국적의 결정기준에 관한 입법례는 일반적으로 혈통주의 또는 속인주의(jus sanguinis)와 출생지주의 또는 속지주의(jus soli)로 대별된다.[32)]

특정한 국가가 혈통주의냐 출생지주의냐 하는 것은 기본적으로 자국 영토내

32) 일본의 加除出版(주)가 발행한「涉外身分關係 先例 判例總攬(1996년도 추록 편제기준)」에 의하여 혈통주의와 출생지주의의 입법분포를 살펴보면 다음과 같다.

i) 아시아 : 싱가포르, 필리핀, 인도, 아프가니스탄, 파키스탄 外에는 모두 혈통주의

ii) 유럽 : 영국, 에이레, 몰타 외에는 모두 혈통주의

iii) 북·남미 : 엘살바도르, 코스타리카, 수리남, 아이티 外에는 모두 출생지주의

iv) 오세아니아 : (출생지주의) 호주, 뉴질랜드, 西사모아, 피지, 솔로몬 군도(혈통주의), 통가, 파푸아뉴기니

v) 아프리카 : 남아공화국, 가봉 카메룬, 케냐, 짐바브웨, 탄자니아, 중앙아프리카공화국, 나이지리아, 모리셔스, 모리타니, 라이베리아, 레소토 外에는 모두 혈통주의

출생자에 대한 입법의 문제이다. 어떤 주의를 취하든 자국 영토 밖에서 자국민의 자녀로 출생한 자에 대해서는 혈통주의적 요소만을 고려할 수밖에 없기 때문이다.

1) 혈통주의 (속인주의)

혈통주의는 국적의 결정에 있어 혈통을 기본요소로 삼는 원리로서 혈통의 근원인 부모의 국적을 기준으로 그 자녀의 국적을 결정하는 주의이다. 이러한 혈통주의 입법례는 다시 부의 국적을 기준으로 삼는 부계혈통주의와 부모 중 어느 일방이라도 자국민이면 그 자녀에 대하여 자국 국적을 부여하는 부모양계혈통주의로 분류된다.

혈통을 국적부여의 기준으로 절대시하는 것은 부적절하다는 주장에도 불구하고 혈통주의가 입법정책으로서 합리성을 가지는 이유는, 자국민의 자녀는 법적으로나 사실상으로나 자국민의 가족의 구성원이 된다는 점에서 그 자녀도 곧바로 자국의 구성원으로 인정해 주는 것이 자연스럽다는 가치평가가 가능하기 때문이다. 따라서 이러한 가치평가가 성립되지 않는 경우까지도 단순히 생물적 혈통관계만으로 국적을 부여하는 것은 반드시 합리적이라 할 수 없다. 그러한 관점에서 혈통주의에 있어서는 그 출생자의 적출성이 문제가 되기도 한다.

혈통주의 국가 중에서도 우리나라나 일본, 대만, 이탈리아의 경우에 혈통에 기한 선천적 국적의 부여에 있어 그 자녀가 반드시 혼인 중에 출생한 적출자일 것을 국적법령에 명문으로 규정하고 있지는 않지만 법령에서 비적출자를 대상으로 인지에 의한 국적취득 절차를 규정해 두고 있는 점에 비추어 적출자일 것을 요구하고 있는 것으로 보아야 한다. 반면에 프랑스[33], 독일[34], 호주[35], 스위스[36] 등과 같은 국가에서는 국적법령상 명문으로 자국민의 적출자뿐만 아니라 비적출자도 출생시부터 자국 국적을 취득한다는 점을 명문으로 규정하고 있다.

---

33) **프랑스 국적법 제17조** 부모 중 일방이 프랑스인이면 혼인 중 또는 혼인 외의 子는 프랑스인이다.

34) **독일 국적법 제4조** 부모 일방이 독일인인 적출자나 모가 독일인인 혼인 외의 子는 출생에 의하여 국적을 취득한다.

35) **호주 시민권법 제5조** 시민권법상의 子에는 혼인 외의 子도 포함된다.

36) **스위스 국적법 제1조** 스위스 여자의 혼인 외의 子는 출생시부터 스위스 국민이다.

2) 출생지주의 (속지주의)

출생지주의는 출생아동의 선천적 국적을 결정함에 있어 원칙적으로 그 영토 내에서 출생한 자에 대하여는 모두 자국민의 자격을 부여하는 원리이다. 이러한 출생지주의는 원래 영민을 영지의 부속물로 보아 자국 영내 거주의 이익을 향유하는 자에게 자국적을 부여하고 자국민으로서의 의무를 부담시킨다는 중세적 사상에서 유래하는 것이다. 현대에는 이민 등에 의하여 자국의 영토 내에 유입, 정주한 외국인의 자손에게도 전래의 자국민과 동일한 법적 지위를 부여함으로써 그 정착, 동화, 유화를 촉진하는 기능을 갖는 점에 특색이 있다고 할 수 있다.

출생지주의를 채택하고 있는 법제에서는 본질적으로 당해 아동의 출생지가 자국 영토 내인지 여부가 관건일 뿐, 그 부모의 국적이나 혈통 그리고 그 아동의 적출성(嫡出性) 등은 기본적으로는 문제가 되지 아니한다.

중세 봉건국가에서는 이러한 출생지주의가 보편적 원칙이었으나 봉건제도의 붕괴와 함께 순수한 출생지주의는 없어지게 되었고, 현대에 와서는 인구정책 기타의 이유로 출생지주의 원칙을 채용하고 있는 나라가 적지 않다.

3) 혈통주의와 출생지주의의 병용

현재 각국의 국적입법을 보면 혈통주의나 출생지주의 중 어느 한 가지만을 철저히 채용하는 경우는 없고, 어느 한 가지를 주위적으로 채용하면서 다른 것을 병용하고 있는 경우가 대부분이다.

즉 혈통주의 국가의 대부분은 출생지주의적 요소도 어느 정도 가미하고 있는데 예컨대, 혈통주의를 취하는 우리나라나 일본은 국내에서 태어난 자로서 부모가 분명하지 아니한 자에 대하여서도 자국의 국적을 부여하고 있다.

마찬가지로 출생지주의 국가들도 혈통주의를 병용하는 것을 볼 수 있는데 예컨대 미국의 경우 선천적으로 자국의 시민이 되는 자의 범위에 자국 영토 내에서 출생한 자를 기본으로 하되, 영토 밖에서 출생한 자라도 그 부 또는 모가 미국 시민이고 자녀의 출생 전에 미국 내에 거주하였던 자도 포함시키고 있다(이민국적법 제301조제1항). 이러한 규정은 영토 밖에서 출생한 자녀에 대하여 부모의 법적 혈통에 기해서 국적을 부여하고자 하는 것이며 따라서 출생지주의에 혈통주의가 가미된 것이라고 할 수 있다.

나. 후천적 국적(nationalit secondaire)의 결정

후천적 국적결정의 문제는 기존에 어떤 국가의 국적을 가진 자 혹은 무국적자가 다른 국가의 국적을 취득하는, 다시 말해서 국적을 변동하는 과정에서 발생하는 문제이다. 이러한 국적변동의 형태를 크게 나누어 보면, 귀화와 같이 자신의 뜻에 의하여 외국 국적을 취득하는 경우와 혼인 · 입양 등 국제사법적 신분행위의 법률효과로 상대방 국가의 국적을 취득하게 되는 경우로 구분될 수 있으며, 드물기는 하지만 그 밖에도 식민지 해방, 영토의 병합 또는 분할의 결과로 국적변동이 일어나는 경우도 있을 수 있다.

어떤 국가가 무국적자를 포함한 외국인에 대하여 후천적 자국 국적을 부여하는 국내법 절차의 대표적 유형은 귀화(naturalization)이다.

귀화란 기존의 국적을 가지고 있거나 무국적 상태인 자가 자진하여 다른 특정한 국가의 국적 또는 시민권을 취득하는 것을 뜻하며, 귀화를 승인한 국가의 입장에서 본다면 외국인에 대하여 자국의 국내법에 기초한 요건심사를 거쳐 자국민의 신분을 부여하는 제도이다. 어느 국가를 막론하고 외국인의 귀화절차는 해당 국가의 주권적 재량이 가장 많이 발휘되는 부분이며, 비교입법적 측면에서도 귀화에 관한 규정에는 각국 고유의 국적정책이 가장 짙게 반영되어 있다고 할 수 있다.

귀화의 개념을 좁게 해석하면 출생 이래 그 국가의 국적을 가진 적이 없는 순수한 외국인이 그 국적을 취득하는 경우를 의미하나, 넓게 해석하면 과거 한때 그 국가의 국민이었다가 그 국적을 자진포기 하였거나 제3국의 국적을 취득하는 등의 사유로서 그 국적을 상실하는 등으로 외국인이 된 자가 다시 그 국적을 취득하는 경우까지도 포함된다.

입법례를 살펴보면 우리나라를 비롯한 대부분의 국가[37]는 외국인이 자국 국적을 취득하는 절차에 관하여 귀화절차와 국적회복(또는 국적 재취득)

37) ① 귀화제도와 국적회복제도로 이원화 : 우리나라, 중국, 대만, 프랑스, 이탈리아
② 시민권 취득과 시민권 재취득제도로 이원화 : 호주, 필리핀
③ 귀화와 재귀화제도로 이원화 : 스위스

절차로 구분하고, 전자는 순수 외국인을 대상으로 하고 후자는 과거 자국민이었던 자를 대상으로 하는 이원적(二元的) 절차를 규정해 두고 있는 반면에 일본이나 독일처럼 국적법령상 양자를 구분치 아니하고 모든 외국인에 대하여 일원적(一元的)으로[38] 귀화절차를 요구하는 것으로 운영하고 있는 예도 있다.

그리고 대부분의 입법례는 순수 외국인이라도 그가 과거 그 국가에서 출생하였거나 부모가 그 국가의 국민이(었)거나 혹은 그 국가의 국민과 혼인하였거나 하는 등의 일정한 결합관계가 있는 경우에는 그러한 관계가 없는 일반 외국인에 비하여 귀화승인에 필요한 제반요건을 완화하여 주고 있는 것을 볼 수 있다.

또한 국가에 따라서는 자국민이 외국인과 혼인하거나 외국인을 인지 또는 입양하는 등의 섭외적 신분행위에 의하여 가족관계가 형성된 경우에 그 외국인에 대하여 곧바로 자국 국적을 부여하는 예도 적지 않다.

먼저 혼인의 경우와 관련된 예를 들면 대만(국적법 제2조 제1호), 스위스(국적법 제3조 제1항), 이탈리아(국적법 제10조)는 자국민과 혼인한 외국인 여성에 대하여는 혼인한 시점에 자동적으로 자국 국적을 취득하는 것으로 규정하고 있다. 우리나라도 1997년 제4차 개정 전의 구 국적법(제3조 제1호)에서는 우리 국민의 처가 된 외국인은 혼인과 동시에 우리 국적을 취득하는 것으로 규정하고 있었다.

그리고 우리나라(국적법 제3조)와 일본(국적법 제3조)은 국민이 미성년 외국인을 인지한 경우에 간단한 신고만으로 인지된 자에 대하여 국적을 부여하고 있으며, 독일(국적법 제6조), 이탈리아(국적법 제5조), 스위스(국적법 제7조)는 자국민에 의하여 입양된 미성년 외국인에 대하여 입양과 동시에 자국 국적을 인정하여 주고 있다.

그 밖에도 특별한 형태로 국적을 부여하는 경우도 있다. 1923년의 소련 헌법은 소련 영토에 거주하는 모든 외국 노동자에 대하여 소련 국적을 부여

38) 다만 양자를 구분치 않는 입법례도 귀화승인의 구체적인 요건이나 심사기준에 있어서는 과거에 국민이었던 외국인을 순수 외국인에 비하여 현저히 완화된 형태로 취급하고 있으므로 결국 '귀화'라는 용어상의 일원적 취급일 뿐, 실질적인 내용 면에서는 양자를 귀화대상과 국적회복(또는 국적의 재취득)대상으로 이원화하고 있는 입법례와 크게 다를 바가 없다고 하겠다.

하였다. 또한 1952년에 제정된 이스라엘의 귀화법은 자국에 영주하기 위하여 귀국하는 모든 유태인들에 대해서는 이스라엘의 국적을 부여하고 있다.

2. 국가의 국적결정권의 한계

전통적인 국제법은 각 국가가 독자적 기준으로 어떤 개인에 대하여 자국적을 부여하거나 박탈하는 권한을 갖는 것에 관해 아무런 의심을 하지 않았다. 1923년에 상설국제사법재판소(PCIJ)가 튀니지와 모로코간 국적법 사건(Tunis and Morocco Nationality Decree Case) 에서 "한 국가가 어떤 사람을 자국민으로 다루는 것은 그 국가의 배타적 관할권에 속한다"고 판시한 것도 이러한 맥락에서 이해할 수 있다.[39)]

그러나 그 이후 국가의 국적 부여와 박탈에 관한 무제한적 권한에 점차 제한이 가해지게 되었다. 그러한 제한은 국적을 선택할 권리와 그 의사에 반하여 국적을 박탈당하지 아니할 권리도 천부적 기본권의 일부로서 보호되어야 한다는 사고에서 비롯되었다.

1930년의 헤이그(Hague)협약은 각국으로 하여금 누구를 자국민으로 할 것인지에 관해서는 기본적으로 스스로 결정하도록 하면서도 아울러 모든 국가는 이 분야에 관한 국제 관습법 및 법원칙을 준수해야 한다고 규정하였다. 또한 국제사법재판소는 1955년에 판결한 Nottebohm사건에서 '국가가 특정 개인에게 그 국적을 부여하는 결정은 임의적 행위가 아니라 현실적 유대를 갖는 사회적 사실을 반영해야 다른 국가에 대항할 수 있다'고 선언하였다.[40)]

한편 각국의 국적법령에서는 자국민에 대한 국적 박탈(또는 상실)의 사유로서 외국의 공직 취임이나 군 복무, 반역, 귀화신청에 있어서의 허위진술, 장기간의 외국 거주, 자의에 의한 외국 귀화 등을 규정하고 있는 바, 세계인권선언(제15조 제2항)에서는 국가가 자의적으로 개인의 국적을 박탈하지 못하도록 규정하고 있고, 무국적 감소에 관한 협약(제8조)은 국적의 박탈이 무국적 상태를 초래하는 경우에는 이를 할 수 없도록 제한하고 있다.

39) 李錫龍, 앞의 책, p.110.
40) ICJ Reports, 1955, p.23.

3. 개인에 의한 국적의 선택

개인이 자신의 국적을 선택하는 경우는 개인적인 선택과 집단적인 선택으로 나누어 생각할 수 있다.

개인적 선택이란 개인이 예컨대 다중국적인 상태에서 그중 하나의 국적을 포기하거나 귀화를 통하여 임의로 다른 나라의 국적을 취득함으로 국적을 변경하는 것을 의미한다. 개인이 자신의 의사에 관계없이 국가에 의하여 강제로 국적을 박탈당하는 경우를 배제한다면, 국가가 특정한 개인에 대하여 국내법이 정한 요건과 절차에 따라 후천적으로 그 국적을 부여하거나 상실시키는 행위는 거의 모두가 해당 개인의 의사신청 행위에서 비롯된다고 할 수 있다. 이러한 점에서 대부분의 후천적 국적 변동은 국가에 의한 국적결정이기도 하지만 그와 동시에 해당 개인에 의한 국적 선택이라고도 볼 수 있을 것이다.

집단적인 국적선택은 인민자결권과 관련된 문제이다. 일정한 지역의 주민들이 어떤 국가를 선택하느냐 하는 것도 인민자결권의 내용에 포함되기 때문이다. 1차 대전 후 독일에서 분리된 Sarre지방의 주민들이 1935년 1월 13일에 자신들의 투표에 의해 독일에 재병합되도록 한 것도 그 예라고 할 것이다. 또한 식민지 해방, 영토의 병합 또는 분할에 있어서 주민들에게 국적선택의 기회가 부여되기도 한다.

제 5 장

國籍의 抵觸

제1절 槪 念

국적저촉(國籍抵觸, conflict of nationalities)[41]이란, 개인이 동시에 복수의 국적을 가지고 있는 경우(다중국적) 또는 아무런 국적도 가지고 있지 않는 경우(무국적)를 의미한다. 전자의 경우를 국적의 적극적 저촉, 후자를 국적의 소극적 저촉이라고 한다.

국적의 저촉은 국제사회가 국적의 결정에 관해서 이를 각국의 국내법 관할사항에 맡기고 있고 이에 따라 각국이 국적의 결정기준을 다르게 규정하고 있는데서 발생한다고 보는 것이 일반적이다.

제2절 國籍抵觸의 類型

1. 국적의 적극적 저촉

선천적 복수국적자가 생기는 대표적인 예를 들어 보면, i) 혈통주의 국가의 국민이 출생지주의 국가에서 자녀를 출산한 경우, ii) 서로 다른 나라 사람 간에 국제결혼을 하여 자녀를 출산한 경우로서, 각 경우에 그 자녀는 선천적으로 복수의 국적을 가지게 된다.

후천적 복수국적이 발생하게 되는 예를 들어보면, 예컨대 i) 자국민과

41) 학자에 따라서는 국적의 '저촉'이라는 용어 대신 '충돌'이라는 용어를 사용하기도 하는데(徐希源, 앞의 책, p.68 이하; 柳炳華^朴魯馨^朴基甲, 앞의 책 국제법I, p.371 이하) 의미는 동일하며, 다만 이 글에서는 '저촉'이라는 용어를 사용하기로 한다.

결혼한 외국인에 대하여 자국적을 부여하는 국가의 국민과 결혼한 외국인은 본래 가지고 있던 국적과 별도로 배우자의 국적도 보유하게 되며, ii) 자국민이 외국의 국적을 취득하더라도 이를 자국적의 상실사유로 인정하지 않는 국가의 국민이 외국에 귀화하여 그 국적을 취득하게 되면 그는 본래의 국적과 귀화국의 국적을 이중으로 가지게 된다.

2. 국적의 소극적 저촉

현실적으로 국적의 소극적 저촉, 즉 무국적이 발생하는 대표적인 경우는 구 자유월남과 같이 소속 국가가 멸망한 경우이다.

그 밖에도 이론적으로 무국적이 될 수 있는 예로서는, i) 출생지주의 국가의 국민이 혈통주의 국가에서 자녀를 출산하였는데 본국법의 규정상 그 자녀가 부모의 국적을 취득하지 못하게 되는 경우, ii) 외국 국적을 취득하기 위하여 자국적을 미리 포기하였다가 그 외국 국적의 취득이 좌절된 경우를 들 수 있다.

한편으로 사실상 무국적이 되는 경우도 생긴다. 舊 소련이 붕괴되면서 러시아와 CIS지역에 살고 있는 한인(까레이스키) 중에는 거주국의 국적이 없이 살아가는 사람들이 많이 있다. 근원을 따져보면 舊 소련의 국적을 가졌다고 볼 수 있지만 개인의 의사와 관계없이 연방체제가 붕괴되고 여러 개의 국가로 쪼개지면서 현실적으로 거주하는 국가의 국적이 없는 사람도 많이 생겨난 것이라 할 수 있다.

3. 난민(Refugee)의 경우

난민은 무국적자인가에 관해 의문이 제기될 수 있다. 난민협약[42]상의

42) 난민의 지위에 관한 협약(Convention relating to the Status of Refugees) 제1조는 난민을 "인종, 종교, 국적 또는 특정 사회집단의 구성원 신분 또는 정치적 의견을 이유로 박해를 받을 우려가 있다는, 충분히 이유 있는 공포로 인하여 국적국 밖에 있는 자로서 그 국적국의 보호를 받을 수 없거나 또는 그러한 공포로 인하여 그 국적국의 보호를 받는 것을 원하지 않는 자 및 이러한 사건의 결과로서 상주국 밖에 있는 무국적자로서 종전의 상주국으로 돌아갈 수 없거나 또는 그러한 공포로 인하여 종전의 상주국으로 돌아가는 것을 원하지 않는 자"로 정의하고 있다.

난민이란 일신상의 이유로 국적국 또는 상주국(무국적자인 경우)에서 외국으로 탈출하여 비호 또는 망명을 요청하는 자를 가리킨다. 따라서 난민상태가 되기 전에 이미 무국적이 된, 극히 예외적 경우를 제외한다면 법리적으로는 국적국에 대하여 그 스스로 그 국적국으로부터 국적에 기한 보호를 회피 내지 거절한 자로 봄이 상당하고, 따라서 엄격하게는 무국적자와는 구분된다.

무국적자는 그 사람에 대하여 국적에 기한 인적 관할권을 주장할 수 있는 국가가 없다고 할 수 있는 반면, 난민은 그 자신으로서는 국적에 기한 보호나 규제를 기피하고자 하더라도 국적국에서 국적을 근거로 인적 관할권을 주장할 수도 있다는 점에서 현실적인 차이가 있다.

제 3 절 國籍抵觸의 問題點

국적의 저촉은 그로 인하여 국제법과 국내법 양면에서 공히 여러 가지 문제가 파생된다.

적극적 저촉에 해당되는 복수국적자의 경우, 당사자의 입장에서는 일단 양 국가에서 국민으로서의 권리를 이중으로 누리면서도 양 국가에서 각기 요구하는 병역 또는 납세의무는 이를 모두 기피하는 등 기회주의적 행동이 가능하다.

또한 국제관계에 있어서는 국제분쟁의 당사자가 된 경우 어느 국가의 외교적 보호권을 우선적으로 인정해야 할 것인지가 문제될 수 있으며,[43] 또한 국제사법(國際私法) 분야에서는 어느 국적을 연결점[44]으로 볼 것인가가 문

43) 실제로 문제가 되었던 사례는 1997년 8월 6일 미국령 괌(Guam) 공항에 착륙하던 중 추락한 KAL기 사고 당시 사망자 중 미국 시민권과 한국 국적을 함께 보유한 아동이 있었는데 그 시신의 검시 및 사체인수에 관하여 한국과 미국 양국이 의견대립을 보인 바가 있었다. 당시 그 아동의 부모는 Guam에서 영주하는 한국인이었는데 결국 그 부모가 한국으로의 안치를 원함에 따라 밀접한 관계가 있는 국적을 우선시 하는 헤이그 협약에 의하여 그 시신을 한국으로 송환할 수 있었다.

44) 국적저촉의 경우에 있어서의 연결점의 결정문제는 먼저 저촉되는 국적의 종류에 따라 ① 내국 국적 및 외국 국적간의 저촉인 경우와 ② 외국 국적 상호간의 저촉인 경우를 나누어 따져야 하고, 아울러 저촉되는 국적의 각 취득시점에 따라 ① 동시취득인 경우와 ② 이시취득(異時取得)인 경우로 나누어 따져 볼 필요가 있다. 이에 관해서는 徐希源, 앞의 책,

제된다.

한편 소극적 저촉상태인 무국적자는 어느 국가에서도 기본적 공민권의 행사가 불가능하다. 또한 체류국에서 어떠한 부당한 대우를 받게 되더라도 외교적 보호를 받을 수 없고, 또한 체류국의 입장에서는 무국적자에 대해서는 어떠한 사유로 강제퇴거하고자 하여도 이들을 받아 줄 국가가 없는 관계로 강제퇴거하는 것이 어렵게 되고 따라서 그 처우에 곤란을 겪게 된다.

또한 무국적자에게는 본국법이란 있을 수 없으므로 국제사법상 어떤 다른 연결점을 찾아 본국법을 대신할 법률을 정할 수밖에 없다.

제 4 절 國籍抵觸에 관한 國際社會의 立場

국제사회는 국적의 결정에 관하여 이를 각국의 국내법 관할사항으로 위임하고 있으면서도 그로 인하여 발생될 수 있는 국적저촉의 문제점을 최대한 해소하기 위하여 사람은 누구나 국적을 가지되(소극적 저촉의 방지), 하나의 국적을 가져야 한다(적극적 저촉의 방지)는 국적유일의 원칙을 추구하여 왔다고 볼 수 있다.

1930년의 헤이그 협약은 국제사회가 국적저촉으로 인한 각종 문제에 대처하기 위하여 만들어졌다.[45] 동 협약은 전문(前文)에서 "…… 국제적 공존단체의 전원에게 각 개인은 하나의 국적을 가져야 하고 또한 하나만을 가져야 한다는 것을 인정시키는 것이 일반적 이익인 것을 확신하며, 이에 따라

---

pp.68~72 참조; 한편 우리나라의 舊 섭외사법 제2조 제1항은 '당사자의 본국법에 의해야 할 경우에 그 당사자가 둘 이상의 국적이 있는 때에는 최후에 취득한 국적에 의하여 그 본국법을 정한다. 그러나 그 국적의 하나가 대한민국일 때에는 대한민국의 법률에 의한다.'고 규정하고 있었으며, 이에 기초하여 대법원은 1973년 10월 31일 선고 72다2295판결에서 이중국적을 가진 한국 국민에 대한 실종선고 및 사망의제의 준거법 결정에 관하여 대한민국법에 의하여야 한다고 판시한 바 있다.

舊 섭외사법은 2001년 '국제사법'으로 개정되었는데, 국제사법 제3조제1항은 '당사자의 본국법에 의하여야 하는 경우에 당사자가 둘 이상의 국적을 가지는 때에는 그와 가장 밀접한 관련이 있는 국가의 법을 그 본국법으로 정한다. 다만, 그 국적중 하나가 대한민국인 때에는 대한민국 법을 본국법으로 한다'고 규정하고 있다.

45) 동 협약은 1930년 4월 12일 국제연맹의 국제법전 편찬위원회가 헤이그(Hague)에서 채택한 협약으로서 정식 명칭은 '국적법의 저촉에 관련된 약간의 문제에 관한 협약(Convention on Certain Questions relating to the Conflict of Nationality Laws)'이다.

인류가 노력을 기울여야 할 이상은 무국적 및 이중국적의 경우를 다 함께 소멸시키는데 있다는 점을 인식하나 여러 나라에 현실적으로 존재하는 경제적, 사회적 여건 아래에서는 모든 문제를 획일적으로 즉시 처리하는 것이 불가능하다"고 전제하면서, 국적의 저촉으로 인한 외교적 보호권의 충돌 문제를 해결하기 위하여 "이중국적자가 일방의 국적국에 있는 때에는 다른 국적국은 그 사람에 대한 외교적 보호권을 주장하지 아니한다. 이중국적자가 제3국에 있는 때에는 제3국은 그 사람이 평상시에 주로 거주하고 있던 나라의 국적이나 그 사람과 실제로 가장 관계가 깊은 나라의 국적만을 가지고 있다고 취급하고 그 나라[46]의 외교적 보호권을 인정한다"고 규정하고 있다.

국적저촉에 관한 국적입법례는 결국 이중국적의 허용 여부에 관한 문제이다. 그중에서도 후천적 이중국적에 대해 이를 허용하는지 여부가 관건이다. 이에 관한 각국의 입법례는 후천적 이중국적을 불허하느냐 용인하느냐의 유형으로 대별할 수 있을 것인 바, 그러한 내용의 입법방식과 관련하여 자국의 국적법령에서 직설적이고 단순명료하게 이중국적의 허용여부에 관한 입장을 밝히고 있는 입법례는 중국의 국적법[47] 외에는 찾아보기 어렵다.

거의 대부분의 입법례는 구체적으로 후천적 이중국적이 발생할 수 있는 두 가지의 경우, 즉 자국민이 외국에 귀화하는 등에 의하여 그 국적을 취득하는 경우와 외국인이 자국에 귀화하는 등에 의하여 자국 국적을 취득하는 경우에 있어 '선취득 국적'(전자의 경우는 자국 국적이, 후자의 경우는 前국적이 바로 선취득 국적에 해당한다)을 유지할 수 있는지 여부에 관해 나름대로의 규정을 두고 있고, 그 내용에 따라 그 국가가 후천적 이중국적 문제에 관해 이중국적을 허용하는지 아니면 불허하는지를 추론해 볼 수 있게 된다.

먼저 후천적 이중국적을 불허(금지)하는 국가의 입법례를 살펴보면 자국민이 외국국적을 취득한 경우에는 자국 국적을 자동 상실하는 것으로 하

46) 이와 같이 한 개인이 가진 2개 이상의 국적 가운데 우선시 되는 국적을 실효적 국적 또는 능동적 국적이라고 한다.

47) 중국 국적법 제3조는 "중화인민공화국은 중국 공민이 이중국적을 가지는 것을 허용하지 아니한다"고 규정하고 있다. 중국 국적법의 국문 번역은 법무부 법무자료 제134집(각국의 국적관계법II) pp.161~163을 참조.

고, 자국 국적을 취득한 외국인에 대해서는 前국적의 계속적 보유를 불허하는 형태로 규정하고 있다.

반대로 후천적 이중국적을 용인하거나 문제 삼지 않는 국가의 입법례는, 자국민이 외국 국적을 취득한 경우에도 당연히 국적을 상실하는 것이 아니라 별도로 국적상실 또는 포기를 위한 절차(신고 또는 허가)를 밟은 때에 자국 국적을 상실하는 것으로 규정하는 한편, 자국에 귀화한 외국인에 대하여서도 국적취득의 사전 · 사후 요건으로서 前국적을 포기의 증명을 요구한다거나 기타 그 前국적의 계속적 보유를 규제하는 조항을 두지 아니함으로써 결과적으로 귀화자가 前국적을 계속 보유하는 것이 법률적으로나 사실상 가능하도록 되어 있는 것이 일반적이다.

제 2 편

大韓民國 國籍法의 沿革

제 1 장
槪　　要

1948년 5월 11일에 남조선과도입법의원(南朝鮮過渡立法議院)이 제정한 남조선과도정부 법률 제11호 「국적에 관한 임시조례(臨時條例)」는 대한민국에서 근대적 의미의 입법이 시작된 이래 국적에 관한 최초의 법원(法源)[1]이라 할 수 있다.

동 임시조례는 제헌국회에서 1948년 12월 20일 법률 제16호로 최초의 국적법을 제정할 때까지 대한민국 국민의 국적을 확립하고 법률관계의 귀속을 명백히 하는 기능을 하였다.

제헌국회는 1948년 7월 17일에 제정한 헌법 제3조에서 "대한민국의 국민 되는 요건은 법률로써 정한다"고 하여 국민이 되는 요건을 헌법에 직접 규정하지 아니하고 법률 하위법에 위임하였다. 이러한 헌법의 태도는 제헌헌법 이래 제9차 개정을 거쳐 성립된 현행 헌법에 이르기까지 계속되고 있다.[2] 이와 같은 헌법의 위임에 따라 대한민국의 국민이 되는 요건을 정한 법률이 바로 국적법이다.

제헌헌법이 1948년 7월 17일에 공포, 시행되었다는 점에서 그 이전인 1948년 5월 11일에 제정된 '국적에 관한 임시조례'의 법률적 효력에 의문을 가질

1) 본 임시조례의 법원적(法源的) 성격이나 유효성에 대하여 그 제정시기, 남조선과도정부의 법적 성격 및 관할지역 등과 관련된 문제점을 토대로 부정적으로 평가하는 견해도 있다. 이 점에 관한 자세한 내용은 盧永敦, "우리나라 국적법의 몇 가지 문제에 관한 고찰", 국제법학회논총(제41권제2호, 1996년 12월)을 참조.

2) 제헌헌법 이래 9차의 개정을 거쳐 성립된 현행 헌법에 이르기까지 표현은 약간씩 다르지만 국적의 결정기준을 법률에 위임하고 있는 것은 변함이 없다.
- 제헌헌법(1948) : 대한민국의 국민 되는 요건은 법률로써 정한다(제3조).
- 제5차 개정헌법(1962) : 대한민국의 국민의 요건은 법률로 정한다(제2조).
- 제7차 개정헌법(1972) : 상동(제2조).
- 제8차 개정헌법(1980) : 상동(제2조 제1항).
- 제9차 개정헌법(1987, 현행) : 대한민국의 국민이 되는 요건은 법률로 정한다.

수 있으나, 제헌헌법 제100조는 "현행 법령은 이 헌법에 저촉되지 아니하는 한 효력을 가진다"고 되어 있어 이러한 문제는 입법적으로 해결되어 있다.

국적법은 1948년 12월 20일 최초 제정 이래 60여 년간 2010년의 제10차 개정에 이르기까지 모두 10회의 크고 작은 개정을 거쳤다.

모든 법 개정이 다소간에 그 나름의 의미를 가지겠지만, 10회에 걸친 국적법 개정사에 있어 상대적으로 더 중대한 의미가 있는 것은 아무래도 1997년의 제4차 개정과 2010년의 제10차 개정이 아닌가 생각한다.

그렇게 보는 이유는 다음과 같다.

우선 1997년의 제4차 개정은 국적법이 최초 제정된 후 약 50년 만에 이루어진 전부개정(全部改正)으로서 직전까지 우리나라 국적제도의 근간을 이루던 부계혈통주의를 부모양계혈통주의로 변경하고, 외국인이 대한민국 국민의 처가 되면 자동으로 대한민국 국적을 취득하게 되던 것을 고쳐 귀화허가를 받아야만 대한민국 국적을 취득하게 되는 것으로 변경한 점, 대한민국 국적취득자에 대해 원래는 前국적을 반드시 6개월 내에 포기해야 하지만 예외적 사유가 있는 때에는 前국적 포기의무를 유보해 주고 있는 점, 국적선택제도와 국적판정제도를 도입한 점 등 우리나라 국적제도의 틀을 근본적으로 재정립한 개정으로 볼 수 있다는 점이다.

한편 그로부터 약 13년이 경과한 2010년도의 제10차 개정은 오랫동안 우리 사회에서 통용되어 온 이중국적이라는 용어를 복수국적이라는 용어로 대체하면서, 종전의 국적선택제도를 대폭 손질하여 선천적 복수국적자에게 복수국적 상태의 유지를 허용한 점, 대한민국 국적을 취득한 외국인 중 우수인재, 결혼이민자, 65세 이상의 국적회복자 등에 대해 前국적 포기의무를 前국적 불행사 서약으로 대체하는 등의 방식으로 복수국적을 허용하기로 한 점, 복수국적의 악용을 최소화하기 위하여 복수국적자들에게 국내에서는 국적이탈을 할 수 없도록 하고 국적선택명령제도와 국적상실결정제도를 새로 도입하는 등 특히 복수국적과 관련된 국적정책의 근본적 변화를 추구하였다는 점에서 법제사적 의미를 부여하기에 족하다고 생각된다.

이하에서 최초의 국적법의 법원(法源)에 해당하는 법조항들과 모두 10회에 이르는 국적법 개정의 연혁을 차례로 살펴보기로 한다.

제 2 장

國籍에 관한 臨時條例

1948년 5월 11일에 남조선과도입법의원이 제정한 국적에 관한 임시조례는 선천적 국적결정의 기준으로 부계혈통주의를 규정한 제2조를 포함하여 모두 6개의 조문으로 되어 있었다. 임시조례의 전문은 다음과 같다.[3)]

제1조

본 조례는 국적법이 제정될 때까지 조선인의 국적을 확립하야 법률관계의 귀속을 명백히 함을 목적함.

제2조

좌의 1에 해당하는 자는 조선의 국적을 가짐.

일. 조선인을 부친으로 하야 출생한 자.

이. 조선인을 모친으로 하야 출생한 자로서 그 부친을 알 수 없거나 또는 그 부친이 아무 국적도 가지지 않은 때.

삼. 조선 내에서 출생한 자로서 그 부모를 알 수 없거나 또는 그 부모가 아무 국적도 가지지 않은 때.

사. 외국인으로서 조선인과 혼인하야 처가 된 자. 단, 혼인해소에 의하야 외국에 복적한 자는 제외함.

오. 외국인으로서 조선에 귀화한 자. 단, 귀화의 요건 及 귀화인의 권한은 별로 법률로서 정함.

제3조

전조 제2호 내지 제4호의 규정에 해당하는 자의 권한은 귀화인의 권한과 동일함.

제4조

좌의 1에 해당하는 자는 조선의 국적을 상실함.

일. 외국에 귀화한 자

이. 외국인의 처 또는 양자가 된 자

제5조

외국의 국적 또는 일본의 호적을 취득한 자가 그 국적을 포기하거나 일본의 호적을 이탈

3) 법원행정처 재판자료 제42집,「主要 舊法令集」1988년 p.438.

한 자는 단기 4278년(서기 1945년) 8월 9일 이전에 조선의 국적을 회복한 것으로 간주함.

제6조

본 조례는 공포일로부터 시행함.

본 조례는 '임시조례'라는 제목 자체도 그러하지만 제1조에서 스스로 '국적법이 제정될 때까지' 한시적으로 운영될 조례임을 명시하고 있다.

본 조례에서는 국호를 지칭하는 용어로 '조선'이라는 용어가 사용되고 있는바, 그것은 본 조례가 제정될 당시는 1948년 5월로서 대한민국 정부가 수립되기 전이었기 때문으로 보면 될 것이다.

본 조례에 의하면, 선천적 국적결정기준은 부계혈통주의를 그 원칙으로 하고 있다. 그리고 외국인으로서 조선인의 처가 된 자는 조선의 국적을 가진다는 규정(제2조제4호)과 외국인의 처가 된 자는 조선의 국적을 상실한다는 규정(제4조제2호)에 비추어 볼 때 부(夫)중심주의 또는 부부국적 동일주의를 표방하였음을 알 수 있다.

한편 제4조제1호가 조선의 국적을 상실하는 대표적 원인으로 자진하여 외국국적을 취득한 것을 규정한 것은 단일국적주의를 지향하였음을 말해준다.

특히 주목할 것은 본 조례 2조에서 조선인을 부로 하여 출생한 자 등이 "조선의 국민이 됨"으로 규정하지 않고 "조선의 국적을 가짐"으로 규정한 점이다. 이는 당시에 이미 국민과 국적의 개념을 구분하였던 것이 아닌가 생각된다.

아쉬운 점은 본 조례는 본 조례 제정 전에 태어난 사람 중 어떤 사람이 최초의 조선인 인지 혹은 조선의 국적을 보유하는 사람이 될 것인지 여부에 관해 아무런 규정을 두고 있지 않았다는 점이다. 이는 그후 제헌국회에서 제정된 최초의 국적법에서도 동일하게 지적될 수 있는 부분이다.

제 3 장

制定 國籍法

"대한민국의 국민 되는 요건은 법률로 정한다"고 되어 있는 제헌헌법 제3조의 규정에 따라 1948년 12월 20일 대한민국 최초의 국적법이 법률 제16호로 제정되었다.

제정 국적법은 모두 16개의 조문으로 이루어져 있다. 국적에 관한 임시조례와 마찬가지로 대부분 동일한 내용 즉, 부계혈통주의를 원칙으로 채택하였으며 그밖에도 부(夫)중심주의, 부부(가족)국적 동일주의, 단일국적주의 등을 여전히 기본원칙으로 삼았다.

제정 국적법의 이러한 원칙들은 대한민국 국적제도의 골격이 되었으며, 동 골격은 1997년 제4차 개정에서 큰 폭으로 수정되기 전까지 50년 가까이 유지되어 왔다.

1. 선천적 국적 결정기준

선천적 국적 결정기준으로는 부계혈통주의 즉, 출생한 당시에 부가 대한민국 국민인 자(출생하기 전에 부가 사망한 때에는 사망당시 대한민국의 국민이었던 자)를 원칙으로 하면서 보충적으로 모계혈통주의(부가 분명하지 아니하거나 국적이 없는 때에는 모가 대한민국 국민인 자)와 출생지주의(부모가 모두 분명치 아니하거나 국적이 없는 때에는 대한민국에서 출생한 자)를 가미하였다.

특기할 점은 국적에 관한 임시조례 제2조는 부계혈통으로 출생한 자에 대해 '…… 대한민국 국적을 가진다'고 규정하였으나, 제정 국적법 제2조 본문은 그런 사람에 대해 곧바로 '…… 대한민국 국민이다'라고 규정하고 있는 점이다. 제정국적법 제2조 본문의 이같은 규정방식은 오랫동안 유지되다가 1997년 제4차 개정 법률(제2조)에서 다시 '…… 대한민국 국적을 취득한다'는 형태로 변경되어 현재에 이르고 있다.

이는 대한민국 국민을 부 또는 모로 하여 출생한 사실에 기하여 그 자(子)가 곧바로 '대한민국 국민이 된다'고 표현하는 것이 적절한지 아니면 '대한민국 국적을 가진다 혹은 취득한다'고 표현하는 것이 적절한지에 관한 견해 차이로 귀착된다.

2. 후천적 국적취득 사유

제정국적법에 규정되어 있던 후천적 국적취득사유는 혼인, 인지, 귀화, 국적회복 그리고 수반취득 등 모두 다섯 가지이다.

외국인으로서 대한민국 국민의 처가 된 자와 대한민국 국민인 부 또는 모에 의하여 인지된 미성년 자녀는 자동으로 대한민국 국적을 취득하는 것으로 하였다.

대한민국에 주소를 두고서 법무부장관으로부터 귀화허가 또는 국적회복허가를 받은 자는 대한민국 국적을 취득하며 그 경우에 그 처와 미성년자녀는 대한민국 국적을 수반취득하는 것으로 하였다.

귀화대상자는 일반귀화(국내 5년 이상 거주자), 간이귀화(국내 3년 이상 거주자), 특별귀화(국내 주소가 있는 자) 등 3가지 유형으로 정하였다.

다만 제정국적법은 후천적으로 대한민국 국적을 취득한 사람에 대해 前국적을 포기할 의무가 있는지 여부에 관하여는 특별히 어떤 규정을 두지 않았다.

3. 부(夫)중심주의

제정국적법에 담겨있던 부(夫)중심주의적 규정으로는 국적취득자의 처의 수반취득조항과, 대한민국 국민의 처가 된 외국인은 자동으로 대한민국 국적을 취득한다는 조항, 처는 부(夫)와 함께 하지 않으면 귀화할 수 없다는 조항, 대한민국 국적을 상실한 사람의 처 또는 미성년자가 그의 국적을 취득한 때에는 대한민국 국적을 자동 상실한다는 조항 등을 들 수 있다.

4. 귀화자 등의 권리제한

귀화자, 그의 처와 자는 대통령, 부통령, 국무위원, 특명전권대사, 공사, 국군총사령관, 참모총장에 취임할 수 없도록 하였다. 대한민국 국민의 처가 됨으로써 대한민국 국적을 취득한 자와 대한민국 국적을 수반취득한 자도 마찬가지였다.

5. 대한민국 국적의 상실 사유

대한민국의 국적상실 사유로 ① 외국인과 혼인하여 그 배우자의 국적을 취득한 자, ② 외국인의 양자로서 그 국적을 취득한 자, ③ 혼인으로 인하여 대한민국의 국적을 취득한 자가 혼인의 취소 또는 이혼으로 인하여 외국의 국적을 취득한 자, ④ 자진하여 외국의 국적을 취득한 자, ⑤ 이중국적자로서 법무부장관의 허가를 얻어 국적을 이탈한 자, ⑥ 미성년인 대한민국의 국민이 외국인의 인지로 인하여 외국의 국적을 취득한 자 등을 규정하였다.

6. 국적이탈

이중국적자에 대해 법무부장관의 허가를 얻으면 국적이탈을 할 수 있도록 규정하였다.

이는 제정국적법이 후천적 이중국적은 불허하지만 그와 관계없이 각국의 국적법 체계상의 차이 때문에 우리 국민 중에도 선천적으로 이중국적인 사람이 생길 수 있다는 사실을 이미 전제하고 있었다는 점에서 매우 특기할 만하다.

7. 국적상실자의 권리변동

대한민국 국적을 상실한 자는 대한민국의 국민이 아니면 향유할 수 없는 권리를 국적상실한 날로부터 1년 이내에 대한민국의 국민에게 양도하여야 하고, 이를 위반하면 그 권리를 상실한다고 규정하였다.

제 4 장

제1차~제3차 改正

1. 제1차 개정

제1차 개정(1962년 11월 21일, 법률 제1180호)에서는 외국인이 대한민국 국적을 취득하려면 국적취득일부터 6월내에 외국국적을 상실하게 될 경우에 한한다는 조항이 신설되었고, 아울러 제정 국적법 이래 대한민국에 주소를 두고 있는 사람만이 국적회복을 할 수 있었던 것을 국적회복 심의위원회의 건의가 있으면 국내에 주소가 없더라도, 즉 외국에서도 국적회복을 할 수 있다는 내용의 조항이 신설되었다.

2. 제2차 개정

제2차 개정 (1963년 9월 30일, 법률 제1409호)에서는 제정국적법이 귀화자에 대하여 대통령 등 특정 공직에의 취임을 금지하고 있던 규정을 삭제하였고, 외국인이 대한민국 국적을 취득한 후 6월내에 前국적을 상실하지 않으면 대한민국 국적을 상실하게 된다는 조항이 신설되었다.

즉 제1차 개정에서는 대한민국 국적을 취득한 사람에 대해 6개월내에 前국적을 상실할 의무를 부과하였고 제2차 개정에서는 그러한 의무를 이행하지 않으면 대한민국 국적을 상실하게 된다는 제재조항이 추가된 셈이다.

제2차 개정을 계기로 우리 국적법은 대한민국 국적을 취득한 외국인에게 前국적을 6월내에 반드시 상실하게 함으로써 후천적 복수국적의 발생을 불허, 불용한다는 태도를 분명히 하였다고 볼 수 있다. 다만 아무런 예외 내지 유보조항을 두지 아니함으로써 자신의 의지와 관계없이 6월내 前국적의 상실이 어려운 사람은 대한민국 국적을 취득할 수 없게 되는 결과를 가져왔다.

3. 제3차 개정

제3차 개정(1976년 12월 22일, 법률 제2906호)에서는 국적회복 심의위원회를 폐지하고 국적회복 허가요건으로서 국내에 주소가 있어야 한다는 조항도 삭제되었다. 이로써 외국에 거주하고 있는 동포들도 재외공관을 통해 신청하면 대한민국 국적을 회복할 수 있게 되었다.

제 5 장

제4차 改正

1. 개정의 특징

제4차 개정 (법률 제5431호, 1997.12.13. 전부개정 / 1998.6.14. 시행)은 그 이전까지 약 50년간 거의 동일하게 유지되어 온 우리나라 국적법과 제도를 양과 질에서 모두 획기적으로 변경한 것이었다. 우선 형식면에서 전문 개정으로 구 국적법의 조문을 대부분 손질하였고 조항수도 상당히 늘어났으며, 개정법률에 맞게 종전까지 없었던 국적법 시행령을 새로이 제정하고 조항수가 10개 미만이었던 시행규칙도 매우 상세히 정비되었다.

제4차 개정의 특징은, 우선 선천적 국적결정기준을 부계혈통주의에서 부모양계혈통주의로 변경한 것을 들 수 있다. 그리고 종전 법률에 산재하고 있던 각종 남녀차별적 요소를 남녀평등의 방향으로 정비하고, 국적입법례 간의 불일치로 발생할 수 있는 후천적 이중국적을 일부 용인하는 조항을 신설하였으며, 국적선택제도를 도입하고, 국적이탈을 허가제에서 신고제로 변경하였으며 그 밖에도 구법에서 입법적 불비로 지적되어 온 여러 가지 사항들을 정비 또는 보완하였다.

2. 개정의 주요내용

① 출생에 의하여 선천적으로 대한민국의 국적을 취득하는 요건에 관하여 종전의 부계혈통주의를 부모양계혈통주의로 전환하였다(구법 제2조제1항제1호 및 제3호, 신법 제2조제1항제1호).

② 종전에는 미성년 외국인을 대한민국 국민인 부 또는 모가 인지한 경우에 그 외국인이 자동으로 대한민국 국적을 취득하였으나, 개정법률에서는 인지된 후 법무부장관에게 신고한 때에 대한민국 국적을 취득

하는 것으로 하였다(구법 제3조제2호, 신법 제3조제1항).

③ 종전에는 외국인 여성이 대한민국 국민의 처가 되면, 즉 대한민국 남성과 혼인하면 혼인과 동시에 자동으로 대한민국 국적을 취득하였으나, 개정법률에서는 혼인한 후 국내에 일정기간 거주하는 등 소정의 요건을 갖추고 법무부장관의 귀화허가를 받아야만 대한민국 국적을 취득하게 되었다[1](구법 제3조제1호, 신법 제6조제2항).

④ 대한민국 국민의 양자가 된 외국인 중 성년이 된 이후에 입양된 자는 종전에는 특별귀화 대상자로서 국내거주기간에 관계없이 귀화할 수 있었으나,[2] 개정법률에서는 간이귀화 대상자로서 국내에 3년 이상 계속 거주한 경우에 한하여 귀화할 수 있게 되었다(구법 제7조제1항제1호, 신법 제7조제1항제1호 단서 및 제6조제1항제3호).

⑤ 구법이 규정하고 있던 처의 수반취득 조항 및 단독귀화의 금지에 관한 조항을 삭제하는 한편, 미성년 자녀의 경우 종전에는 본국법에 반대규정이 없는 한 자동으로 부모와 함께 대한민국 국적을 취득하게 되어 있었으나, 개정법률에서는 수반취득을 신청한 경우에 한하여 부모와 함께 대한민국 국적을 취득하는 것으로 하였다(구법 제8조제1항, 제9조, 신법 제8조).

⑥ 국적회복의 불허사유를 새롭게 명시하였다(신법 제9조제2항).

⑦ 종전에는 대한민국 국적을 취득한 외국인이 국적취득 후 6개월 내에 前국적을 상실하지 아니하면 예외 없이 대한민국 국적을 상실하게 되어 있었으나, 개정법률에서는 前국적 포기의무의 예외를 신설하여 그 예외에 해당되는 사람은 前국적을 포기하지 않더라도 대한민국 국적을 상실하지 않는 것으로 하였다(구법 제12조제7호 등, 신법 제10조제2항).

---

1) 한편 대한민국 국민의 남편이 된 외국인의 경우는 제4차 개정 전의 구법 하에서도 혼인에 의하여 대한민국 국적을 자동 취득하는 것이 아니라 3년 이상 계속하여 국내거주한 자에 한하여 법무부장관의 귀화허가를 받아 대한민국 국적을 취득하도록 되어 있었다(구법 제6조제2항). 따라서 제4차 개정 이후부터 대한민국 국민의 배우자가 된 외국인은 남녀 공히 귀화절차로 대한민국 국적을 취득하도록 국적취득요건이 단일화된 셈이다.

2) 제4차 개정 전까지의 구법에서는 양자의 귀화요건에 관하여 명시적인 규정이 없었다. 그리고 구법 제7조제1항제1호가 특별귀화 대상자의 하나로서 규정하고 있던 "부 또는 모가 대한민국의 국민인 자" 중에는 양자도 해당되는 것으로 해석하여 왔다.

⑧ 대한민국 국적 취득후 법정기간 내에 前국적을 포기하지 아니하여 대한민국 국적을 상실한 자에 대하여 그가 그 후 1년 내에 前국적의 포기를 마친 경우에는 법무부장관에 대한 신고만으로 대한민국 국적을 다시 취득할 수 있도록 국적재취득 신고제도를 신설하였다(신법 제11조).

⑨ 이중국적자에 대하여 법정기간 내에 반드시 하나의 국적을 선택하도록 하는 국적선택제도를 신설하였다(신법 제12조 내지 제14조).

⑩ 종전에는 대한민국 국민이 어떠한 사유로든 일단 외국 국적을 취득하면 예외 없이 대한민국 국적은 자동으로 상실하게 되어 있었으나, 개정법률에서는 자진하여 외국 국적을 취득한 경우를 제외하고 혼인 등 외국인과의 사법적 신분행위에 기하여 그 국적을 취득하게 된 자에 대해서는 국적보유신고제도를 신설하여 외국 국적 취득이후 6개월 내에 법무부장관에게 대한민국 국적의 보유의사를 신고하면 대한민국 국적을 상실하지 않고 계속 보유할 수 있는 것으로 하였다(신법 제15조제2항).

⑪ 대한민국 국적을 상실한 사람에 대하여 국적을 상실하기 전에 취득한 권리 중 양도 가능한 권리의 양도의무기간을 종전의 1년에서 3년으로 연장하였다(구법 제16조, 신법 제18조).

⑫ 대한민국 국적의 취득 또는 보유 여부가 불분명한 자에 대한 국적판정제도를 신설하였다(신법 제20조).

⑬ 부모양계혈통주의의 채택에 따른 경과조치로서 신법 시행 전 10년 동안에 대한민국 국민을 모로 하여 출생한 자가 신법 시행 후 3년 내에 법무부장관에게 신고하면 대한민국 국적을 취득하는 것으로 하였다(신법 부칙 제7조).

⑭ 부모양계혈통주의의 채택에 의하여 앞으로는 외국인을 부로 하여 출생한 자도 출생과 동시에 대한민국 국적을 취득하는 경우도 발생하게 됨에 따라 부가 외국인인 자는 모의 성과 본을 따를 수 있게 하고, 모의 호적에 입적하도록 민법 제781조제1항을 개정하였다(신법 부칙 제8조).

3. 개정의 이유

첫째, 헌법에 위배된 것으로 볼 여지가 있는 각종 남녀차별적 조항 등을 정비할 필요성이 있었다.

구 국적법이 자의 선천적 국적을 결정함에 있어 부의 국적을 우선시하는 부계혈통주의 조항을 원칙으로 삼은 것이나 그 밖의 각종 부중심주의적 조항에서 기혼 여성의 독자적 국적선택권을 용인하지 않는 점에 관하여 이는 정치적 · 경제적 · 사회적 · 문화적 생활의 모든 영역에 있어서의 성적 차별을 금하고 있는 헌법 제11조제1항과 혼인 · 가족생활에 있어서의 양성평등(兩性平等)을 규정하고 있는 헌법 제36조제1항에 위배된다는 주장이 종종 제기되어 온[3] 것이 사실이었다.

둘째, 국제조약이나 국제법규에 위배되는 요소를 정비할 필요성이 있었다.

구 국적법의 부계혈통주의 조항 및 각종의 부(夫)중심주의적 조항은 우리 정부가 가입한 국제조약으로서 헌법 제6조제1항에 의하여 국내법과 효력이 같은 유엔 여성차별철폐협약[4]이나 국제인권규약(B규약)[5], 아동권리협약[6] 등이 직 · 간접적으로 국적취득에 있어서의 남녀평등과 아동의 국적취득권을 보장하도록 규정하고 있는 점과 상충된다는 점도 문제가 되었다.

특히 여성차별철폐협약의 경우, 우리 정부가 가입할 당시에 구법이 부계혈통주의 및 처의 수반취득제도 등을 규정하고 있고, 내국인과 혼인한 외

---

3) 특히 부계혈통주의를 규정하고 있던 구법 제2조제1항제1호에 관하여 서울고등법원은 1997년도에 헌법재판소에 위헌법률심판을 제청하기도 하였다(동 제청에 대하여 헌법재판소는 부모양계혈통주의로 국적법이 개정된 이후에 구법 제2조제1항제1호가 위헌이라는 결정을 내린 바 있다).

4) 동 협약의 정식 명칭은 "여성에 대한 모든 형태의 차별철폐에 관한 협약(Convention on the Elimination of All Forms of Discrimination against Women)"이다. 우리나라는 1984년 12월 27일에 동 협약에 가입하였다.

5) 동 규약의 정식명칭은 "시민적 · 정치적 권리에 관한 국제규약(International Covenant on Civil and Political Rights; 이른바 B규약)"이다. 우리나라는 1990년 4월 10일에 동 규약에 가입하였다.

6) 동 협약의 정식명칭은 "아동의 권리에 관한 협약(Convention on the Rights of the Child)"이다. 우리나라는 1991년 11월 20일에 본 협약의 비준서를 기탁하여 1991년 12월 20일에 효력이 발생되게 되었다. 가입 당시 우리나라는 동 협약 제9조제3항(부모와의 면접교섭유지권)등 3개 조항을 유보하였다.

국인 배우자에 대하여 국적취득의 요건을 남녀로 구분하여 달리 규정하고 있던 사정 등에 의하여 동 협약 제9조를 유보하게 된 이래 오랫동안 그 유보상태가 지속되어 온 관계로 이를 해소하여야 할 필요성이 증대되었다.

> 우리 정부는 여성차별철폐협약에 가입할 당시 동 협약 제9조(국적취득 · 변경에 있어서의 동등한 권리)와 제16조 제1항의 4개 항목(혼인 및 가족관계 등에 있어서의 남녀평등 보장)등을 유보하였었다. 그중 동 협약 제16조 제1항에 관해서는 1991년 1월 1일부터 남녀평등을 보장하는 내용으로 민법을 개정, 시행하게 됨에 따라 姓의 선택조항을 제외하고 유보를 철회하였으나, 국적득상에 있어서의 남녀평등을 규정한 동 협약 제9조에 대해서는 계속 유보상태로 둘 수밖에 없었다. 동 협약 제9조에 관한 유보상태를 해소하기 위해서는 구 국적법상의 부계혈통주의 등 각종 남녀차별적 조항을 정비하는 것이 필수적인 것으로 인식되어 왔다. 일본의 경우에도 여성차별철폐협약에 가입한 것을 계기로 1984년에 종전의 부계혈통주의를 부모양계 혈통주의로 변경하고, 그 밖에도 일본 국민의 배우자가 된 외국인에 대하여 귀화요건을 남녀동등하게 하는 등 국적취득 및 상실절차에 있어 종전의 남녀차별적 내용을 대폭 정비하는 방향으로 국적법을 대대적으로 개정한 바 있다.

그리고 B규약의 경우, 동 규약 제3조가 동 규약에 명시된 모든 시민적 · 정치적 권리의 향유에 있어 남녀에게 동등한 권리를 확보토록 규정하고 있는 것과 관련하여 '시민적 · 정치적 권리'의 내용에는 국적의 득상에 관한 권리도 포함된다고 볼 때, 구법의 각종 남녀차별적 조항이 동조의 내용과 저촉되는 실정이었음에도 동 규약에 가입할 당시 우리 정부가 제3조를 유보해 두지 아니하였던 관계로[7] 결과적으로는 위 규약과 맞지 않는 국내법을 운영하는 셈이 되었다. 한편 아동권리협약은 가입국에 대하여 아동의 무국적 상태를 방지할 책무를 규정하고 있는 바, 구법의 부계혈통주의 조항에 의하면 외국인을 부로 하여 국내에서 출생한 아동의 경우에는 무국적 상태에 처할 수도 있다는 점에서 이는 동 협약과 저촉되는 결과가 될 수 있었다.

셋째는 시대여건의 변화를 들 수 있다. 즉 과거에 비해 내 · 외국인의 출

7) 우리 정부는 B규약에 가입할 당시 동 규약 제14조제5항(상소권 보장), 제14조제7항(일사부재리 또는 이중처벌 금지), 제22조(결사의 자유), 제23조제4항(혼인 및 혼인 해소시 배우자의 평등)등 4개항을 유보한 바 있다.

입국과 국제결혼이 현저히 증대되면서 국적취득 또는 변경의 수요가 비례적으로 확대되었고 이에 따른 국적변경의 절차를 합리적으로 조정할 필요성이 증대되었다. 특히 1990년대에 와서는 역이민의 증가추세, 1992년 한·중 수교 이후 중국 국적의 조선족 여성들이 한국에서 취업할 목적으로 대한민국 남성과 위장결혼하는 사례의 급증, 불법체류 중인 외국인 남성 근로자와 대한민국 여성간의 사실혼 빈발에 따른 배우자 본인 및 자녀의 국적문제 등이 사회적 문제로 대두되었다.

4. 개정의 경과

여러 가지 국내적 요인에 의하여 진작부터 국적법의 개정에 관한 논의가 있어 왔던 것이 사실이나 특히 1990년의 B규약 가입은 법개정 추진의 중요한 계기가 되었다고 할 수 있다. 법무부는 그 해 12월에 국적법 개정을 위한 자문기구로서 국적법개정특별분과위원회를 구성하여[8] 본격적인 개정 작업에 착수하였다.

동 위원회는 1991년 12월까지 약 1년 동안 1984년에 개정되어 1985년 1월 1일부터 시행중인 일본의 개정 국적법을 참고로 하여 논의한 결과로서 부모양계혈통주의를 채택하고 국적유보제도와 국적선택제도를 신설하는 것 등을 주요골자로 한 개정시안을 마련하였으며, 법무부는 동 개정시안을 토대로 1992년 4월 입법예고함과 동시에 같은 달 24일에는 공청회를 개최하기도 하였다.

동 공청회에서는 일본에서 활동 중이던 故 金敬得 변호사가 개정시안 중 국적유보제도를 규정하고 있는 조항에 관하여 재일동포사회의 뜻을 대변하여 동 제도의 도입을 강력히 반대한다는 논지의 의견을 밝힌 점을 제외한다면 별다른 반대의견이 제기되지 아니하였다. 그럼에도 불구하고, 동 개정시안은 그 후 여러 가지 사정에 의하여 정부안으로 발전되지 못하고 따라

8) 동 위원회는 대학교수 3인(金疇洙 연세대 교수〈가족법 전공〉, 李相冕 서울대 교수〈국제법 전공〉, 鄭印燮 서울대 교수〈국적법 전공〉), 법관(법원행정처 법정심의관〈호적업무 관장〉), 내무부 지방행정국장(주민등록업무 관장), 외무부 재외국민영사국장(영사업무 관장), 검사(법무부 법무과장〈국적업무 관장〉) 등 7인의 위원으로 구성되었으며, 법무부 법무과 소속 국적업무 담당검사가 간사를 담당하였다.

서 국회제출에는 이르지 못하였다.

당시의 상황으로서는 정부안을 확정하기에 앞서 부모양계혈통주의에 대하여 좀 더 심층적인 연구가 필요하다는 점과 동 주의의 채택여부는 국민의 일반정서상 민감한 사항인 점을 고려할 때 충분한 여론 검증이 필요하다는 견해가 잠복하고 있었을 뿐 아니라 한편으로는 부모양계혈통주의를 채용할 경우에 필연적으로 선천적 이중국적자가 양산될 것에 대비하여 동 개정시안에서 함께 도입하기로 하였던 국적유보제도에 대해 재일동포사회가 강한 반대의사를 표시하고 있는 점 등도 입법추진에 있어 상당한 부담으로 작용하였다.

뿐만 아니라 그 후 재미동포들이 지속적으로 이중국적의 허용을 요구하는 점, 그리고 러시아 등 동구권 국가와 중국에 거주하는 동포들의 영주귀국 및 국적회복 문제 등 국적정책과 관련된 각종 현안들이 중첩적으로 대두되면서 결국 개정시안의 완성은 더 이상의 결실을 보지 못하였으며, 1992년 12월에는 국적법개정특별분과위원회도 예정한 임기(1년)의 만료와 동시에 해산되기에 이르렀다. 그 후 법무부에서 위 개정시안을 토대로 학계와 관계부처 및 사회단체 등을 상대로 보완의견을 수렴하는 등 개정작업은 계속 진행되었으나 표면적으로는 1995년 하반기까지 지지부진한 상태를 면하지 못하였다.

그러한 상태에서 한 · 중 수교(1992년) 및 경제여건의 상승 등 정세변화에 의하여 중국 조선족 동포 및 동남아시아를 중심으로 주변국 출신 외국인들의 국내유입이 점증하게 되었고, 이에 수반된 사회현상의 하나로서 이들 외국인과 대한민국 국민인 여성의 동거 사례가 늘어나고 그들 사이에 출생한 2세들의 국적취득문제 등 종전에 별 문제가 되지 않았던 국적관련 민원이 급증하게 되었다. 이러한 사정 등에 의하여 구법의 부계혈통주의나 외국인 배우자의 한국 국적 취득요건 등 구법의 국적결정 기준을 전반적으로 정비할 필요성이 새로 부각되기 시작했다.

그리하여 법무부는 국적법 개정작업을 재추진하기로 하고 1995년 12월 30일 다시 국적법개정특별분과위원회를 구성하게 되었다. 개정작업의 효율성을 기하기 위하여 동 위원회는 1991년 당시의 구 위원회의 위원들을 대부분 재위촉하는 한편, 여성계와 재야 법조계의 견해를 적극 반영한다는 차원에서 여성계 대표 1명과 변호사 1인을 추가한 9인의 위원으로 구성되었다.

동 위원회는 1992년의 개정시안 및 동 시안에 법무부의 수정 · 보완내용 등을 토대로 논의를 시작하였으며, 모두 8차례의 회의를 거쳐 1996년 11월 새로운 개정시안을 마련하기에 이르렀다.

새로운 개정시안의 내용은 부모양계혈통주의의 채택 및 국적선택제도의 신설 등 대체로 1992년의 개정시안의 골격과 유사하였으나 국적유보제도는 이를 도입하지 않기로 하였고, 그밖에도 세부적 내용에 있어 1992년의 구 개정시안에 비해 상당한 수정 및 보완이 이루어 진 상태에서 1997년 7월 2일 법무부는 동 위원회의 개정시안을 토대로 부모양계혈통주의의 채택을 골자로 한 국적법 개정방향을 확정하게 되었다.

> 1997년 7월 28일에 있은 제184회 임시국회 본회의에서 당시 여당이었던 신한국당 吳陽順 의원이 구법상의 부계혈통주의 조항을 남녀평등차원에서 부모양계혈통주의로 전환할 용의가 있는지 여부를 질의한 것에 대하여 당시 崔相曄 법무부장관은 이미 그러한 방향으로 국적법을 개정하는 작업을 추진 중에 있다는 요지로 답변하기도 하였다.

법무부에서는 동년 8월초 다시 관계부처 및 관련 사회단체의 의견조회를 거쳐 국적법개정법률(안)을 최종 확정한 후, 9월 13일 입법예고를 함과 동시에 동 법률(안)을 9월 22일 법제처에 제출하였고, 법제처의 법령심사과정에서 자구 수정 및 형식적 사항의 보완을 마친 동 법률(안)은 11월 1일 차관회의의 의결을 거쳐 11월 4일 국무회의에서 의결됨으로써 정부안으로 최종 확정되고, 11월 8일에는 마침내 제185회 정기국회에 제출되기에 이르렀다.

국회에 제출된 국적법개정법률안은 동년 11월 10일 국회법제사법위원회에 회부된 뒤 11월 14일 동 위원회 제7차 회의에 최초 상정되었으며, 11월 17일 동 위원회 제8차 회의에서 당초 개정법률의 시행일에 관하여 '공포일로부터 1년후'로 되어 있던 부칙 제1조를 '공포일로부터 6월후'로 수정한[9]

9) 국회법제사법위원회의 수석전문위원(임승관)이 동 위원회 제7차 회의에서 위원들에게 부칙 제1조를 수정 검토한 이유로 보고한 내용을 발췌하면 다음과 같다. "안 부칙 제1조는 공포 후 시행일까지의 유예기간을 1년으로 하고 있는데 이는 관련법령의 정비기간 등을

내용으로 의결되고, 이어서 11월 18일 국회 본회의에서 만장일치로 통과되었다.

이러한 과정을 거쳐 성립된 국적법개정법률은 12월 2일 국무회의에서 공포안이 의결되고, 12월 13일 법률 제5431호로 공포되었으며 동 개정법률 부칙 제1조에 따라 공포일부터 6월 후인 1998년 6월 14일부터 시행되었다.

특기할 것은 동 개정법률 부칙 제8조는 자의 성(姓)과 본을 규정한 민법 제781조제1항을 개정하는 내용으로 되어 있어 결국 국적법을 개정하는 기회에 민법도 동시에 개정한 셈이 되었다.

> 국적법 개정법률 부칙 제8조로 개정되기 전까지의 민법 제781조제1항은 "자는 부의 성과 본을 따르고 부가에 입적한다"고 되어 있었고, 개정법률 부칙 제8조는 동 조항에 "다만, 부가 외국인인 때에는 모의 성과 본을 따를 수 있고, 모가에 입적한다."는 단서를 추가한다는 내용이었으므로 결국 민법 제781조제1항은 "자는 부의 성과 본을 따르고 부가에 입적한다. 다만, 부가 외국인인 때에는 모의 성과 본을 따를 수 있고, 모가에 입적한다"로 개정된 셈이 되었다.
>
> 민법 제781조제1항은 그 후 2005년 3월 31일 법률 제7427호로 다음과 같이 전문개정 되었다.
>
> "제781조(자의 성과 본) ① 자는 부의 성과 본을 따른다. 다만 부모가 혼인신고시 모의 성과 본을 따르기로 협의한 경우에는 모의 성과 본을 따른다. ② 부가 외국인인 경우에는 자는 모의 성과 본을 따를 수 있다. ③~⑥항 생략"

감안한 것으로 보여 집니다. 그러나 이 개정안에 대한 전국민의 관심과 기대의 정도, 이 개정안의 제안이유 등에 비추어 볼 때 1년이라는 유예기간은 너무 길다고 여겨지며, 관련 법령의 정비문제에 있어서도 민법 중 단 1개에 불과한 국적법 관련조항은 이미 안 부칙 제8조를 통하여 개정하고 있으며, 호적법 중 국적에 관련된 조항은 국적법이 일단 개정되면 그에 맞추어 무조건 정비해야 할 사항이므로 개정작업이 단순하다고 볼 수 있어 6월의 유예기간이면 충분하다고 생각됩니다"라고 보고하였다.

제 6 장

제5차~제9차 改正

1. 제5차 개정

제5차 개정(법률 제6523호, 2001.12.19. 개정 시행)의 골자는, 제4차 개정 국적법이 부모양계혈통주의를 채택하면서 개정법률 시행전 모계출생자의 대한민국 국적취득에 관하여 특례를 규정한 부칙 제7조에 관하여 헌법재판소가 2000년 8월 31일 헌법불합치 결정을 내린 것에 따라 동 조항을 수정한 것이다.

헌법재판소의 헌법불합치 결정 취지는 제4차 개정법률 부칙 제7조가 모계출생자의 대한민국 국적취득 특례신고 대상을 법시행전 10년 동안에 출생한 자로 한정한 것은 헌법에 합치되지 않는다는 것이었다.

당초 제4차 개정법률의 부칙 제7조가 특례신고 대상을 법 시행일 기준으로 10세 미만의 모계출생자로 정하였던 것은 그 연령대까지는 모가 대한민국 국민임에도 부가 외국인이라는 이유로 무국적 상태로 지내는 아동이 있을 수 있겠지만 그 이상의 연령대에는 현실적으로 어떤 형태로든 그 아동이 국적을 취득하여 무국적 상태로 있지 않으리라는 점에서 별도로 고려할 실익이 없을 것이라는 판단에 입각한 것이었다.

그런데 헌법재판소가 개정법률 시행당시 10세 미만의 모계출생자만을 특례신고 대상으로 삼은 부칙 제7조는 헌법정신에 합치되지 않는다고 결정한 것에 따라 법무부는 그 대상자를 법 시행전 20년 동안에 대한민국의 국민을 모로 하여 출생한 자로 수정한 개정안을 국회에 제출하였고, 국회에서 이를 통과시킴으로써 결국 법 시행일 기준 20세 미만인 자로 대상을 확대한 셈이 되었다.

그런데 약간 우스광스러운 점은 헌법재판소가 불합치결정을 내린 사건의 위헌심판제청을 신청했던 사람은 이미 그 신청을 할 당시 이미 50대로서 20세를 훨씬 지난 사람이었기 때문에 개정된 부칙 제7조에 의하더라도 신청인에게는 그 특례가 적용될 여지가 없다는 것이었는 바, 그러한 점에 대한 아무런 검토나 적의한 지적도 없이 5차 개정안은 국회에서 그대로 통과되었다.

2. 제6차 개정

제6차 개정(법률 제7075호, 2004.1.20. 개정 시행)은 간이귀화의 대상자인 대한민국 국민의 외국인 배우자 중에서 간이귀화에 필요한 국내거주기간을 충족하기 전에 각종의 이유로 혼인관계가 중단 내지 파탄된 사람에 대해서도, 법에 규정된 요건을 갖춘 경우에는 계속 간이귀화 대상으로 취급하도록 하는 것을 주된 내용으로 하고 있다.

즉 종전 법률 제6조제2항은 간이귀화 대상자로 ⅰ) 그 배우자와 혼인한 상태로 대한민국에 2년 이상 계속하여 주소가 있는 자(제1호)와 ⅱ) 그 배우자와 혼인한 후 3년이 경과하고 혼인한 상태로 대한민국에 1년 이상 계속하여 주소가 있는 자(제2호)로 규정함으로써 귀화 신청 당시 대한민국 국민인 배우자와 혼인상태가 유지되고 있는 외국인 배우자를 그 대상으로 하고 있었다.

그런데 제6차 개정법률에서는 인도적 고려 등을 이유로 대한민국 국민의 배우자였던 사람이 다음 두 가지에 해당하면 비록 국민과의 혼인관계가 중단되었다 하더라도 간이귀화 대상자로 취급해 주도록 제6조제2항에 제3호와 제4호를 신설 하였다.

ⅰ) 그 배우자와 혼인한 상태로 대한민국에 주소를 두고 있던 중 그 배우자의 사망이나 실종 그 밖에 자신의 귀책사유 없이 정상적인 혼인생활을 할 수 없었던 자로서 제1호 또는 제2호의 잔여기간을 충족하고 법무부장관이 상당하다고 인정하는 자(제6조제2항제3호)

ⅱ) 그 배우자와의 혼인에 의하여 출생한 미성년의 자를 양육하고 있거나 양육하여야 할 자로서 제1호 또는 제2호의 잔여기간을 충족하고 법무부장관이 상당하다고 인정하는 자(제6조제2항제4호)

3. 제7차 개정

제7차 개정(법률 제7499호, 2005.5.24. 개정 시행)은 한나라당 홍준표(洪準杓) 의원 등이 발의한 의원입법으로서, 속칭 원정출산 형태로 이중국적을 취득한 사람에 대하여 국적이탈의 요건을 강화한 것이 그 골자이다.

즉, 직계존속이 외국에서 영주할 목적 없이 체류한 상태에서 출생하여 이중국적자가 된 자는 병역의무의 이행과 관련하여 현역·상근예비역 또는 보충역으로 복무를 마치거나 마친 것으로 보는 때, 병역면제처분을 받은 때, 제2국민역에 편입된 때에 한해서만 국적이탈을 할 수 있도록 하는 조항(제12조제3항)을 신설함으로써, 요컨대 원정출산자에 대해서는 병역관계가 해결되기 전에는 국적이탈을 할 수 없게 한 것이다.

이를 다시 부연하면 종전에는 이중국적자의 경우 제1국민역에 편입된 시점(만 18세가 되는 해의 1월 1일) 이후에 국적이탈을 하고자 할 경우에만 병역이 문제가 되었고, 제1국민역 편입 전에는 병역이행 여부에 관계없이 국적이탈이 가능하였던 것인데, 제7차 개정으로 말미암아 원정출산자에 해당하는 이중국적자는 어떠한 형태로든 병역관계가 해결되어야만 국적이탈을 할 수 있고 그러기 전에는, 다시 말해 제1국민역에 편입되는 시점 전에도 국적이탈을 할 수 없게 된 것에 법개정의 의미가 있는 것이다.

이처럼 제7차 개정법률은 원정출산으로 이중국적이 된 사람에 대해 국적이탈의 요건을 강화한 것이 핵심인 바, 해석론상의 핵심과제는 과연 어떤 사람이 원정출산자인지 여부가 될 것이다. 이 점에 관하여 제7차 개정법률(제12조제3항)은 상당한 문제를 내포하고 있다는 것이 필자의 생각이다.[1)]

그 이유는 제7차 개정법률 제12조 제3항과 같이 부모가 외국에서 영주할 목적이 있었는지 여부로 원정출산의 기준을 삼게 되면 예컨대 외국에서 유학하는 동안 또는 기업의 주재원, 공무파견 등으로 다년간 근무하는 동안에 출생한 자녀까지 비영주목적 체류자의 개념으로 묶어 오직 자녀의 이중국적 취득 이외에 다른 체류목적 없이 단기간 출국한 원정출산자와

1) 제7차 개정 국적법의 문제점에 관한 상세한 내용은, 拙稿 "국적법 제7차 개정조항의 문제점과 대안"(법률신문 2005년 10월 6일자)을 참조.

동일시 한다면, 이는 매우 부당할 뿐 아니라 원정출산자의 개념이 과도하게 확장될 우려가 있다고 보기 때문이다.

뿐만 아니라 제7차 개정법률이 그러한 원정출산자의 기준을 개정법률 시행일 이후에 출생한 사람부터 적용하는 것이 아니라 개정법률 시행일 전에 출생한 사람에게도 적용하여 국적이탈의 규제사유로 삼는 것은 그 목적의 타당성에 관계없이 소급입법의 금지원칙에 반한다고 할 것이다. 비록 제7차 개정법률 부칙이 개정규정은 개정법률 시행 후 국적이탈을 하려는 사람부터 적용된다고 되어 있기는 하지만, 개정법률 성립 전에 출생한 사람의 경우 출생당시 부모의 체류상황이 어떠했는지에 따라 국적이탈의 가능여부가 달라진다면 이는 소급입법의 시비에서 자유로울 수 없다고 보아야 한다.

4. 제8차 개정

제8차 개정법률 (법률 제8435호, 2007.5.17. 개정 / 2008.1.1. 시행)은 2007년도에 호적법이 폐지되고 「가족관계의 등록 등에 관한 법률」이 제정되면서 수십 년간 유지되어 오던 호적제도가 가족관계등록제도로 대체됨에 따라 그 내용을 국적법에 반영한 것이다.

특히 귀화, 국적회복 등으로 대한민국 국적을 취득하게 되면 종래에는 당사자가 본적(예정)지 호적관서에 직접 신고하여 호적을 편제 또는 정리하게 되어 있었으나, 가족관계등록법 제93조 내지 제98조는 이를 관장기관 통보제로 전환하여 국적업무의 관장기관인 법무부장관으로 하여금 귀화 또는 국적회복허가 내용을 당사자의 등록기준지 시 · 읍 · 면의 장에게 직접 통보하여 가족관계등록부에 국민의 국적변동사항을 기재하게 하는 내용으로 되어있다.

5. 제9차 개정

제9차 개정법률(법률 제8892호, 2008.3.14. 개정 시행)은, 외국인이 귀화허가나 국적회복허가 또는 국적보유의 판정을 받음에 있어 거짓이나 그 밖의 부정한 방법을 사용한 경우에 법무부장관이 그 허가 또는 판정을 취소할 수 있게 함으로써 국적에 관한 허가 등의 취소 근거조항을 신설하였다.

이와 같은 조항이 없더라도 행정법의 일반이론에 의하여 귀화나 국적회복의 허가를 취소하는 것이 불가능한 것은 아니라 할 것이나 제9차 개정은 그 취지를 분명히 하였다고 할 수 있다.

제 7 장

제10차 改定

1. 개정의 경과

1997년의 제4차 개정 당시 이중국적의 강제적 정리절차라 할 수 있는 국적선택제도가 도입된 이후 약 10여년의 운영과정에서 나타난 가장 큰 문제점은 이중국적자들이 국적선택기간 내에 하나의 국적을 선택함에 있어 대부분이 대한민국 국적이 아닌 외국국적을 선택한다는 점, 한편으로 그 기간 내에 국적선택을 하지 아니함으로써 대한민국 국적을 자동 상실하는 사람이 속출하는 등으로 인구 순유출 현상이 지속되어 온 점을 들 수 있다.[1]

인구가 곧 국가경쟁력과 직결되는 시대에 이 문제를 계속 방치하는 것은 문제가 있을 뿐 아니라 특히 저출산 · 고령화시대에 대비하고 국가경쟁력 강화에 필요한 우수 외국인재를 유치하기 위해서도 복수국적을 허용하는 방향으로 국적제도를 손질할 필요성이 2000년대 중반부터 다양하게 제기되기 시작하였다. 이에 법무부는 2005년 6월 관련 전문가로 구성된 「국적제도연구 T/F」[2]를 구성하여 같은 해 12월까지 운영하였다.

1) 연도별 복수국적자의 국적선택 현황은 다음과 같다.(출처 : 법무부 통계자료)

(단위: 명)

연도별	1998	1999	2000	2001	2002	2003	2004	2005	2006	2007	2008	2009	총계
국적선택 (한국국적 선택자)	0	0	0	0	1	5	131	34	93	63	79	170	576
국적이탈 (외국국적 선택자)	191	598	598	686	770	826	1,407	2,941	673	726	276	886	10,578

2) 2005년의 국적제도 연구 T/F는 교수, 시민단체, 재야 법조계, 내부위원으로 구성하였으며, 그 구성원은 정인섭 서울대 법대교수, 이철우 연세대 법대교수, 노영돈 인천대 법대교수, 임지봉 건국대 법대교수, 한국염 이주여성인권센터 대표, 김해성 외국인노동자 및 중국동포의 집 대표, 이용태 LA 한인회 회장, 김재숙 재일 대한민국 민단 단장, 강희철 법무법인 율촌 변호사, 석동현 서울중앙지검 형사1부장, 이명재 서울중앙지검 부부장, 한견표 법무부 법무과장, 이춘복 출입국 체류심사과장이었으며, 간사는 이철희 법무부 법무과 검사가 맡아 운영하였다.

국적제도연구 T/F는 이중국적 허용범위, 출생지주의 및 영주권 전치주의 도입, 우수인재 귀화요건 완화, 최초의 대한민국 국민에 관한 규정, 재외동포 정책 등에 관하여 주로 논의하였다. 그 결과 인구 순유출과 국민을 배제하는 결과를 초래하고 있는 현행 단일국적주의 정책의 개선 필요성에 공감대가 형성되었고, 저출산 · 고령화사회 해결 등 국익에 도움이 될 수 있도록 국민적 공감대 형성이 가능한 부분부터 우선 정비하는 것이 좋겠다는 결론을 내렸으나 구체적인 법령개정안 마련에는 이르지 못한 채 국적제도연구 T/F 활동을 마쳤다.

그 후 법무부는 2007년 10월 25일 국무총리 주재로 개최된 제2회 외국인정책위원회 회의에서 "제한적 이중국적 허용방안"을 토론과제로 선정하여 인구의 순유출을 방지하고 우수한 외국인력을 유치하기 위하여 '병역의무를 이행한 선천적 이중국적자'와 국익에 부합하는 '글로벌 고급인력'에 한하여 제한적으로 이중국적을 허용하는 방안을 토론함으로써 이중국적 허용에 관한 공론화를 시도하였다.

그러던 중 2008년 4월 30일 대통령 주재 국가경쟁력강화위원회 제2차 회의에서 국가경쟁력강화위원회(국경위)가 국가경쟁력강화차원에서 이중국적을 '제한적으로 허용'하는 방안을 마련하겠다는 발표를 하고 법무부와 함께 국적제도 개선방안을 추진하면서 법개정 작업이 가속화되기 시작하였다.

이에 따라 법무부는 「제한적 이중국적 허용방안」 발표와 관련한 국적법 개정 논의 등을 위하여 2008년 5월 26일 국적법개정 특별분과위원회를 구성[3]하였다. 동 위원회의 주요 논의범위는 선천적 이중국적자(후천적, 비자발적으로 외국국적을 취득한 사람도 포함)로서 병역의무를 이행한 사람과 우리나라 국적을 취득하는 우수 외국인재에 대하여 제한적으로 이중국적을 허용하는 방안을 마련하는 것이었다.

논의과정에서 선천적 이중국적자 중 병역의무를 이행한 사람에 대해 이

---

3) 2008년의 국적법개정 특별분과위원회는 총 7명(내부위원 2명과 외부위원 5명)으로 구성하였으며, 위원은 정인섭 서울대 교수, 이철우 연세대 교수, 노영돈 인천대 교수, 윤인진 고려대 교수, 이혜경 배재대 교수, 석동현 서울고등검찰청 송무부장, 차규근 법무부 국적난민과장 등이었다. 최초 구성 당시에는 이철우 교수가 위원장을 맡았다가 2008년 9월 정인섭 교수가 위원장으로 추가 위촉되면서 위원장을 맡게 되었다.

중국적을 계속 유지할 수 있게 하자는 방안에 대해서는 형평성이나 평등원칙 위반에 대한 우려에도 불구하고 대부분의 위원들이 공감을 하고 있었으나, 우수 외국인재(글로벌 고급인력)에 대해 이중국적을 허용하는 방안에 대해서는 어떤 사람을 우수 외국인재에 포함할 것인지, 이중국적을 허용하면서까지 우수 외국인재를 유치하려는 정책이 타당한 것인지 등에 대해 의견이 분분하였다.

동 위원회는 2008년 11월 14일 제9차 회의를 끝으로 이중국적자의 국적선택의무 존폐여부, 이중국적자의 국민처우 기본원칙 및 위반시 제재방식, 국내에서의 국적이탈의 제한여부, 우수외국인재의 특별귀화제도 도입 및 이중국적 허용방식, 이중국적 용어변경 문제 등에 대해 그동안 논의된 내용을 반영하여 정부입법안을 마련하면서 필요시 서면으로 위원들의 의견을 구하기로 하고 임기를 마쳤다.

한편 법무부 국적난민과는 국적법개정 특별분과위원회 운영과 별도로 여론조사 전문기관에 의뢰하여 2회에 걸쳐 이중국적 허용 여부에 관한 국민여론 조사(2008.5.16~5.17, 6.17~6.19)를 실시하는 한편, 재외공관에 협조를 받아 미국 등 11개 국가 재외동포에 대해 설문조사를 하였으며, 국내 소재 사단법인 해외입양인연대에 의뢰하여 해외 입양인을 대상으로 설문조사를 실시하였다. 동 조사결과 이중국적 허용에 관하여 여론은 종전의 부정적인 시각에서 상당히 긍정적으로 변해가고 있었으나, 신중하게 추진할 필요가 있다는 결론을 함께 보여주고 있었다.

2008년 7월 22일에는 국적제도 개선에 관한 정책토론회를 개최하였다. 법무부로서는 당초 정부입법안을 마련하여 공청회를 열고자 하였으나, 이중국적에 대한 국민들의 부정적 정서가 많은 만큼 국민들의 다양한 의견을 수렴하는 간담회 또는 열린 토론회 방식이 좋겠다는 국적법개정 특별분과위원회 위원들의 의견을 받아들여, 사회자 및 패널 12명과 일반국민, 시민단체, 정부관계부처 공무원 등 150여명이 참석한 가운데 "엄격한 단일국적주의 완화 및 체계적 이중국적 관리방안을 중심으로"라는 주제로 토론이 진행되었다.

이러한 준비를 거쳐 2009년 2월 국적선택제도를 폐지하는 내용 등을 골자로 한 국적법개정 1차 초안이 마련되었다. 다만 동 초안은 이중국적을 지나치게 폭넓게 허용할 우려가 있다는 당시 법무부장관의 재검토 지시 등에 따라, 국적선택제도 자체는 존치하되 국적선택을 하지 않은 경우 대한민국 국적을 자동 상실하게 되는 것은 문제가 있으므로 그 점을 개선하는 정도의 개정안이 마련되었고, 동 개정안은 2009년 3월 26일 대통령 주재 국가경쟁력강화위원회 제11차 회의에서 보고되었다. 이어서 법무부 국적난민과에서는 동 개정안으로 2009년 5월 21일 국적법개정 입법예고를 하고, 같은 해 8월 25일에는 공청회까지 개최하였다.

그런 과정을 거쳐 개정안이 법제처에 제출된 상태에서 2009년 9월 새 법무부장관이 취임한 이후, 이중국적 허용범위에 관한 그간의 논의내용이나 저출산 · 고령화문제의 대책 등을 감안하여 볼 때 개정안의 복수국적 허용범위는 너무 협소하고 이를 좀 더 넓게 허용할 필요성이 재차 제기됨에 따라 법무부는 이중국적 허용범위를 확대한 새로운 개정안을 마련하게 되었고, 대통령에게 보고 후 2009년 11월 13일 재입법예고를 하게 되었다.

재입법예고한 개정안의 주요내용은 이중국적이라는 용어를 복수국적이라는 용어로 수정하고, 선천적 복수국적자등에 대해서는 국적선택기한 내에 대한민국 내에서 외국 국적을 행사하지 않겠다는 서약(외국국적 불행사 서약)만 하면 그 국적을 포기하지 않더라도 복수국적 상태를 계속 유지할 수 있도록 하며, 대한민국 국적취득자 중 몇 가지 유형 즉, 우수인재와 대한민국 국민과 결혼한 외국인 배우자, 해외입양인, 외국에서 영주 귀국한 고령의 동포, 2대에 걸쳐 대한민국에서 출생한 자, 출생 후 20년 이상 대한민국에 거주한 자[4] 등에 대해서는 외국 국적을 포기하지 않고 불행사 서약만 해도 되도록 함으로써 복수국적을 유지할 수 있도록 하였다. 아울러 복수국적자가 외국국적 불행사 서약을 위반한 경우 법무부장관은 국적선택명령을 통하여 외국국적을 포기할 것을 요구할 수 있으며, 그 요구에 불응하면 대한민국 국적을 상실하게 되는 국적선택명령제도도 새로이 도입되었다.

한편 복수국적 허용에 따른 부작용을 줄이기 위하여 병역 불이행자의

4) 입법예고안에서 복수국적 허용대상으로 '2대에 걸쳐 대한민국에서 출생한 자'와 '출생 후 20년 이상 대한민국에 거주한 자'를 포함시킨 것은 대만 국적의 재한 화교를 염두에 둔 것이었다고 할 수 있다.

국적이탈 통제조항을 강화하고 국내거주자는 국적이탈 자체를 할 수 없도록 하고, 복수국적자들이 국익에 현저히 배치되는 행위를 하는 경우 청문절차를 거쳐 사실상 대한민국 국적을 박탈하는 것이나 다름없는 국적상실 결정제도도 신설하기로 하였다.

그런데 동 개정안이 입법예고된 후 원정출산 폭증 우려 등 문제점이 지적되면서 입법예고안의 복수국적 허용범위가 일부 축소되었다. 구체적으로는 선천적 복수국적자 중 이른바 원정출산에 해당되는 자, 외국인 배우자 중 우리 국민과의 혼인관계가 중단된 자, 2대에 걸쳐 국내 출생한 자, 출생 후 20년 이상 국내거주자 등은 입법예고안과는 달리 복수국적 허용대상에서 제외되었다. 그와 같이 조정한 개정안이 국무회의에 상정 되었고 동 개정안은 2009년 12월 22일 국무회의를 통과하여 같은 달 29일 국회에 제출되었다.

국회 법제사법위원회의 법안심사 소위원회의 심의과정에서는 개정안의 부칙에 일부 조항이 신설되었다. 즉 개정안이 복수국적을 허용하기로 한 것과 관련한 경과적 조치로서 지난 1998년 국적선택제도를 도입한 이후 구법하에서 국적선택 불이행으로 대한민국 국적을 자동 상실하였던 자(단 여자 전부와 남자는 원정출산자가 아닌 자로서 군복무를 마친 자만 해당)가 개정법률 시행일 이후 2년 내에 대한민국 국적을 재취득한 경우에는 '외국국적 불행사 서약'을 통해 복수국적을 보유할 수 있도록 하였고, 형평성 차원에서 구법 당시 대한민국 국적을 선택하기 위해 외국국적을 포기하였던 사람이 5년 내에 그 외국국적을 재취득한 경우에도 역시 '외국국적 불행사서약'만 하면 복수국적을 보유할 수 있도록 하는 내용의 부칙조항을 신설하였다. 그와 같이 수정된 개정안은 법사위 전체위원회를 거쳐 2010년 4월 21일 국회 본회의를 통과하였다.

이렇게 제10차 개정이 이루어진 국적법은 2010년 5월 4일 법률 제10275호로 공포되었으며, 기본적으로 2011년 1월 1일부터 시행하되, 일부조항은 공포일 즉시부터 시행하는 것으로 하였다.

공포일인 2010년 5월 4일부터 즉시 발효된 조항은 공포일 현재 국적선택기한이 만료되지 아니한 복수국적자의 경우, '외국국적 불행사 서약' 방식으로 대한민국 국적을 선택할 수 있다는 조항과 국적선택을 하지 않은 채 선택기한을 도과한 경우에 대한민국 국적을 자동 상실하는 내용을 삭제한 조항 등이다.

2. 개정의 요지

가. 우수 외국인재의 귀화요건 완화 (제7조제1항제3호 신설)

과학 · 경제 · 문화 · 체육 등 각 분야에서 능력을 갖추고 우리나라의 국익에 기여할 수 있는 우수인재를 특별귀화 대상자로 추가하였다. 종전에도 이미 우리나라에 특별한 공로를 세운 사람에 대해서는 특별귀화 대상자로 규정하고 있었으나, 제10차 개정에서는 우수 인재로서 앞으로 우리나라에 특별하게 공로를 세울 가능성이 인정되는 사람까지도 인재 유치 차원에서 국내 거주기간에 관계없이 대한민국에 주소만 있으면 귀화할 수 있는 특별귀화 대상자에 포함시킨 것이다.

아울러 우수인재에 대해서는 귀화한 후의 외국 국적 포기의무에 관해서도 외국국적 불행사 서약만 하면 되도록 하여 복수국적을 유지할 수도 있게 함으로써 우수인재가 대한민국 국적을 취득하는데 있어서의 걸림돌이 될 수 있는 요소는 모두 제거하였다.

나. 대한민국 국적 취득자의 외국국적 포기의무 제도 변경 (제10조)

대한민국 국적 취득후 외국 국적을 포기하여야 하는 기간이 종전에는 6개월이었으나 신법에서는 1년으로 연장하고, 종전에는 일부 유보대상자를 제외하고는 모두 외국 국적을 포기해야 했으나 신법에서는 다음 각 유형에 해당하는 사람에 대해서는 예외를 인정하여 외국 국적을 포기하지 않고 불행사하겠다는 서약만 하여도 되도록 함으로써 결과적으로 복수국적을 허용하였다.

① 대한민국 국민과 혼인관계를 유지하는 상태에서 대한민국에 귀화한 결혼이민자
② 대한민국에 특별한 공로가 있거나, 우수 외국인재로서 특별귀화한 자
③ 국적회복 허가를 받은 자로서 특별한 공로가 있거나, 우수 외국인재로 인정되는 자
④ 성년이 되기 전에 해외입양 되어 외국 국적을 취득하였다가 대한민국

국적을 회복한 자
⑤ 외국에 장기 거주하다가 65세 이후에 영주 귀국하여 대한민국 국적을 회복한 자
⑥ 본인의 뜻에도 불구하고 외국의 법률 또는 제도로 인하여 외국 국적 포기의무를 이행하기 어려운 자로서 대통령령으로 정하는 자

다. 복수국적자의 법적 지위 명문화 (제11조의2 신설)

종전까지 수십년동안 국적법에서 대한민국 국적과 외국 국적을 함께 보유한 사람을 지칭하는 용어로 “이중국적자”를 사용해 왔으나 신법에서는 “복수국적자”로 변경하는 한편, 복수국적자는 국내법의 적용에 있어서는 대한민국 국민으로서만 처우하며, 복수국적자가 외국 국적을 보유한 상태에서는 직무를 수행할 수 없는 특정한 분야에 종사하려면 외국 국적을 포기해야 한다는 것을 명시하였다.

라. 복수국적자의 국적선택 방식 변경 (제13조)

종전에는 복수국적자가 대한민국 국적을 선택하려면 외국 국적을 반드시 사전에 포기해야 했으나, 신법에서는 기본적인 국적선택기간 내에는(만 20세가 되기 전에 복수국적자가 된 자는 만 22세 전까지, 만 20세가 된 후에 복수국적자가 된 자는 그 때부터 2년 내) 외국 국적을 포기하지 않고도 ‘외국 국적 불행사 서약’만으로 대한민국 국적을 선택할 수 있도록 하였다.

기본 선택기간을 도과한 이후에는 불행사 서약만으로는 안되고 외국 국적을 포기해야만 대한민국 국적 선택이 가능하나, 다만 병역을 필한 사람(원정출산자는 제외)에 한해서는 2년간 외국국적 불행사 서약만으로도 대한민국 국적을 선택할 수 있도록 하였다.

마. 국적이탈의 요건 및 절차 강화 (제14조)

종전에는 병역 등 다른 요건에 문제가 없으면 국내에서나 외국에서나 거주지에 관계없이 대한민국 국적의 이탈이 가능하였으나, 신법에서는 국내에서는 국적이탈신고를 할 수 없고 외국에 주소를 둔 때에만 재외공관장에게 신고하는 방법으로 국적이탈을 할 수 있게 되었다.

바. 국적선택명령 제도의 도입 (제14조의2, 신설)

종전에는 복수국적자가 국적선택을 하지 않고 선택기간을 도과한 경우에 대한민국 국적을 자동 상실하였으나, 신법에서는 자동 상실하지 않고 법무부장관이 국적선택명령을 할 수 있으며 그 명령을 받고도 1년 내에 국적을 선택하지 아니한 경우에 비로소 대한민국 국적을 상실하는 것으로 하였다.

복수국적자 또는 대한민국 국적취득자로서 외국 국적 불행사 서약을 하고 복수국적이 허용된 사람이 그 서약의 취지에 반하는 행위를 한 경우에 법무부장관이 국적선택명령을 하는 제도도 아울러 신설하였다.

사. 국적상실결정 제도의 도입 (제14조의3, 신설)

중대한 일탈 행위를 한 복수국적자에 대해 법무부장관이 결정으로 대한민국 국적을 상실시킬 수 있는 제도를 도입하였다. 다만 선천적으로 대한민국 국적을 취득한 사람, 즉 출생당시 부 또는 모가 대한민국 국민이었던 사람은 어떤 경우에도 국적상실결정의 대상이 될 수 없도록 하였다.

아. 부칙 주요내용

시행일은 2011년 1월 1일 부터로 하되, 다음과 같은 일부 조항은 공포일 즉시 먼저 시행하도록 하였다(부칙 제1조).

① 복수국적자가 국적선택을 하지 않은 채 국적선택기간을 도과한 경우, 대한민국 국적을 자동 상실하게 되는 규정을 삭제한 부분

② 대한민국 국적을 선택할 경우에 외국국적 불행사 서약 방식으로 선택할 수 있도록 한 개정규정

그리고 신법에서 국적선택 불이행자에 대하여 국적 자동 상실조항을 폐지하고 복수국적을 허용하기로 한 법개정의 효과가 널리 미칠 수 있도록 신법 공포일 전에 국적선택기간 도과로 대한민국 국적을 자동 상실하였던 사람에 대하여, 공포일 후 2년 이내에 외국 국적 불행사 서약과 함께 국적재취득 신고를 하면 대한민국 국적을 재취득할 수 있고 외국 국적도 유지할 수 있도록 하였다(부칙 제2조제1항).

또한 이와 균형을 맞추기 위하여 신법 공포일 전에 대한민국 국적을 선택하기 위하여 외국 국적을 포기하였던 사람에 대해서도, 공포일 후 5년 이내에 그 외국국적을 재취득하게 되면 대한민국 국적을 상실시키지 아니하고 외국국적 불행사 서약 방식으로 복수국적을 허용하기로 하였다(부칙 제2조제2항).

제 3 편

國籍法 逐條 解說

제 1 장
國籍法의 立法目的

제1조 (목적)
이 법은 대한민국의 국민이 되는 요건을 정함을 목적으로 한다.

법 제1조는 국적법의 입법목적을 규정하고 있다. 즉 '대한민국의 국민이 되는 요건은 법률로 정한다'고 규정한 헌법 제2조 제1항에 따라 대한민국의 국민이 되는 요건을 정하기 위해 제정된 법률이 바로 국적법인 것이다.

1948년 7월 17일에 제헌헌법이 공포 시행된 이래 모두 아홉 차례의 개정을 거쳐 성립된 현행 헌법에 이르기까지 우리 헌법은 문구는 약간씩 다르지만[1] 대한민국 국민의 자격 또는 요건을 직접 규정하지 아니하고 법률에 위임하고 있다.

> 국민의 자격 또는 요건에 관한 입법의 방식은 나라마다 조금씩 다르다. 1803년의 프랑스 민법은 그 서두에 국적의 취득과 상실에 관한 규정을 두었으며 그 밖에도 민법에 국적에 관한 규정을 둔 나라가 과거에는 많았으나, 현재는 이란(1959년법)과 스페인(1982년법) 정도에 불과하다. 한편 라틴 아메리카 지역의 국가 대부분은 헌법에서 국민의 지위와 함께 국적의 득상(得喪)에 관하여 규정하고 있다. 한편 국적의 득상에 관한 규정을 단일한 법률이 아니라 복수의 법률, 예컨대 민법과 헌법(인도 1976년법), 민법과 국적법(포르투갈), 헌법과 국적법(멕시코 1974년법), 민법 및 헌법과 국적법(파나마 1972년법, 베네수엘라 1961년법, 볼리비아 1967년법)에 분산하여 규정하고 있는 예도 있다.[2]

1) 〈1948년 제헌헌법 제3조〉 대한민국의 국민 되는 요건은 법률로써 정한다.; 〈1962년 제5차개정 헌법 제2조〉 대한민국의 국민의 요건은 법률로 정한다.; 〈1987년 제9차개정 헌법(현행) 제2조제1항〉 대한민국의 국민이 되는 요건은 법률로 정한다.
2) 각국의 국적입법 형태에 관하여는 石東炫, "國籍의 概念과 그 得喪에 관한 考察", 法曹 45권 12호(1996.12.) pp.28~63을 참조.

본조에서 '대한민국의 국민'이라 함은 광의적으로는 대한민국 국적을 가진 모든 사람을 의미하며, 협의적으로는 국적법에 따라 대한민국 국적을 취득한 사람 중 신분등록 관련 국내법(가족관계의 등록 등에 관한 법률[3])에 따라 출생신고 등의 절차를 이행함으로써 대한민국 국적을 가진 사람만이 등재될 수 있는 가족관계등록부에 기본적 신분사항이 등재된 사람을 의미한다. 국가 입장에서 기본권 보호의 대상이 되는 동시에 병역이나 납세 등 국민적 의무의 부과 대상이 되는 국민은 협의적 의미의 국민을 의미한다고 볼 수 있다.

'대한민국의 국민이 되는 요건'이란 대한민국의 국적을 뜻한다. 그 요건을 정한다는 것은 대한민국의 국적을 취득 또는 상실하게 되는 요건이나 그에 관한 제도, 절차 등을 규정하는 것을 의미하며, 그런 내용을 담고 있는 국적법은 바로 대한민국의 국민이 되는 요건을 정한 법률이 되는 것이다.

3) 1960년 1월 1일 제정이래 50년 가까이 우리 국민의 신분등록제도로 기능해 온 호적제도의 근거법률인 호적법은 2007년 5월 7일 「가족관계의 등록 등에 관한 법률」로 변경(2008.1.1. 시행) 되었고 이로써 호적제도 대신 가족관계등록제도가 새로이 도입되게 되었다. 이하에서는 「가족관계등록법」이라 약칭한다.

제 2 장

出生에 의한 國籍取得

제2조 (출생에 의한 국적취득)

① 다음 각 호의 어느 하나에 해당하는 자는 출생과 동시에 대한민국의 국적을 취득한다.

1. 출생한 당시에 부 또는 모가 대한민국의 국민인 자
2. 출생하기 전에 부가 사망한 때에는 그 사망한 당시에 부가 대한민국의 국민이었던 자
3. 부모가 모두 분명하지 아니한 때 또는 국적이 없는 때에는 대한민국에서 출생한 자

② 대한민국에서 발견된 기아는 대한민국에서 출생한 것으로 추정한다.

제 1 절 概　　要

법 제2조는 출생 그 자체를 원인으로 하여 출생과 동시에, 즉 선천적으로 대한민국 국적을 취득하는 기준에 관하여 규정하고 있다.

특정한 개인이 출생을 원인으로, 출생과 동시에 가지게 되는 국적을 선천적 국적(nationalité d'origine) 혹은 생래적 국적이라 한다. 어떤 나라를 막론하고 국적에 관한 근거법령에서 선천적으로 자국 국적을 취득하는 기준에 관하여 정해두지 않은 경우는 없다. 또한 어떤 나라를 막론하고 자국민의 절대 다수는 선천적으로 그 국적을 취득하여 국민이 된 사람들이며, 귀화 등 후천적 사유로 그 국적을 취득한 사람은 상대적으로 소수에 해당된다.

전통 국제법에서 개인의 선천적 국적을 결정하는 기준은 각국의 역사적·문화적 배경에 따라 혈통주의(속인주의)와 출생지주의(속지주의)로 대별된다. 대체로 대륙법계 국가는 혈통주의, 영미법계 국가는 출생지주의를 각각 원칙적 기준으로 채용하고 있다.

그런데 국적입법례를 살펴보면 정도의 차이만 있을 뿐 대다수 국가는

혈통주의와 출생지주의 가운데 한 가지를 주된 원칙으로 삼고, 다른 한 가지를 보완적으로 병용하는 것을 볼 수 있다.

예컨대 출생지주의를 기본원칙으로 삼고 있는 국가도 자국 영토 밖에서 자국민이 출산한 2세에 대해 자국 국적을 부여하는 것은 결국 혈통주의 원리로 설명할 수밖에 없다. 그리고 혈통주의 국가에서도 자국 영토 내에서 출생한 사람들 중 부모를 알 수 없거나 부모가 무국적자인 사람에 대해 자국 국적을 부여하는 경우가 대부분인 바, 이는 또한 출생지주의를 보완적으로 가미한 것으로 봄이 상당할 것이다.

혈통주의는 다시 그 부모의 국적이 서로 다를 경우에 자녀가 원칙적으로 어느 쪽의 국적을 계승하게 되는지 여부에 따라 다시 부계혈통주의, 모계혈통주의, 부모양계혈통주의로 분류된다.

우리나라는 부모양계혈통주의 국가에 해당된다. 제2조제1항제1호는 우리나라가 선천적 국적결정기준에 관하여 부모양계혈통주의를 채택하고 있는 점을 분명하게 알려준다. 즉 출생 당시에 부모 중 누구 한 사람이라도 대한민국 국민이면 그 자녀는 출생과 동시에 자동으로 대한민국 국적을 가지게 되는 것이다.

우리나라도 1948년 국적법 제정 이래 부계혈통주의를 원칙으로 유지해 오다가 1997년의 제4차 개정을 계기로 부모양계혈통주의로 전환하였다.

제 2 절 父母兩系血統主義의 立法政策的 妥當性

1. 부계혈통주의의 문제점

가. 위헌(違憲)이라는 견해

헌법재판소 전원재판부는 부계혈통주의 원칙을 규정하고 있던 제4차 개정 전의 구법 제2조제1항제1호에 대해 2000.8.31. 위헌결정(97헌가 12 위헌법률심판제청)을 내린 바 있다.

동 위헌결정이 내려진 시점은 이미 1997년 제4차 개정을 통해 부계혈통주의를 부모양계혈통주의로 변경한 이후여서 시의성이 떨어지는 점은 있으나, 당시 헌법재판소 전원재판부가 부계혈통주의 조항에 관해 위헌으로 판시한 이유의 요지는 다음과 같다.

i) 부계혈통주의 원칙을 채택한 구법 제2조제1항제1호는 출생당시 자녀의 국적을 부(父)의 국적에만 맞추고 모(母)의 국적은 단지 보충적인 의미만을 부여하는 차별을 하고 있다. 이렇게 한국인 부와 외국인 모 사이의 자녀와 한국인 모와 외국인 부 사이의 자녀를 차별 취급하는 것은, 모가 한국인인 자녀와 그 모에게 불리한 영향을 끼치므로 헌법 제11조제1항의 남녀평등원칙에 어긋난다.

ii) 한국인과 외국인간의 혼인에서 출생한 자녀의 입장에서 볼 때 부모 중 부(父)가 한국인인 경우와 모(母)가 한국인인 경우 사이에 부모의 성별에 따른 특별한 차이가 있는 것도 아니고 양쪽 모두 그 자녀는 대한민국의 법질서와 문화에 적응하고 공동체에서 흠 없이 생활해 나갈 수 있는 동등한 능력과 자질을 갖추었는데도 불구하고 전체 가족의 국적을 가부(家父)에만 연결시키고 있는 구법조항은 헌법 제36조 제1항이 규정한 "가족생활에 있어서의 양성의 평등원칙"에 위배된다.

iii) 모가 한국인인 자녀들은 외국인이므로 원칙적으로 대한민국의 공무원이 될 수 없고, 거주이전의 자유, 직업선택의 자유, 재산권, 선거권 및 피선거권, 국가배상청구권 및 사회적 기본권 등을 누릴 수 없거나 제한적으로 밖에 향유하지 못하게 된다. 그러므로 구법조항은 자녀의 입장에서 볼 때에도 한국인 모의 자녀를 한국인 부의 자녀에 비교하여 현저하게 차별취급을 하고 있으므로 헌법상의 평등원칙에 위배된다.

본건 위헌심판사건의 경과를 요약하면 다음과 같다.

1) 제청신청인 김광호는 1955.9.3. 북한(평안북도 만포시)에서 출생하여 1957년경 부모를 따라 중국으로 이주하여 성장하였고, 1995.11.4. 전남 무안군 해안을 통해 국내에 밀입국한 다음 경찰에 귀순의사를 밝혔으나 서울외국인보호소에 수감되었고, 서울외국인보호소장은 1995.11.24. 제청신청인에 대해 강제퇴거명령을 하였다. 이에 제청신청인은 자신은 대한민국의 헌법 및 국적법에 의하여 대한민국 국민에 해당한다는 이유로 서울고등법원에 위 강제

퇴거명령의 무효 확인을 구하는 소송(서울고등법원 96구 10128)을 제기하였다. 제청신청인은 소제기 당시 자신이 대한민국 국민이라는 근거로서 자신이 출생할 당시 망부 김태익이 조선인이었다는 점을 주장하였다가 재판과정에서 자신의 출생 전에 망부 김태익이 중국국적을 취득한 사실이 드러나게 되었다. 그러자 다시 제청신청인은 자신이 출생할 당시 모 염해수가 조선인이었다는 점을 주장하면서 부가 대한민국 국민인 경우에만 그 자에게 대한민국 국적을 부여하는 당시의 국적법 제2조제1항제1호는 양성평등, 성적차별금지를 규정한 헌법에 위배된다는 점을 논거로 삼아 제2조제1항제1호에 대하여 위헌심판 제청할 것을 신청(서울고등법원 97부 776)하였다.

2) 서울고등법원은, 1997.8.20. 동 신청을 받아 들여 헌법재판소에 제2조제1항제1호에 대한 위헌심판을 제청하였다.

3) 위헌심판제청 이후 동 사건의 심판이 계속되던 도중인 1997년 12월 13일 국적법 제4차 개정이 이루어져 위헌심판의 대상이었던 구법 제2조제1항제1호가 현행법과 같이 부모양계혈통주의로 변경됨으로 인해 재판의 전제성이 상실되게 되었고, 그에 따라 동 위헌심판제청에 대해서는 각하가 불가피한 상황이 되었다.

4) 이에 헌법재판소는 제4차 개정 국적법 중 제2조제1항제1호의 개정에 따른 경과적 특례조항에 해당하는 동 법률 부칙 제7조제1항에 관해 직권으로 그 위헌여부를 심판대상에 포함시키면서 그 판단의 전제로서 구법 제2조제1항제1호의 위헌여부를 판단하기로 하였고, 동 심판의 결론으로서 구법 제2조제1항제1호는 헌법에 위배된다는 취지로 판시하게 된 것이었다.

5) 아울러 헌법재판소는 제4차 개정 국적법 부칙 제7조제1항에 관하여도, 동 조항은 구법상의 부계혈통주의를 부모양계혈통주의로 개정하면서 구법상 부가 외국인이기 때문에 대한민국 국적을 취득할 수 없었던 한국인 모의 자녀 중에서 개정법률 시행 전 10년 동안에 태어난 자에게 신고 등 일정한 절차를 거쳐 대한민국 국적을 취득하도록 하는 경과규정인 바, 구법조항의 위헌적 차별로 인하여 불이익을 받은 자를 구제하는데 있어 개정법률시행 당시의 연령이 10세가 되는지 여부는 헌법상 적정한 기준이 아닌 또 다른 차별취급이므로 위 부칙조항은 헌법 제11조 제1항의 평등원칙에 위배된다는 이유로 헌법에 합치되지 아니하나 다만, 위헌결정 또는 단순한 헌법불합치 결정만을 선고할 경우의 법적 공백 등을 막기 위해 입법자가 새로운 입법을 할 때까지 잠정적으로 적용하도록 명한다고 결정하였다.

나. 합헌(合憲)이라는 견해

본 견해는 해석론적 입장으로서 그 논거는 다음과 같다.

부계혈통주의는 단지 입법정책으로서 부의 국적에 따라 혼인 중 출생자의 선천적 국적을 정하도록 한 것일 뿐, 부부를 구분하거나 남아와 여아를 구분하는 것은 아니다.

그리고 우리 헌법은 제2조제1항에서 "대한민국의 국민이 되는 요건은 법률로 정한다"고 규정함으로써 국민의 요건에 관한 구체적 결정을 입법부의 재량에 맡기고 있을 뿐, 헌법이 선천적으로 대한민국 국민이 되는 자의 기준, 즉 출생에 의한 대한민국 국적의 취득요건에 관하여 특정한 원칙을 채택할 것까지 요구하고 있지는 않으므로 궁극적으로 어떠한 원칙을 채택할 것인지 여부는 전적으로 입법부의 재량에 속하는 것이다.

또한 혈통주의를 채택하는 경우에도 출생의 장소, 부모 쌍방이 대한민국 국민인지 여부, 출생에 의하여 이중국적자가 될 것인지 여부 등에 의하여 국적취득의 범위를 제한하는 것 역시 입법부의 재량에 위임된 사항으로 볼 수 있는 것이다.

헌법상으로도 대한민국 국민인 부모가 그 자녀에게 무조건적으로 대한민국 국적을 승계시킬 권리는 존재하지 않으며, 대한민국의 국민인 부모로부터 출생하였다는 사실만으로 그 자녀가 무조건적으로 대한민국의 국적을 취득할 권리 또한 존재하지 않는다. 우리 국적법이 최초 제정 당시부터 채택한 혈통주의는 자녀의 국적을 결정함에 있어서 부모의 국적을 기준으로 한다는 것에 불과하고, 그로 인하여 자녀의 국적이 부모의 국적과 동일한 것은 혈통주의 정책의 반사적(反射的) 효과에 지나지 않는다.

요컨대 구법에서는 자녀의 선천적 국적을 결정함에 있어, 남아(男兒)나 여아(女兒)를 막론하고 부모가 혼인 중에 출생한 적출 자녀는 제2조제1항제1호[1]에 의하여 부의 국적을 기준으로, 부모가 혼인관계에 있지 않은 상태에서 출생한 비적출 자녀는 제2조제1항제3호[2]에 의하여 모의 국적을 기준으로 대한민국 국적을 취득하는 자격을 부여하고 있던 것일 뿐, 그 자녀에 대하여 국적의 승계권을 남녀차별적으로 부여하였던 것은 아니었다 할 것이다.

뿐만 아니라 부계혈통주의는 복수국적(複數國籍)의 방지라고 하는 국익

1) **구법 제2조제1항제1호** 출생한 당시에 부가 대한민국의 국민인 자.
2) **구법 제2조제1항제3호** 부가 분명하지 아니한 때 또는 국적이 없는 때에는 모가 대한민국의 국민인 자

의 관점에서도 합리적인 측면이 없지 않다. 즉 복수국적의 방지는 무국적의 방지와 더불어 국적에 관한 국제사회의 중요한 법원칙 또는 이념으로 되어 있는 바, 외국인 부의 적출자는 통상 그 부의 국적을 취득하게 된다는 점을 감안해 본다면 부계혈통주의 원칙은 이중국적자의 발생을 최소화하는데 있어 어떤 원칙보다 유효한 결과를 가져올 수 있고, 그런 점에서 입법정책으로서의 합리적 장점과 타당성을 갖추고 있는 것이다.

일본에서도 선천적 국적결정기준과 관련하여 1984년에 개정되기 전의 구 국적법 제2조제1호[3]는 부계혈통주의 원칙을 취하고 있었고, 동 조항에 대해 헌법의 양성평등 원칙에 위배된다는 이유로 위헌심판이 제기되었을 당시 일본 법원은 입법재량 및 이중국적 방지를 위한 합리적 차별인 점 등의 이유를 들어 동 조항은 헌법에 위배되지 않는다는 취지로 판시[4]한 바 있었다.

다. 私 見

부계혈통주의 하에서는 대한민국 남성은 배우자의 국적에 관계없이 자신의 적출자에게 대한민국 국적을 생래적으로 물려줄 수 있는 반면, 대한민국 여성은 그 배우자가 외국인인 경우에는 자신의 적출자에 대하여 대한민국 국적을 생래적으로 물려줄 수 없다는 점에서 차별적 요소가 전혀 없다고 하기는 어렵다. 그러나 이는 어떠한 입법정책이 시대적, 사회적 여건 변화에 따라 새로 봉착하게 된 약점중 하나에 불과하다고 볼 수 있다.

즉 우리 사회의 전통적인 가부장 질서 하에서 적출자는 부성(父姓)을 승계하고 부가(父家)에 입적하도록 되어 있었고, 그와 더불어 적출자에 대해서는 부계혈통주의를 채용하였던 것은 그 나름대로는 지극히 자연스럽고 당연한 것이었다.

그러다가 1980년대 이후 인적교류의 급속한 증대에 따라 우리 국민과 외국인간의 국제결혼(섭외혼)이 급증하는 추세 하에서 우리 국적법이 부계혈통주의를 고수한다 하더라도 우리 국민과 국제결혼한 외국인 배우자

---

3) 1997년에 제4차 개정이 되기 전의 우리나라 구법 제2조제1항제1호와 문언이 거의 동일하였다.

4) 東京高等裁判所 1982.6.23. 선고, 判例時報 1045호 78면 참조.

의 소속 국가들이 대부분[5] 출생지주의이거나 또는 부모양계혈통주의로 변경해 가는 등의 외부적 요인에 의하여 현실적으로 부계혈통주의를 통한 이중국적 억제기능이 상당히 저하된 점, 국내에 체류 중인 외국 남성과 한국인 여성 사이에 출생한 혼혈 아동들이 부가 외국인이라는 이유로 가족관계등록에 입적되지 못하여 취학이나 의료보호 등에 있어 불이익을 받아 온 점 등으로 인해 부계혈통주의의 정책적 합리성에 의문이 제기된 것 또한 부인하기 어려운 사실이다.

따라서 그 같은 단점들을 합리적으로 해결함과 동시에 장래의 국가 현실에 발전적으로 부합되는 대안을 모색할 필요성이 커졌고, 그 대안의 하나로 부모양계혈통주의로의 전환이라는 사회적 합의가 도출된 것으로 이해함이 타당하다.

이와 같이 부계혈통주의로 인한 여러 가지 문제는 부계혈통주의의 위헌적 요소 때문이라기보다 시대적, 사회적 여건의 변화에 따라 새롭게 대두된 단점에 불과하다. 그런 점에서 법률적으로는 국적법 제정 이래 수십 년 동안, 정신적으로는 지난 수백 년 동안 우리나라의 가족질서의 근간을 이루어 온 부계혈통주의에 대해 헌법에 위반된다고 본 헌법재판소의 위 결정에는 동의하기 어렵다.

서울고등법원이 구법 제2조제1항제1호에 관하여 헌법재판소에 위헌심판제청을 한지 불과 몇 달 뒤에 동 조항의 개정이 이루어진 점에 비추어 위헌심판제청이 동 조항을 개정하는 계기가 된 것으로 오해할 소지가 없지 않다. 그러나 1997년의 국적법 제4차 개정은 구법 제2조제1항제1호의 부계혈통주의를 부모양계혈통주의로 개정한 것 외에도 부(夫)중심주의로 되어 있던 여러 가지 남녀차별적 조항을 모두 정비하였을 뿐 아니라 국적선택제도의 도입 등 국적법을 사실상 새로 제정한 것이나 다름없을 정도의 전면적 개정이었으며, 개정방향 논의 및 개정안 성안을 위해 법무부가 국적법개정위원회를 2차에 걸쳐 구성,

5) 선천적 국적결정기준에 관하여 부계혈통주의를 채택하고 있던 국가들의 대부분은 1970년대 이후 부모양계혈통주의로 전환하였다 : 필리핀(1973년), 서독(1974년), 스웨덴(1978년), 노르웨이 · 덴마크(이상 1979년), 중국(1980년, 법제정), 이스라엘(1980년), 포르투칼 · 터어키(이상 1981년), 스페인(1982년), 오스트리아 · 이탈리아(1983년), 그리스 · 일본 · 네덜란드(이상 1984년) 등. 아직도 부계혈통주의를 유지하고 있는 나라는 중동의 회교권 국가와 인도네시아, 대만, 태국 정도에 불과한 실정이다. 북한도 1963년도에 제정한 그들의 국적법에서 부모양계혈통주의를 채택하고 있다.

운영하는 등 1980년대 후반부터 약 10년 가까운 시간을 투자한 국적법 개정노력의 산물이라는 점을 유념할 필요가 있다.

2. 혈통주의의 유지

우리 국적법은 제정이래 지난 60년간 모두 10차례의 개정을 거치면서도 선천적 국적결정기준에 관해서는 계속 출생지주의가 아니라 혈통주의를 유지하여 왔다.

출생지주의는 원래 영민(領民)을 영지(領地)의 부속물로 간주하여 자국 영내에 거주하는 자에게 자국의 국적을 부여하고 자국민으로서의 의무를 부담시킨다는 중세적 사상에 유래하는 것이며, 현대에 와서는 이민 등에 의하여 자국 영내에 정주(定住)하는 외국인의 자손에 대하여 전래의 자국민과 동일한 법적 지위를 부여함으로써 그 정착 및 동화를 촉진하는 기능을 갖는 점에 특색이 있다[6]고 한다.

반면에 우리나라는 협소한 국토에 세계 제2위의 인구밀도를 가지고 있어 난민 등 인도적 배려상 불가피한 경우를 제외하고는 집단적 이민을 받아들일 여지가 없을 뿐 아니라 고대부터 세계 유례를 찾기 어려울 정도로 단일한 언어, 문화, 풍습, 역사를 계승해 온 단일민족 국가로서 혈통(그중에서도 특히 가부장적 전통 유교관념에 뿌리를 두고 있는 부계혈통) 또는 혈연관계에 대한 집착이 어느 나라 어느 민족보다 강한 편이다.

1990년대에 이르러 70년대 이후의 고도 경제성장에 비례하여 노동시장도 확대되었고 특히 90년대 후반부터는 이른바 3D업종의 기피현상이 심화되면서 중국(조선족, 한족), 필리핀, 인도네시아 등 동남아시아 국가 출신 근로자들 상당수가 산업연수생 또는 불법취업의 형태로 산업현장에 유입되기 시작 하였다. 그러나 아직까지는 그 숫자가 전체 인구의 규모나 노동력시장에 비추어 극히 미미할 뿐 아니라 특별히 이들의 2세까지 대한민국 국민으로 동화시킬 필요성에 대한 사회적 공감대가 형성되었다고 보기는 어렵다. 그리고 이러한 사정이 가까운 장래에 변화되리라는 조짐도 아직은 보이지 아니한다.

---

6) 細川 清, "개정국적법의 개요", 개정국적법 · 가족관계등록법의 해설(일본 법무성 민사국 법무연구회, 1985.1).

1997년의 제4차 개정당시까지 부계혈통주의의 개정을 요구한 사회단체들이나 언론의 논조 그리고 국회의 심의과정에서도 부계혈통주의 대신 부모양계혈통주의로 전환해야 한다는 점이 강조되었을 뿐, 출생지주의로 바꾸자는 주장이 거의 없었던 점은 그 같은 사정을 여실히 보여준다.

한편 혈통주의에 있어서의 혈통의 의미는 생물학적 개념으로서의 혈통보다는 법적 개념으로서의 혈통을 중시하게 된다. 예컨대 원래 외국인이었던 자의 비속은 생물학적 계승에 있어서는 순수한 우리 혈통이라고 보기 어렵지만, 일단 그가 우리나라에 귀화하는 경우에는 법적으로 우리 혈통으로 포섭되게 되고 귀화한 이후에 출생한 동인의 적출자가 출생과 동시에 대한민국 국적을 취득하게 되는 것을 또한 우리는 혈통주의의 원리로 설명한다.

반대로 원래 대한민국 국민이었다가 외국에 귀화한 사람들의 자녀 중 귀화한 이후에 출생한 자녀는 관념적으로는 우리 혈통이면서도 부모가 이미 대한민국 국적을 상실하여 법적으로 더 이상 대한민국 국민이 아니라는 이유로 대한민국 국적을 취득하지 못하는 것을 또한 우리는 혈통주의로 설명할 수밖에 없다.

이와 같이 국적문제 또는 혈통주의에 있어서의 혈통이라 함은 생물학적 개념이 아니라 법적 개념에 불과한 것이다.

혈통주의가 선천적 자국민의 범위를 정하는 기준으로서 입법정책적 의미를 가지는 것은 자국민의 자녀는 통상 자국민의 가족에 포섭됨으로써 실질적으로 자국의 사회 구성원이 되므로 출생과 동시에 자국민의 법적 지위를 부여함이 상당하다는 평가 때문이다.

다시 말해서 혈통주의는 자국민과의 혈연적 결합관계가 존재하는 사람에게 선천적으로 자국민이 되는 자격을 부여하고, 한편 그 같은 혈연적 결합관계가 없는 사람에 대해서는 출생지 등 지연적 결합관계가 존재하더라도 단순히 그 사실만으로 자국 국적을 부여하지는 않겠다는 입법정책을 간단한 용어로 설명한 개념에 불과하다. 그런 점에서도 입법정책으로서의 타당성에 관한 고려 없이 생물학적 혈통을 우선시하거나 절대시하는 것은 합당하지 아니하다.

그리고 혈통주의는 단순히 출생에 의한 국적취득 기준으로서만 작용하는 것이 아니다. 우리 국적법이 최초 제정이래 계속하여 인지에 의한 국적취득제도를 유지해 오고 있는 점이나, 귀화대상 외국인중 부 또는 모가 대한민국 국민이거나 국민이었던 사람에 대해 일반 외국인보다 귀화요건을 완화해 주고 있는 점 역시 혈통적 요소를 중시한다는 방증이라 할 수 있을 것이다.

제 3 절 出生에 의한 國籍取得의 要件

1. 국적취득 원인으로서의 출생 (제2조제1항 본문)

제2조제1항 본문의 말미는 "……에 해당하는 자는 **출생과 동시에 대한민국의 국적을 취득한다**"고 되어 있다. 이는 1997년 제4차 개정 전까지의 구법 제2조제1항 본문이 "……에 해당하는 자는 **대한민국의 국민이다**"라고 규정하고 있던 것을 고친 것이다.

이렇게 고친 것은 출생에 의한 국적취득의 경우, 출생이라는 자연적 사실에 기하여 곧바로 공법상의 신분인 '대한민국 국민이 된다.'기 보다 출생과 동시에 대한민국 국민이 될 수 있는 법적 신분 내지 자격을 의미하는 '대한민국 국적을 취득한' 것으로 표현하는 것이 개념적으로 더 정확하다는 의미를 담고 있다.

다시 말해서 외국인이 대한민국 국민이 되기 위해서는 우선 먼저 국적법이 정한 요건과 절차로 귀화 또는 국적회복의 허가를 받아 대한민국 국적을 취득해야 하지만 그에 비해, 대한민국 국민을 부 또는 모로 하여 출생한 사람은 그러한 혈통적 요소로 인해 별도의 국적취득 절차를 거칠 필요 없이 출생과 동시에 자동으로 대한민국 국적을 취득하게 되는 것이다.

한편 귀화 또는 국적회복허가를 받아 대한민국 국적을 취득한 외국인이나 대한민국 국민의 자녀로 출생하여 대한민국 국적을 갖게 된 사람 모두 대한민국의 완전한 국민으로서의 권리 주장이나 처우를 받기 위해서는 다시 가족관계등록법이 정한 바에 따라 출생신고 등과 같은 신분등록절차를 마쳐야 한다는 점은 차이가 없다.

그러면 대한민국 국민의 자녀로 출생하여 대한민국의 국적은 취득하였으나 아직 출생신고를 하지 않아 가족관계등록부에 등재되지 않은 사람의 법적 지위는 어떠한가? 다시 말해서 그를 대한민국 국민으로 볼 수 있는가 하는 문제이다.

대한민국 국민의 자녀로 출생하여 국내에서 거주하는 사람이 출생 직후 출생신고를 하기 전까지의 단기간을 제외한다면 가족관계등록부에 등재되지 않은 채 무적(無籍)상태로 지내는 경우는 현실적으로 생각하기 어렵다. 그러나 외국에서 대한민국 국민의 자녀로 출생한 이후 계속 외국에 거주하는 사람 중에는 부모나 그 가족이 국내 가족관계등록관서에 출생신고를 하지 않아 가족관계등록부에 등재되어 있지 않은 경우가 실제로 상당수에 이른다.

이처럼 출생에 의하여 대한민국 국적은 취득하였지만 가족관계등록부에는 올라 있지 않은 사람을 대한민국 국민이라 할 수 있는지, 그런 사람에 대해서도 제3국에서의 외교적 보호, 대한민국 여권의 발급, 국내 출입국 및 체류관리에 있어 대한민국 국민으로 처우해야 하는지, 그런 사람에 대해서도 병역의무를 부과할 수 있는지 하는 등의 구체적 문제가 대두된다.

판단컨대 그런 사람은 대한민국 국민이 될 수 있는 자격 즉 대한민국 국적은 취득하였으나 아직 완전한 의미에서의 대한민국 국민이라고는 할 수 없는 잠재적 국민 또는 사실상의 국민(*de facto national*)에 불과하다고 보아야 한다.

당사자가 희망할 경우 제3국에서의 외교적 보호는 가능하겠으나 국민으로서의 기본권 행사나 의무 부과는 특단의 사정이 없는 한, 국내법에 따라 대한민국 국민으로서의 등록절차를 마친 때에 비로소 가능하다고 보는 것이 가장 현실성 있고 합리적 접근이 아닌가 생각된다.

2. 출생당시에 부 또는 모가 대한민국의 국민인 자(제2조제1항제1호)

가. 법률상 친자관계의 존재

제1항 제1호에 따라 출생과 동시에 자녀가 대한민국 국적을 취득하는 것은 출생한 당시에 대한민국 국민인 부 또는 모와의 사이에 법률상의 친자

관계가 인정되는 경우에 한한다. 따라서 제1항 제1호에서의 부는 법률상의 부를 의미하는 것으로 보아야 한다.

부모가 모두 한국인인 경우는 논의의 실익이 없으므로 부모 중 일방만 한국인인 경우를 구체적으로 나누어 살펴본다.

i) 법률혼 관계인 한국인 부와 외국인 모 사이에 출생한 자녀

법률상 부가 대한민국 국민이므로 그 자녀는 제1호에 의하여 출생과 동시에 대한민국 국적을 취득하게 된다.

ii) 법률혼 관계인 외국인 부와 한국인 모 사이에 출생한 자녀

모가 대한민국 국민이라는 점에서 그 자녀는 제1호에 의하여 출생과 동시에 대한민국 국적을 취득하게 된다.

2001년 개정 전의 「섭외사법」 제19조는 친생자의 성립은 '그 출생 당시의 母의 夫의 본국법'을 준거법으로 정하고 있었는데 이는 주로 부자(父子)간에 문제가 되는 점을 해결하기 위한 조항이었으나, 결과적으로 모에게 불리하게 작용할 수 있는 남녀차별적 요소를 내포하고 있었다.

이에 2001년 「섭외사법」을 「국제사법」으로 명칭을 변경하고 내용을 전부개정하면서 법 제40조제1항에 '혼인중의 친자관계의 성립은 자(子)의 출생당시 부부 중 일방의 본국법에 의한다'고 규정함으로써 부부의 본국법 중 어느 하나에 의해서라도 혼인중의 친자관계가 성립하면 이를 인정하는 선택적 연결방법을 택하였다.

그 결과 외국인 부와 한국인 모 사이에 출생한 자녀의 경우, 출생과 동시에 대한민국 국적을 취득한다는 점에 아무런 이론(異論)의 여지가 없게 되었다.

iii) 사실혼 관계인 한국인 부와 외국인 모 사이에 출생한 자녀

준거법인 대한민국 민법상 원칙적으로 법률상의 부자관계가 존재하지 않으므로[7] 그 자녀는 출생과 동시에 대한민국 국적을 취득하지는 못한다.

다만 예외적으로 그 자녀가 출생하기 전, 즉 태아인 상태에서 한국인 생부가 그 태아(胎兒)를 인지한 경우[8]라면 그 자녀는 출생에 의하여 출생

7) 혼인외의 출생자와 그 생부간의 법률상 부자관계는 오로지 인지에 의하여 발생한다. 따라서 인지가 없는 한 혼인외의 출생자 즉 비적출자에게는 법률상의 부가 있을 수 없다(金疇洙 · 金相容, 친족 · 상속법, 2006년, 법문사, p.275; 신영호, 가족법강의, 2010년, 세창출판사, p.163).

과 동시에 대한민국 국적을 취득하게 된다.

그리고 그 자녀를 생후에 한국인 생부가 인지한 경우에도 그 자녀의 출생 당시에 법률상 한국인 부가 존재하지 않았던 점에는 변함이 없으므로 그 자녀가 국적법 제3조에 규정된 절차에 의하여 대한민국 국적을 취득하는 것은 별론으로 하고 본조 제1호의 적용을 받을 여지는 없다고 하겠다.

민법 제860조는 인지의 소급효를 규정하고 있지만 출생시로 소급하는 것은 민법상의 친자관계 발생효과에 국한되고, 국적취득의 효과는 출생시까지 소급하지 아니한다.[9]

ⅳ) 사실혼 관계인 외국인 부와 한국인 모 사이에 출생한 자녀

법률상으로는 비적출자라 하더라도 그 자녀와 한국인 모 사이의 모자관계는 출생 당시에 당연히 발생하는 것으로 해석되는 이상 그 자녀는 제1호에 의하여 출생과 동시에 대한민국 국적을 취득하게 된다.

혼인외의 출생자는 모의 국적을 따르는 것이 일반적인데 우리나라 「국제사법」 제41조제1항에서도 '혼인 외의 친자관계의 성립은 자(子)의 출생 당시 모의 본국법에 의한다.'고 규정함으로써 이를 뒷받침해 주고 있다.

나. 적출요건과 혈통주의와의 상관관계

생물학적 혈통관계가 존재함에도 불구하고 적출 여부에 따라 대한민국 국적의 취득여부 및 취득시점이 달라지는 점과 관련하여 혈통주의의 본질과 상충된다는 비판이 제기될 수 있다.

그러나 혈통주의란 단순히 생물학적 혈통관계를 절대시 하는 것이 아니라 법률상 친자관계의 존부를 중시함으로써 법적 의미에서 유효한 결합관계가 있는 자에 한하여 국적의 선천적 승계를 허용하는 취지라고 보아야

---

8) 우리 민법 제858조는 '부는 포태중에 있는 자에 대하여도 이를 인지할 수 있다' 규정함으로써 태아인지를 허용하고 있다. 한국인 생부와 외국인 생모가 혼인을 하지 않은 사실혼 관계에서 임신을 한 경우 한국인 생부가 포태 중에 그 자(子)를 인지하면 법률상 부자관계가 성립하므로 출생과 동시에 대한민국 국적을 취득하게 된다. 따라서 그 이후 별도의 인지절차와 국적법 제3조에 따른 인지에 의한 국적취득 절차를 거칠 필요 없이 곧바로 가족관계등록관서에 출생신고를 할 수 있게 된다. 가족관계등록예규 제94호(2008.1.1.)도 한국인 부와 외국인 모 사이의 혼외자에 대해 부가 태아 인지 신고를 한 경우에만 그 자녀의 가족관계등록부를 작성한다고 규정하고 있다.

9) 외무부장관의 질의에 대한 법무부장관의 회신(1966년 1월 21일 810-1128, 1970년 12월 14일 810-18475)도 이와 같다.

한다.

그리고 본조 제1항제1호의 적용에 있어 한국인 모의 자녀는 적출여부에 관계없이 출생과 동시에 대한민국 국적을 취득하는 것으로 해석하는 것과 달리, 한국인 부의 비적출 자녀는 대한민국 국적을 자동으로 취득하지 못하는 것으로 해석하는 이유는, 비적출 자녀의 경우 적출 자녀와는 달리 모의 성을 따르고 (민법 제781조), 모의 친권에 복종하는 것으로 되어 있는 점에서 보듯 비적출의 부자관계는 비적출의 모자관계에 비해 통상적으로 그 결합관계나 생활의 동일성이 매우 미약하다고 평가되기 때문이다.

또한 혈통주의 국가에서 비적출 자녀는 일반적으로 부의 국적을 승계할 가능성이 매우 희박하다는 점에서 그 자녀가 생모의 국적 마저도 승계하지 못하게 한다면 무국적이 될 가능성이 매우 높게 되는 점도 고려사항에 포함되어 있다.

최근 부모양계혈통주의를 채택한 여러 국가에서 자국민 여성의 자녀에게는 적출여부에 관계없이 자국 국적을 부여하지만, 자국민 남성의 자녀에 대하여서는 우리나라와 마찬가지로 적출자인 경우에 한하여 자국 국적을 부여하는 입법례가 많다는[10] 점도 이러한 해석을 뒷받침한다.

3. 출생 전에 부가 사망한 경우에는 그 사망 당시에 부가 대한민국의 국민이었던 자 (제2조제1항제2호)

제1항 제2호는 이른바 유복자(遺腹子)에 대한 규정이다.

출생 전에 부가 사망한 경우 그 자녀에 대해 망부의 사망 당시 국적을 기준으로 부계혈통을 적용한다는 취지이다. 97년 제4차 개정국적법 이전의 구법 제2조제1항제2호도 동일한 내용으로 되어 있었다.

그러나 이 규정은 선천적 국적결정 기준이 종전의 부계혈통주의에서 부모양계혈통주의로 변경된 현행 국적법에서는 더 이상 부계혈통주의를 적용한다는 취지라고 볼 수 없으며, 우리 국적법이 출생지주의가 아닌 혈통주의를 기본원칙으로 하고 있다는 취지로 보아야 할 것이다.

그러한 관점에서 본 호는 출생당시에 모가 외국인이고 사망한 부가 한

10) 스위스, 서독, 노르웨이, 스웨덴, 덴마크, 오스트리아, 일본.

국인인 경우에 의미 있는 규정이라 할 것이다. 부모 모두 한국인인 경우 출생당시 부가 사망하더라도 생존한 모가 한국인이므로 제2조제1항제1호에 따라 대한민국 국적을 취득하게 되므로 이 규정은 적용될 여지가 없다.

한편, 출생하기 전에 모가 사망한 경우도 감안할 필요가 있다는 점에서 제2호 중의 "부"를 "부 또는 모"로 고쳐야 하는 것은 아닌지에 관한 견해가 있을 수 있다.

이 문제는 자녀가 출생하기 전에 모가 사망한 경우에 관한 것으로서 사망의 법적 정의와 관련이 있다. 뇌사 상태를 사망한 것으로 본다면 의학적으로 모가 사망한 이후에 자녀가 출생하는 경우도 발생할 수 있기 때문이다.

그러나 일반적으로 자녀의 출생시에 모는 언제나 생존하고 있다는 것, 또한 모가 사망한다 하더라도 그 사망시점과 복중(腹中)에 있던 자녀의 출생시점은 그 시간적 간격이 극히 짧을 것이라는 점 등을 감안할 때 모자관계의 존재 여부가 의심스러운 경우란 극히 드물다고 할 것이므로 부모양계혈통주의 하에서도 부가 사망한 경우만을 규정한다고 해서 실제로 문제가 발생할 소지는 거의 없어 보인다.

일본 국적법도 1984년도에 부모양계혈통주의로 전환하면서 유복자에 관한 규정은 구 국적법의 내용과 동일하게 '부가 사망한 경우'로만 한정하여 규정하고 있다.

4. 부모가 모두 분명하지 아니한 경우나 국적이 없는 경우에는 대한민국에서 출생한 자 (제2조제1항제3호)

제1항 제3호는 아동이 무국적 상태가 되는 것을 방지하기 위하여 출생지주의를 보충적으로 채용한 조항이다.

가. 부모가 모두 분명하지 아니한 때

이 경우의 예로는 현실적으로 미혼모 또는 경제형편이 극히 어려운 부부가 자녀를 출산 후 노상에 내버린 상태에서 그 자녀가 제3자 또는 구호기관 등에 의하여 발견된 후 가족관계등록이 편제되고 양육되는 경우를 생각해 볼 수 있다.

나. 부모가 모두 국적이 없는 때

이 경우의 예로는 부부가 모두 무국적인 상태로 우리나라에서 일시 체류하는 중에 자녀를 출산하는 경우를 들 수 있겠으나 현실적으로는 대단히 드문 경우라고 생각된다.

> 출생할 당시 부모가 모두 무국적인 경우와 관련하여서는 입법론적으로 다음과 같은 두 가지 사항을 검토할 필요가 있다.
>
> 첫 번째 사항은 국내에서 출생한 자 중 부모가 모두 무국적인 자에 대하여 현행법과 같이 자동으로 대한민국 국적을 취득하게 할 것이 아니라 그 부모가 국내에 주소를 두고 있거나 그 자가 일정기간 이상 국내에 주소를 두고 있는 경우에 한해 법무부장관에게 신고함으로써 대한민국 국적을 취득할 수 있게 함이 상당하지 않은가 하는 점이다. 그러나 우리 국적법은 무국적 아동의 발생을 방지한다는 취지에서 별도의 신고 없이 대한민국 국적을 자동취득하는 것으로 규정하고 있다.
>
> 두 번째 사항은 우리나라 내에서 출생한 아동 중 부모가 무국적은 아니지만 난민이거나 기타 사정으로 무국적 상태에 처해 있는 아동에 대하여 자동으로 대한민국 국적을 취득하는 것으로 규정하거나 혹은 간이(특별)귀화 대상으로 규정할 필요가 있을 것인지에 관한 것이다. 일본은 1984년에 국적법을 개정할 당시 자국 내에서 출생하였으나 무국적인 자에 대해 일본 국적을 보다 용이하게 취득할 수 있도록 귀화요건을 간소하게 해주는 취지로 제8조 제4호를 신설한 바가 있다. 그러나 우리나라의 경우, 그런 아동은 부모가 모두 무국적인 경우와 달리 부 또는 모의 국적을 취득할 가능성이 크며, 또한 그것이 결과적으로 타당하다는 견지에서 따로 특별한 규정을 두지 않고 있다.

5. 대한민국에서 발견된 기아(棄兒)의 출생지 추정 (제2조제2항)

제2조제2항은 버려진 아이의 출생지에 관하여 의문이 있는 경우에 관한 조항이다.

대한민국 내에서 발견된 기아는 반대증거가 없는 한, 대한민국에서 출생한 것으로 추정한다는 취지이다.

이 조항은 출생지주의를 보충적으로 규정하고 있는 제2조제1항제3호의 경우에 특히 의미가 있다. 즉, 부모가 분명하지 않고 버려진 상태에서 대한민국에서 발견된 아이는 비록 그 아이의 외형상 생김새가 우리 국민과 다르다고 할지라도 '부모가 분명하지 않고 대한민국에서 출생한 자'로 보아 출생과 동시에 대한민국 국적을 취득하게 된다.

제 4 절 出生에 의하여 取得한 國籍의 有效期間

출생에 의하여 대한민국 국적을 취득한 경우에 그 효력은 언제까지 지속되는가? 이는 즉 언제까지 대한민국 국적자로서 인정을 받을 수 있는지에 관한 문제이다.

출생에 의하여 대한민국 국적을 유일한 국적으로 취득한 사람은 이론적으로는 국적취득의 효력이 무기한 지속된다. 따라서 연령에 관계없이 언제라도 부의 등록기준지 가족관계등록관서에서 출생신고가 가능하다. 물론 출생 이후 어느 시점에 자진하여 외국 국적을 취득함으로써 국적법 제15조 제1항에 따라 대한민국 국적을 상실하게 된 경우는 별개의 문제이다.

한편, 출생에 의하여 대한민국 국적과 외국 국적을 동시에 취득하게 된 선천적 복수국적자의 경우에는 어떠한가? 선천적 복수국적자의 경우에는 2010년의 제10차 개정 국적법이 공포된 날(2010년 5월 4일) 전날까지는 구법에 따라 만 22세가 될 때까지 출생신고를 하지 않았다면 그때까지 국적선택을 하지 않은 것이 되어 대한민국 국적을 자동적으로 상실하게 되어 있었다. 따라서 그 시점이 지난 후에는 가족관계등록법에 따른 출생신고도 불가하였다.

그런데 제10차 개정 국적법이 공포된 날 부터는 동 개정법률에 따라 만 22세까지 출생신고도 않고 국적선택을 하지도 않았다 하더라도 대한민국 국적을 자동 상실하는 것이 아니라 법무부장관의 국적선택명령을 거친 이후에 비로소 상실하게 되는 것으로 수정되었다. 따라서 법무부장관으로부터 국적선택명령을 받기 전까지는 여전히 출생에 의한 국적취득 효과의 주장 즉, 가족관계등록법에 따른 출생신고가 가능하다고 봄이 상당하다.

제10차 개정 국적법에 따라 복수국적자의 출생신고에 관한 가족관계등록예규도 정비되었다. 종전에는 복수국적자로서 22세까지 출생신고를 하지 않으면 대한민국 국적이 상실된 것으로 보아 출생신고를 받아 주지 않았으나, 새로 제정된 예규는 출생당시에 대한민국 국적을 취득하였다면 국적상실여부나 나이에 관계없이 가족관계등록부에 출생신고를 할 수 있으며, 다만 국적이 상실된 사람은 출생신고 후 국적상실사실을 기재하고 가족관계등록부를 폐쇄하는 방식으로 업무를 처리하도록 하였다.

또한 새로 제정된 예규에 따르면 2010년의 제10차 개정 국적법이 공포된 날(2010년 5월 4일) 전날까지 구법에 따라 만 22세가 될 때까지 출생신고를 하지 않은 선천적 복수국적자의 경우에도 앞에서 설명한 바와 달리 남자와 여자의 국적상실 시기를 달리 정하고 있다. 이는 복수국적 남자의 경우에는 여자와는 달리 22세를 기준으로 하지 아니하고 출생신고를 하지 않은 경우에도 병역의무가 있는 것으로 해석하여 병역이 면제되는 나이에 도달한 날부터 2년이 지나기 전까지는 대한민국 국적이 있는 것으로 해석하여 예규를 제정하였기 때문이다.

가족관계등록예규 제326호(시행일 : 2010.8.18)
【출생에 의한 복수국적자에 대한 출생신고에 관한 사무처리지침】

1. 출생에 의해 대한민국 국적과 외국국적을 함께 가지게 된 복수국적자인 경우에도 현재 대한민국 국적의 보유여부를 불문하고 출생신고를 할 수 있다.
2. 출생에 의한 복수국적자에 대한 출생신고를 수리하는 경우의 사무처리
   가. 남자의 경우
      1) 개정된 「국적법」(법률 제10275호)의 공포일(2010. 5. 4.) 전에 이미 만 42세 되는 해의 12월 31일이 경과한 자에 대한 출생신고

복수국적자로서 출생신고를 하지 않은 남자는 「병역법」제72조에 따라 만 41세 되는 해의 1월 1일 병역의무가 해소되므로 개정된 「국적법」의 공포일(2010.5.4.) 전에 이미 만 42세 되는 해의 12월 31일이 경과한 경우 종전의 「국적법」(법률 제8892호)에 따라 대한민국 국적을 상실하였으므로 이 자에 대한 출생신고는 수리함과 동시에 「국적법」제16조제2항에 따라 법무부장관에게 대한민국 국적을 상실한 자를 발견한 사실을 통보하여야 한다.

시(구)·읍·면의 장은 출생신고를 수리하여 등록부를 작성한 후, 「국적법」제16조제3항에 따른 법무부장관의 국적상실통보를 받아 국적상실을 원인으로 그 자의 가족관계등록부를 폐쇄한다.

2) 개정된 「국적법」(법률 제10275호)의 공포일(2010.5.4.) 전에 만 42세 되는 해의 12월 31일이 경과하지 않은 자에 대한 출생신고

대한민국 국적을 보유하고 있으므로 출생신고를 수리함과 동시에 지체없이 법무부장관에게 복수국적자를 발견한 사실을 통보하여야 한다.

다만, 「국적법」 제14조의2제1항 및 제4항에 따라 법무부장관으로부터 국적선택의 명령을 받고도 1년 내에 이를 따르지 아니한 자는 그 기간이 지난 때에 대한민국 국적을 상실하므로 「국적법」 제16조제3항에 따른 법무부장관의 국적상실통보를 받아 국적상실을 원인으로 그 자의 가족관계등록부를 폐쇄한다.

나. 여자의 경우

1) 개정된 「국적법」(법률 제10275호)의 공포일(2010.5.4.) 전에 이미 만 22세가 경과한 자에 대한 출생신고

복수국적자로서 출생신고를 하지 않은 여자는 개정된 「국적법」의 공포일(2010.5.4.) 전에 이미 만 22세가 경과한 경우 종전의 「국적법」(법률 제8892호)에 따라 대한민국 국적을 상실하였으므로 이 자에 대한 출생신고는 수리함과 동시에 「국적법」 제16조제2항에 따라 법무부장관에게 대한민국 국적을 상실한 자를 발견한 사실을 통보하여야 한다.

시(구) · 읍 · 면의 장은 출생신고를 수리하여 등록부를 작성한 후, 「국적법」 제16조제3항에 따른 법무부장관의 국적상실통보를 받아 국적상실을 원인으로 그 자의 가족관계등록부를 폐쇄한다.

2) 개정된 「국적법」(법률 제10275호)의 공포일(2010.5.4.) 전에 만 22세가 경과하지 않은 자에 대한 출생신고

대한민국 국적을 보유하고 있으므로 출생신고를 수리함과 동시에 지체없이 법무부장관에게 복수국적자를 발견한 사실을 통보하여야 한다.

다만, 「국적법」 제14조의2제1항 및 제4항에 따라 법무부장관으로부터 국적선택의 명령을 받고도 1년 내에 이를 따르지 아니한 자는 그 기간이 지난 때에 대한민국 국적을 상실하므로 「국적법」 제16조제3항에 따른 법무부장관의 국적상실통보를 받아 국적상실을 원인으로 그 자의 가족관계등록부를 폐쇄한다.

제 5 절 父가 外國人인 子女의 姓과 本

1. 민법 제781조제2항

민법 제781조제1항은 "자는 부의 성과 본을 따른다. 다만, 부모가 혼인

신고시 모의 성과 본을 따르기로 협의한 경우에는 모의 성과 본을 따른다" 라고 규정하고 있고, 같은 조 제2항에서는 "부가 외국인인 경우에는 자는 모의 성과 본을 따를 수 있다"고 규정하고 있다.

본조에 의하면 외국인 부 밑에서 출생한 자녀의 경우 성과 본은 혼인신고시 모의 성을 따르기로 협의하지 않은 경우에도 한국인 모의 성을 따를 수 있다.

현행 민법, 가족관계등록법 및 가족관계등록예규 등에 의할 때 부의 성을 따라 외국식 성명을 사용할 수 있다. 다만 외국식 성명을 사용하는 경우에 가족관계등록부상에는 알파벳이 아닌 한글 또는 한자로 표기하도록 되어 있다. 참고로 과거 국적실무에서도 한자 문화권이 아닌 국가의 외국인이 우리나라에 귀화하는 때에는 현재 우리나라에서 일반적으로 통용되는 한자 성과 이름을 새로 지어 사용하는 경우가 대부분이었던 반면에 일본, 대만, 중국 등 한자문화권의 동양인이 귀화하는 때에는 원래의 국가에서 사용하던 한자 성명을 그대로 호적부에 등재하고 사용하는 경우가 많았다.

그리고 민법 제781조제2항의 취지는 어디까지나 출생당시에 부가 외국인인 자녀에 대해 그 성과 본에 관한 특례를 인정하기 위한 것이므로 대한민국 국민을 법률상의 부로 하여 출생한 자녀는 부의 성과 본을 따라야 한다는 종래의 원칙이 여전히 유효함은 두말할 나위가 없다.

가족관계등록예규 제312호 (시행일 : 2008.1.1)
【자녀의 성과 본에 관한 가족관계등록사무 처리지침 개정】

제1장 총 칙

제2조(자녀의 성과 본의 원칙) ① 자녀의 성과 본은 부의 성과 본을 따른다.

제2장 부모가 혼인신고시 모의 성·본을 따르기로 협의한 경우

제3조(부모가 혼인신고시 협의한 경우) ① 부모(부 또는 모가 외국인인 경우를 포함한다)가 혼인신고시 「민법」 제781조제1항 단서에 따라 자가 모의 성과 본을 따르기로 협의한 경우에는, 제2조제1항에도 불구하고 자녀는 모의 성과 본을 따른다. 혼인신고시 협의하지 아니하였던 부부가 이혼 후 동일한 당사자끼리 다시 혼인하는 경우에도 「민법」 제781조제1항 단서에 따른 협의를 할 수 있다.

② 제1항의 협의는 그 협의 이후 협의당사자 사이에서 태어나는 모든 자녀에 대하여 효력이 있으며, 협의당사자가 이혼 후 동일한 당사자끼리 재혼하여 다시 혼인신고를 하는 경우에도 효력이 있다.
③ 제2항의 규정에도 불구하고 출생신고가 제1항의 협의 있는 혼인신고와 동시에 접수된 경우에는 그 자녀에 대하여도 협의의 효력이 미친다.

제4장 부모 중 일방이 외국인인 경우

제11조(부가 외국인인 경우) ① 혼인외 출생자의 부가 외국인이고 모가 대한민국 국민인 경우, 그 자녀는 모의 성과 본을 따른다.
② 혼인중 출생자의 부가 외국인이고 모가 대한민국 국민인 경우, 제2조제1항에도 불구하고 제3조에 따르지 아니하고, 「민법」 제781조제2항에 따라 그 자녀는 모의 성과 본을 따를 수 있다.
③ 제2항에 따라 출생신고 당시 신고의무자가 적법한 절차에 따라 출생자의 성과 본을 모의 성과 본으로 결정하여 신고하였다면, 그 이후에는 그 자녀가 친양자 입양되거나 제5장의 절차에 의하지 않는 한 이를 변경할 수 없고 외국인 부가 귀화 등을 원인으로 대한민국 국적을 취득한 사실 또는 그 후 성·본을 창설한 사실에 영향을 받지 아니한다. 다만, 이 경우에 자녀의 성(姓)을 결정하는 것은 부 또는 모가 친권자의 입장에서 친권을 행사하는 행위이며, 친권은 민법에 따라 행사하여야 하는 것이므로, 만일 부모 중 일방이 타방의 의사에 반하여 그 자녀의 성(姓)을 결정하여 출생신고를 하였다면 「가족관계의 등록 등에 관한 법률」 제104조에 따라 관할 가정법원의 허가를 받아 이를 바로잡을 수 있다.
④ 제2항에 따른 모의 성·본을 따르는 결정의 효력은 모의 성·본을 따라 출생신고된 해당 자녀에 한정된다.

가족관계등록예규 제106호 (시행일 : 2008.1.1)
【한국인 여자와 외국인 남자 사이의 혼인외 자의 성과 본】

한국인인 모의 혼인외의 자는 한국인이므로 그 모가 부라고 인정하는 사람이 외국인인 경우, 그 부가 인지하기 전에는 외국인의 성을 따르게 하여 가족관계등록부에 기록을 하게 할 수는 없고 모의 성과 본을 따라 기록하여야 한다.

2. 민법 제781조 제2항의 개정연혁

현행 민법 제781조제2항은 舊 민법 제781조제1항 단서에 있던 내용을 거의 그대로 옮겨 독립된 항으로 만든 것이다. 그에 앞서 舊 민법 제781조 제1항 단서는 1997년에 국적법 제4차 개정을 할 당시 국적법 개정법률 부칙 제8조에 의하여 신설된 내용이다.

그 전까지의 舊 민법 제781조제1항은 "자는 부의 성과 본을 따르고 부의 가에 입적한다"고 규정하고 있었는데 그 당시의 국적법은 부계혈통주의 원칙을 취하고 있었기 때문에 출생과 동시에 대한민국 국적을 취득하는 자녀의 부는 항상 대한민국 국민이었고, 따라서 구 민법 제781조제1항이 규정하고 있던 바와 같이 부의 성과 본을 따르고 부가(父家)에 입적하는데 있어 달리 문제가 생길 여지가 거의 없었다.

그런데 국적법 제4차 개정에 따라 부모양계혈통주의로 전환하게 되면서 외국인 부의 적출자도 출생과 동시에 대한민국 국적을 취득하게 되는 경우도 생기게 되었는바, 그러한 자는 종전의 민법을 따르자면 부가(父家)에 입적해야 하지만 부가 외국인인 관계로 입적할 부가가 없다는 점, 또한 성과 본은 어떻게 정할 것인지 하는 점 등이 문제가 되게 되었다.

이러한 문제를 해결하기 위해서는 부가 외국인인 자녀에 대해서는 종전의 민법 제781조제1항을 개정하여 부가가 아닌 모가(母家)에 입적할 수 있도록 하고, 성과 본에 관해서도 부성(父姓) 승계원칙의 예외로서 모의 성과 본을 따를 수 있도록 하는 방법 외에는 다른 방도가 없었다고 할 것이다. 그러한 취지에서 국적법 제4차 개정법률 부칙으로 민법 제781조제1항에 "다만 부가 외국인인 때에는 모의 성과 본을 따를 수 있고, 모가에 입적한다"라는 단서를 추가하게 되었던 것이다.

그 후 2005년 3월 31일 호주제도 폐지 등을 골자로 한 민법 개정이 이루어질 때 종전의 제781조제1항 단서의 내용을 제2항으로 옮기면서 "모가에 입적한다"는 문구는 삭제하고 "부가 외국인인 경우에는 자는 모의 성과 본을 따를 수 있다."고 규정하게 되었다.

1997년 국적법 제4차 개정을 하면서 민법을 직접 개정하지 않고 국적법개정법률 부칙으로 민법 제781조제1항을 개정하게 된 경위는 다음과 같다. 제4차 개정법률안을 작성함에 있어 동 법률안이 국회에서 통과될 경우, 그 시행에 차질이 없도록 당시의 관계법령인 민법과 호적법령을 검토한 결과 정비가 필요한 조항은 부계혈통주의를 부모양계혈통주의로 전환하는 것과 관련하여 적출자의 부성승계 · 부가입적 원칙을 규정하고 있는 민법 제781조제1항 하나뿐인 것으로 파악되었다.

동 조항을 정비함에 있어서는 먼저 국적법 개정법률안이 국회에서 통과된 이후 그 내용에 맞게 민법을 개정하는 절차를 진행하는 것이 무난하겠으나 민법의 경우, 동 조항 외에도 호주제도나 동성동본 금혼제도의 폐지 등과 같이 논란의 소지가 심대한 사항들의 개정방향에 관해 이미 수년째 논의를 계속해 오고 있는 형편이어서 어느 시기에 그 개정법률안이 확정되어 국회에 제출될 수 있을 것인지 예측하기 힘든 지경이었고, 따라서 국적법이 먼저 개정되더라도 개정법률의 시행일 전에 민법 제781조제1항을 정비하는 절차를 마치기는 어려운 상황이었다.

만약 민법 제781조제1항의 정비절차가 장기간 지연된다면 설사 국적법 개정법률안이 국회에서 통과된다 하더라도 그 개정내용 중 핵심사항인 부모양계혈통주의의 시행에 차질이 초래될 수밖에 없고, 이는 매우 곤란한 결과라 하지 않을 수 없으므로 결국 민법중 국적법 개정법률안 내용과 유일하게 관련성이 있는 제781조제1항에 대해서는 기존의 민법개정 논의와는 별도로 먼저 국적법 개정법률안의 부칙으로 개정하는 방식을 택하게 되었던 것이다.

제 3 장

認知에 의한 國籍取得

제3조(인지에 의한 국적 취득)

① 대한민국의 국민이 아닌 자(이하 "외국인"이라 한다)로서 대한민국의 국민인 부 또는 모에 의하여 인지(認知)된 자가 다음 각 호의 요건을 모두 갖추면 법무부장관에게 신고함으로써 대한민국 국적을 취득할 수 있다.

1. 대한민국의 「민법」상 미성년일 것
2. 출생 당시에 부 또는 모가 대한민국의 국민이었을 것

② 제1항에 따라 신고한 자는 그 신고를 한 때에 대한민국 국적을 취득한다.

③ 제1항에 따른 신고 절차와 그 밖에 필요한 사항은 대통령령으로 정한다.

제 1 절 概　　要

법 제3조는 대한민국 국민의 비적출자(=혼외자)로 출생하였다가 그 부 또는 모에 의하여 인지된 외국인이 대한민국 국적을 취득하는 요건과 절차를 규정한 조항이다.

비적출 외국인이 대한민국 국적을 취득하는 기본적인 방법은 귀화요건을 갖추고 법무부장관으로부터 귀화허가를 받는 것이다. 그런데 대한민국 국민인 생부 또는 생모가 인지하여 법률상의 친자관계가 확인 또는 형성된 자에 대해서는 인적유대를 고려하여 대한민국 국민이 되는 절차를 보다 더 간소하게 해 줄 필요가 있고, 본조는 그런 취지에서 마련된 조항으로 봄이 상당하다.

사법적 신분행위의 일종인 인지를 우리 국적법에서 국적취득의 한 형태로 규정한 것은 국적법 제정당시 부터였다. 그런데 1997년 제4차 개정 전까지는 국적법상의 요건을 충족하기만 하면 한국인 생부 또는 생모가 인지한

자는 곧바로 대한민국 국적을 취득하게 되어 있었고 따라서 인지됨과 동시에 곧바로 부모의 호적에 오를 수 있었다.

그러다가 1997년 제4차 개정 국적법에서 인지된 자의 국적취득 요건으로 법무부장관에 대한 신고절차가 추가됨으로써, 민법상의 인지절차가 끝난 후 법무부장관에 대한 신고절차를 거쳐야 비로소 대한민국 국적을 취득하고 가족관계등록부에 오를 수 있게 되었다.

피인지자의 경우, 비록 법무부장관에 대한 신고라는 절차적 요건이 추가되기는 했지만 대한민국 국적을 취득하는 요건이나 방식에 있어 귀화절차를 거치지 않고도 대한민국 국적을 취득할 수 있다는 점에서 귀화대상자에 비해 절차가 매우 간이하며 그만큼 우대를 받는다고 볼 수 있다.

대한민국 국민에게 인지된 혼외자에 대해 일반 외국인 보다 우대하여 국적취득 절차상의 특례를 인정하고 있는 것은 결국 혈통주의적 고려의 산물이라 할 수 있다. 즉 생물학적 의미에서 대한민국 국민의 혈통이면서도 비적출인 관계로 대한민국 국적을 생래적으로 취득하지 못했으나 인지를 통해 적출관계가 창출된 자에 대해 비교적 간소한 절차로 그 부모의 국적을 승계할 수 있게 해준다는 취지이다.

인지를 국적취득 원인의 일종으로 규정함에 있어 일부 입법례[1]가 준정(準正)인 경우로 한정하고 있는 것과 달리, 우리 국적법은 인지된 모든 혼외자에게 그 적용이 가능한 형태로 규정하고 있는 바, 이 점에 관하여 비정상적 혼인관계까지 보호하는 결과가 될 수 있다는 비판이 제기되기도 한다.

그러나 혈통주의 원칙을 고려하고 인지된 혼외자의 국적관계를 조속히 확정할 필요성 등을 감안할 때, 굳이 준정인 경우로만 한정할 필연적 이유는 없으므로 우리 국적법의 태도가 잘못된 것은 아니라고 생각된다.

일본의 경우에도 2008년 6월 4일 최고재판소가 일본인 남성과 외국인 여성 사이에 혼인외로 출생한 자녀에 대해 "일본인 생부의 인지가 있어도 그 자녀의 부모가 결혼하지 않으면 일본 국적을 취득할 수 없다고 정한 국적법 제3조는 위헌"이라고 판시함에 따라 같은 해 12월 인지에 의한 일본

1) 인지된 혼외자에 대하여 그 생부 및 생모가 그 혼외자의 출생이후에 법률상 부부가 됨으로써 준정(準正)이 된 경우에 한해 국적취득 절차상의 특례를 허용하는 입법례로는 일본(2008년 12월 개정되기 전의 구 국적법), 오스트리아, 서독, 덴마크, 노르웨이, 영국 등을 들 수 있다.

국적의 취득에 관하여 종전까지 준정(準正)의 경우로 한정하고 있던 것을 준정 여부에 관계없이 그 자녀가 국적취득이 가능하도록 국적법을 개정한 사실이 있는 바, 이는 우리 국적법의 태도가 온당하다는 점을 뒷받침 해준다고 하겠다.

일본 최고재판소 2008년 6월 4일 판결【국적법 제3조 위헌결정】

일본 최고재판소는 미혼인 일본인 父와 필리핀인 母 사이에 태어나 출생 후에 父의 인지를 받은 총 10명의 아이들이, "생후 인지가 있어도 부모가 결혼하지 않으면 일본 국적을 취득할 수 없다고 정한 국적법은 위헌"이라고 하면서 일본 국적 확인을 청구한 2건의 소송에서 국적법 제3조가 "부모의 결혼"을 인지된 혼외자의 일본 국적 취득요건으로 규정하고 있는 점에 대해 위헌무효로 하는 판단을 처음으로 내렸다. 그에 더해, 원심인 동경고등재판소의 원고패소 판결을 파기하고, 원고들의 일본국적을 확인하는 판결을 선고하였다.

본 사안의 쟁점은 원고처럼 출생 전에 인지되지 않고서 미혼인 일본인 父와 외국인 母 사이에 태어난 아이들의 경우에는 "생후 인지"에 더해서 "부모의 결혼"이 필요하다고 정하고 있어 생후인지를 받고 있는 아이들의 경우도 부모가 결혼했는지 유무에 따라 국적 취득이 좌우되도록 한 것이, 입법 형성권 범위 내의 합리적 구별인지 법 앞의 평등을 규정한 헌법에 위반되는 차별인지 여부에 있었다.

피고측인 일본 정부는 "부모의 결혼으로 父子가 함께 생활하게 된다. 그러면, 아이들과 일본이 강하게 결합되게 되는 것이다"라는 주장을 펴면서 국적법 규정은 합리적이라고 주장하였으나, 일본 최고재판소는 위에서 보는 바와 같이 국적법 제3조가 위헌이라고 판시하였다.

[관련법령]

일본의 구 국적법 제3조 [준정에 의한 국적 취득]

제1항 : 부모의 혼인 및 그 인지에 의해 적출자의 신분을 취득한 子로서 20세 미만인 자(일본 국민이었던 자를 제외한다)는, 인지를 한 父 또는 母가 子의 출생 당시에 일본 국민이었던 경우에 있어서, 그 父 또는 母가 현재 일본국민일 때 또는 그 사망시에 일본 국민이었던 때에는, 법무대신에 대한 신고로 일본 국적을 취득할 수 있다.

위 최고재판소 판결에 따라 2008.12.21. 법률 제88호로 개정된 일본 국적법 제3조 [인지된 子의 국적의 취득]

제1항 : 부 또는 모가 인지한 자로 20세 미만인 자(일본 국민이었던 자를 제외한다)는 인지를 한 父 또는 母가 子의 출생 당시에 일본 국민이었던 경우에 있어서, 그 父 또는 母가 현재 일본국민일 때 또는 그 사망시에 일본 국민이었던 때에는 법무대신에게 신고함으로써 일본 국적을 취득할 수 있다.

인지에 의한 국적취득과 관련하여 제3조는 구법과 마찬가지로 부가 인지하는 경우와 모가 인지하는 경우를 모두 규정해 두고 있다.

그런데 1997년 제4차 개정을 통해 선천적 국적취득요건을 부모양계혈통주의로 전환한 이상 제4차 개정법률 시행일인 1998년 6월 14일 이후에 대한민국 국민을 모로 하여 출생한 자는 적출 여부에 관계없이 출생과 동시에 대한민국 국적을 취득하게 되어 있다.

따라서 법 제3조가 인지에 의한 국적취득을 규정하고 있는 것은 산모가 출생 직후에 아이를 잃어버리거나 분만실에서 다른 아이와 뒤바뀐 경우 또는 버려진 아이처럼 극히 드물게 모자관계의 유무가 불분명한 사례를 제외하면, 한국인 모가 인지하는 경우 보다는 주로 한국인 생부가 그 혼외자를 인지하는 경우를 상정한 것으로 보면 될 것이다.

제 2 절 認知에 의한 國籍取得의 要件

1. 유효한 인지 (제3조제1항 본문)

우선 대한민국의 국민인 부 또는 모에게 유효하게 인지됨으로써 적출자의 신분을 취득한 자이어야 한다.

우리 국민이 외국인과의 사이에 혼인외 출생한 자녀의 친자관계 성립에 관한 준거법을 정하는 기준에 대해 국제사법 제41조제1항은 "혼인 외의 친자관계의 성립은 자(子)의 출생 당시 모의 본국법에 의한다. 다만, 부자간의 친자관계의 성립은 자(子)의 출생 당시 부(父)의 본국법 또는 현재 자(子)의 상거소지법에 의할 수 있다."고 규정하고 있고, 제2항은 "인지는 제1항이 정하는 법 외에 인지 당시 인지자의 본국법에 의할 수 있다"고 규정하고 있으며, 제3항은 "제1항의 경우 부(父)가 자(子)의 출생 전에 사망한 때에는 사망 당시 본국법을 그의 본국법으로 보고, 제2항의 경우 인지자가 인지 전에 사망한 때에는 사망 당시 본국법을 그의 본국법으로 본다"고 규정하고 있다.

따라서 한국인 남자와 외국인 여자 사이에 혼인외의 자로 출생한 자녀의 경우, 한국인 생부와의 사이에 친자관계가 성립하려면 우리 민법과 가족관계등록법이 정한 요건과 절차에 따른 생부의 유효한 인지행위가 있어야 할 것이다.

민법 제855조(인지) ① 혼인외의 출생자는 그 생부나 생모가 이를 인지할 수 있다. 부모의 혼인이 무효인 때에는 출생자는 혼인외의 출생자로 본다.
② 생략

민법 제859조(인지의 효력발생) ① 인지는 「가족관계의 등록 등에 관한 법률」의 정하는 바에 의하여 신고함으로써 그 효력이 생긴다.
② 인지는 유언으로도 이를 할 수 있다. 이 경우에는 유언집행자가 이를 신고하여야 한다.

가족관계등록법 제55조(인지신고의 기재사항) ① 인지의 신고서에는 다음 사항을 기재하여야 한다.
1. 자녀의 성명 · 성별 · 출생연월일 · 주민등록번호 및 등록기준지(자가 외국인인 때에는 그 성명 · 성별 · 출생연월일 · 국적 및 외국인등록번호)
2. 사망한 자녀를 인지할 때에는 사망연월일, 그 직계비속의 성명 · 출생연월일 · 주민등록번호 및 등록기준지
3. 부가 인지할 때에는 모의 성명 · 등록기준지 및 주민등록번호
4. 인지 전의 자녀의 성과 본을 유지할 경우 그 취지와 내용
5. 「민법」 제909조제4항 또는 제5항에 따라 친권자가 정하여진 때에는 그 취지와 내용
② 생략

2. 연령 (제3조제1항제1호)

인지된 자가 대한민국의 민법에 의하여 미성년, 즉 20세 미만이어야 한다.[2] 다만, 민법 개정에 따라 2013년 7월 1일부터는 19세 미만이 미성년이

2) 인지에 의하여 자국 국적을 취득하는 대상을 미성년자로 한정하고 있는 입법례로는 스웨

된다.

미성년의 요건은 부 또는 모가 그 자녀를 인지하는 시점에만 충족되면 되는가 아니면 법무부장관에게 국적취득신고를 하는 시점에도 충족되어야 하는가?

이에 관하여 법문상 법무부장관에게 국적취득에 필요한 신고를 하는 기한에 관한 규정이 없다는 점에서 인지하는 시점에만 충족되면 족하다는 견해도 있을 수 있으나, 미성년의 요건은 법무부장관에게 신고하는 시점에도 충족되어야 한다고 보는 것이 타당하다고 생각한다.

제3조 제1항의 체제상 제1항 제1호에서 규정하고 있는 미성년의 요건은 제1항 본문 전체에 미치는 것이 해석상 자연스럽고 단지 인지하는 시점에만 적용되는 것으로 해석하는 것은 부자연스럽다. 또한 실질적으로 보아도 인지에 의한 국적취득조항은 미성년인 기간 중에 국적을 확정하는 것에 그 입법취지가 있다고 해석되므로 법무부장관에 대한 국적취득신고 시점에도 미성년자가 아니면 이 목적을 달성할 수 없다.

인지에 의한 국적취득 대상자를 미성년자로 제한한 것은, 혼외자중 성년이 될 때까지 생부 또는 생모에 의하여 인지되지 못하다가 성년에 도달한 이후에 비로소 인지된 자의 경우는 인지신고만으로 대한민국 국적취득을 허용할 만큼의 인적 결합관계를 인정하기 어렵다고 보기 때문이다.

성년에 도달한 이후에 인지된 외국인이 대한민국 국적을 취득하려면 제3조에 의한 신고절차가 아니라 법무부장관에게 귀화신청을 하여 허가를 받아야 한다. 다만 대한민국 국민인 부 또는 모에 인지된 이상 부 또는 모가 대한민국 국민인 경우에 해당되므로 제7조에 규정된 특별귀화 대상자로서 국내거주기간에 관계없이 귀화신청을 할 수 있다.

미성년인 동안에 인지된 자는 외국에 주소를 두고 있는 경우에도 재외공관을 통해 법무부장관에게 국적취득신고서를 제출하는 방법으로 대한민국 국적취득이 가능하지만, 성년일 때 인지된 자는 귀화대상자인 만큼 국내에 주소를 두고 있어야만 국적취득이 가능하게 된다.

한편 미성년 해당여부의 준거법을 1997년 제4차 개정 전의 구법에서는 본국법상 미성년인 자로 규정하였으나, 제4차 개정법률부터는 대한민국의

덴, 덴마크, 노르웨이, 오스트리아가 있다.

민법상 미성년인 자로 고쳐 규정하고 있다. 준거법을 대한민국의 민법으로 변경한 것은, 본 조항의 입법목적이 한국인 부모에게 인지된 자가 대한민국 국적을 취득하여 그 가족의 일원으로 포섭되는 요건을 정하기 위한 것인 점을 고려할 때 대한민국 민법에 따르더라도 특별한 문제가 없고, 아울러 대한민국 민법상의 성년 연령이 외국에 비하여 낮지 않다는 점에서 당사자에게 불이익이 발생할 여지도 희박한 점 등을 고려한 것이다.

3. 인지한 부 또는 모의 국적 (제3조제1항제2호)

부 또는 모가 그 자녀를 인지한 시점에 대한민국 국민이어야 함은 물론, 그 자녀의 출생 당시에도 대한민국 국민이었어야 한다.

이때 그 자녀의 출생시점과 인지시점 사이에 부 또는 모에게 국적변동이 있었다 하더라도 문제가 되지 않는다. 예컨대 그 부 또는 모가 대한민국 국민의 신분이었을 때 혼외자를 출산한 후 그 혼외자와 함께 외국 국적을 취득함으로써 대한민국 국적을 상실하였다가 다시 국적회복허가를 받아 대한민국 국적을 취득한 경우에 나중에라도 그 혼외자를 성년이 되기 전까지 인지한다면 그 혼외자는 본조의 규정에 의하여 대한민국 국적을 취득할 수 있는 요건을 갖추게 된다.

제4차 개정 전까지의 구법에서는 인지 당시에만 그 부 또는 모가 대한민국의 국민이면 되었으나, 제4차 개정 법률부터는 그 자녀가 출생했던 시점에도 대한민국의 국민이었어야 한다는 것이 요건의 일부로 추가되었다. 이와 같이 부 또는 모가 그 자녀의 출생 당시에도 대한민국 국민이었어야 한다는 점을 추가하게 된 것은, 인지에 의한 국적취득 제도는 출생당시의 부모의 국적을 중시하는 혈통주의에 그 기반을 두고 있다는 점을 고려한 결과이다.

4. 법무부장관에 대한 신고 (제3조제1항본문, 제2항)

외국인 혼외자를 인지한 경우 인지된 자는 법무부장관에게 인지사실을 신고(국적취득신고서를 제출)한 때에 비로소 대한민국 국적을 취득하게 되며, 그 절차가 끝난 때에 가족관계등록을 할 수 있게 된다.

제4차 개정 전까지의 구법에서는 인지되기만 하면 자동으로 대한민국 국적을 취득하는 것으로 되어 있었다. 그러나 제4차 개정법률 부터는 대한민국 국민이 미성년 외국인을 자신의 친자로 인지한 경우, 법무부장관에게 그 사실을 신고한 때에 그 자녀가 비로소 대한민국 국적을 취득하는 것으로 고쳐진 것이다.

인지된 자의 대한민국 국적취득과 관련하여 법무부장관에 대한 신고를 국적취득 요건으로 추가한 것은, 법무부장관이 그 인지의 사법적(私法的) 유효성까지 심사한다는 취지는 아니다. 다만 국적법 제3조에 규정된 국적취득의 요건을 갖추고 있는지 여부를 심사하여 문제가 없다면 그 신고를 수리함으로써 대한민국 국적을 부여하고 이로써 국적주무기관[3]이 대한민국 국적 취득자의 발생을 파악할 수 있게 하자는 취지로 봄이 상당하다.

뿐만 아니라 우리 국민이 외국에서 혼외자를 인지한 경우 또는 혼외자를 둔 사실혼 부부가 외국에서 혼인함으로써 준정이 발생하게 된 경우 등에 있어 그 혼외자가 대한민국 국적을 취득하는지 여부나 그 취득시점 등이 모호하게 될 여지가 없지 않다는 점 등을 고려해 볼때에도, 현행법이 법무부장관에 대한 신고가 이루어진 시점에 대한민국 국적취득의 효과가 발생하는 것으로 정한 것은 충분한 타당성을 가진다고 볼 수 있다.

제3절 認知에 의한 國籍取得의 節次 및 效果

본조 제1항에 규정된 요건을 모두 갖추고 대한민국 국민인 부 또는 모에 의하여 인지된 외국인은 법무부장관에게 신고한 때에 대한민국의 국적을 취득하게 된다.

동 신고를 하고자 하는 사람은 시행규칙 별지 제1호 서식에 의한 국적취득신고서[4]를 작성하여 법무부장관에게 제출하여야 하며(시행령 제2조, 시

3) 우리나라에서 국적업무를 관장하는 주무기관은 종전에는 법무부 법무실 법무과였으나, 2006년 2월 3일 법무부 출입국관리국(현재는 출입국외국인정책본부로 승격) 국적난민과로 이관되었다.

4) 국적취득신고서에는 다음과 같은 서류가 첨부되어야 한다(시행규칙 제2조제2항).

행규칙 제2조제1항), 동 신고를 하려는 사람이 15세 미만인 때에는 법정대리인이 대신하여 신고하여야 한다(법 제19조).

법무부장관은 동 신고를 수리한 때에는 그 사실을 지체없이 신고자 본인에게 통지하고 관보에 고시하게 되며, 이 때 신고자는 법무부장관의 통지서를 자신이 등록기준지(본적지)로 삼을 곳의 가족관계등록관서에 제출하고 신고함으로써 가족관계등록부를 만들 수 있다.

본조 제2항은 인지신고에 의한 국적취득 시점을 "그 신고를 한 때"로 규정하고 있는 바, 이는 신고자가 제출한 신고서 및 첨부서류 등에 의하여 국적법이 정한 제반 요건을 갖춘 사실을 법무부장관이 확인하고 그 신고서를 수리한 때를 의미한다고 보아야 한다.

다음 판례는 인지에 의한 국적취득의 대상은 대한민국 국민과 외국인 사이에 혼인외에 출생한 자녀로서 대한민국 국민이 아닌 외국인 신분의 미성년 자녀가 대한민국 국적을 취득하는 것임을 판시하고 있다.

서울행정법원 2002.1.9. 선고 2001구29984 판결【국적취득불수리처분취소】

출생 당시 대한민국의 국민이었던 자의 '인지에 의한 국적취득신고'를 반려한 처분은 적법하다는 판례로서 인지라 함은 혼인 외 출생자에 대하여 그 생부나 생모가 법률상의 부 또는 모의 친자관계를 창설하는 제도로서 국적법 제3조 소정의 '인지에 의한 국적취득'은 대한민국의 국민이 아닌 자가 대한민국의 국민인 부 또는 모에 의하여 인지됨으로써 국적을 취득하는 것을 뜻하는바, 원고의 주장 자체에 의하더라도 원고는 대한민국 국민인 ○○○과 ○○○ 사이에서 1939.12.12. 출생하였다는 것이므로 이에 따르면 위 국적취득신고서 상의 인지일인 1939.12.12. 당시 원고가 대한민국의 국민이 아니었다고 보기 어려울 뿐만 아니라 원고가 혼인 외 출생자였다고 보기도 어렵다(원고가 제출한 증거에 의하면, 원고가 자신의 부모라고 주장하는 위 ○○○과 ○○○는 호적상 1918.2.22. 혼인한 것으로 기재되어 있다).

그렇다면 원고의 주장 자체에 의하더라도 원고가 위 국적법 제3조 소정의 '인지에 의한 국적취득'의 요건을 갖추었다고 보기 어려우므로, 원고의 위 신고를 반려한 이 사건 처분은 적법하고 이를 다투는 원고의 주장은 더 나아가 살필

---

1. 외국인임을 증명하는 서류
2. 대한민국의 국민인 부 또는 모에 의하여 인지된 사실을 증명하는 서류
3. 출생한 당시에 그 부 또는 모가 대한민국의 국민이었음을 증명하는 서류

필요 없이 이유 없다.

[관련사건]

서울고등법원 2002.8.28. 선고 2002누1962(항소기각), 대법원 2002.11.13. 선고 2002두9674(심리불속행기각, 원고패소 확정)

제 4 장

歸化制度

제4조(귀화에 의한 국적 취득)

① 대한민국 국적을 취득한 사실이 없는 외국인은 법무부장관의 귀화허가(歸化許可)를 받아 대한민국 국적을 취득할 수 있다.

② 법무부장관은 귀화허가 신청을 받으면 제5조부터 제7조까지의 귀화 요건을 갖추었는지를 심사한 후 그 요건을 갖춘 자에게만 귀화를 허가한다.

③ 제1항에 따라 귀화허가를 받은 자는 법무부장관이 그 허가를 한 때에 대한민국 국적을 취득한다.

④ 제1항과 제2항에 따른 신청절차와 심사 등에 관하여 필요한 사항은 대통령령으로 정한다.

제 1 절 概 要

제4조는 출생 이래 한 번도 대한민국의 국적을 가진 적이 없는 순수 외국인이 대한민국 국적을 취득하여 대한민국 국민이 되는 제도, 즉 귀화제도의 기본원칙에 관한 사항을 정하고 있다.

귀화제도는 국적법이 최초 제정될 때부터 규정되어 있었으나 법무부의 기록상 대한민국에 최초로 귀화한 외국인은 1957년에 귀화한 대만인 손일승이다. 1990년대 중반까지는 한해 귀화 인원이 재한 화교를 중심으로 100명을 넘지 않았으나, 그 무렵부터 재중동포 입국자가 많아졌고(1992년에 한 · 중 수교가 이루어진 결과이다), 특히 1997년 제4차 개정 국적법에서 대한민국 국민의 처가 된 사람도 구법(국민의 처가 되면 자동으로 대한민국 국적 취득)과 달리 귀화절차를 통해 대한민국 국적을 취득하도록 변경된 이후 귀화자가 부쩍 늘기 시작하였다.

2009년에는 한 해 동안에만 25,044명이 귀화허가를 받았고, 2011년 1

월에는 대한민국 정부수립 이후 귀화한 사람의 총 숫자가 10만 명을 넘어섰다.

제 2 절 歸化의 意義

1. 국적회복과의 비교

귀화는 개인이 자발적으로 다른 국적을 취득하는 공법적 행위의 가장 대표적 유형이라 할 수 있다.

또한 국적취득의 유형을 선천적 취득과 후천적 취득으로 대별할 때 귀화는 후천적 취득에 해당한다. 후천적으로 외국 국적을 취득하는 경우에 그 국적은 당사자의 입장에서 과거 한 번도 보유한 적이 없고 전혀 새로운 국적일 수도 있지만 혹은 과거에 한때 보유한 적이 있는 국적일 수도 있다. 만약 후자의 경우처럼 과거에 한때 보유한 적이 있는 국적을 취득하는 것은 그 국적을 재취득, 혹은 회복하는 의미라 볼 수 있을 것인데 국적입법례에 따라서는 전자와 후자의 경우 모두 귀화라는 단일한 절차로 규정하기도 하고, 어떤 입법례는 전자의 경우는 귀화로, 후자의 경우는 국적회복(또는 국적의 재취득)이라는 절차로 구분하여 달리 규정하기도 한다.

다만 귀화라는 단일 절차로 규정하고 있는 입법례도 자국민이었던 외국인이 귀화하는 경우에 대해서는 순수 외국인에 비해 귀화요건과 절차 등을 간소하게 하는 등 상대적으로 우대하는 경우가 대부분이라는 점에서, 귀화와 국적회복(또는 국적의 재취득)을 구분하여 운영하는 입법례와 비교할 때 그 함축된 의미 측면에서 별로 다를 바는 없다고 하겠다.

우리 국적법은 외국인이 후천적 형태로 대한민국 국적을 취득하는 방식에 관하여, 그가 과거 한때라도 대한민국 국적을 보유한 적이 있는지 여부에 따라 귀화 대상자와 국적회복 대상자로 이원화하여 요건과 절차를 구분하고 있는 입법례에 속한다.

다시 말하면 귀화는 출생 이후 한 번도 대한민국 국적을 보유한 적 없는 순수 외국인이 대한민국 국적을 취득하는 절차이고, 국적회복은 과거에 어떠한 사유로든 대한민국 국적을 취득하였다가 국적을 상실 또는 이탈했던 사람이 대한민국 국적을 재취득하는 절차인 것이다.

간혹 외국인 중에는 과거에 대한민국 국적을 취득 내지 보유한 적이 있는지 여부가 불분명한 사람이 있을 수 있다. 그런 사람은 법 제20조가 정한 국적판정절차에 따라 법무부장관에게 국적판정을 신청하면 그 결과에 따라 자신이 귀화 대상자인지 국적회복 대상자인지를 알 수 있다.

귀화 및 국적회복은, 두 가지 제도 모두 당사자가 국적법이 정한 요건을 충족한 상태에서 법무부장관에게 신청서를 제출한 다음 그 허가를 받아야 하는 점, 그리고 그 허가를 받은 때에 대한민국 국적을 취득하게 되는 점에서는 동일하다. 반면 요건과 절차의 간소성 측면에서 보면, 귀화는 신청요건이 엄격할 뿐 아니라 허가를 위한 심사절차도 까다로운데 비해 국적회복 절차는 요건이나 심사절차가 상대적으로 간소하다.

그리고 귀화대상자는 요건의 불비나 부적격 사유로 그 허가가 거부되는 사례도 적지 않은 반면, 국적회복대상자의 경우는 기본적으로 국내에 과거의 가족관계등록부상 기록이 남아 있으므로 예외적인 불허사유가 발견되지 않는 한, 거의 대부분의 신청자에게 비교적 신속하게 허가가 내려진다.

이와 같은 차이점은 대부분의 국적입법례가 대체로 과거 자국민이었던 자가 자국 국적을 재취득하는 절차를 일반 외국인이 자국 국적을 신규로 취득하는 절차보다 좀 더 간소화함으로써 상대적으로 더 우대하고 있는 점에서 그 타당성을 인정할 수 있다.

2. 귀화대상자의 구분

국적법은 귀화 대상자를 다시 우리나라와의 혈연적, 지연적 관계 유무에 따라 일반귀화 대상자(제5조), 간이귀화 대상자(제6조) 및 특별귀화 대상자(제7조) 등 3가지로 구분해 두고 있다.

일반귀화 대상자는 외국인 중 우리나라와 아무런 혈연적 · 지연적 결합관계가 없는 사람들이고, 간이귀화 및 특별귀화 대상자는 우리나라와 혈연적 또는 지연적 결합관계가 있는 외국인들이다. 특별귀화 대상자의 결합관계 정도는 간이귀화 대상자의 그것보다 약간 더 높다고 할 수 있다.

이렇게 결합관계에 따라 귀화대상자를 3가지로 구분하는 목적은 궁극적으로 귀화요건에 차등을 두기 위함이다. 일반귀화 대상자가 상대적으로 가장 귀화요건이 엄격하다면, 특별귀화 대상자는 우리나라에 주소를 두고서 신청하기만 하면 특단의 사정이 없는 한 귀화허가를 받을 수 있을 정도로 요건과 절차가 간소하다. 우리 국적법이 귀화대상자를 이와 같이 3개 유형으로 구분한 것은 1948년 국적법 제정당시 부터였다.

위 세 가지의 귀화대상자 유형 중 어느 한 유형에 속하게 되면 그 후에는 전환이 불가한 것은 아니고, 예컨대 일반귀화 대상자였던 외국인도 그후 대한민국 국민과 혼인을 하거나 대한민국 국민의 양자가 되면 간이귀화 또는 특별귀화 대상자로 전환될 수도 있다. 또한 자신이 실은 간이귀화 대상자라 할지라도 국내에 장기거주하는 등으로 이미 일반귀화 요건을 충족하고 있다면 굳이 간이귀화 대상자인 사실을 입증할 부담 없이 일반귀화를 신청하여도 무방하다.

제 3 절 歸化適格審査

귀화를 신청한 외국인에 대해 법무부장관은 동인이 제5조 내지 제7조의 규정에 의한 귀화요건을 갖추었는지를 심사하여 귀화허가 여부를 결정하게 되는 바, 이를 "귀화적격심사"라고 한다.

귀화적격심사를 통해 귀화요건을 갖춘 것으로 인정되면 귀화허가를 받게 된다(법 제4조제1항, 제2항). 귀화적격심사는 필기시험과 면접심사로 구성되며, 현재 필기시험은 법무부 본부에서 실시하고 있으며, 면접심사는 주소지 관할 출입국사무소에 위임하여 실시하고 있다.

필기시험에서는 대한민국의 역사 · 정치 · 문화 · 국어 및 풍습에 대한 이해 등 대한민국의 국민이 되기 위하여 갖추어야 할 기본소양에 관한 사항을 심사하되, 주관식 또는 객관식으로 10문항 내지 20문항이 출제되며(시행규칙 제4조제2항), 적격판정을 받기 위해서는 60점 이상을 득점하여야 한다. 면접심사에서는 국어능력 및 대한민국 국민으로서의 자세와 자유민주적 기본질서에의 신념 등 대한민국 국민으로서 갖추어야 할 기본요건을 심사하게 된다. 귀화 신청자 중에는 필기시험이 면제되는 사람과 면접심사가 면제되는 사람들도 있다.

[필기시험의 면제]

국적법시행규칙 제4조제1항에 의하여 필기시험이 면제되는 사람은 ① 부부가 함께 귀화허가신청을 한 경우의 배우자 1인, ② 미성년자, ③ 만 60세 이상인 사람, ④ 법 제7조제1항제2호 또는 제3호에 해당하는 사람, ⑤ 법무부장관이 정하여 고시하는, 한국어 및 다문화 이해 등에 대한 교육과 정보제공 등을 내용으로 하는 사회통합프로그램을 이수한 사람, ⑥ 그 밖에 법무부장관이 인정하는 특별한 사유가 있는 사람이다.

필기시험 면제 대상자 중 '그 밖에 법무부장관이 인정하는 특별한 사유가 있는 사람'에 대해 법무부 예규「국적업무처리지침」제7조는 다음과 같은 사람을 면제대상으로 규정하고 있다.

① 대한민국에서 출생하고 「초 · 중등교육법」에 의한 초 · 중 · 고등학교, 「고등교육법」에 의한 대학(산업대학 · 교육대학 · 전문대학 · 방송 · 통신대학 · 사이버대학 · 기술대학) 또는 「근로자직업능력개발법」에 의한 기능대학 중 어느 하나를 이수한 자

② 「초 · 중등교육법 시행령」에 규정된 중 · 고등학교 입학자격검정고시 또는 고등학교 졸업학력 검정고시 합격자

③ 배우자가 대한민국의 국민인 외국인으로서 법 제6조제2항제1호 또는 제2호에 의하여 귀화허가를 신청한 자

④ 「출입국관리법 시행령」 별표1의 제28의3호 영주(F-5)자격을 취득한 외국인으로서 같은 호 나목 후단 및 다 · 바 · 사 · 자목의 어느 하나에 해당하는 자

⑤ 법 제7조제1항제1호에 따라 귀화허가를 신청한 자 중 「장애인복지법 시행규칙」 제2조 별표1의 '장애인의 장애등급표'에 규정된 아래 각 목의 어느 하나에 해당하는 자

가. 지적 · 정신 장애인으로서 1급부터 3급까지의 판정을 받은 자

나. 자폐성장애인으로서 1급 또는 2급의 판정을 받은 자

다. 뇌병변장애인으로서 1급부터 3급까지의 판정을 받은 자

⑥ 독립유공자 후손과 동반하여 귀화허가를 신청하는 배우자

⑦ 국적회복을 신청하는 자와 동반하여 귀화허가를 신청하는 배우자

[면접심사의 면제]

국적법시행규칙 제4조제3항에 의하여 면접심사가 면제되는 사람은 ① 국적을

회복한 사람의 배우자로서 만 60세 이상인 사람, ② 귀화허가 신청 당시 만 15세 미만인 사람, ③ 제1항제5호에 해당하는 사람(사회통합프로그램을 이수한 사람) ④ 그 밖에 법무부장관이 인정하는 특별한 사유가 있는 사람이다.

면접심사 면제 대상자 중 '그 밖에 법무부장관이 인정하는 특별한 사유가 있는 사람'에 대해 법무부 예규「국적업무처리지침」제8조는 독립유공자의 후손에 대하여는 면접심사를 면제할 수 있다고 규정하고 있다.

귀화적격 심사절차가 국적법에 명시된 것은 1997년 제4차 개정 국적법부터이다. 그 이전에도 비록 법령상의 근거는 없었지만 법무부장관은 귀화를 신청한 외국인들에 대해 필기시험과 면접심사로 구성된 귀화적격심사를 시행하고, 동 심사에서 적격판정을 받은 사람에 한해 귀화를 허가하여 왔는데 이를 제4차 개정당시 국적법에 반영한 것이다.

제 4 절 歸化의 法的 效果

법무부장관으로부터 귀화허가 통지서를 받은 사람은 그 시점에 비로소 대한민국 국적을 취득하게 된다. 국적취득 일자는 법무부장관이 그 허가를 한 날이다(제4조제3항).

귀화허가를 하면 반드시 그 내용을 관보에 고시하게 되어 있는 바, 귀화허가사항이 관보에 고시된 때를 국적취득시점으로 정할 수도 있겠지만 1997년의 제4차 개정 국적법부터 법무부장관이 그 허가를 한 날이 국적취득일 임을 명시하고 있다.

귀화허가를 받은 사람이 대한민국 국민으로서의 권리를 행사하려면 가족관계등록법에 따른 가족관계등록을 마쳐야 하는데 종전에는 귀화허가를 받은 사람 본인이 직접 가족관계등록관서에 가서 귀화허가 통지서를 근거로 자신의 가족관계등록을 하게 되어 있었다. 그런데 현재는 가족관계등록법에 따라 법무부장관이 귀화허가를 한 경우에 직접 그 대상자의 등록기준지 가족관계등록관서에 통보하게 되어있어[1] 당사자가 굳이 등록기준지의

1) 가족관계등록법 제94조(귀화허가의 통보 등) ① 법무부장관은「국적법」제4조에 따라 외국인을 대한민국 국민으로 귀화허가한 경우 지체 없이 귀화허가를 받은 사람이 정한 등록기

관서에 가지 않아도 되게 되었다.

대법원 가족관계등록예규 제292호「외국의 국호, 지명 및 인명의 표기에 관한 사무처리지침」제4조 내지 제7조에는 귀화통보에 따른 성명표기와 기록방법에 관한 세부사항에 대해 규정하고 있다.

제4조(귀화통보의 경우) ① 귀화에 의하여 대한민국 국적을 취득한 사람(이하 "귀화자"라 한다)에 대하여 귀화통보를 하는 경우, 그 인명은 해당 외국의 원지음(한자는 함께 기록할 수 없다)을 귀화통보서에 한글로 표기하여야 하고, 가족관계등록부에는 귀화통보서에 한글로 표기한 원지음대로 기록하여야 한다.

② 제1항에도 불구하고, 귀화자가 중국에서 발행한 공문서에 의하여 조선족임을 소명한 중국국적자인 경우에, 그 귀화자의 인명에 대하여는 제3조제4항부터 제6항까지를 준용한다.

제5조(부모의 성과 본에 따른 가족관계등록부의 기록) ① 제4조에도 불구하고, 귀화자는 처음부터 우리나라의 가족관계등록부가 없으나 그 부모에게는 우리나라 가족관계등록부(「가족관계의 등록 등에 관한 법률」부칙 제4조에 따른 제적 포함한다)가 있는 경우, 귀화자의 성 · 본(한자를 포함한다)은 부 또는 모(부를 알 수 없는 경우)의 성 · 본(한자를 포함한다)을 따를 수 있다. 다만, 이름(성을 제외)은 해당 외국의 원지음을 한글로 기록하여야 한다.

② 제1항에도 불구하고, 귀화자가 중국에서 발행한 공문서에 의하여 조선족임을 소명한 중국국적자인 경우에, 그 귀화자의 명(성을 제외)에 대하여는 제3조제4항부터 제6항까지의 규정을 준용한다.

③ 제1항과 제2항의 경우, 귀화자는 귀화통보서에 기재된 부모가 자신의 부모임을 증명하는 소명자료(예 : 중국국적자의 경우에는 출생증명서, 호구부, 친족관계공증서 등. 이하 같다)를 제출하여야 하고, 시(구) · 읍 · 면의 장은 귀화통보서에 기재된 부모의 인명과 그 소명자료에 기재된 부모의 인명이 일치하는지를 확인하여야 한다.

제6조(귀화자의 부와 모의 가족관계등록부 기록) ① 귀화통보를 하는 경우에, 귀화자의 부모의 성명은 우리나라 등록사항별 증명서에 의하여 소명된 그 부모의 성명을 기록하여야 한다.

② 귀화자의 부모에게 처음부터 우리나라 가족관계등록(폐쇄)부가 없었거나, 등록사항별 증명서(제적을 포함한다. 이하 같다)에 의하여 그 성명을 소명할 수 없는 경우, 그 부모의 인명에 대하여는 해당 외국의 원지음(한자는 함께 기록할 수 없다)을 귀화통보서에 한글로 표기하여야 하고, 귀화자 가족관계등

준지의 시 · 읍 · 면의 장에게 대법원규칙으로 정하는 사항을 통보하여야 한다. ② 제1항의 통보를 받은 시 · 읍 · 면의 장은 귀화허가를 받은 사람의 등록부를 작성한다.

록부의 부모란에는 부와 모를 귀화통보서에 한글로 표기한 원지음대로 기록하여야 한다.

③ 제2항에도 불구하고, 귀화자 및 그 부모가 중국에서 발행한 공문서에 의하여 조선족임을 소명한 중국국적자인 경우에, 그 귀화자의 부모의 인명에 대하여는 제3조제4항부터 제6항까지를 준용한다.

④ 제1항, 제2항 및 제3항의 경우, 귀화자는 귀화통보서에 기재된 부모가 자신의 부모임을 증명하는 소명자료를 제출하여야 하고, 시(구) · 읍 · 면의 장은 귀화통보서에 기재된 부모의 인명과 그 소명자료에 기재된 부모의 인명이 일치하는지를 확인하여야 한다. 다만, 서로 일치하지 아니하는 경우에는 부모의 인명을 가족관계등록부에 기록할 수 없다.

제7조(귀화로 인한 수반취득자의 인명표기) 귀화로 인한 수반취득자의 인명은 해당 외국의 원지음을 귀화통보서에 한글로 기재하여야 한다. 다만, 수반취득자가 중국에서 발행한 공문서에 의하여 조선족임을 소명한 중국국적자인 경우에, 그 수반취득자의 인명에 대하여는 제3조제4항부터 제6항까지를 준용한다.

제 5 절 歸化의 取消와 無效

1. 귀화허가의 취소

제21조(허가 등의 취소)

① 법무부장관은 거짓이나 그 밖의 부정한 방법으로 귀화허가나 국적회복허가 또는 국적보유판정을 받은 자에 대하여 그 허가 또는 판정을 취소할 수 있다.

② 제1항에 따른 취소의 기준 · 절차와 그 밖에 필요한 사항은 대통령령으로 정한다.

제21조는 법무부장관은 거짓이나 그 밖의 부정한 방법으로 귀화허가를 받은 사람에 대하여 그 허가를 취소할 수 있다고 규정하고 있다. 본 조항은 2008년 제9차 개정법률에서 신설되었다.

사실 제21조가 신설되기 전에도 예컨대 위장결혼한 혼인귀화자 등에 대해 사후 그러한 사실이 드러난 경우에 귀화허가를 취소하는 경우가 종종 있어왔다. 이는 명시적으로 국적법에 귀화허가의 취소조항이 없다 하더라도 일반 행정법 이론에 의하여 사위 기타 부정한 방법으로 귀화허가를 받은 경우 등 법무부장관이 그 허가를 취소할 만한 사유가 있는 경우에는 취소가 가능하다고 본 때문이었다. 그런데 제9차 개정에서 제21조가 신설됨으로써 그 근거가 명백해 졌다고 할 수 있다.

법무부장관이 귀화허가를 취소하게 되면 허가시점에 소급하여 귀화의 법적 효과가 소멸된다고 보아야 한다. 따라서 귀화허가가 취소된 사람은 국적회복허가의 대상이 될 수 없고, 대한민국 국적을 취득하려면 새로 귀화절차를 거쳐야 하는 것으로 봄이 상당할 것이다.

법무부장관이 귀화허가를 취소할 수 있는 사유로는, 귀화허가에 필요한 요건에 관하여 기망행위를 하였거나 귀화요건에 관한 서류를 위조 또는 변조한 경우, 대한민국 국민과 혼인한 사실에 기하여 간이귀화를 신청하고 그 허가를 받았는데 실은 그 혼인이 위장혼인이었던 사실이 사후에 드러난 경우 등을 들 수 있겠다.

> 어떤 외국인이 대한민국 국민과 혼인후 귀화허가를 받고 가족관계등록 편제는 물론 주민등록증까지 발급받은 상태라면 그 이후 뒤늦게 위장혼인사실이 발각되어 공정증서원본(공전자기록) 부실기재죄로 유죄판결을 받았다 하더라도, 귀화허가를 취소하기 전에는 동인에 대해 외국인에 대해서만 할 수 있는 보호조치나 강제퇴거조치를 행하는 것은 불가하다고 보아야 한다. 다시 말하면 귀화허가의 취소조치를 선행한 이후에 비로소 보호조치 등 강제처분이 가능하다고 할 것이다.

귀화허가의 취소는 신중해야 하며 사전에 두 가지의 요소를 고려할 필요가 있다. 첫째는 귀화를 취소함으로써 당사자가 무국적이 되는 것은 바람직하지 못하다. 이미 당사자가 법무부장관의 귀화허가에 기하여 종전 국적을 포기한 상태인 경우, 귀화허가가 취소되면 무국적 상태가 되게 된다. 둘째 귀화허가를 취소하는 것에 그칠 것인지 더 나아가 동인에 대해 출입국관리법 제46조 소정의 강제퇴거를 명할 것인지에 관한 것이다. 강제퇴거는 우리나라의 일방적 조치만으로 성사되는 것이 아니라 인수국가에서 그 사람의 입국을 허용한다는 것이 전제가 되어야 가능하다.

일반적인 행정허가와 마찬가지로 귀화허가도 신청자가 중대한 부정행위를 하였거나 신청자에게 귀화허가에 영향을 미칠 수 있는 중대한 하자가 있고, 그 같은 부정행위나 하자가 귀화적격심사 단계에서 확인되었더라면 귀화허가를 하지 않았을 것으로 인정되는 경우로서 취소에 의하여 회복되는 공익이 취소에 의하여 당사자가 입게 될 불이익을 초과하는 때에는 그 취소가 가능하다고 보아야 한다.

실제로 법무부는 우리 국민과 혼인한 외국인 배우자에 대해 간이귀화허가를 하였다가 뒤늦게 그 혼인이 위장혼인에 해당하는 사실이 드러난 경우, 또는 타인의 이름을 도용하여 위·변조된 여권으로 우리나라에 입국한 사실이 사후에 드러난 경우 등에 당사자에 대해 귀화허가를 취소한 사례가 있다.

다만 귀화허가의 취소에 관해서는 현실적으로 여러 가지 난점이 있는 것이 사실이다. 예컨대 어떤 외국인이 비록 부정한 방법으로 법무부장관으로부터 귀화허가를 받기는 하였지만 그 부정행위가 발각되지 않은 상태에서 동 허가에 기하여 가족관계등록을 창설하고 前국적을 포기하는 절차를 마친 다음 주민등록도 하고 우리나라 여권까지 발급받은 상황이라고 할 때, 그런 사람에 대하여 동인의 가족관계등록 및 주민등록을 어떠한 방법으로 정리할 것인지 그리고 동인을 前국적 국가로 어떻게 강제퇴거 시킬 것인지 여부 등이 행정상의 난점으로 대두된다.

2. 귀화허가의 무효

귀화허가가 특별히 무효가 되는 경우와 그 처리 등에 관한 조항은 국적법에 존재하지 않는다. 다만 일반 행정법 이론에 의하여 귀화허가가 당연무효인 경우가 있다고 보아야 한다.

귀화허가가 당연 무효인 경우로는 갑이 을 명의로 귀화를 신청하여 을 앞으로 허가가 내려진 경우를 생각해 볼 수 있다. 갑이나 을 아무에게도 귀화효과가 미치지 않는다고 보아야 한다.

제 6 절 一般歸化

제5조(일반귀화 요건)

외국인이 귀화허가를 받기 위하여서는 제6조나 제7조에 해당하는 경우 외에는 다음 각 호의 요건을 갖추어야 한다.

1. 5년 이상 계속하여 대한민국에 주소가 있을 것
2. 대한민국의 「민법」상 성년일 것
3. 품행이 단정할 것
4. 자신의 자산(資産)이나 기능(技能)에 의하거나 생계를 같이하는 가족에 의존 하여 생계를 유지할 능력이 있을 것
5. 국어능력과 대한민국의 풍습에 대한 이해 등 대한민국 국민으로서의 기본 소양(素養)을 갖추고 있을 것

1. 일반귀화 대상자

일반귀화 대상자는 귀화 대상 외국인 중에서 법 제6조의 간이귀화 대상자 및 법 제7조의 특별귀화 대상자에 해당하는 사람들을 제외한 사람들이다.

2. 일반귀화 대상자의 귀화요건

법 제5조는 일반귀화 대상자가 법무부장관으로부터 귀화허가를 받는데 필요한 요건을 규정하고 있다. 간이귀화 대상자 및 특별귀화 대상자에 대하여는 일반귀화 대상자에게 적용되는 귀화요건을 일부 감면하여 주는 형태로 귀화요건을 완화해 주고 있다.

가. 국내거주기간 (제5조제1호)

일반귀화 요건을 충족하기 위해서는 귀화허가를 신청하는 시점에 대한민국에 주소를 두고 있어야 할 뿐 아니라 신청시점까지 역산하여 5년 이상 계속하여 대한민국에 주소를 두고 있어야 한다. 주소를 두고 있어야 한다는

것은 체류자격을 가지고 합법적으로 체류하는 상태를 의미한다.

따라서 과거에 체류한 적이 있다 하더라도 귀화신청시점에서 국내에 체류하고 있지 않는 외국인은 귀화할 수 없으며, 재외공관을 통한 귀화신청은 허용되지 않는다. 이 점은 국적회복 대상자의 경우, 외국에 주소를 두고 있는 상태에서도 재외공관을 통하여 국적회복을 할 수 있는 점과 대비가 된다.

귀화신청에 필요한 국내거주기간은 우리나라에 적법하게 입국한 이래 외국인등록을 마치고 국내에서 체류가 단절됨이 없이 계속 체류해 온 기간을 의미한다.

이때 체류자격의 종류는 국적법에서 "주소가 있을 것"이라고만 되어 있을 뿐 명시적으로 규정되어 있지 아니하므로 해석론상으로는 합법적이기만 하면 어떤 체류자격이든 일응 문제없다고 할 것이나, 다만 구체적으로는 몇 가지의 체류자격은 문제의 소지가 있다.

예컨대 고용허가제로 입국하여 단순노무에 종사하는 외국인에게 부여되는 E-9 체류자격이나 방문취업제로 입국하여 단순노무에 종사하는 외국국적 동포에게 부여되는 H-2 체류자격의 경우는 당초부터 귀화요건을 충족할 수 없도록, 즉 국내에서 계속하여 5년 이상 체류할 수 없도록(최장 4년 10개월 체류 가능) 설계된 체류자격이라는 점에서 그러한 자격으로 체류한 기간은 귀화요건으로서의 국내체류기간에 산입해서 안 된다는 것이 법무부의 입장이다.

그리고 소송 등 불가피한 사유가 있어 국내에 일시 체류할 수 있게 하기 위한 G-1 체류자격으로 체류한 기간도 귀화허가에 필요한 체류기간에 산입되어서는 곤란하다고 보아야 한다.

그러나 법원에서는 G-1 체류자격으로 체류한 기간도 귀화허가에 필요한 체류기간에 산입되어야 한다고 판시한 바 있고 그에 따라 현재 법무부에서는 G-1 자격 체류자에 대해서 그 체류자격의 성격상 광범위한 재량권으로 불허할 수 있다는 논리로 귀화를 불허하고 있다.

입법론적으로는 귀화허가에 필요한 체류기간은 거주(F-2) 또는 영주(F-5)자격 등 정주(定住) 성격의 체류자격으로 국내 체류한 기간만을 의미하는 것으로 명시적으로 규정하는 것이 타당하다고 본다.

대법원 2010.10.28. 선고, 2010두6496 판결【귀화허가신청불허가처분취소】

【판시사항】

[1] 귀화신청인이 국내거주요건을 갖추었는지 여부를 판단할 때 출입국관리법 시행령 제12조에서 정한 외국인의 체류자격에 따라 그 기간을 다르게 산정할 수 있는지 여부(소극)

[2] 법무부장관이 법률에서 정한 귀화 요건을 갖춘 귀화신청인에게 귀화를 허가할 것인지 여부에 관하여 재량권을 가지는지 여부(적극)

[3] 방문동거(F-1-4) 및 고용허가자(E-9) 체류자격, 방문취업(H-2) 체류자격, 기타(G-1) 체류자격으로 대한민국 내에서 계속하여 3년 이상 거주한 외국인의 간이귀화신청에 대하여 법무부장관이 방문취업 체류자격이나 기타 체류자격을 이용하여 귀화신청을 하는 것은 간이귀화요건을 갖춘 것으로 볼 수 없다는 이유로 불허가처분을 한 사안에서, 방문취업 체류자격이나 기타 체류자격으로도 간이귀화의 국내거주요건을 갖출 수 있다는 이유만으로 위 귀화불허가처분이 위법하다고 한 원심판단에 귀화허가의 법적 성질에 관한 법리를 오해하여 심리를 다하지 않은 위법이 있는지 여부(적극)

【판결요지】

[1] 국적법 제6조 제1항은 간이귀화의 요건으로서 '외국인이 대한민국에 3년 이상 계속하여 주소가 있는 자'에 해당할 것을 규정하고 있고, 국적법 시행규칙 제5조는 '법 제6조의 규정에 의한 기간은 외국인이 적법하게 입국하여 외국인등록을 마치고 국내에서 계속 체류한 기간'으로 한다고 규정하고 있을 뿐이므로, 귀화신청인이 국내거주요건을 갖추었는지 여부를 판단하는 데에 출입국관리법 시행령 제12조에 정한 외국인의 체류자격에 따라 그 기간의 산정을 달리할 것은 아니다.

[2] 국적법 제4조 제1항은 "외국인은 법무부장관의 귀화허가를 받아 대한민국의 국적을 취득할 수 있다."라고 규정하고, 그 제2항은 "법무부장관은 귀화 요건을 갖추었는지를 심사한 후 그 요건을 갖춘 자에게만 귀화를 허가한다."라고 정하고 있다. 국적은 국민의 자격을 결정짓는 것이고, 이를 취득한 사람은 국가의 주권자가 되는 동시에 국가의 속인적 통치권의 대상이 되므로, 귀화허가는 외국인에게 대한민국 국적을 부여함으로써 국민으로서의 법적 지위를 포괄적으로 설정하는 행위에 해당한다. 한편, 국적법 등 관계 법령 어디에도 외국인에게 대한민국의 국적을 취득할 권리를 부여하였다고 볼 만한 규정이 없다. 이와 같은 귀화허가의 근거 규정의 형식과 문언, 귀화허가의 내용과 특성 등을 고려해 보면, 법무부장관은 귀화신청인이 귀화 요건을 갖추었다 하더라도 귀화를 허가할 것인지 여부에 관하여 재량권을 가진다고 보는 것이

타당하다.

[3] 방문동거(F-1-4) 및 고용허가자(E-9) 체류자격, 방문취업(H-2) 체류자격, 기타(G-1) 체류자격으로 대한민국 내에서 계속하여 3년 이상 거주한 외국인의 간이귀화신청에 대하여 법무부장관이 방문취업 체류자격이나 임시적·보충적 성격의 기타 체류자격을 이용하여 귀화신청을 하는 것은 간이귀화요건을 갖춘 것으로 볼 수 없다는 이유로 불허가처분을 한 사안에서, 법무부장관이 위 체류자격의 내용이나 성격 등을 이유로 귀화신청을 불허가한 처분이 재량권을 일탈·남용한 것인지 여부에 관하여 판단하지 않은 채, 방문취업 체류자격이나 기타 체류자격으로도 간이귀화의 국내거주요건을 갖출 수 있다는 이유만으로 위 귀화불허가 처분이 위법하다고 한 원심판단에 귀화허가의 법적 성질에 관한 법리를 오해하여 심리를 다하지 않은 위법이 있다.

대법원 2010.7.15. 선고 2009두19069 판결 【국적신청불허가처분취소】

【판결요지】

기타(G-1) 자격으로 체류한 기간도 귀화요건인 거주기간에 산입하여야 하지만, 귀화허가의 근거규정의 형식과 문언, 귀화허가의 내용과 특성 등을 고려하여 보면 법무부장관은 귀화신청인이 법률이 정하는 귀화요건을 갖추었다고 하더라도 귀화를 허가할 것인지 여부에 관하여 재량권을 가진다.

입국 후 국내체류 도중에 출국한 사실이 있는 경우에는 원칙적으로 출국 전에 국내 거주한 기간에 관계없이 재입국한 시점부터 다시 기산하게 되지만 출국목적이나 재입국 시기, 출국 전과 재입국 후의 생활기반의 연속성 등을 종합해 볼 때 출국 전과 재입국 후의 국내체류가 연속성을 유지하는 것으로 볼 만한 상당한 사유가 인정되면, 출국 전의 체류기간과 재입국 후의 체류기간을 합산하여 귀화신청에 필요한 국내거주기간 충족여부를 판단하게 된다.

시행규칙 제5조는 귀화신청자의 국내거주 요건을 규정하고 있으며, 귀화신청을 위한 국내거주 기간은 외국인이 적법하게 입국하여 외국인등록을 마친 후 국내에서 적법하게 계속 체류한 기간으로 함을 원칙으로 하되, 다음과 같은 경우에는 출국 전 체류기간과 재입국 후 체류기간을 통산한다고 규정하고 있다.

i) 국내에서 체류 중 체류기간 만료 전에 재입국허가를 받고 출국한 후 그 허가기간 내에 재입국한 경우

ii) 국내에서 체류 중 체류기간연장이 불가능한 사유 등으로 일시 출국하였다가 1개월 이내에 입국사증을 받아 재입국한 경우

iii) 제1호 및 제2호에 준하는 사유로 법무부장관이 전후의 체류기간을 통산함이 상당하다고 인정하는 경우

위 시행규칙 제5조와 같이 거주기간 산정 기준을 규정하게 된 것은 법 제5조와 제6조에 일반귀화나 간이귀화를 위한 거주요건으로 '5년 이상이나 3년 이상 계속하여 대한민국에 주소가 있어야 한다'는 규정을 어떻게 해석하고 적용할 것인지가 필요했기 때문이다.

외국인이 국내에 생활근거지를 두고 있으면서도 무역 등 직업상의 필요 때문에, 또는 본국의 가족을 만나기 위해 대한민국과 외국을 일시적으로 왕래하는 경우가 흔히 발생하며 이러한 단기 출입국의 경우에도 국내 계속체류가 단절되었으므로 처음부터 새로 거주기간을 산정한다면 불합리하기 때문에 이를 배려할 필요성이 있게 되었다.

나. 연령 (제5조제2호)

대한민국의 민법에 의하여 성년에 도달한 사람이어야 한다. 한국 민법상 성년연령은 오랫동안 20세였으나, 2011년에 국회를 통과한 개정민법에 의하면 19세로 하향되었다. 따라서 개정민법이 시행되는 2013년 7월 1일부터는 성년은 19세 이상이 된다.

다. 품행 (제5조제3호)

품행이 단정하여야 한다. 매우 추상적인 규정이지만 귀화신청자가 출입국관리법을 위반한 불법체류자이거나 기타 국내 실정법을 위반하여 형사처벌 받은 경력이 있으면 과실범이라든가 특단의 고려사유가 있지 않는 한 품행상의 결격을 이유로 귀화가 불허된다.

법무부에서는 그동안 불법체류중인 외국인에 대해서는 귀화불허사유가 명백하다는 이유로 귀화허가신청서의 접수자체를 거부해 왔으나, 2004.10.29. 서울고등법원은 법무부가 불법체류자라는 이유로 귀화허가 신청서의 접수 자체를 거부한 것은 위법하다고 적시하면서 법무부의 처분을

적법하다고 본 1심의 판결을 수정하는 판결을 내린 바 있다.

서울고등법원 제4특별부 2004.10.29. 선고 2003누12891호 판결【귀화허가신청서접수거부처분취소】

【판결요지】

부모가 모두 대한민국 국민이고 대한민국에 주소를 두고 있는 원고는 국적법 제7조, 같은 법 시행령 제3조 등 규정에 따라 父 또는 母의 호적등본 등 서류를 첨부하여 특별귀화신청을 할 수 있는 법규상 권리가 있고, 원고가 불법체류자라는 이유로 허가대상이 되지 않는 것으로 보고 신청단계에서 이를 배제한 것은 원고의 절차적 신청권을 침해했다고 할 수 있다

【판결이유】

1. 처분의 경위

가. 원고는 1968.6.9. 중국 흑룡강성(黑龍江省) 오상시(五常市)에서 조선인 부 B, 모 C사이에 출생하여 중국 국적을 취득한 남자인데, 현재 2001.5.7. 피고로부터 국적회복허가를 받은 부모와 같은 해 7. 10. 피고로부터 귀화허가를 받은 형 D과 함께 서울 관악구 봉천동에서 거주하고 있다.

나. 원고는 2000년경 출입국관리법이 정한 유효한 여권 또는 선원수첩과 법무부장관이 발급한 사증을 소지하지 아니한 채 밀입국하여 외국인등록을 하지 아니하고 부모 및 형과 함께 지내오던 중, 2002.11.27. 피고에게 국적법 제7조 제1항 제1호에 기한 특별귀화허가신청을 하였으나 불법체류자라는 이유로 피고로부터 신청서 접수를 거부당하는 이 사건 처분을 받았다.

2. 이 사건 처분의 적법여부

가. 원고의 주장

원고의 부모가 모두 대한민국의 국민이고, 원고 또한 대한민국에 주소를 두고 있으므로 원고는 국적법 제7조 제1항 제1호에서 정한 특별귀화의 요건을 갖추었다고 할 것임에도 불구하고 피고는 원고가 불법체류자라는 이유만으로 신청서의 접수 자체를 거부하였는바, ① 형식적 요건을 갖춘 신청서의 접수 자체를 거부한 것은 절차상 위법하고, ② 접수거부의 실체적인 이유 또한 위법 · 부당하다.

나. 관련 법령

(생략)

다. 판단

부모가 모두 대한민국의 국민이고, 대한민국에 주소를 두고 있는 원고는 국적법 제7조, 같은 법 시행령 제3조, 같은 법 시행규칙 제3조의 규정에 따라 부 또는 모의 호적등본 및 주민등록등본 등의 서류를 첨부하여 피고에게 특

별귀화허가를 신청할 수 있으므로 원고에게는 특별귀화허가를 신청할 법규상의 권리가 있다 할 것이고, 따라서 피고로서는 원고의 특별귀화허가신청이 법령에서 정한 형식적 요건을 갖추지 못하였다면 그를 갖추도록 보완 또는 보정을 명하여야 할 것이고, 그러한 사정이 없다면 이를 접수한 후 실질적인 심사를 거쳐 그 허가 여부를 결정하여야 할 것이다.

이 사건 처분은 원고가 불법체류자라는 이유로 당연히 허가 대상이 되지 않는 것으로 보고 위에서 본 바와 같은 절차를 취하지 않은 채 미리 신청단계에서 이를 배제함으로써 원고의 절차적 신청권을 침해하였다 할 것이므로 원고의 나머지 주장에 대하여 더 나아가 살펴 볼 필요 없이 이 사건 처분은 위법하다(이 사건 처분이 절차상의 이유에 기한 것이 아니라 실질적으로 원고가 귀화허가대상자에 해당하지 아니하다는 판단에 기인한 것으로 보여지므로 소송경제적인 측면에서 이 사건 처분의 실질적인 내용에 들어가 판단함이 상당할 수도 있으나(대법원 1996.7.30. 선고 95누12897 판결 참조) 원고의 의사가 우선적으로 이 사건 처분의 절차적 위법성을 가려 달라는 것이므로 그에 따르기로 한다.

3. 결론

그렇다면 이 사건 처분의 취소를 구하는 원고의 청구는 이유 있어 이를 인용할 것인바, 제1심 판결은 이와 결론을 달리 하여 부당하므로 이를 취소하고, 이 사건 처분을 취소하기로 하여 주문과 같이 판결한다.

귀화허가신청에 대해 불허처분을 하는 경우 실무상 '품행 미단정'을 불허사유로 하는 경우가 많은데 이에 따라 최근에는 귀화허가신청 불허처분에 대해 취소소송이 많이 제기되어 품행단정 여부에 대한 여러 가지 사건의 판례가 있다.

그 중에서 '품행이 단정하지 못하다고 볼 수 있다'고 판시한 사례는 음주·무면허운전을 하여 형사처벌을 받은 경우, 사문서위조 및 공전자기록 부실기재 등의 범죄행위를 범한 경우, 성매매 행위로 인해 형사처벌이 아닌 보호처분을 받은 경우, 위변조 여권으로 입국하여 불법체류한 경우 등이 있다.

서울행정법원 2010.8.19. 선고 2010구합18369 판결 【국적신청불허가처분취소】

【판결요지】

상당기간 불법으로 체류하다가 출국명령을 받자 대한민국 국민과 혼인하여 체류자격을 취득하고 재입국한 것은 대한민국의 법질서를 무시하는 태도로 평가되고, 그 혼인 자체도 체류 또는 국적 취득을 위한 것으로 의심되므로 원고의 품행은 단정하지 못하다.

서울행정법원 2010.7.2. 선고 2009구합21567 판결 【귀화허가불허취소】

【판결요지】

통상적인 업무처리에 대하여 지속적·반복적으로 민원을 제기하고 관련 공무원들을 형사고소하였으며, 면접 당시 공무원 몰래 대화 내용을 녹음하는 등의 행동을 한 자에 대한 귀화불허처분은 적법하다.

서울행정법원 2009.8.14. 선고 2009구합10123 판결 【국적신청불허가처분취소】

【판결요지】

입국한지 4일 만에 음주·무면허운전을 하여 벌금 100만 원의 형사처벌을 받은 원고의 품행이 단정하다고 볼 수 없다.

서울행정법원 2010.12.2. 선고 2010구합27837 판결 【국적취득신청불허가처분취소】

【판결요지】

이라크에서 발급받은 국제운전면허증이 유효하다고 믿은 채 운전하다가 교통사고를 내고 벌금 150만 원의 형사처벌을 받은 이상 그 품행이 단정하다고 볼 수 없다.

서울행정법원 2010.6.24. 선고 2010구합14848 판결 【국적신청불허가처분취소】

【판결요지】

사문서위조 및 공전자기록등부실기재 등의 범죄행위로 집행유예판결을 받은 원고가 설령 범행 이후 실질적인 혼인생활을 유지하고 있더라도 그 품행이 단정하다고 볼 수 없다.

서울행정법원 2009.9.3. 선고 2009구합22348 판결 【국적신청불허가처분취소】

【판결요지】

원고가 성을 매매한 행위로 인해 형사처벌이 아닌 보호처분을 받았더라도 그 품행이 단정하다고 볼 수 없다.

서울고등법원 2010.6.3. 선고 2009누34718 판결 【귀화허가신청불허처분취소】

【판결요지】

여권을 위조하여 입국한 뒤 5년 여 동안 불법체류한 원고에게 자진신고, 정상적인 혼인생활의 유지 등의 사정이 있더라도 그의 품행이 단정하다고 볼 수 없다.

서울행정법원 2009.12.28. 선고 2009구합26920 판결 【출국명령처분취소 등】

【판결요지】

원고가 체류자격 외 활동허가를 받지 않고 서류대행 등의 영리활동을 수행하여 형사처벌까지 받은 이상 그 품행이 단정하다고 볼 수 없다.

다음과 같은 경우에는 '품행이 단정하지 못하다고 볼 수 없다'고 판시한 바 있다.

서울행정법원 2008.5.14. 선고 2007구합43501 판결 【귀화허가신청불허처분취소】

【판결요지】

귀화허가신청과 관련한 민원제기 과정에서 담당 공무원에게 다소간 언성을 높이고 소란을 피웠다는 사유만으로 원고가 장차 우리 사회의 구성원으로 되는데 지장을 초래할 만한 품성과 행동을 보이는 자에 해당한다고 보기는 어려우므로 그의 품행이 단정하지 못하다고 볼 수 없다.

서울행정법원 2009.10.1. 선고 2009구합5046 판결 【국적신청불허가처분취소】

【판결요지】

불허처분의 기초가 되었던 벌금 100만 원의 유죄판결이 정식재판청구절차를 통해 공소기각판결로 변경된 이상 이 범죄경력은 품행 단정 여부를 판단하는 자료로 될 수 없다.

라. 생계유지능력 (제5조제4호)

귀화하고자 하는 사람은 자신의 자산이나 기능, 또는 생계를 같이 하는 가족에 의존하여 생계를 유지할 능력을 갖추고 있어야 한다. 즉 본인 명의로 된 자산이나 본인의 기능에 의하여 생계를 유지할 수 있는 경우는 물론,

본인은 그 같은 능력이 없다 하더라도 생계를 같이 하는 배우자나 부모, 자녀 등 가족에게 그 같은 능력이 있으면 된다.

생계를 같이 한다고 함은 반드시 같은 주소지에서 동거하는 관계를 의미하는 것은 아니며, 귀화신청자 본인과 가족 간에 주소지를 달리 하더라도 사회통념상 생계수단을 공유하는 관계가 인정되면 본 호의 요건은 충족된 것으로 본다.

이와 같이 생계유지능력의 유무를 귀화신청자 본인만이 아니라 가족단위로 평가하는 것은 그 자체가 가지는 합리성 외에도 배우자에게 생계를 의존하고 있는 부녀자에 대해 단독으로도 귀화하는데 문제가 없게 함으로써 남녀평등의 확보라는 측면을 함께 가진다.

귀화허가신청자에 대해 생계유지능력요건을 갖추지 못한 사유로 귀화허가를 불허한 처분이 적법하다고 판시한 사례를 보면 다음과 같은 경우가 있다.

서울행정법원 2010.6.24. 선고 2010구합12293 판결 【국적취득신청불허가처분취소】

【판결요지】

가족들에게 혼인 사실을 알리지 않았으며 원고가 아플 때 배우자가 아닌 원고의 전혼 자녀가 그녀를 간호하기는 했음에도 불구하고 원고가 정상적인 혼인생활을 유지하는 것으로 보이기는 하지만, 원고의 예금 잔고가 매우 적은 액수이고 그의 건강이 좋지 않아 간헐적으로 일용직 근무를 하고 있을 뿐이며 배우자도 파산선고에 따른 면책결정을 받은 자로서 특별한 직업이 없다면 생계유지능력요건을 갖추지 못하였다는 피고의 처분은 적법하다.

서울행정법원 2010.7.9. 선고 2010구합3558 판결 【국적취득신청불허가처분취소】

【판결요지】

비록 원고가 불법체류 기간 중 혼인신고를 하였고, 배우자와 혼인한 후 다소 장기간에 걸쳐 중국에 다녀왔다고 하더라도 원고는 중국에 아들이 있고 척추 디스크 수술 등을 위해 중국을 상당 기간 방문할 필요성이 있었던 것으로 보이는 점 등에 비추어 보면 정상적인 혼인생활은 유지하였다고 판단되지만, 원고와 배우자의 재산으로 천만 원에 미치지 못하는 금액이 있을 뿐이고, 배우자는 교통사고의 후유증으로 척추수술을 하여 지체장애 2급의 장애인으로서 수개월째 일을 못하고 쉬고 있는데다 원고도 척추디스크로 일을 하지 않고 있었으며 장차 취업

여부도 불투명하였던 사실, 당시 원고와 배우자의 고정적 수입은 매월 지급받는 기초생활수당 30여 만 원과 주거수당 8만 원, 장애수당 16만 원에 불과하였던 사실인정에 기초하여, 이 사건 처분시를 기준으로 원고가 국적법 제5조 제4호가 정한 생계유지능력 요건을 갖추지 못하였다고 판단한 것이 잘못되었다고 볼 수는 없다.

마. 국민으로서의 기본소양 (제5조제5호)

국어 능력 및 대한민국의 풍습에 대한 이해 등 대한민국 국민으로서의 기본소양을 갖추고 있어야 한다. 이는 생래적 외국인이 대한민국 국민이 되고자 함에 있어서는 한국어에 대한 최소한의 해독 내지 의사소통 능력을 갖추고 있어야 한다는 것과 나아가 대한민국 고유의 풍속이나 사회관습에 대하여 최소한의 유대감을 가지고 동화할 수 있는 여건을 갖춘 자에 한하여 귀화를 허용하려는 취지이다.

국민으로서의 기본소양은 귀화신청자에 대한 귀화적격심사과정에서 면접심사와 필기시험을 통해 평가하게 된다.

제 7 절 簡易歸化

제6조(간이귀화 요건)

① 다음 각 호의 어느 하나에 해당하는 외국인으로서 대한민국에 3년 이상 계속하여 주소가 있는 자는 제5조제1호의 요건을 갖추지 아니하여도 귀화허가를 받을 수 있다.

1. 부 또는 모가 대한민국의 국민이었던 자
2. 대한민국에서 출생한 자로서 부 또는 모가 대한민국에서 출생한 자
3. 대한민국 국민의 양자(養子)로서 입양 당시 대한민국의 「민법」상 성년이었던 자

② 배우자가 대한민국의 국민인 외국인으로서 다음 각 호의 어느 하나에 해당하는 자는 제5조제1호의 요건을 갖추지 아니하여도 귀화허가를 받을 수 있다.

1. 그 배우자와 혼인한 상태로 대한민국에 2년 이상 계속하여 주소가 있는 자
2. 그 배우자와 혼인한 후 3년이 지나고 혼인한 상태로 대한민국에 1년 이상 계속하여 주소가 있는 자
3. 제1호나 제2호의 기간을 채우지 못하였으나, 그 배우자와 혼인한 상태로 대한민국에 주소를 두고 있던 중 그 배우자의 사망이나 실종 또는 그 밖에 자신에게 책임이 없는 사유로 정상적인 혼인 생활을 할 수 없었던 자로서 제1호나 제2호의 잔여기간을 채웠고 법무부장관이 상당하다고 인정하는 자

4. 제1호나 제2호의 요건을 충족하지 못하였으나, 그 배우자와의 혼인에 따라 출생한 미성년의 자(子)를 양육하고 있거나 양육하여야 할 자로서 제1호나 제2호의 기간을 채웠고 법무부장관이 상당하다고 인정하는 자

1. 간이귀화 대상자

가. 부 또는 모가 대한민국 국민이었던 자 (제1항제1호)

본 호에 해당하는 사람으로는 i) 부 또는 모가 이미 사망하였으나 그 사망당시에 대한민국 국민이었던 사람, ii) 부 또는 모가 이미 사망하고 그 사망당시 외국인이었다 하더라도 생전에 한 때라도 대한민국 국적을 보유했던 적이 있는 사람, iii) 부 또는 모가 현재는 외국인이지만 과거 한 때라도 대한민국 국적을 보유했던 사실이 있는 사람 등이 있다.

나. 대한민국에서 출생한 자로서 부 또는 모가 대한민국에서 출생한 자 (제1항제2호)

본 호가 규정하고 있는 자는 귀화신청자 본인 및 그 부(또는 모)가 모두 대한민국에서 출생한 사람을 의미한다.

이때 그 부 또는 모가 현재 대한민국 국민인지, 과거 한 때라도 대한민국 국적을 보유한 적이 있는지 여부는 문제가 되지 아니한다. 문리해석상 부 또는 모가 귀화신청시점에서는 이미 사망한 상태라 하더라도 그 부 또는 모가 대한민국에서 출생한 사람이기만 하면 역시 본 호의 적용대상이 된다.

다. 대한민국 국민의 양자로서 입양당시 대한민국의 민법에 의하여 성년이었던 자 (제1항제3호)

대한민국 국민이 외국인을 입양한 경우, 그 외국인은 법률상의 친자가 되지만 그렇다 해서 자동으로 대한민국 국민이 되는 것은 아니다. 그 외국인 양자가 대한민국 국민이 되기 위해서는 별도로 귀화절차를 거쳐야 한다.

물론 그 외국인 양자가 한국에서 해외로 입양된 사람이었거나 하는 등으로 국적회복이 가능한 한국계 외국인이면 귀화절차를 거칠 필요가 없을 것이다.

따라서 재외국민이 외국에서 한국계가 아닌 외국인을 양자로 들인 경우에 그 양자가 대한민국에 주소를 두고 있지 않은 상태라면 국적을 취득할 수가 없다.

한국 국민이 국내에 거주하는 외국인을 입양한 경우에 그 외국인 양자가 대한민국 국적을 취득하기 위해 귀화를 함에 있어서는 입양당시의 연령에 따라 간이귀화 대상자와 특별귀화 대상자로 분류된다.

본 호가 규정하고 있는 바와 같이 대한민국 민법상 성년이 된 이후에 입양된 외국인 양자는 간이귀화 대상자가 되며, 성년이 되기 전에 입양된 외국인 양자는 제7조제1항제1호의 규정에 따라 특별귀화 대상자가 된다. 성년이 된 후에 입양된 외국인 양자에 대해 귀화요건을 상대적으로 좀 더 어렵게 한 것은 국적취득의 편의를 목적으로 입양제도를 악용하는 사례를 막자는 것에 있다고 봄이 상당하다.

라. 배우자가 대한민국의 국민인 외국인 (제2항)

본조 제2항이 규정하고 있는 '배우자가 대한민국 국민인 외국인'이라 함은 대한민국 국민과 법률혼 부부가 된 외국인 배우자를 의미한다. 따라서 대한민국 국민과 사실혼 관계에 있는 외국인은 해당되지 않는다.

대한민국 국민과 혼인을 거행한 장소가 국내인지 국외인지는 문제가 되지 않으나 국제사법의 적용에 의하여 그 혼인이 유효하게 성립된 경우라야 함은 두말할 나위가 없다.

본조 제2항제1호 및 제2호의 적용을 받기 위해서는 기본적으로 귀화를 신청하는 시점에도 한국인 배우자와 혼인관계를 유지하고 있어야 한다.

그리고 외국인으로서 대한민국 국민과 혼인하였으나 본조 제2항제1호 및 제2호에 규정된 국내거주기간을 충족하기 전에 한국인 배우자가 사망하는 등 혼인관계가 소멸 내지 중단된 경우라면 그 외국인은 본조 제2항제3호 또는 제4호에 규정된 요건을 충족하는 경우에 한해 간이귀화 대상자로서 적용을 받을 수 있다.

대한민국 국민과 혼인한 상태로 본조 제2항 제1호 또는 제2호에 규정된 기간 이상으로 국내에서 계속 거주하였으나 그 기간을 충족한 이후에 한국인 배우자가 사망하는 등으로 독신이 된 외국인 배우자의 경우는, 비록 귀화를 신청하는 시점에 혼인관계가 소멸된 상태라 하더라도 본조 제2항제3호나 제4호가 아니라 본조 제2항제1호나 제2호를 적용하여도 무방할 것이다.

2. 간이귀화 대상자의 귀화요건

간이귀화 대상자의 귀화요건을 일반귀화 대상자의 그것과 비교한다면, 귀화허가를 받는데 필요한 최소한의 국내거주기간이 다소 짧다는 점만 다를 뿐, 그 밖의 요건(연령, 품행단정, 생계유지능력, 기본소양)은 다를 바 없이 동일하다.

즉 일반귀화 대상자는 국내에서 계속하여 5년이상 거주한 때에만 귀화가 가능한데 비해, 간이귀화 대상자는 국내거주기간이 그보다 다소 짧더라도 귀화가 가능하다.

구체적으로 보면 간이귀화 대상자중 대한민국 국민과 혼인한 외국인은 혼인한 상태로 국내에 1년 혹은 2년 이상 계속 거주하였으면 귀화가 가능하고, 그 밖에 다른 간이귀화 대상자들은 국내에 계속하여 3년 이상 거주하였다면 귀화할 수 있다.

이들 가운데 대한민국 국민과 혼인한 외국인 배우자의 귀화요건에 관해서는 다음 항에서 별도로 설명하기로 한다.

일반귀화 대상자가 국내에 주소를 두고 있는 중에 간이귀화 자격을 획득한 경우에 귀화에 필요한 국내거주기간을 기산함에 있어 간이귀화 자격 취득전의 국내거주기간을 합산해야 할 것인가? 예컨대 일반귀화 대상자 신분으로 국내에 거주하고 있던 중 대한민국 국민에게 입양된 경우, 그리고 대한민국 국민과 혼인한 경우 등에 발생하는 문제이다. 이때 합목적적 고려 차원에서 당사자에게 유리하게 해석하여 養父子 또는 부부관계를 맺기 전과 그 후의 국내거주기간을 합산할 수도 있겠으나, 법해석에 충실하자면 입양 또는 부부관계를 맺은 후부터 따로 기산함이 옳다 하겠고, 다만 입양 또는 부부관계를 맺기 전의 국내거주기간과 그 이후의 국내거주기간을 합산한 기간이 일반귀화에 요구되는 5년을 초과하는 때에는 곧바로 일반귀화든 간이귀화든 당사자가 선택한 내용으로 귀화신청을 처리함이 상당하다고 본다.

3. 대한민국 국민과 혼인한 외국인의 귀화요건

가. 개 요

대한민국 국민의 배우자가 된 외국인은 혼인한 상태로 2년만 거주하면 기본적으로 귀화를 통한 대한민국 국적의 취득이 가능하다. 그런 점에서 그 밖의 간이귀화 유형은 대한민국에서 3년 이상 거주해야 하는데 비해 그만큼 더 국적취득 요건을 갖추기가 용이하다고 할 수 있다.

그리고 2004년 제6차 개정 전까지는 귀화신청시점까지 국민과 혼인상태를 유지하고 있는 외국인 배우자에 한해 간이귀화가 가능하였었다. 그러다가 제6차 개정으로 본조 제2항에 제3호 및 제4호가 신설되면서 외국인 배우자로서 국민과의 혼인관계가 중단된 사람도 법에 규정된 특별한 사정이 인정되면 간이귀화가 가능하게 되었다.

본조 제2항제3호 및 제4호가 신설됨에 따라 귀화에 필요한 국내거주 기간을 다 채우지 못한 상태에서 한국인 배우자와의 혼인관계가 중단되었음에도 간이귀화신청을 할 수 있게 된 사람은 첫째, '그 배우자와 혼인한 상태로 대한민국에 주소를 두고 있던 중 그 배우자의 사망이나 실종 그밖에 자신의 귀책사유 없이 정상적인 혼인생활을 할 수 없었던 자(제2항제3호)'와 둘째 '그 배우자와의 혼인에 의하여 출생한 미성년의 자를 양육하고 있거나 양육하여야 할 자(제2항제4호)'중에서 그 잔여기간동안 국내에 계속 거주하고 법무부장관이 상당하다고 인정하는 사람들이다.

나. 외국인 배우자의 대한민국 국적취득절차에 관한 연혁

대한민국 국민과 혼인한 외국인이 대한민국 국적을 취득하려면 현재는 남녀를 막론하고 모두 법무부장관의 귀화허가를 받아야 한다.

이는 1997년의 제4차 개정법률 이후부터이다. 그 전까지는 남녀를 차별하여 대한민국 국민의 처가 된 외국인은 혼인과 동시에 자동으로 대한민국 국적을 취득하게 되고, 대한민국 국민의 남편이 된 외국인은 일정기간(3년)을 국내에 거주한 후 별도로 법무부장관의 귀화허가를 받아야만 대한민국 국적을 취득할 수가 있게 되어 있었다.

비록 외국인 배우자가 여성인 경우에 국한된 규정이기는 하나, 1997년 제4차 개정 전의 구법이 우리 국민과 혼인하였다는 사실만으로 곧바로 대한민국 국적을 부여하였던 것은 국적입법례상 매우 드문[2] 형태에 속하였다.

제4차 개정 전의 구법하에서는 외국인이 대한민국 국민의 처가 되면 대한민국 국적을 자동취득하게 되어 있었기 때문에 당시 한국인 남편이 외국인 여성을 아내로 맞이할 때에는 호적법령에 따라 혼인신고만 하면 그 외국인 여성은 곧바로 한국인 남편의 호적에 처로 입적될 수가 있었다. 반면 그 당시 한국인 여성과 혼인한 외국인 남편은 귀화허가를 받기 전에는 대한민국 국적이 없는 관계로 호적에 오를 방도가 없었으며, 따라서 그와 혼인한 한국인 여성은 혼인신고를 하지 아니한 채 친정 부모의 호적에 그대로 남아 있거나 아니면 혼인신고를 하여 친정 호적에서 분가 후 일가창립을 하는 방식으로 별도의 호적을 가지고 있다가 나중에 남편이 귀화허가를 받아 대한민국 국적을 취득하게 되면(즉 호적에 오를 자격을 갖게 되면) 남편과 호적을 결합하는 형태가 일반적이었다.

제4차 개정 전의 구법이 취한 태도는 우리 국민의 처가 된 외국인 여성에 대해 대한민국 국적을 취득하는 수고와 불편을 덜어준다는 측면도 있지만 처는 가족의 일원으로서 가장(家長)인 남편과 국적이 같아야 하고 그리하여 남편의 가족관계등록부에 함께 등재되어야 한다는 부(夫)중심주의 또는 부(夫)중심적 부부국적 동일주의에서 발현된 것이었다. 다르게 말하면 처의 국적선택권을 도외시한 채 처에게 남편의 국적 즉 대한민국 국적의 취득을 강제하는 측면도 공존하였다고 볼 수 있다.

이러한 부(夫)중심적 부부국적 동일주의는 대체로 부부가 국적이 다를 경우에 남편이 처의 국가에 동화되는 정도에 비해 처가 남편의 국가에 동화되는 비율이 더 높다는 점과, 일반적으로 남편이 처의 국적을 따르기를 희망하는 경우에 비해 처가 남편의 국적을 따르기를 희망하는 경우가 더 많다는 점 등을 감안하면 그 나름대로의 타당성이 없지는 않았다.

그러나 그 같은 타당성에도 불구하고 구법의 부(夫)중심적 부부국적 동

---

2) 자국민의 처가 된 외국인에 대하여 혼인과 동시에 자국 국적을 부여하는 입법례로서는 우리나라의 구 국적법(1997년 제4차 개정전의 것) 외에 이란, 스위스, 벨기에, 대만(다만 당사자가 前국적을 보유하고자 하는 경우에는 예외), 일본의 구 국적법 정도에 불과하다.

일주의는 남녀차별적 요소라든가, 대한민국 국적을 취득할 목적으로 외국인 여성들이 대한민국 남성과 위장결혼하는 사례가 급증하고 있는 점, 세 번째로 혼인거행지가 국내인지 국외인지 여부, 그리고 국외인 경우에도 그 외국인 여성의 본국인지 제3국인지 여부에 따라 우리나라 민법, 그 외국인 여성의 본국법 또는 혼인거행지법 등 어느 법이 준거법이 되는지에 따라 혼인의 성립시점 즉, 그 외국인 여성이 대한민국 국적을 취득하게 되는 시점이 달라지게 된다는 점, 네 번째로 행정체계상 가족관계등록업무의 감독관서(법원)와 국적업무의 담당관서(법무부)가 분리된 상황에서 한국인 남성과 혼인한 외국인 여성이 혼인과 동시에 대한민국 국적을 자동취득하고 그에 기하여 남편의 가족관계등록부에 곧바로 입적하게 되면 국적관서로서는 어떤 외국인이 신규로 대한민국 국민의 범위에 편입된 사실이나 대한민국 국적의 신규 취득자가 발생한 사실 자체를 알지 못하는 점 등 여러 가지 문제점이 지적되어 왔다.

이에 제4차 개정 국적법은 대한민국 국민의 배우자가 된 외국인에 대해 대한민국 국적을 취득하려면 부처(夫妻) 구분 없이 모두 법무부장관으로부터 귀화허가(물론 그 외국인 배우자가 한국계 외국인인 경우에는 귀화허가 대신 국적회복허가)를 받아야 하는 것으로 하였다.

> 외국인 배우자가 대한민국 국적을 취득하는데 있어 남녀 간에 차이가 있는 문제를 입법적으로 해결하기 위한 방법으로는 i) 외국인 배우자의 경우 남녀를 막론하고 모두 혼인과 동시에 대한민국 국적을 자동 취득하는 형태로 개정하는 방법과 ii) 남녀를 막론하고 모두 귀화절차를 거쳐서 대한민국 국적을 취득하는 것으로 규정하는 방법 등 두 가지를 생각할 수 있는 바, 1997년 제4차 개정 국적법은 이 가운데 후자의 방법을 채택했다고 볼 수 있다.

이렇게 한 것은, 절대다수의 국적입법례와 보조를 같이 하는 조치일 뿐 아니라 국적취득의 방식에 관한 종래의 남녀차별적 요소를 해소하고, 취업 목적으로 대한민국 입국 및 국적취득을 노린 위장결혼을 상당부분 억제하는 효과도 거두었다고 볼 수 있다.

> 물론 외국인 배우자에 대해 귀화허가를 받아야만 대한민국 국적을 취득하는 것으로 고쳤다 하더라도 그러한 조치만으로 위장혼인 사례를 근본적으로 차단

하기는 불가능하다. 왜냐하면 일단 형식상 대한민국 국민의 배우자가 되면 사후에 위장혼인 사실이 드러나기 전에는 한국인 배우자의 초청에 따라 국내 입국 또는 장기체류에 필요한 비자취득이 가능하므로 이 점을 악용한다면 국내 입국 또는 장기체류 목적으로 위장혼인을 시도하는 수요는 여전히 잔존할 것이기 때문이다. 다만 귀화허가를 받기 전까지는 외국인 배우자가 외국인 신분으로 국내 체류하므로 입국 후 위장혼인사실이 드러나면 출입국관리법에 의한 강제퇴거가 가능하다는 점에서 위장혼인의 시도를 억제하는 효과는 적지 않다고 볼 수 있다.

뿐만 아니라 외국인 여성 배우자에게도 귀화절차를 거치도록 한 것은 다음과 같은 몇 가지의 법률적 의미도 함께 가져왔다.

첫째, 대한민국 국민의 처가 된 외국인 배우자에 대해 대한민국 국적의 취득여부를 자유롭게 선택할 수 있는 권리를 부여하는 셈이 된다.

둘째, 대한민국 국민의 처가 된 외국인이 대한민국 국적을 취득하는 시점과 관련하여 구법 당시에는 혼인거행지가 국내인지 국외인지 여부에 따라 그 시점이 다를 수 있었으나, 개정 후에는 그러한 문제의 소지는 더 이상 발생하지 않게 되었다.

셋째, 종전에는 외국에서 대한민국 국민의 처가 됨으로 인해 대한민국 국적을 취득하였더라도 국내 가족관계등록관서에 혼인사실을 신고하지 않으면 대한민국 국적을 신규로 취득한 자가 발생한 사실을 국적관서의 입장에서 파악할 방법이 없었으나, 개정 후에는 그러한 문제의 소지는 전혀 없게 되었다.

다. 혼인관계가 계속 중인 외국인 배우자의 간이귀화요건 (제6조제2항 제1호, 제2호)

(1) 혼인한 상태

여기서 "혼인한 상태"라 함은 이혼, 혼인의 취소 및 무효 등의 사유로 한국인 배우자와의 혼인관계가 중단되지 않고 사회통념상 정상적인 혼인관계를 유지하는 상태를 의미한다.

그러면 간이귀화를 하기 위해서는 귀화신청 시점까지 반드시 혼인한 상태에 있어야만 하는 것인가? 꼭 그렇지는 않다고 본다. 혼인한 상태로 국내에 계속하여 거주한 기간이 본조 제2항 제1호, 제2호에 규정된 기간을 넘었다면 귀화신청시점에 그 한국인 배우자가 사망한 상태이거나 동인과 이혼 내지 별거중인 상태라 하더라도 일단 취득한 간이귀화 자격을 상실하는 것은 아니어서 간이귀화 대상자로 처우함이 상당하다 할 것이다.

(2) 국내거주기간

본조 제2항 제1호 및 제2호의 문리해석상 간이귀화의 신청 자체는 미리 할 수도 있고, 법무부장관이 적격심사를 하여 귀화허가를 하기 전까지의 국내거주기간이 2년 이상(제1호) 또는 1년 이상(제2호)이기만 하면 된다.

그러나 현재 법무부의 국적실무상으로는 신청자 폭주 등의 사정 때문에 한국인 배우자와 혼인한 상태로 법이 요구하는 기간(2년 또는 1년) 이상 국내 거주한 사람에 한해 간이귀화 신청서를 접수하고 있는 실정에 있다.

혼인한 상태로 법이 요구하는 기간 동안 국내 거주했던 사실만 인정되면 그 기간 중 어떤 체류자격으로 체류했는지는 문제가 되지 아니한다.

어떤 외국인이 국내에서 독신으로 1년간 주소를 두고 있다가 한국인과 혼인하게 된 경우에 귀화허가를 받으려면 한국인 배우자와 혼인한 때로부터 새로 2년 이상 국내에 거주해야 하는지 혹은 혼인 전에 이미 1년 동안 국내에 거주하였으므로 혼인 후 1년만 더 국내에 거주하면 귀화요건을 갖추게 되는지 여부가 문제될 수 있다.

이 경우에 그 외국인은 혼인한 때부터 다시 2년 이상 계속하여 혼인한 상태로 국내에 주소를 두고 있어야 귀화할 수 있는 것으로 해석함이 상당하다. 그 외국인은 만약 한국인과 혼인하지 않았더라면 5년 이상 계속 거주해야 귀화허가를 받을 수 있는데 비하여 한국인과 혼인함으로써 혼인 이후의 거주기간 2년을 포함하여 3년만 거주하더라도 귀화를 신청할 수 있는 자격을 획득하게 되는 셈이 된다.

만약 그 외국인이 독신으로 국내에서 4년간 주소를 두고 있었다면 한국인과 혼인 후 1년만 더 거주하면 일반귀화에 필요한 국내거주기간(5년)을 충족하므로 혼인한 후 2년이 되기 전이라도 귀화신청이 가능함은 더 이상 언급을 요하지 않는다.

간이귀화 대상자가 국내체류 도중에 일시 출국한 사실이 있는 경우에도 일반귀화 대상자와 마찬가지로 귀화허가에 필요한 국내거주기간을 기산함에 있어서는, 출국한 동기나 출국기간 중 국내의 주거현황 및 생활기반의 연속성 등을 종합하여 출국 전과 재입국 후의 국내체류가 동일성을 유지하고 있는 것으로 볼 수 있는 때에는 출국 전의 체류기간과 재입국 후의 체류기간을 합산함이 상당할 것이다.

(3) 연령

간이귀화 대상자도 귀화허가를 받기 위해서는 대한민국의 민법에 의하여 성년이어야 한다. 따라서 우리 국민의 배우자가 된 외국인으로서 그 연령이 우리 민법상의 성년 연령(현재 20세 → 2013.7.1.부터는 19세)에 달하지 아니한 자가 귀화허가를 받을 수 있는지 여부가 문제가 될 수 있다.

다만 우리 민법(제826조의2)에 의하면 혼인한 자는 연령에 관계없이 성년자로 의제되는 만큼, 대한민국 국민의 배우자가 된 외국인의 경우 그 연령은 문제가 되지 아니한다고 하겠다.

가족관계등록예규 제163호

[외국인 또는 가족관계등록부가 없는 사람 등과의 혼인신고가 있는 경우의 사무처리지침]

1. 우리나라 사람 갑이 외국인 또는 가족관계등록부가 없거나 가족관계등록부에 기록이 되어 있는지가 분명하지 아니한 사람인 을과의 혼인신고를 할 경우에는 해당 외국 관공서 또는 우리나라의 관공서가 발행한 공문서(예: 여권, 주민등록등본, 그 밖의 증명서 등)에 의하여 을에 대한 성명, 출생연월일 등의 인적사항을 소명하여야 한다.
2. 1항의 혼인신고에 의하여 갑의 가족관계등록부에 혼인사유를 기록하되 을의 가족관계등록부를 작성해서는 안 된다.
3. 을이 우리나라 국적을 취득하거나 가족관계등록부에 기록되어 있음이 판명된 때 또는 기록할 수 있게 된 때에는 신고인 또는 신고사건의 본인은 그 사실을 안 날로부터 1개월 이내에 신고사건을 표시하여 제1항의 혼인신고를 수리한 시(구) · 읍 · 면의 장에게 그 사실을 신고하여야 한다(「가족관계의 등록 등에 관한 법률」 제22조).
4. 제1항의 경우 등록사항별증명서 기재례는 가족관계등록실무자료집(기재편) 참조.

부 칙

이 예규는 2008년 1월 1일부터 시행한다.

라. 혼인관계가 중단된 외국인 배우자의 간이귀화요건

본조 제2항제3호 및 제4호가 신설됨에 따라 귀화에 필요한 국내거주 기간을 다 채우지 못한 상태에서 한국인 배우자와의 혼인관계가 중단되었음에도 간이귀화신청을 할 수 있게 된 사람은 첫째, '그 배우자와 혼인한 상태로 대한민국에 주소를 두고 있던 중 그 배우자의 사망이나 실종 그밖에 자신의 귀책사유 없이 정상적인 혼인생활을 할 수 없었던 자(제2항제3호)'와 둘째 '그 배우자와의 혼인에 의하여 출생한 미성년의 자를 양육하고 있거나 양육하여야 할 자(제2항제4호)'중에서 그 잔여기간동안 국내에 계속 거주하고 법무부장관이 상당하다고 인정하는 사람들이다.

제3호와 제4호의 해석적용에 있어 논란의 소지가 예상되는 부분은, 한국인 배우자가 사망 또는 실종된 경우 외에 외국인 배우자가 '자신의 귀책사유 없이 정상적인 혼인생활을 할 수 없었던' 경우를 어느 범위까지 인정할 것인가 하는 부분일 것이라 생각된다.

(1) 사망

사망이란 권리주체로서의 자연인의 능력이 종료된 때를 말한다. 이러한 사망에는 혼인 성립 후 국내에서 혼인생활을 하던 중 한국인 배우자가 사망한 모든 경우가 망라되며, 노환, 질병 또는 사고 등 사망원인은 관계없다.

「가족관계의 등록 등에 관한 법률」에 의하면 수해, 화재나 그 밖의 재난으로 인하여 사망한 사람이 있는 경우에는 이를 조사한 관공서는 지체 없이 사망지의 시·읍·면의 장에게 통보하여야 한다. 다만, 외국에서 사망한 때에는 사망자의 등록기준지의 시·읍·면의 장에게 통보하여야 한다(87조). 이 보고에 의하여 등록부에 사망의 기재를 하게 된다(16조). 즉 관공서의 보고에 의하여 시체의 확인도 없이 사망한 것으로 다루어진다. 수해, 화재나 그 밖의 재난이라 함은 사망의 증명은 없으나 사망의 확률이 대단히 높고 생존을 예측할 수 없는 사고를 말하며, 수해·화재를 비롯하여 전쟁·해난(海難)·탄광폭발·홍수 등을 말한다.

자연적인 사망 외에 가족관계등록법 제87조에 규정된 인정사망[3]도 포

3) 인정사망을 인정하는 이유는 사체의 확인은 없지만, 고도의 사망확률이 있음에도 불구하고 실종선고의 절차를 밟게 하는 것은 번잡하고 불편하기 때문이다. 프랑스를 비롯한 스위스 민법 등은 인정사망을 명문으로 규정하고 있으나, 한국 민법에는 이에 관한 규정이 없다. 다만 실종선고제도만을 규정하고 있으므로 입법의 불비라고 지적되고 있으며, 가족관계등록법에 의하여 등록부에 사망의 기재를 하게 된다.

함된다고 보아야 한다. 인정사망의 경우 실종선고와는 달리 사망의 효력과 관련하여 추정적 효력만을 가지게 되나 인정사망 결정은 행정기관의 엄격한 심사를 거쳐 이루어진다는 점에서 사망에 준하여 취급하면 될 것이다.

외국에서 한국인과 혼인하고 지내던 중 한국인 배우자가 사망하고 그 후 외국인 배우자가 홀로 대한민국에 입국한 경우에도 제2항제3호를 적용할 수 있을 것인가? 그 경우에는 본 호가 적용되지 않는다고 보아야 한다. 왜냐하면 본 호는 한국인 배우자와 '혼인한 상태로 대한민국에 주소를 두고 있던 중' 한국인 배우자가 사망한 경우를 전제로 하고 있기 때문이다.

(2) 실종

본조 제2항제3호에 규정된 실종의 의미에 관하여 이를 민법 제27조의 규정에 의한 실종선고를 받은 경우로 한정할 것인가 혹은 장기간의 가출, 연락두절, 소재불명 등 사실상의 실종까지도 포함된다고 볼 것인가?

법무부 국적업무처리지침은 제2항제3호의 실종을 전자(前者)와 같이 좁은 의미 즉 민법상의 실종선고를 받은 경우로 규정하고 있으나, 본 조항을 신설한 입법취지 등을 감안한다면 후자(後者)와 같이 넓은 의미로 해석함이 상당하다고 본다.

만약 실종의 의미를 민법상의 실종선고를 받은 경우로 좁게 해석한다면, 이는 법적 의미에서 사망과 다를 바 없게 되고 그렇게 되면 제3호에서 사망과 실종을 병렬적으로 열거한 취지가 무색해지게 된다.

뿐만 아니라 민법상 실종선고는 그 대상자가 5년 이상 생사불명 상태에 있을 것을 요하는 바, 만약 그 정도의 기간을 외국인 배우자가 홀로 국내에 계속 체류해 왔다면 국적법 제5조 소정의 일반귀화 요건(국내 5년 이상 계속하여 거주)을 충족하는 만큼 굳이 한국인 배우자에 대한 실종선고 절차를 거쳐 간이귀화를 신청할 필요 없이 곧바로 일반귀화를 신청할 수 있다는 점에서, 제3호의 실종을 협의적 의미로 해석하는 것은 간이귀화 대상자에 대한 특례를 위해 제3호를 신설한 법 개정의 취지를 전혀 못 살리는 결과가 되고 만다.

민법 제840조 제5호는 배우자의 생사가 3년 이상 분명하지 아니한 경우를 재판상 이혼사유의 하나로 규정하고 있어 3년 이상의 생사불명을 이유로 이혼

판결을 받은 경우, 외국인 배우자 입장에서는 '자신의 귀책사유 없이 정상적인 혼인생활을 할 수 없었던' 경우의 적용을 받을 수 있다는 점에 비추어 보더라도 국적법 제6조 제2항 제3호의 실종을 5년 이상 생사불명을 요하는 민법 제27조의 실종선고를 받은 경우로 제한 해석하는 것은 합리적이지 못하다는 결론에 이르게 된다.

(3) 기타 자신의 귀책사유 없이 정상적인 혼인생활을 할 수 없었던 경우

본 호에서 '그 밖에 자신에게 책임 없는 사유로 정상적인 혼인생활을 할 수 없었던 경우'란 한국인 배우자가 사망(인정사망 포함), 실종된 경우와 별개로 한국인 배우자와 이혼을 하였거나 별거 등으로 인해 사회통념상의 정상적 부부관계가 중단된 경우를 의미한다고 하겠다.

이혼한 경우는 재판상 이혼인지, 협의이혼인지 여부에 따라 부부 중 어느 쪽에 귀책사유가 있는지 여부를 판별하기가 쉽지 않은 경우가 많을 것이다.

〈이혼판결이 확정된 경우〉

민법 제840조는 부정행위, 악의의 유기, 심히 부당한 대우, 3년 이상의 생사불명, 기타 혼인을 계속하기 어려운 중대한 사유 등을 재판상 이혼이 가능한 사유로 규정하고 있는 바, 외국인 배우자가 본소이든 반소이든 원고로서 소송에 승소하여 이혼판결이 확정된 경우에는 그 이혼에 귀책사유가 없는 경우에 해당한다고 봐도 문제가 없을 것이다.

〈협의이혼의 경우〉

협의이혼의 경우에는 주된 이혼사유가 한국인 배우자의 부정행위나 악의의 유기행위, 한국인 배우자 본인 또는 그 직계가족의 학대행위 등으로서 한국인 배우자 측에 귀책사유가 있다는 점 또는 외국인 배우자에게 귀책사유가 없다는 점에 대한 별도의 입증 또는 소명이 필요하다.

〈협의 조정된 경우〉

이혼소송을 제기하여 소송계속 중에 조정이 이루어진 경우는 기본적으로 협의이혼의 경우와 동일하게 보면 되겠다. 강제조정의 경우도 조정에 이의를 제기하지 아니한 경우는 마찬가지이다 다만, 조정내용에 재판상이혼과 유사한 내용이 있다거나 배우자로부터 위자료를 지급받는 조건일 경우에는 외국인 배우자에게 귀책사유가 없는 경우로 취급하여도 좋을 것이다.

법적으로 이혼하지는 않았지만 이혼한 경우나 다름없이 별거하면서 외국인 배우자가 독자적으로 생계를 영위하고 있고 한국인 배우자는 기존의 생활근거지를 벗어나 생사불명이거나 연락이 두절된 상태라면 그가 실종된 경우로 볼 수 있는지 여부를 따져야 할 것이고, 반대로 외국인 배우자가 원래의 생활근거지로부터 가출해 나와 장기간 연락을 두절하고 있는 상태라면 그와 같이 정상적 혼인생활을 하지 않고 있는데 대한 귀책사유가 누구에게 있는지 여부를 따져야 할 것이다.

'자신에 책임이 없는'이라 함은, 외국인 배우자의 입장에서 자신에게 혼인생활 중단의 귀책사유가 없으면 되는 것이고, 반드시 한국인 배우자에게 그 귀책사유가 있는 경우라야 하는 것은 아니다. 따라서 부부 두 사람 모두에게 뚜렷이 귀책사유를 인정하기 어려운 경우에도 본 호가 적용될 수 있다고 하겠다.

〈한국인 배우자의 학대행위 등으로 별거중인 경우〉

외국인 배우자의 입장에서 이혼소송을 제기할 경우 승소가 가능한 정도의 귀책사유가 한국인 배우자에게 있다는 사실이 입증 또는 소명되는 때에 한한다 할 것이다. 폭행이나 폭언 등 학대행위로 형사고소한 사실, 병원치료를 받은 사실 등이 입증될 경우 등

〈장기간의 생사불명, 연락두절〉

배우자 일방의 생존이나 사망을 증명할 수 없는 상태가 현재까지 3년간 계속된 경우 재판상 이혼의 사유가 된다. 나아가 3개월 이상 가출한 경우 악의의 유기에 해당한다는 판례가 다수이다.

〈기타 혼인을 계속하기 어려운 중대한 사유〉

부당한 피임, 성병의 감염, 이유 없는 성교거부, 불치의 정신병, 과도한 신앙생활, 알코올 또는 마약중독, 자식에 대한 정신적 · 육체적 모욕, 가해, 상습도박, 지나친 사치, 범죄행위, 시부모의 지나친 간섭 등은 인정할 수 있는 경우이고, 임신불능, 별거합의, 단순한 성격차이, 행동이 따르지 아니한 감정의 대립, 이혼신고서 또는 각서를 작성하고 별거하고 있는 경우, 무정자증, 성기능이 다소 원활하지 않은 경우, 단순한 신앙의 차이, 질병에 걸린 경우 등은 인정할 수 없는 경우에 해당한다.

〈혼인무효판결이 확정된 경우〉

혼인무효판결이 확정된 경우에는 소급하여 혼인으로서의 효력이 부정되고 그 효력은 대세효(對世效)를 가지고 있으므로 혼인관계를 전제로 한 간이귀화 신청은 불가하다고 할 것이다.

〈혼인취소판결이 확정된 경우〉

혼인취소판결은 혼인무효판결과는 달리 장래효(將來效)만 가지고 있다(민법 제824조). 따라서 상당기간의 혼인관계를 지속하던 중 혼인취소판결을 받은 때에는 경우를 나누어 따질 필요가 있다. 혼인취소사유 중 부적령혼, 동의 없는 혼인, 근친혼, 중혼, 재혼금지기간위반 혼인의 경우 혼인취소의 사유가 당사자간에 있다고 볼 수 있으므로 그러한 것을 사유로 한 혼인취소의 경우는 간이귀화가 곤란하고, 한편 악질 기타 중대한 사유가 있는 혼인, 사기, 강박에 의한 혼인으로서 외국인 배우자가 혼인취소소송을 제기하여 승소한 경우는 이혼한 경우에 준하여 간이귀화의 허용여부를 검토할 수 있을 것이다.

(4) 한국인 배우자와의 혼인에 의하여 출생한 미성년의 자녀를 양육하고 있거나 양육하여야 할 자

본조 제2항제4호가 규정하고 있는 외국인은 한국인 배우자와의 사이에서 적출로 출생하여 대한민국 국적을 취득한 미성년 자녀를 양육 중이거나 양육하여야 할 처지에 있는 사람을 가리킨다.

이 경우에 사실혼관계에서 출산하여 한국인과 법률상의 친자관계가 불분명한 자녀를 양육중인 외국인은 그 적용대상이 될 수 없다고 봄이 상당하다.

'양육하여야 할 자'라 함은 본인이 그 자녀와 주거를 함께 하면서 직접 양육하지는 않더라도 그 양육비용을 감당해야 하는 등 간접적으로 또는 실질적으로 양육을 하고 있다거나, 향후 그 자녀의 양육을 떠맡아야 할 사정이 객관적으로 명확한 상태에 있는 사람을 가리키는 것으로 보아야 할 것이다.

(5) 잔여기간의 충족

제2항제3호 또는 제4호가 정한 혼인중단 사유가 있는 외국인 배우자라 하더라도 그 사유가 발생하기 전에 한국인 배우자와 혼인상태로 국내 거주

했던 기간과 그 사유가 발생한 이후에 국내 거주한 기간을 합산하여 제2항 제1호 또는 제2호에 규정된 국내거주기간을 초과한 경우에만 간이귀화의 신청이 가능하다.

제2항제3호 또는 제4호가 정한 사유가 있는 사람이라 해서 그러한 사유 없이 한국인 배우자와 국내에서 정상적 혼인생활을 계속 중인 외국인 배우자보다 간이귀화의 요건을 더 우대할 이유는 없기 때문이다.

제 8 절　特別歸化

제7조(특별귀화 요건)

① 다음 각 호의 어느 하나에 해당하는 외국인으로서 대한민국에 주소가 있는 자는 제5조 제1호 · 제2호 또는 제4호의 요건을 갖추지 아니하여도 귀화허가를 받을 수 있다.

1. 부 또는 모가 대한민국의 국민인 자. 다만, 양자로서 대한민국의 「민법」상 성년이 된 후에 입양된 자는 제외한다.
2. 대한민국에 특별한 공로가 있는 자
3. 과학 · 경제 · 문화 · 체육 등 특정분야에서 매우 우수한 능력을 보유한 자로서 대한민국의 국익에 기여할 것으로 인정되는 자

② 제1항제2호 및 제3호에 해당하는 자를 정하는 기준 및 절차는 대통령령으로 정한다.

1. 개　요

특별귀화 대상자는 일반귀화 대상자나 간이귀화 대상자가 국내에 일정기간 거주를 해야 귀화허가를 받을 수 있는데 비해 거주기간에 관계없이 현재 대한민국 내에 주소를 두고 있기만 하면 귀화가 가능하다. 그만큼 특별한 배려가 적용되는 사람들이라 할 수 있다.

최초 제정 이래 2010년 제10차 개정법률 전까지 우리 국적법은 특별귀화 대상자로 부 또는 모가 대한민국 국민인 자와 대한민국에 특별한 공로가 있는 자 등 두 가지 유형만을 인정해 왔다. 그러다가 제10차 개정 법률에서 과학 · 경제 · 문화 · 체육 등 특정분야에서 매우 우수한 능력을 보유하고 대한민국의 국익에 기여할 것으로 인정되는 자가 특별귀화 대상자의 새로운

유형으로 추가 되었다.

즉, 이미 대한민국에 특별한 공로를 세운 사람뿐만 아니라 장차 대한민국의 국익에 기여할 것이 기대되는 우수 인재에 대해서도 특별귀화의 길을 열어주기로 한 것이다. 이는 제10차 개정의 중요한 목적중 하나가 국가경쟁력 강화를 위한 우수 외국인재의 확보에 있다는 것을 말해준다.

일본 국적법은 "자국 내에서 출생하였으나 일본 국적을 취득하지 않으면 무국적이 될 자"도 특별귀화 대상자에 포함시켜 두고 있다(일본 국적법 제8조제4호). 반면, 우리나라는 그런 사람을 특별귀화 대상자에 포함시키지 않고 있다. 그 이유는 현실적으로 우리나라에서 출생한 자중 그러한 경우에 해당하는 자의 발생소지가 극히 희박하고 따라서 그러한 경우를 대비한 입법적 실익이 없기 때문으로 보여 진다. 만약 우리나라에 그러한 자가 있다면 그는 성년 전까지 대한민국 국민에게 입양되어 특별귀화대상자로서 그 허가를 받거나 성년이 된 이후에 일반귀화 또는 간이귀화절차로써 귀화허가를 받는 수밖에 없다.

그리고 종전에는 법무부장관이 특별한 공로가 있음을 이유로 특별귀화 허가를 하려면 사전에 대통령의 승인을 받게 되어 있었으나, 제10차 개정에서는 대통령의 승인 조항을 삭제함으로써 대통령의 승인 없이도 법무부장관이 독자적으로 특별귀화를 허가하는 것이 가능하게 되었다.

다만 제10차 개정에서 특별귀화 대상자로 추가된 우수인재의 적용을 받기 위해서는 선정의 객관성과 공정성을 기하기 위하여 법무부 내에 국적심의위원회를 구성한 다음 동 위원회의 심의를 반드시 거친 후에 법무부장관이 우수인재 해당여부를 결정하는 구조를 채택하였다.

2. 특별귀화 대상자 (제7조제1항)

가. 부 또는 모가 대한민국 국민인 자 (제1항제1호)

외국인으로서 부모 중 어느 한 사람이라도 현재 대한민국 국민인 사람은 특별귀화 대상이 된다. 이는 가족 간에 동일한 국적의 토대 위에서 가족들이 신속히 결합할 수 있게 해주기 위한 것에 그 입법목적이 있다 할 것이다.

이 경우에 부는 기본적으로 법률상의 부이어야 하지만 모는 법률상의 모는 물론이고 사실상의 생모여도 관계없다. 그 부모가 생래적으로 대한민국 국민인지, 대한민국에 귀화한 자이거나 대한민국 국적을 회복한 자인지 여부는 문제되지 아니한다.

부모가 양부 또는 양모인 경우에도 기본적으로 입양된 외국인에 대해서는 제1호가 적용되지만 다만, 그 양자가 민법상 성년이 된 이후에 우리 국민에게 입양된 경우라면 그런 사람에 대해 우리 국적법은 특별귀화 대상자가 아닌 간이귀화 대상자로 규정해 두고 있다.

부모가 계부 또는 계모인 경우에는 제1호가 적용되지 아니한다고 보아야 한다. 즉 양부나 양모는 법률상의 부 또는 모에 해당되지만 계부나 계모는 법률상의 부 또는 모에 해당되지 아니하며 민법상 인척이나 친족 또는 가족의 범위에 포함될 뿐이다.[4)]

나. 대한민국에 특별한 공로가 있는 자 (제1항제2호)

'특별한 공로'의 의미는 국적법시행령 제6조에서 다음 각 호의 한 가지에 해당하는 경우로 규정하고 있다.

i) 본인 또는 그 배우자나 직계존비속이 독립유공 또는 국가유공으로 관계 법률에 따라 대한민국 정부로부터 훈장·포장 또는 표창을 받은 사실이 있는 사람(제1호)

ii) 국가안보·사회·경제·교육 또는 문화 등 여러 분야에서 대한민국의 국익에 기여한 공로가 있는 사람(제2호)

iii) 그 밖에 제1호 및 제2호에 준하는 공로가 있다고 법무부장관이 인정하는 사람(제3호)

국적실무상 국내에서 활동 중인 외국인 운동선수에 대해 동인을 우리나라 국가대표 선수로 선발할 수 있도록 특별귀화를 허용하자는 요구가 간혹

---

4) 민법 제769조(姻戚의 系源) 혈족의 배우자, 배우자의 혈족, 배우자의 혈족의 배우자를 인척으로 한다.

제777조(친족의 범위) 8촌 이내의 혈족, 4촌 이내의 인척, 배우자

제779조(가족의 범위) ① 다음의 자는 가족으로 한다.

1. 배우자, 직계혈족 및 형제자매
2. 직계혈족의 배우자, 배우자의 직계혈족 및 배우자의 형제자매

② 제1항제2호의 경우에는 생계를 같이 하는 경우에 한한다.

제기되기도 한다. 그러나 현재까지 국내에 진출한 외국인 선수 중 몇 사람이 일반귀화 또는 간이귀화 요건을 갖추고 귀화허가를 받아 대한민국 국적을 취득한 경우는 있었어도, 단지 대한민국에 특별한 공로가 있다는 이유로 특별귀화허가가 내려진 사례는 아직 없다.

다. 과학 · 경제 · 문화 · 체육 등 특정분야에서 매우 우수한 능력을 보유한 자로서 대한민국의 국익에 기여할 것으로 인정되는 자(제1항제3호)

본 호는 제10차 개정에서 신설되었다.

구법에서는 대한민국에 특별한 공로가 있는 자, 즉 이미 공로를 세운 사람에 대해서만 국내거주기간에 관계없이 대한민국에 귀화가 가능한 특별귀화 대상자로 규정하고 있었으나, 새 국적법은 장래에 대한민국의 국익에 기여할 것으로 인정되는 우수 외국인재에 대해서도 그러한 특별귀화의 길을 열어놓기로 하였다.

특별귀화의 대상이 되는 우수 외국인재는 과학 · 경제 · 문화 · 체육 등 제반 분야에서 선정이 가능하며, 그 구체적 선정기준과 절차는 대통령령에 위임해 두고 있다(법 제7조제2항).

동 위임에 따라 국적법 시행령에서는 특별귀화 대상인 우수인재 해당여부 등을 심의하기 위한 국적심의위원회[5]를 법무부에 두기로 하였고(시행령 제28조), 동 위원회에서 다음 각 호의 어느 하나에 해당하는 사람에 대해 심의를 하면 그 심의결과를 토대로 법무부장관이 우수 인재로 선정하는 것으로 하였다(시행령 제6조제2항).

i) 국회사무총장, 법원행정처장, 헌법재판소사무처장 또는 중앙행정기관의 장 등이 추천한 사람

ii) 재외공관의 장, 지방자치단체(특별시 · 광역시 · 도 및 특별자치도에 한정한다)의 장, 4년제 대학의 총장, 그 밖에 법무부장관이 정하는 기관 · 단체의 장이 추천하는 사람으로서 법무부장관이 심의에 부친 사람

---

5) 국적심의위원회는 위원장 1명과 20명 이내의 위원으로 구성하며, 위원장은 법무부 출입국^외국인 정책본부장으로 하고, 위원은 관계기관 공무원과 과학 ^ 경제 ^ 문화 ^ 체육 등 제반분야의 민간전문가 중에서 법무부장관이 임명하거나 위촉하는 사람으로 한다(시행령 제28조의 2).

iii) 과학 · 경제 · 문화 · 체육 등의 분야에서 수상, 연구실적, 경력 등으로 국제적 권위를 인정받고 있는 사람으로서 법무부장관이 심의에 부친 사람

우수인재 해당 여부에 관한 평가기준은 법무부 지침에 따르면 아래 표와 같다.

[우수인재 추천 및 평가기준에 관한 지침 – 별표]

분 야	평가 기준
과학, 인문 · 사회학 등 학술 분야	▣ **다음 어느 하나에 해당하는 자로서 탁월한 연구실적이 인정되는 학자** 가. 국내 • 외의 4년제 대학의 교수직으로 5년 이상 재직한 경력이 있거나 재직 중인 자 나. 대한민국의 국가 연구기관 또는 이에 준하는 수준을 갖춘 국내^외 연구기관에서 연구원으로 5년 이상 재직한 경력이 있거나 재직 중인 자 ※ 전공분야의 학술활동 및 그 결과물에 대하여 국가기관 및 국제적으로 저명한 학회, 단체, 국제기구 등으로부터 수상한 경력 또는 5년 이내 SCI(과학기술논문인용색인), SSCI(사회과학논문인용색인), A&HCI(예술인문과학인용색인)에 등재된 학술지나 그 밖에 국제적으로 저명한 학술지에 수편의 논문을 게재하는 등 객관적으로 입증이 가능한 국제적 학술 업적으로 탁월한 연구실적을 판단
문화 · 예술, 체육 분야	▣ **문학, 음악, 미술, 영화, 무용 등 공연예술, 체육 등 자신의 분야에서 특출한 능력을 증명하기 위해 아래의 예 중 최소한 3개 이상을 충족하는 자** 1) 자신이 속한 분야에서 뛰어난 능력을 인정받는 상을 국내 • 외의 공신력 있는 단체나 기관으로부터 수상한 경력 2) 자신이 속한 분야에서 인지도가 높은 저명인사들의 심사를 통해 뛰어난 성과를 이룬 사람만이 가입할 수 있는 협회의 회원 3) 전문출판물 또는 주요 대중매체에 자신의 우수한 재능에 대한 기사가 게재되었거나 전문출판물에 자신의 학술기사가 게재된 적이 있는 자 4) 자신이 속한 분야의 공신력 있는 전시회, 박람회, 경연대회 등에서 본인이 다른 사람의 작품을 심사하거나 심사위원단으로 참여한 경력 5) 국제적으로 권위 있는 예술 전시회, 박람회, 공연회 등에서 작품을 전시하거나 공연한 경력이 있는 자 〔체육 분야의 경우 올림픽, 월드컵 축구(U-17, U-20), 세계(주니어)선수권대회, 국제적으로 권위 있는 대륙별 · 간(주니어)국제대회에 출전한 경력이 있는 선수 또는 지도자〕 6) 자신이 속한 분야에서 다른 사람들과 비교해서 매우 높은 연봉이나 보수를 받고 있다는 증거(연간 소득이 한국은행고시 전년도 일인당 국민총소득(GNI)의 5배 이상 7) 흥행수익이나 출판, 음반판매 등과 같은 예술활동을 통해 상업적으로 성공했다는 증거(연간 수입이 한국은행고시 전년도 일인당 국민 총소득(GNI)의 5배 이상)

경영 · 무역 분야	▣ 다음 어느 하나에 해당하는 자 가. FORTUNE, FORBES, BUSINESS WEEK(미국), CONOMIST(영국) 등 세계 유수 경제 전문지가 최근 3년 이내 선정한 세계 300대 기업에서 지배인 또는 경영간부(Manager or Executives) 이상의 직으로 5년 이상 근무한 경력이 있는 전문경영인으로서 근로자수 300인 이상 및 자본금 80억원을 초과하는 국내 소재 기업의 상근이사 이상의 직으로 근무하고 있는 자 또는 근무예정이 확정된 자 나. 3년 간 대외수출 실적이 연평균 미화 500만 달러 이상인 개인 사업자 또는 법인의 대표(사업체는 「중소기업법」에서 규정한 중소기업이고, 법인의 대표는 실질적 경영주일 것)
첨단기술 분야	▣ 다음 어느 하나에 해당하는 자 가. 첨단기술 분야에 5년 이상의 경력이 있는 자로서 국내 기업 또는 연구기관에 고용되어 연간소득이 한국은행고시 전년도 일인당 국민총소득(GNI) 5배 이상인 자 또는 같은 연봉으로 고용되기로 확정된 자 나. 첨단기술 분야에 특허출원한 발명자로서 그 특허권으로 인한 총 소득이 3억원 이상인 자(특허권의 양도로 인한 수입도 포함) ※ 첨단기술이라 함은 정보기술(IT), 전자상거래 등 기업정보화(e-business), 생물산업(BT), 나노기술(NT), 신소재분야(금속^세라믹^화학), 수송기계, 환경^에너지 관련 기술을 말함
공통사항	▣ **노벨상, 퓰리처상, 올림픽 금메달 등 세계적으로 권위 있는 상을 수상하거나 세계적으로 저명한 인사는 제1항내지 제4항에 기재된 요건과 관계없이 우수인재로 인정 가능**

3. 특별귀화 대상자의 귀화요건

특별귀화 대상자의 귀화요건으로서는 일반귀화 대상자의 귀화요건 중에서 국내거주기간, 연령 및 생계유지능력 등 세 가지 요건은 면제되고 그 나머지 요건(품행단정, 기본소양)만 갖추면 된다.

따라서 특별귀화 대상자는 국내거주기간이나 생계유지능력에 관계없이 귀화를 신청하는 시점에 대한민국에 주소를 두고 있기만 하면 귀화신청이 가능하다. 아울러 반드시 성년자일 것을 요하지 않으므로 미성년자도 특별귀화를 할 수 있다.

제 9 절 歸化節次

1. 귀화허가 신청서의 제출

귀화허가를 받고자 하는 자는 시행규칙 별지 제2호 서식에 의한 귀화허가신청서를 작성하여 법무부장관에게 제출하여야 한다(시행령 제3조).

귀화허가신청서에 첨부되어야 할 서류는 다음과 같다(시행규칙 제3조제2항).

1) 외국인임을 증명하는 서류
2) 3천만원 이상의 예금잔고증명, 3천만원 이상에 해당하는 부동산등기부등본 · 부동산전세계약서사본, 재직증명서 · 취업예정사실증명서 기타 이에 상당하다고 법무부장관이 인정하는 서류로서 본인 또는 생계를 같이하는 가족이 생계유지능력을 갖추고 있음을 증명하는 서류. 다만, 「국적법」(이하 "법"이라 한다) 제7조제1항에 해당하는 사람에 대하여는 이를 제외한다.
3) 수반취득을 신청하는 자가 있는 때에는 그 관계를 증명하는 서류
4) 추천서 및 추천서 작성자의 신분을 증명하는 서류(일반귀화 신청자와 특별귀화 대상자 중 특별 공로자 및 우수능력 보유자로 신청한 자에 한한다)
5) 부 또는 모의 가족관계기록사항에 관한 증명서 · 제적등본(법 제6조제1항제1호에 해당하는 자에 한한다)
6) 본인과 그 부 또는 모가 대한민국에서 출생한 사실을 증명하는 서류(법 제6조제1항제2호에 해당하는 자에 한한다)
7) 입양사실이 기재된 양부 또는 양모의 가족관계기록사항에 관한 증명서(법 제6조제1항제3호에 해당하는 자에 한한다)
8) 한국인 배우자의 가족관계기록사항에 관한 증명서(법 제6조제2항제1호 또는 제2호에 해당하는 자에 한한다). 다만, 외국에서 혼인하고 한국인 배우자의 가족관계등록부에 혼인사실이 기재되어 있지 아니한 때에는 혼인한 사실을 증명하는 서류로 이에 갈음한다.
9) 한국인 배우자의 가족관계기록사항에 관한 증명서 · 제적등본, 그 배우자의 사망이나 실종 그 밖에 본인의 귀책사유 없이 정상적인 혼인생활을 할 수 없었던 사실을 증명하는 서류(법 제6조제2항제3호에 해당하는 자에 한한다)
10) 한국인 배우자의 가족관계기록사항에 관한 증명서 · 제적등본, 그 배우자와의 사이에서 출생한 미성년의 자가 있다는 사실을 증명할 수 있는 출생증명

서 그 밖에 이에 준하는 서류 및 본인이 그 미성년의 자를 양육중이거나 양육하여야 할 자라는 사실을 증명하는 서류(법 제6조제2항제4호에 해당하는 자에 한한다)

11) 부 또는 모의 가족관계기록사항에 관한 증명서(법 제7조제1항제1호에 해당하는 자에 한한다)

12) 영 제6조제1항 또는 제2항 각 호의 어느 하나에 해당하는 사실을 증명하는 서류(법 제7조제1항제2호 또는 제3호에 해당하는 사람에 한한다)

13) 「가족관계의 등록 등에 관한 법률」 제94조에 따른 귀화허가의 통보 및 가족관계등록부의 작성 등에 필요한 서류로서 법무부장관이 정하는 서류

2. 신원조회 등

법무부장관은 법 제4조제2항에 따라 귀화허가 신청자에 대한 귀화요건을 심사할 때 관계기관의 장에게 귀화허가 신청자에 대한 신원조회, 범죄경력조회 및 체류동향조사를 의뢰하거나 그 밖에 필요한 사항에 관하여 의견을 구할 수 있다(시행령 제4조제1항).

법무부장관은 귀화허가 신청자중 법 제6조제2항 각호에 해당하는 사람에 대하여는 한국인 배우자와 정상적인 혼인관계를 유지하고 있는지 여부, 혼인관계가 중단되었다면 정상적인 혼인생활을 할 수 없었던 사유 등에 대하여 법무부령이 정하는 증빙서류를 제출하게 하거나 거주지를 현지조사하는 등 적절한 방법으로 귀화요건을 갖추었는지를 확인하여야 한다(시행령 제4조제2항).

3. 귀화적격심사

귀화적격심사는 귀화허가 신청서를 제출한 사람 중 시행령 제4조제1항 및 제2항에 규정된 조회·조사를 거쳐 확인한 결과 법 제5조제3호(품행단정) 및 제5호(기본소양)의 요건을 제외한 나머지 귀화요건을 갖춘 것으로 인정되는 사람에 한하여 법 제5조제3호 및 제5호의 요건을 갖추고 있는지 여부를 심사하는 절차이다. 귀화적격심사에서 적격자로 판정된 사람에 대해 법무부장관은 귀화를 허가하게 된다.

귀화적격심사는 필기시험과 면접심사로 구분하여 시행하며, 신청자 중

일부는 법무부령이 정하는 바에 따라 필기시험 또는 면접심사가 면제된다(시행령 제4조제4항).

필기시험에서는 대한민국의 역사, 정치, 문화, 국어 및 풍습에 대한 이해 등 대한민국의 국민이 되기 위하여 갖추어야 할 기본소양에 관한 사항에 대해 10문항 내지 20문항이 주관식 또는 객관식으로 출제된다.

과거에는 법무부 내에서 자체적으로 문제를 만들어 주관식과 객관식을 혼합하여 출제[6]를 하였으나, 귀화신청자가 급증함에 따라 행정의 효율성을 높이기 위해 최근에는 시험문제를 외부기관에 의뢰하여 문제은행 방식으로 관리하면서 객관식 20문항을 출제하고 있다.

면접심사에서는 심사관과의 대담을 통하여 국어능력 및 대한민국 국민으로서의 자세와 자유민주적 기본질서에의 신념 등 대한민국 국민으로서 갖추어야 할 기본요건을 심사하게 된다.

법무부장관은 귀화적격심사를 통해 필기시험에서 100점을 만점으로 하여 60점 이상을 득점하고, 면접심사에서 적합평가를 받은 자를 귀화적격자로 판정하게 된다(시행령 제4조제6항).

4. 귀화의 허가 및 효과

법무부장관은 귀화적격심사결과 귀화적격자로 판정된 사람에 대해 귀화를 허가하게 되며(법 제4조제2항), 귀화허가를 받은 사람은 법무부장관이 그 허가를 한 때에 대한민국의 국적을 취득하게 된다.

---

6) 과거 필기시험에 실제로 출제되었던 문제를 예시하면 다음과 같다.

[주관식]

1) 조선시대에 한글을 창제한 임금은? 답 : 세종대왕

2) 대한민국의 초대 대통령은? 답 : 이승만

3) 우리나라 고유의 민속경기로서 두 사람이 서로 마주보며 상대방의 허리춤을 잡고 싸우는 경기의 이름은? 답 : 씨름

[객관식]

1) 다음에 열거된 우리나라 도시 중 항구도시가 아닌 곳은?
① 부산 ② 대구 ③ 인천 ④ 목포

2) 다음 중 우리나라가 1945년 일본의 압제로부터 해방된 것을 기념하는 경축일은?
① 개천절 ② 광복절 ③ 한글날 ④ 제헌절

제10절 歸化 後의 節次

1. 가족관계등록

법무부장관으로부터 귀화허가를 받은 사람이 대한민국 국민으로서의 권리를 행사하려면 가족관계등록법에 따른 가족관계등록을 마쳐야 하는데 종전에는 귀화허가를 받은 사람 본인이 직접 가족관계등록관서에 귀화허가 통지서를 가지고 가서 그 서류를 제출하고 자신의 가족관계등록을 하게 되어 있었다. 그러나 2008.9.1.부터는 법무부장관이 귀화허가를 받은 사람의 등록기준지 시 · 읍 · 면의 장에게 직접 통보하도록 하였으며, 이 통보를 받은 시 · 읍 · 면의 장은 귀화허가를 받은 사람의 가족관계등록부를 작성하는 것으로 제도가 변경되었다.

등록기준지는 귀화신청자 본인이 임의로 희망하는 지역을 시 · 군 · 구 단위로 정하여 귀화허가신청서에 기재할 수 있으며, 법무부장관이 귀화허가를 할 때 허가내용에 등록기준지도 함께 표시한다.

2. 외국국적의 포기 또는 불행사 서약

귀화허가를 받은 사람은 원칙적으로 국적법 제10조에 따라 귀화허가를 받은 날로부터 1년 내에 그 외국국적을 포기하여야 한다.

다만, 법 제10조제2항에 해당하는 사람은 귀화허가를 받은 날로부터 1년 내에 법무부장관에게 대한민국에서 외국 국적을 행사하지 아니하겠다는 뜻의 '외국국적 불행사 서약'을 하는 것으로 포기의무를 대체할 수 있다.

귀화허가를 받은 날로부터 1년이 지날 때까지 외국국적 포기 또는 불행사 서약을 하지 않으면 그 기간이 지난 때에 대한민국 국적이 상실된다(법 제10조제3항).

3. 외국국적 포기(불행사 서약) 확인서 발급

귀화허가를 받은 사람이 종전의 국적국으로부터 외국국적을 포기한 사실을 증명하는 서류(외국국적포기 증명서)를 받은 때에는 법무부장관에게 그 서류를 제출하면 '외국국적포기 확인서'를 발급해 준다. 한편 국적법 제10조제2항에 규정된 외국국적 불행사 서약 대상자의 경우, 기한 내에 법무부장관에게 외국국적 불행사 서약서를 제출하면 '외국국적 불행사 서약확인서'를 발급해 준다.

실제로는 가까운 출입국관리사무소나 출장소에 가서 외국국적 포기 증명서류나 외국국적 불행사 서약서를 제출하면 그에 맞는 확인서를 발급받을 수 있다.

4. 주민등록

출입국관리사무소나 출장소에서 '외국 국적 포기확인서'나 '외국국적불행사 서약확인서'를 발급받은 사람은 그 확인서와 본인의 국적취득 사실이 기재된 기본증명서를 가지고 자신이 실제 거주하는 곳의 주민등록관서(읍^면^동)에 가서 주민등록을 할 수 있고 주민등록을 하면 주민등록증을 발급받게 된다.

무국적인 상태에서 귀화허가를 받은 사람은 그러한 확인서가 없어도 곧바로 주민등록관서에서 주민등록을 할 수 있다.

귀화허가를 받은 사람도 주민등록절차를 마친 때에 비로소 대한민국 국민으로서의 실질적인 권리 행사가 가능하다고 볼 수 있다. 즉 주민등록을 함으로써 비로소 주민등록증이나 여권과 같은 대한민국 국민으로서의 신분증을 가질 수 있으며, 건강보험에 가입하고 선거권도 행사할 수 있게 된다.

제 11 절　歸化者의 姓과 本

외국인이 대한민국 국적을 취득한 경우에는 원칙적으로 외국에서 사용하던 성명을 그 원지음(原地音)에 따라 한글로 표기하여 가족관계등록부에 기록하여야 한다(가족관계의 등록 등에 관한 규칙 제80조의2 제4항).

법무부에서도 귀화를 허가할 때 귀화자의 성명을 종전 국가의 원지음에 맞게 한글로 표기(문화관광부가 고시한 외래어 표기법에 따른다)하여 허가 및 관보고시를 하고 있다.

그리고 일단 가족관계등록을 마친 귀화자가 그 후에 한국식 성명을 원할 경우에는 등록기준지, 주소지 또는 등록기준지로 하고자 하는 곳을 관할하는 가정법원의 허가를 얻어 성과 본을 창설하고 개명허가를 얻게 되면 한국식 성명으로 변경할 수 있다(가족관계의 등록 등에 관한 법률 제96조 제1항).

예외적으로 귀화자가 중국 조선족인 경우에는 원지음으로 하지 아니하고 그 인명에 해당하는 대한민국통용의 한자에 대한 한국식 발음으로 표기하여 귀화허가를 하고 가족관계등록부에도 원지음이 아닌 한국식 한자음으로 한글표기를 하여 기록할 수 있다. 그러나 한자는 함께 기록할 수 없다(대법원 가족관계등록예규 제292호 「외국의 국호, 지명 및 인명의 표기에 관한 사무처리지침」 제3조).

귀화자 중 많은 사람이 귀화허가 당시부터 한국식 이름으로 개명을 원하고 있으나, 현행 제도상 귀화 후 별도의 개명절차를 거쳐야만 개명이 가능하게 되어있어 많은 불편을 겪고 있으므로 귀화허가와 동시에 개명을 할 수 있도록 제도개선을 검토해 봄이 좋을 듯하다.

일본의 사례를 보면 귀화신청시 본인이 원하는 일본식 이름을 기재하여 신청하면 그 이름으로 귀화허가 되며, 귀화자는 일본식 이름이 기재된 "귀화자 신분증명서"로 호적에 등재하게 된다. 다만, 귀화허가를 받은 후에 다른 이름으로 개명할 경우에는 가정재판소의 별도 허가가 필요한 것은 우리나라와 같다. 우리나라는 호적업무를 사법부(대법원)에서 관할하고 국적업무는 행정부(법무부)에서 관할하고 있는 반면에 일본은 호적업무와 국적업무를 동일한 기관(민사국)에서 관할하고 있어 위와 같은 절차가 원활하게 운영되는 것으로 생각된다.

미국의 경우에는 귀화신청서에 원래의 성명과 변경을 원하는 성명을 같이 기재하고, 귀화허가 후 충성선서를 할 때 법원이 성명변경을 허가하면 변경된 성명으로 귀화증서를 발급하도록 하고 있다.

[가족관계의 등록 등에 관한 법률]

제96조(국적취득자의 성과 본의 창설 신고) ① 외국의 성을 쓰는 국적취득자가 그 성을 쓰지 아니하고 새로이 성(姓) · 본(本)을 정하고자 하는 경우에는 그 등록기준지 · 주소지 또는 등록기준지로 하고자 하는 곳을 관할하는 가정법원의 허가를 받고 그 등본을 받은 날부터 1개월 이내에 그 성과 본을 신고하여야 한다.

② 대한민국의 국적을 회복하거나 재취득하는 경우에는 종전에 사용하던 한국식 성명으로 국적회복신고 또는 국적재취득신고를 할 수 있다.

③ 제2항의 경우 신고서에는 종전에 사용하던 한국식 성명을 소명하여야 한다.

④ 신고서에는 다음 사항을 기재하여야 한다.

1. 종전의 성
2. 창설한 성 · 본
3. 허가의 연월일

⑤ 제4항의 신고서에는 제1항에 따른 허가의 등본을 첨부하여야 한다.

[가족관계의 등록 등에 관한 규칙]

제80조의2(국적취득의 통보사항 등) ① 법무부장관이 법 제93조, 제94조, 제95조에 따라 대한민국의 국적을 취득한 사람이 정한 등록기준지의 시 · 읍 · 면의 장에게 통보할 사항은 다음 각 호와 같다.

1. 국적취득자의 성명, 생년월일, 성별, 주소, 국적취득자가 정한 등록기준지, 국적취득 전에 가졌던 국적, 국적취득 연월일 및 원인, 혼인관계 · 입양 등 기타 신분변동에 관한 사항, 국적회복자의 경우에는 대한민국국적상실 연월일 및 원인
2. 부, 모, 배우자의 성명, 국적, 생년월일
3. 국적취득자의 가족관계등록부 또는 구 호적이 있는 경우 국적취득자의 등록기준지(본적), 주민등록번호, 본(한자)
4. 자녀의 가족관계등록부 또는 구 호적이 있는 경우 자녀의 성명, 등록기준지(본적), 주민등록번호
5. 부, 모, 배우자의 가족관계등록부 또는 구 호적이 있는 경우 부, 모, 배우자의 등록기준지(본적), 주민등록번호

② 법무부장관이 제1항의 통보와 함께 첨부할 서류는 다음 각 호와 같다. 가족관계등록부 또는 전산제적부로 통보사항을 소명할 수 있는 경우에는 가족관계등록사항별 증명서 또는 제적등본을 첨부하지 아니할 수 있다.

1. 국적취득사실을 증명하는 법무부장관 명의의 통지서 또는 관보 등 1부
2. 국적취득자의 부모, 배우자, 자녀, 혼인 또는 미혼, 입양 등의 신분사항을 기재하는 경우에는 그에 관한 소명자료 각 1부
3. 국적취득자가 조선족인 경우 성명을 원지음(原地音)이 아닌 한국식 발음으로 기재할 때 조선족임을 소명하는 중화인민공화국 발행의 공문서

③ 수반(隨伴)국적취득자가 있는 경우 법무부장관이 대한민국의 국적을 취득한 사람이 정한 등록기준지의 시 · 읍 · 면의 장에게 통보할 사항은 다음 각 호와 같고, 수반(隨伴)국적취득자에 관한 첨부서류는 제2항을 준용한다.

1. 수반(隨伴)국적취득자의 성명, 생년월일, 성별, 주소, 국적취득자가 정한 등록기준지, 국적취득 전에 가졌던 국적, 국적취득 연월일 및 원인, 입양 등 기타 신분변동에 관한 사항
2. 수반(隨伴)국적취득자의 부, 모의 성명, 국적, 생년월일
3. 수반(隨伴)국적취득자의 가족관계등록부 또는 구 호적이 있는 경우 수반(隨伴)국적취득자의 등록기준지(본적), 주민등록번호, 본(한자)
4. 수반(隨伴)국적취득자의 부, 모의 가족관계등록부 또는 구 호적이 있는 경우 부, 모의 등록기준지(본적), 주민등록번호

④ 국적취득자(수반국적취득자 포함)의 성명은 외국어로 표기하되, 외국어의 원지음(原地音)을 한글로 표기한다. 부, 모, 배우자의 성명이 외국어인 경우에는 원지음(原地音)을 한글로 표기한다.

[가족관계등록 예규]

○ 외국의 국호, 지명 및 인명의 표기에 관한 사무처리지침
(2008. 11. 3. 가족관계등록예규 제292호)

제1장 통칙

제1조(목적) 이 예규는 외국의 국호, 지명 및 인명을 가족관계등록부 및 가족관계등록신고서(법무부장관의 국적관련통보서를 포함한다. 다음부터 같다)에 표기하는 방법을 정함으로써, 가족관계등록부 기록의 통일성을 기하고자 함을 목적으로 한다.

제2조(외국의 국호, 지명 및 인명의 표기방법) 가족관계등록부 및 가족관계등록신고서에 기록 또는 기재하는 외국의 국호, 지명 및 인명은 해당 외국의 원지음을 한글로 표기하되, 문화관광부가 고시하는 외래어 표기법에 의하는 것을 원칙으로 한다.

제3조(시 · 읍 · 면에서의 사무처리 등) ① 가족관계등록신고서에 국호, 지명 및 인명의 외국어(한자를 포함한다)표기만 있고 해당 외국의 원지음 한글표기가 없는 경우에, 시(구) · 읍 · 면의 장은 이를 보정시킨 뒤 수리하여야 하고, 가족관계등록부에도 해당 외국의 원지음을 한글로 기록하여야 한다.

② 가족관계등록신고서에 기재된 국호와 지명에 대한 해당 외국 원지음의 한글표기가 외래어 표기법에 맞지 아니하는 경우, 시(구) · 읍 · 면의 장은 외래어 표기법에 맞는 표기를 부전지에 적어 그 가족관계등록신고서에 붙이고, 가족관계등록부에는 외래어 표기법에 맞추어 기록하여야 한다.

③ 외국인의 인명은 신고인(통보자를 포함한다. 다음부터 같다)이 가족관계등록신고서에 한글로 표기한 해당 외국의 원지음대로 가족관계등록부에 기록하여야 하며, 이 경우 한자는 함께 기록할 수 없다.

④ 제3항에도 불구하고, 중화인민공화국(이하 "중국"이라 한다)에서 발행한 공문서(예 : 거민신분증, 호구부 등. 이하 같다)에 의하여 조선족임을 소명한 중국 국적자에 대하여 가족관계등록신고(법무부장관의 국적관련통보를 포함한다. 다음부터 같다)를 하는 경우에, 신고인이 해당 중국국적자의 인명에 대하여 그에 대응하는 대한민국통용의 한자를 소명한 때에는, 그 대한민국통용의 한자에 대한 한국식 발음의 한글(한자는 함께 기록할 수 없다)을 그 원지음에 갈음하여 가족관계등록신고서에 표기할 수 있으며, 시(구) · 읍 · 면의 장은 가족관계등록신고서에 표기된 한국식 발음의 한글을 그 원지음을 갈음하여 가족관계등록부에 기록하여야 하고, 한자는 함께 기록할 수 없다.

⑤ 제4항의 경우, 시(구) · 읍 · 면의 장은 중국에서 발행한 공문서에 기재된 인명의 한자와 가족관계등록신고서에 기재된 한국식 발음의 한글표기가 서로 일치하는지를 조사하여야 한다. 만약 그 인명이 중국에서 통용되는 간체자로 표기되어 있고, 그 간체자가 대한민국에서 통용되는 한자에 대한 간체자인지에 관하여 의심이 있을 때에는, 신고인에게 그 간체자에 대응하는 대한민국통용의 한자를 소명하도록 요구할 수 있다.

⑥ 제4항과 제5항의 경우에, 신고인이 해당 중국국적자의 인명에 대하여 그에 대응하는 대한민국통용 한자를 소명하지 못한 때에는, 시(구) · 읍 · 면의 장은 신고인에게 가족관계등록신고서의 인명표기를 중국의 원지음에 따라 한글로 표기하도록 보정시킨 뒤, 그 보정된 원지음 표기에 따라 가족관계등록부에 기록하여야 한다.

제2장 귀화통보, 국적회복통보 및 국적취득통보에 따른 성명표기 및 기록방법

제4조(귀화통보의 경우) ① 귀화에 의하여 대한민국 국적을 취득한 사람(이하 "귀화자"라 한다)에 대하여 귀화통보를 하는 경우, 그 인명은 해당 외국의 원지음(한자는 함께 기록할 수 없다)을 귀화통보서에 한글로 표기하여야 하고, 가족관계등록부에는 귀화통보서에 한글로 표기한 원지음대로 기록하여야 한다.

② 제1항에도 불구하고, 귀화자가 중국에서 발행한 공문서에 의하여 조선족임을 소명한 중국국적자인 경우에, 그 귀화자의 인명에 대하여는 제3조제4항부터 제6항까지를 준용한다.

제5조(부모의 성과 본에 따른 가족관계등록부의 기록) ① 제4조에도 불구하고, 귀화자는 처음부터 우리나라의 가족관계등록부가 없으나 그 부모에게는 우리나라 가족관계등록부(「가족관계의 등록 등에 관한 법률」부칙 제4조에 따른 제적 포함한다)가 있는 경우, 귀화자의 성 · 본(한자를 포함한다)은 부 또는 모(부를 알 수 없는 경우)의 성 · 본(한자를 포함한다)을 따를 수 있다. 다만, 이름(성을 제외)은 해당 외국의 원지음을 한글로 기록하여야 한다.

② 제1항에도 불구하고, 귀화자가 중국에서 발행한 공문서에 의하여 조선족임을 소명한 중국국적자인 경우에, 그 귀화자의 명(성을 제외)에 대하여는 제3조제4항부터 제6항까지의 규정을 준용한다.

③ 제1항과 제2항의 경우, 귀화자는 귀화통보서에 기재된 부모가 자신의 부모임을 증명

하는 소명자료(예: 중국국적자의 경우에는 출생증명서, 호구부, 친족관계공증서 등. 이하 같다)를 제출하여야 하고, 시(구) · 읍 · 면의 장은 귀화통보서에 기재된 부모의 인명과 그 소명자료에 기재된 부모의 인명이 일치하는지를 확인하여야 한다.

제6조(귀화자의 부와 모의 가족관계등록부 기록) ① 귀화통보를 하는 경우에, 귀화자의 부모의 성명은 우리나라 등록사항별 증명서에 의하여 소명된 그 부모의 성명을 기록하여야 한다.

② 귀화자의 부모에게 처음부터 우리나라 가족관계등록(폐쇄)부가 없었거나, 등록사항별 증명서(제적을 포함한다. 이하 같다)에 의하여 그 성명을 소명할 수 없는 경우, 그 부모의 인명에 대하여는 해당 외국의 원지음(한자는 함께 기록할 수 없다)을 귀화통보서에 한글로 표기하여야 하고, 귀화자 가족관계등록부의 부모란에는 부와 모를 귀화통보서에 한글로 표기한 원지음대로 기록하여야 한다.

③ 제2항에도 불구하고, 귀화자 및 그 부모가 중국에서 발행한 공문서에 의하여 조선족임을 소명한 중국국적자인 경우에, 그 귀화자의 부모의 인명에 대하여는 제3조제4항부터 제6항까지를 준용한다.

④ 제1항, 제2항 및 제3항의 경우, 귀화자는 귀화통보서에 기재된 부모가 자신의 부모임을 증명하는 소명자료를 제출하여야 하고, 시(구) · 읍 · 면의 장은 귀화통보서에 기재된 부모의 인명과 그 소명자료에 기재된 부모의 인명이 일치하는지를 확인하여야 한다. 다만, 서로 일치하지 아니하는 경우에는 부모의 인명을 가족관계등록부에 기록할 수 없다.

제7조(귀화로 인한 수반취득자의 인명표기) 귀화로 인한 수반취득자의 인명은 해당 외국의 원지음을 귀화통보서에 한글로 기재하여야 한다. 다만, 수반취득자가 중국에서 발행한 공문서에 의하여 조선족임을 소명한 중국국적자인 경우에, 그 수반취득자의 인명에 대하여는 제3조제4항부터 제6항까지를 준용한다.

제8조(국적회복통보의 경우) ① 대한민국 국적을 회복한 사람(이하 "국적회복자"라 한다)에 대하여 국적회복통보를 하는 경우에, 국적회복자가 종전에 우리나라에서 사용하던 성명(한자를 포함한다)을 국적회복통보서에 기재한 때에는 이를 수리하여야 한다. 이 경우 국적회복자가 종전에 우리나라에서 사용하던 성명(한자를 포함한다)을 등록사항별 증명서에 의하여 소명하여야 하며, 이때에는 인명용 한자의 제한을 받지 아니한다.

② 제1항의 국적회복자가 처음부터 우리나라 가족관계등록부가 없었거나, 등록사항별 증명서에 의하여 그 성명을 소명할 수 없는 때, 또는 당해 외국의 원지음 기록을 원하는 경우, 그 인명에 대하여는 해당 외국의 원지음(한자는 함께 기록할 수 없다)을 국적회복통보서에 한글로 표기하여야 하고, 가족관계등록부에는 국적회복통보서에 한글로 표기한 원지음대로 기록하여야 한다.

③ 제2항에도 불구하고, 국적회복자가 중국에서 발행한 공문서에 의하여 조선족임을 소명한 중국국적자인 경우에, 그 국적회복자의 인명에 대하여는 제3조제4항부터 제6항까지를 준용한다.

제9조(국적회복으로 인한 수반취득자의 경우) ① 국적회복으로 인한 수반 취득자의 인명은 제7조의 규정을 준용한다. 다만, 제8조제1항에 따라 국적회복자가 종전에 우리나라에서 사용하던 성명(한자를 포함한다)을 등록사항별 증명서에 의하여 소명하였으나, 그

수반취득자에게는 우리나라의 가족관계등록부가 없는 경우, 그 수반취득자의 성 · 본(한자를 포함한다)은 부 또는 모(부를 알 수 없는 경우 및 모의 성 · 본을 따르기로 한 경우)의 성 · 본(한자를 포함한다)을 따를 수 있으나, 그 이름(성을 제외)은 해당 외국의 원지음으로 기록하여야 한다.

② 제1항 단서에도 불구하고, 수반취득자가 중국에서 발행한 공문서에 의하여 조선족임을 소명한 중국국적자인 경우, 그 수반취득자의 이름(성을 제외)은 제3조제4항부터 제6항까지를 준용한다.

第10조(준용규정) ① 제5조와 제6조의 규정은 국적회복의 경우에 각각 준용한다.

② 귀화에 관한 규정은 인지에 의한 국적취득(「국적법」제3조)과 모계출생자에 대한 국적취득특례(「국적법」부칙 제7조)의 경우에 각각 이를 준용한다.

③ 국적회복에 관한 규정은 국적의 재취득(「국적법」제11조)의 경우에 이를 준용한다.

제3장 간이직권정정 절차에 의한 정정

第11조(외국의 국호와 지명의 정정) 외국의 국호와 지명에 관한 가족관계등록부의 기록이 외래어 표기법에 맞지 아니하는 경우에, 이해관계인은 외래어 표기법에 맞는 한글표기를 기재하여 시(구) · 읍 · 면의 장에게 직권정정을 신청할 수 있고, 시(구) · 읍 · 면의 장은「가족관계의 등록 등에 관한 규칙」제60조를 준용하여 간이직권정정절차에 의하여 이를 정정하여야 한다.

第12조(성명 배열의 정정) 귀화 또는 국적회복한 외국인의 인명이 해당 외국 방식에 의하여 가족관계등록부에 기록된 경우(우리나라 방식의 성명 배열이 아닌 경우)에, 이해관계인은 우리나라 방식의 성명 배열에 맞는 한글표기를 기재하여 시(구) · 읍 · 면의 장에게 직권정정을 신청할 수 있고, 시(구) · 읍 · 면의 장은「가족관계의 등록 등에 관한 규칙」제60조제2항제5호을 준용하여 간이직권정정절차에 의하여 정정하여야 한다.

第13조(원지음에 의한 한글 인명표기의 정정) 종전 「대법원 호적예규」 제635호(2003.11.15) 및 제662호에 따라 기록된 국호, 지명 및 인명과 이 예규가 정하는 방식에 따른 국호, 지명 및 인명이 서로 다른 경우에, 이해관계인은 이 예규가 정하는 방식에 따른 국호, 지명 및 인명을 기재하여 시(구) · 읍 · 면의 장에게 직권정정을 신청할 수 있고, 시(구) · 읍 · 면의 장은 간이직권정정절차에 의하여 이를 정정하여야 한다.

부　칙

이 예규는 2008년 1월 1일부터 시행한다.

부　칙(2008. 11. 3. 제292호)

2008년 9월 1일 전에 국적을 취득한 사람에 관하여는 종전 예규에 따른다.

○ 국적관련 통보에 관한 사무처리지침
(2008. 7. 10. 가족관계등록예규 제290호)

第1조(이미지파일의 송부) 법무부장관은「가족관계의 등록 등에 관한 규칙」제80조의2, 제80조의3에서 정한 통보사항이 기재된 통보서 및 첨부서류를 이미지파일로 작성하여 법원행정처와 연계된 전산정보처리조직을 이용하여 법원행정처로 송부한다.

제2조(식별정보) ① 법무부장관은 이미지파일과 함께 국적관련 통보 대상자의 성명(원지음의 한글표기), 출생연월일, 국적변동원인과 일자, 등록기준지, 연락처(전화, 이메일 등), 통보되는 첨부서류의 종류와 수, 통보일자, 통보업무 담당자의 식별정보를 송부한다.

② 수반취득자의 식별정보는 국적취득자의 식별정보와 연결하여 함께 송부한다.

제3조(등록관서 배포) 이미지파일과 식별정보는 법원행정처가 관리하는 연계서버에서 임시로 보관하면서 해당 등록기준지의 등록관서로 분류하여 송부한다.

제4조(국적관련 사건의 분류) 시(구) · 읍 · 면의 장은 통보된 국적관련 사건을 가족관계등록시스템상 국적취득(인지 및 국적재취득에 의한 경우를 의미한다), 귀화(수반취득 포함), 국적회복(수반취득 포함), 국적상실(이탈), 국적선택, 국적판정으로 분류한다.

제5조(가족관계등록부의 작성 등) ① 시(구) · 읍 · 면의 장은 통보서 이미지파일, 국적변동을 소명하는 자료 이미지파일, 식별정보를 송부받은 경우에는 가족관계등록부를 작성한다. 중국 국적이었던 사람이 그 성명에 대하여 원지음 대신에 한국식 발음의 한글을 표기한 때에는, 조선족임을 소명하는 자료를 확인한 후에 국적취득자의 인명에 대응하는 대한민국통용의 한자에 대한 한글식 발음의 한글을 기록한다. 시(구) · 읍 · 면의 장은 가족관계등록부를 작성한 후 본인의 추후보완신고(가족관계등록부 존재신고 포함)를 받아 가족관계등록부의 등록사항을 추가로 기록할 수 있다.

② 시(구) · 읍 · 면의 장은 다음 각 호의 경우에 법무부장관의 통보를 접수하지 말고 재통보를 요청한다.

1. 식별정보와 통보서 기재사항과 국적변동을 소명하는 자료가 서로 불일치한 때
2. 통보서 이미지파일 또는 국적변동을 소명하는 자료 이미지파일이 누락된 때
3. 통보된 이미지파일의 전부나 일부를 해독할 수 없는 때
4. 통보한 첨부서류가 실제 전송되지 않은 때
5. 통보사항이 불충분하여 가족관계등록부를 작성할 수 없는 때

제6조(반송) ① 시(구) · 읍 · 면의 장은 통보사항이나 재통보된 사항으로도 가족관계등록부를 작성할 수 없을 때에는 본인의 추후보완신고를 받아 가족관계등록부를 작성할 수 있다.

② 재통보를 요청한 후 재통보가 오지 않거나, 재통보가 되어도 가족관계등록부를 작성할 수 없고, 본인의 추후보완신고로도 가족관계등록부를 작성할 수 없을 때에는 시(구) · 읍 · 면의 장은 재통보를 요청한 날부터 1개월이 지난 때에 접수를 거부하고 국적관련 통보를 반송한다.

제7조(국적취득 전 신분행위의 검색 등) ① 시(구) · 읍 · 면의 장은 국적관련 통보를 접수처리하기 전에 국적취득자가 국적취득 전에 외국인으로서 한 혼인신고 등 신분행위가 특종서류로 편철되었는지 검색한다.

② 특종신고편철이 확인되면 국적관련 통보를 받은 시(구) · 읍 · 면의 장은 가족관계등록부를 작성하지 아니하고, 특종신고 접수를 한 시(구) · 읍 · 면의 장에게 국적관련 통보를 다시 전송한다.

③ 제2항의 통보를 전송받은 시(구) · 읍 · 면의 장이 국적취득자의 가족관계등록부를 작성한다.

제8조(신분관계의 소명) 부모, 배우자, 자녀, 혼인 또는 미혼, 입양 등의 신분사항을 기록하는 경우에는 이를 소명하는 첨부서류의 이미지파일을 확인한다. 이 경우 가족관계등록부나 제적부가 존재하는 때에는 전산정보처리조직을 이용하여 확인한다.

제9조(가족관계등록부 연결) 시(구) · 읍 · 면의 장은 통보서 이미지파일로 가족관계등록부를 작성할 때 부모, 배우자, 자녀의 가족관계등록부가 존재하는 경우에 전산정보처리조직을 이용하여 확인하고, 직권으로 연결한다. 수반취득자의 가족관계등록부도 직권으로 연결한다.

제10조(통보서의 관리) ① 시(구) · 읍 · 면의 장은 가족관계등록부의 작성을 마친 후에 통보서를 출력하여 신고서류로 관리한다.

② 관할법원은 송부 받은 통보서를 신고서류로 보존하여야 한다.

부 칙

제1조(시행일) 이 예규는 2008. 9. 1.부터 시행한다.

제2조(다른 예규의 폐지) 국적판정을 받은 사람에 대한 가족관계등록사무 처리지침(가족관계등록예규 제210호)을 폐지한다.

제 5 장

隨伴取得制度

제8조(수반 취득)

① 외국인의 자(子)로서 대한민국의 「민법」상 미성년인 자는 부 또는 모가 귀화허가를 신청할 때 함께 국적 취득을 신청할 수 있다.

② 제1항에 따라 국적 취득을 신청한 자는 법무부장관이 부 또는 모에게 귀화를 허가한 때에 함께 대한민국 국적을 취득한다.

③ 제1항에 따른 신청 절차와 그 밖에 필요한 사항은 대통령령으로 정한다.

제 1 절 概 要

법 제8조가 규정하고 있는 수반취득제도는, 외국인이 법무부장관에게 귀화허가를 신청할 때 그에게 미성년 자녀가 있는 경우 그 미성년 자녀가 함께 신청하면 법무부장관이 귀화를 허가할 때 그 자녀도 곧바로 부 또는 모를 따라(수반하여) 함께 대한민국 국적을 취득하게 되는 제도를 뜻한다.

수반취득제도는 법 제9조제5항의 규정에 의하여 국적회복의 경우에도 준용된다. 즉 한국계 외국인이 법무부장관으로부터 국적회복허가를 받아 대한민국 국적을 회복(재취득)하는 때에도 그 미성년 자녀는 신청만 하면 부 또는 모에 수반하여 대한민국 국적을 취득할 수가 있다.

수반취득제도를 운영하는 이유는, 미성년 자녀의 경우 독자적으로 국적취득이라는 공법적 법률행위를 할 수 있는 행위능력이 없다는 점, 그리고 부 또는 모와 그 미성년 자녀가 함께 가족단위로 대한민국 국적의 취득을 희망한다면 부 또는 모가 귀화 또는 국적회복허가를 받아 대한민국 국적을 취득하는 시점에 그 미성년 자녀에 대해서도 별도로 그 허용의 상당성 여부를 따질 것 없이 함께 대한민국 국적을 취득하게 해주는 것이 합리적이라는 고려에서 비롯된 것이다.

미성년 자녀의 수반취득제도는 대부분의 국적입법례가 규정하고 있다. 우리 국적법도 1948년 제정당시부터 수반취득에 관한 규정을 두고 있다.

제 2 절 隨伴取得 對象者

수반취득 대상자는 대한민국 민법에 따라 미성년에 해당하는 자녀에 국한된다. 과거에는 미성년 자녀뿐만 아니라 처도 남편이 귀화 또는 국적회복을 할 때 남편을 따라 대한민국 국적을 수반취득하는 것으로 되어 있었으나, 1997년 제4차 개정을 통해 처는 수반취득 대상에서 제외되었다.

처를 수반취득 대상에서 배제한 의미는 처의 경우는 독자적으로 국적취득절차를 거쳐야 한다는 것에 있다. 이는 종전까지 처도 수반취득을 하도록 했던 것은 기혼여성의 국적선택권을 무시 또는 제약하는 것으로 볼 소지가 있는 점에서 헌법과 국제협약이 규정하고 있는 남녀평등원칙에 위배된다는 점을 고려한 결과이다.[1)]

이에 따라 외국인 부부가 공히 대한민국 국적의 취득을 원한다면 두 사람 모두 각자 귀화(또는 국적회복) 신청을 하고 심사를 받아야 한다. 그리고 그 신청은 동시에 할 수도 있지만 시기를 달리하여 각각 신청하여도 무방하다. 그리고 기혼의 외국인 여성의 경우 남편과 상관없이 혼자서도 대한민국 국적을 취득할 수 있게 됨으로써, 구법의 주요원칙의 하나였던 '부부국적 동일주의'는 이제 더 이상 우리 국적법의 기본원리가 될 수 없게 되었다. 즉 1997년 제4차 개정 이후의 우리 국적법은 부부 및 가족의 개별국적주의가 기본원칙이 되었다고 할 수 있다.

---

1) 1997년의 제4차 개정에서는 妻의 수반취득 조항을 삭제한 것 외에 기혼의 외국인 여성에 대해 단독으로는 대한민국에 귀화할 수 없게 하던 구법 제9조(외국인의 처는 夫와 같이하지 아니하면 귀화할 수 없다)도 아울러 폐지되었다. 이 역시 기혼 여성에 대해 자유로운 국적선택권을 인정한다는 의미를 가진다.

제3절 隨伴取得의 法的 性格

1. 권리적 성격

수반취득의 효과는 당사자가 수반취득을 신청한 경우에만 발생한다. 따라서 권리의 성격을 띤다.

귀화(국적회복) 신청자에게 한국 민법상 미성년에 해당하는 자녀가 있다 하더라도 귀화(국적회복)를 신청할 때 수반취득의 신청을 하지 않았다면 그 미성년 자녀에게 수반취득의 효과가 발생하지 않는다. 부 또는 모가 귀화(국적회복)를 할 당시 미성년 자녀가 있었으나 수반취득을 하지 않았다면 나중에 수반취득을 신청할 수는 없으며, 그 자녀가 대한민국 국적을 취득하려면 그 시점에서는 독자적으로 국적취득요건을 갖추어 귀화 또는 국적회복절차를 밟아야 한다.

한편 1997년 제4차 개정 전의 구법 제8조[2]는 수반취득 대상자는 '본국법에 반대규정이 없는 한 대한민국의 국적을 취득한다'고 되어 있어 그 해석상 약간 논란의 소지가 있었다.

즉 수반취득 대상자는 ⅰ) 수반취득 의사의 유무 또는 동 의사의 표시여부에 관계없이 당연히 자동으로 대한민국 국적을 수반취득하게 된다는 견해와 ⅱ) 귀화자(또는 국적회복자)가 수반취득 의사를 표시한 경우에 한해 비로소 대한민국 국적을 수반취득하게 된다는 견해가 대립할 수 있었던 것이다.

ⅰ) 전자(前者)의 견해는, 수반취득제도는 수반취득 대상자의 의사에 따라 그 적용여부가 좌우되는 권리적 성격의 제도가 아니라 가족국적동일주의의 원칙에 입각하여 夫 또는 父가 대한민국 국적을 취득하는 경우에 그 妻

---

2) 구법 제8조: ① 대한민국의 국적을 취득하는 자의 처는 그의 본국법에 반대규정이 없는 한 부와 같이 대한민국의 국적을 취득한다. 단, 국적이 없거나 대한민국의 국적을 취득함으로 인하여 6월내에 그 국적을 상실하게 되는 때에 한한다. ② 대한민국의 국적을 취득하는 자의 子로서 본국법에 의하여 미성년자인 때에도 같다.

또는 미성년자녀가 자동으로 함께 대한민국 국적을 취득하는 것으로 의제하는 제도로 보아야 할 것이므로 귀화자(국적회복자)가 그 妻나 미성년 자녀 등 수반취득 대상자의 존재 또는 수반취득의 의사를 사전에 신고하지 아니한 경우라도 그에 관계없이 그 妻나 미성년 자녀에게 수반취득의 법률효과가 미치는 것으로 보아야 한다는 입장이다.

ii) 후자(後者)의 견해는 수반취득제도의 본질은 당사자의 의사에 관계없이 수반취득 대상자의 국적취득을 의제하는데 있는 것이 아니라 당사자가 수반취득의 의사를 표시한 경우에 별도의 국적취득절차를 거칠 필요 없이 夫 또는 父가 대한민국 국적을 취득하는 효과의 일부로서 수반취득 대상자들도 함께 대한민국 국적을 취득하는 것에 있기 때문에 귀화자(국적회복자)가 미리 수반취득 대상자의 존재 및 수반취득 의사를 표시함으로써 귀화심사단계에서 수반취득에 관한 사항까지도 함께 심사가 이루어 진 경우에 비로소 그 처나 미성년 자녀에 대해 수반취득의 법률효과가 미치는 것으로 봐야 한다는 입장이다

위 두 가지 견해의 차이점은 귀화자(국적회복자)가 나중에 처와 미성년 자녀의 존재를 밝히고 그들의 대한민국 국적 취득을 희망할 경우 또는 귀화자(국적회복자)에게 처나 미성년 자녀가 있는 사실이 나중에 드러난 경우에, 그 처나 미성년 자녀가 이미 수반취득 조항에 따라 대한민국 국적을 취득하였던 것으로 볼 것인지 혹은 그렇지 아니하고 별도로 대한민국 국적취득에 필요한 절차를 새로이 진행해야 하는 것인지 하는 점에 있었다고 할 수 있다.

이 문제와 관련하여 당시의 국적실무는 절충적 입장에 있었다. 즉 외국인이 귀화를 신청해 오는 경우 그 외국인에게 외국 국적을 가진 처 또는 미성년 자녀가 있는 경우에는 반드시 그 처와 자녀의 수반취득을 신청하도록 요구하였으며, 특히 외국인 남편을 두고 있는 기혼 외국여성이 남편에 수반하는 형태가 아니라 단독으로 귀화허가를 신청해 오는 경우 그 신청서의 접수를 거절하여 왔다. 그렇지만 구법 제8조를 그와 같이 해석, 적용하는 것의 이론적 타당성에 관해 의문의 소지가 전혀 없지는 않았었다.

그러다가 제4차 개정법률부터 수반취득의 의사를 명시적으로 표시한 경우에만 수반취득의 효과가 미치도록 규정함으로써 해석상 논란의 소지는

더 이상 없게 되었다.

2. 본국법상 반대규정과의 관계

1997년 제4차 개정 전의 구법에서는 수반취득 대상자라 하더라도 본국법에 반대규정이 있는 경우에는 수반취득을 할 수 없게 되어 있었으나, 제4차 개정법률 부터는 미성년자만을 수반취득 대상으로 규정하면서 아울러 본국법의 반대규정에 따른 수반취득 제한규정을 삭제하였다.

그리고 2010년 제10차 개정을 거친 현행법에서는 수반취득 등을 통해 대한민국 국적을 취득한 미성년자의 경우에도 前국적 포기의무가 발생하지만 해당 외국의 법률이나 제도로 인하여 외국국적을 포기할 수 없는 경우에는 외국국적 불행사 서약으로 대체할 수 있도록 하였으므로 가령 그 미성년자의 본국법이 미성년일 동안에는 국적포기를 할 수 없다거나 국적상실을 인정하지 않는 다는 등의 반대규정을 두고 있더라도 그 점 때문에 대한민국 국적을 취득하는 것이 곤란하게 될 소지는 없게 되었다(법 제10조제2항제5호, 시행령 제13조제1항).

또한 2010년 제10차 개정 전의 구법에서는 20세 미만의 미성년자가 인지 · 귀화 · 국적회복 · 수반취득 등으로 대한민국 국적을 취득하는 경우에는 외국국적 포기의무를 22세까지 유보해 주는 제도를 두었으나, 제10차 개정법률은 외국국적 포기유보 조항을 폐지함으로써 미성년자도 외국 국적의 포기가 가능하면 포기를 하고 그것이 안되면 외국국적 불행사 서약을 하도록 제도를 변경하였다.

제 4 절 隨伴取得의 要件 및 節次

1. 요 건

귀화 또는 국적회복을 하고자 하는 외국인의 친자로서 대한민국의 민법에 의하여 미성년에 해당하는 자이어야 한다.

반드시 그 자녀가 혼인 중의 출생자(적출자)일 것을 요하지는 않으나 출생증명서 기타 증빙자료에 의하여 귀화자와 부자관계 또는 모자관계인 사실이 입증되어야 한다. 그 부 또는 모가 이혼한 상태인 때에는 수반취득 대상자에 대하여 친권 또는 양육에 관한 권리를 가지고 있다는 사실이 증명되어야 한다(시행령 제7조제2항).

2. 신청절차

수반취득은 반드시 부 또는 모가 귀화(국적회복)허가를 신청하는 때에 동시에 신청하여야 하며, 신청서식은 별도로 제정되어 있지 않고 귀화(국적회복)허가 신청서에 수반취득 관계를 표시하는 항목이 있다.

따라서 부 또는 모가 법무부장관에게 귀화허가 신청서를 제출할 때 동 신청서의 수반취득 관계란에 수반취득 대상자의 이름을 표시하고 그 자녀가 친자임을 증명하는 서류를 첨부하면 된다(시행령 제7조제1항, 시행규칙 제3조제2항제5호).

국적회복허가를 신청하는 때에도 마찬가지이다.

3. 수반취득의 허가

법무부장관은 부 또는 모에 대해 귀화(국적회복)를 허가할 때 수반취득 대상자에 대해서도 수반취득을 허가하며, 관보에 수반취득 대상자의 명단도 함께 고시하게 된다.

수반취득 신청이 적법하다면 법무부장관이 그 부 또는 모에 대해 귀화(국적회복)를 허가하면서 설령 허가서나 관보에 수반취득자가 있다는 사실에 관한 내용을 누락하더라도 그 신청자가 대한민국 국적을 수반취득 하는 데에는 아무런 장애가 없다고 봄이 상당하다.

제 6 장

國籍回復制度

제9조(국적회복에 의한 국적 취득)

① 대한민국의 국민이었던 외국인은 법무부장관의 국적회복허가(國籍回復許可)를 받아 대한민국 국적을 취득할 수 있다.

② 법무부장관은 국적회복허가 신청을 받으면 심사한 후 다음 각 호의 어느 하나에 해당하는 자에게는 국적회복을 허가하지 아니한다.

1. 국가나 사회에 위해(危害)를 끼친 사실이 있는 자
2. 품행이 단정하지 못한 자
3. 병역을 기피할 목적으로 대한민국 국적을 상실하였거나 이탈하였던 자
4. 국가안전보장 · 질서유지 또는 공공복리를 위하여 법무부장관이 국적회복을 허가하는 것이 적당하지 아니하다고 인정하는 자

③ 제1항에 따라 국적회복허가를 받은 자는 법무부장관이 허가를 한 때에 대한민국 국적을 취득한다.

④ 제1항과 제2항에 따른 신청 절차와 심사 등에 관하여 필요한 사항은 대통령령으로 정한다.

⑤ 국적회복허가에 따른 수반(隨伴) 취득에 관하여는 제8조를 준용(準用)한다.

제1절 概　要

법 제9조는 과거 한때 어떤 원인으로든 대한민국의 국적을 보유하였다가 상실 또는 이탈하였던 사람이 법무부장관의 허가를 받아 대한민국 국적을 재취득(회복)하는 국적회복제도에 관하여 규정하고 있다.

국적회복을 함에 있어 신청인이 과거 언제 그리고 얼마동안 대한민국의 국민이었는지 여부는 문제가 되지 아니한다. 순수 외국인으로서 귀화허가를 받아 대한민국 국적을 취득했다가 그 후 국적법이 정한 기한 내에 前국적을 포기하는 절차를 이행하지 않거나 못하여 대한민국 국적을 상실하게

된 사람이 대한민국 국적을 다시 취득하는 것도 귀화절차가 아닌 국적회복 절차를 통해서 하게 된다.

제 2 절 國籍回復制度와 歸化制度의 比較

국적회복과 귀화는 모두 외국인이 후천적으로 법무부장관의 허가라는 주권적 행정절차를 통하여 대한민국 국적을 취득하는 제도인 점에서는 다를 바가 없다.

다만 가장 큰 차이점으로는 귀화는 출생 후 한 번도 대한민국 국적을 가진 적이 없는 순수 외국인이 생애 최초로 대한민국 국적을 취득하는 제도인데 비하여 국적회복은 어떤 연유로든 대한민국 국적을 보유한 경력이 있는 외국인이 대한민국 국적을 재취득하는 제도라는 점을 들 수 있다.

이와 같이 과거에 대한민국 국적을 보유한 사실이 있는지 여부를 기준으로 귀화제도와 국적회복제도를 구분하고 있는 것은 요컨대 귀화 대상자보다는 국적회복 대상자 즉, 한국계 외국인을 상대적으로 우대하여 국적취득절차를 간소화함으로써 혈연적 유대를 배려하고 국적취득상의 편의를 증진시키려는 것에 그 뜻이 있다고 할 것이다.

국적입법례상 외국인이 자국 국적을 취득하는 제도에 관한 규정은 일원적으로 귀화제도만 운영하는 유형과 귀화 또는 국적회복[1])으로 이원화된 유형으로 대별됨은 이미 앞서 언급한 바 있다. 일원적 입법례든 이원화된 입법례든 공히 자국 국적을 회복(재취득)하려는 외국인에 대해서는 국적취득에 관한 요건이나 절차를 다소 완화해 주는 것이 보편적 경향이라 할 수 있다.

때로는 국적회복 대상자인지 여부의 판별이 어려운 경우도 간혹 생긴다.

국적회복 대상자를 법에서 일일이 나열하지 않고 포괄적으로 총칭하는 형태로 규정하게 된 것은, 대한민국 국적을 보유하고 있던 사람이 대한민국 국적을 상실하게 되는 경우가 다양하기 때문이다.

1) 국적입법례에 따라서는 국적회복이라는 용어 대신 재귀화, 小귀화, 국적의 재취득 등 다른 용어를 사용하기도 하는데 그 취지는 대동소이하다.

대별하자면 1) 대한민국 국민이 외국 국적을 취득한 경우, 2) 외국인이 대한민국 국적을 취득한 후 법정기한 내에 종전의 외국 국적을 포기하지 않은 경우, 3) 복수국적자로서 대한민국 국적을 이탈한 경우, 4) 복수국적자로서 법정기한 내에 대한민국 국적을 선택하지 아니한 경우 등으로 구분할 수 있을 것이다.

한편 1990년대 이후에 과거 우리나라에서 국적법이 최초 제정되기 전인 일제시대에 주변국가 즉, 중국이나 러시아 등지로 이주한 동포 1세 및 그 후손들이 한국으로 영주귀국하거나 대한민국 국적의 취득을 희망하는 자가 증대되고 있는 상황에서 이들이 국적회복 대상자인지 귀화 대상자인지 여부를 판별하기가 어려운 경우도 적지 아니한 바, 이러한 사정에서 파생되는 국적행정의 난점을 타개하기 위한 뜻도 담겨 있다.

실제로 재외동포 중에는 일제 강점기에 국외로 이주하였거나(1세의 경우) 그런 사람의 후손(2세 이하)으로 태어나 계속 외국에 거주해 온 사정 등으로 인해 국내에 가족관계등록자료 기타 혈통관계를 증빙할 자료가 전혀 남아 있지 아니하여 국적법의 구체적 적용에 있어 언제 대한민국 국적을 취득하였고 언제 상실한 것으로 보고 국적회복 대상자로 취급해야 할 것인지 또는 귀화 대상자로 취급해야 할 것인지 애매한 경우가 적지 않다.

예컨대 국적법 제정 전인 일제 강점기에 한반도 및 그 부속도서로부터 중국이나 구 소련지역 등지로 이주한 동포 1세들의 경우는 국외로 이주한 후에 거주국의 국적을 취득하였더라도 구법 제2조제1항제1호[2]의 유추해석 등에 의하여, 원칙적으로는 출생과 동시에 대한민국 국적을 가졌던 사람이므로 국적회복대상자로 봄이 상당할 것이다.

그런데 이들의 2세로서 국외에서 출생한 사람들의 경우는 출생당시 그 부의 국적관계가 어떠한 상태에 있었는지 여부에 따라 구법 제2조제1항제1호의 적용결과가 달라질 수 있고 따라서 국적회복 대상자인지 또는 귀화 대상자인지 여부가 매우 복잡해진다.

법무부는 1997년 국적업무처리지침을 정비한 이후 현재까지 중국 동포에 대해서는 1949년 10월 1일 중국정부 수립 일에 국적이 중국으로 변경된 것으로

2) **구법 제2조제1항제1호** : 출생한 당시에 부가 대한민국의 국민인 자

의제하고 그 날 전에 출생한 사람은 국적회복 대상자로, 그 날 이후에 출생한 사람은 귀화 대상자로 취급해 오고 있다.

법무부는 그 날 전에 출생한 중국 동포의 경우, 중국정부 수립 일에 중국 국적을 '자진하여' 취득한 것이 아니라는 점을 들어 개개인에 따라서는 대한민국 국적을 상실한 것이 아니고 계속 보유하고 있는 것으로 보아야 한다는 주장이 제기될 수 있으나, 한-중 수교(1992년) 이후 급증하는 중국 동포의 한국 국적 취득 수요를 감안할 때 개개인 별로 중국 국적 취득의 과정 및 취득 시점을 판별하는 것이 어렵고 문제해결에도 별 도움이 되지 않는다는 이유 등으로 그와 같이 시점을 구분하여 일괄 취급하는 입장을 취해오고 있다.

이와 같이 구체적 사안에 직면하게 되면, 중국이나 구 소련지역 동포 및 그 후손들의 국적문제는 단순히 법리적으로만 접근하기 어려운 역사적 · 지역적 특수성이 있는 관계로 법리적으로는 귀화 대상자에 해당하더라도 국적회복 대상자로 취급함이 더 적절한 경우가 있는가 하면 때로는 그 반대로 생각해야 할 경우도 더러 있다.

제 3 절 國籍回復의 要件 및 節次

1. 국적회복 대상자

국적회복 허가를 신청할 수 있는 사람은 '대한민국의 국민이었던 외국인'이다(법 제9조제1항). 다시 말하면 대한민국 국적을 취득했던 적이 있으나 각종의 사유로 대한민국 국적을 상실하게 된 사람과 복수국적자 중 대한민국 국적을 이탈했던 사람이 그에 해당된다.

국적회복 대상자는 자신이 과거에 대한민국 국민이었다는 사실을 입증하는 자료를 제출하여야 국적회복허가를 받을 수 있다.

다음 판례는 과거의 가족관계등록부(제적등본)에 기재되어 있는 사람과 동일인이라고 볼 만한 자료가 없는 사람에 대한 국적회복허가 신청을 불허한 처분은 적법하다고 판시하였다.

서울고등법원 2010.10.14. 선고 2009누30365 판결 【국적회복신청불허가처분 및 반려처분취소】

【판결요지】

원고가 제출한 제적등본에 기재된 사람과 원고를 동일인이라고 볼 만한 자료가 없는 이상 그의 국적회복신청을 불허한 처분은 적법하다.

【판결요지】

가. 원고들의 주장

원고 김○○의 어머니인 김☆☆은 아버지 원야☆☆(原野☆☆)과 협의이혼한 후인 1941.4.17. 원고 김○○를 출산한 다음 1945.7.10. 대한민국 호적에 김●●이라는 이름으로 등재하였으며, 이후 오빠인 김◐◑을 따라 외사촌 언니 김◑◐ 등과 함께 중국 흑룡강성 해림현으로 이주하였던 것이 사실이다. 따라서 원고들은 국적법 제9조 등에 따른 국적회복 및 국적취득 요건을 갖추었다. 그럼에도 불구하고 원고들의 신청을 거부한 이 사건 처분은 재량권을 일탈·남용한 것으로서 위법하다.

나. 관계법령 등

별지 기재와 같다.

다. 판단

먼저, 원고 김○○가 과거 대한민국의 국민이었다는 증명, 구체적으로는 원고들의 주장처럼 원고 김○○가 김●●과 동일인이라는 증명이 있는지 여부를 살펴본다.

원고 김○○와 김●●이 동일인이라는 점에 부합하는 듯한 증거로는 원고 김○○의 진술이 기재된 서류(갑 2호증의 2 내지 4 등)와 홍◎◎, 홍◇◇의 진술이 기재된 확인서(갑 2호증의 23)가 있다. 그러나 전자는 당사자 본인의 주장을 그대로 담은 서류에 불과하고, 후자는 그 내용이 구체적이지 아니할 뿐만 아니라 그 작성인들이 과연 위 김☆☆과 함께 중국으로 이주하였다는 그녀의 외사촌 언니 김◑◐(원고들의 주장에 의하자면 대한민국 호적상의 이름은 김◐◎)의 자녀들이 맞는지를 알아볼 만한 증거도 부족한 점에 비추어 그대로 믿기 어렵다. 그리고 원고 김○○가 1896.11.16.생 김☆☆의 딸이라는 사실을 증명한다는 사실이 기재된 중국의 친족관계공증서(갑 2호증의 30), 김●●의 어머니 이름이 김☆☆이고 그녀의 출생일이 1896.11.16.이라는 사실이 기재된 제적등본(갑 2호증의 32)을 비롯하여 원고들이 제출한 나머지 증거들만으로는 원고 김○○와 김●●이 동일인이라는 사실을 인정하기에 부족하며, 달리 원고 김○○가 과거 대한민국의 국민이었다는 사실을 인정할 만한 증거가 없다.

따라서 원고 김○○가 과거 대한민국의 국민이었다는 사실을 전제로 하는 원고들의 주장은 받아들일 수 없다.

2. 국적회복의 요건과 불허사유

국적회복 신청은 국내에서든 국외에서든 모두 가능하며, 기본적으로 국적회복 대상자로 인정되는 자가 국적회복을 신청한 경우 특별히 문제가 없다면 국적회복을 허가함이 상당할 것이다.

다만 국적회복 대상자라 하더라도 i) 국가 또는 사회에 위해를 끼친 사실이 있는 자, ii) 품행이 단정하지 못한 자, iii) 병역을 기피할 목적으로 대한민국의 국적을 상실하였거나 이탈하였던 자, iv) 국가안전보장·질서유지 또는 공공복리를 위하여 법무부장관이 국적회복을 허가함이 부적당하다고 인정하는 자 등에 대해서는 법무부장관이 국적회복을 불허할 수 있도록 되어 있다(법 제9조제2항).

본조 제2항의 국적회복 불허사유는 1997년의 제4차 개정법률에서 신설되었다.

일반적으로 외국인에 대한 국적의 부여는 당사국의 주권적 재량 행위라는 점에서 가령 법률에 국적회복을 불허하는 사유 등에 관하여 규정이 없다 하더라도 국가로서는 상당한 이유가 있는 경우에 국적회복을 불허할 수 있다고 할 것이나, 우리 국적법이 국적회복의 불허사유를 명시적으로 규정한 것은 국가행정의 투명성과 예측가능성을 제고함과 아울러 국적회복허가 신청의 거부처분에 대한 행정쟁송이 제기될 경우에 대비하려는 취지로 보아야 할 것이다.

국적회복허가 신청을 한 사람에 대해 품행이 단정하지 못하다는 사유로 불허처분한 사건에 대해 적법하다는 판례와 위법하다는 판례를 각각 살펴보면 다음과 같은 경우가 있다.

서울행정법원 2010.8.13. 선고 2009구합50350 판결【국적신청불허가처분취소】

【판결요지】

원고가 제출한 제적등본 등에 기재된 사람과 원고를 동일인이라고 보기 어려울 뿐만 아니라, 이러한 주장을 믿고 그녀와 그 가족들을 초청해 준 사람들에게 원고가 폭언이나 협박을 한 이상 그 품행이 단정하다고도 볼 수 없으므로 국적회복신청을 불허한 처분은 적법하다.

대법원 2005.7.14. 선고 2005두2483 판결 【국적회복허가신청 불수리처분취소】

【판결요지】
불법체류 사실이 있더라도 이는 원고가 대한민국 국적을 취득한 후 일정 기간 내에 중국 국적을 포기하여야만 대한민국 국적을 유지할 수 있다는 점을 알지 못하여 대한민국 국적을 계속 유지하고 있는 것으로 알고 있었기 때문에 대한민국 국적 상실 이후의 체류가 불법인 점을 알지 못하였던 것으로 보일 뿐, 원고가 불법체류 사실을 알고도 이를 계속하는 등 대한민국 법질서를 무시하는 태도를 갖고 있다는 등의 사정이 없는 이상 원고의 국적회복신청을 반려한 피고의 처분은 위법하다.

3. 국적회복의 신청과 심사절차

가. 국적회복허가 신청서의 제출

국적회복을 원하는 사람은 법무부장관에게 국적회복허가 신청서를 제출하여야 한다.

국적회복 대상자는 외국에 거주하는 상태에서도 관할 재외공관을 통해 국적회복허가신청서를 제출할 수 있다. 이는 귀화신청은 국내 주소를 두고 있는 자에 한하며 재외공관을 통해 신청할 수 없게 되어 있는 점과 대비가 된다.

나. 국적상실신고의 先 이행

국적회복 신청자는 기본적으로 국내에 자신의 가족관계등록이 있는 사람들이다. 그런데 국적이탈자는 별론으로 하고 외국국적을 취득하여 대한민국 국적을 상실한 사람 중에는 그 가족관계등록부에 국적상실신고가 되어 있지 않은 경우가 상당히 많다.

그런 사람이 국적회복을 신청하기 위해서는 국적상실신고부터 먼저 해야 하는 것이 원칙이나, 법무부에서는 신청자에게 편의를 주기 위해 국적회복허가 신청서 상에 국적상실신고란을 만들어 두는 방식으로 국적회복 신청과 동시에 국적상실신고를 하게 해주고 있다.

다. 국적회복신청자에 대한 심사

법무부장관은 국적회복 신청자에 대해서는 귀화 신청자와 달리 기본적으로 필기시험이나 면접심사를 하지 아니하고 신청서류에 대한 서면심사와 관계기관에 대한 조회결과를 토대로 그 허가여부를 결정하게 된다.

다만 특이사항이 있는 경우 신청자에 대해 면접심사를 할 수 있다.

4. 국적회복허가를 받은 자의 국적취득시점

국적회복허가를 받은 사람은 법무부장관이 그 허가를 한 때에 대한민국의 국적을 취득하게 된다(법 제9조제3항).

5. 수반취득제도의 준용

귀화자의 수반취득에 관한 조항은 국적회복의 경우에도 준용된다(법 제9조제4항). 즉, 국적회복을 신청하는 사람의 미성년 자녀는 그 부 또는 모가 국적회복허가 신청서를 법무부장관에게 제출할 때 수반취득을 신청하면 그 부 또는 모가 대한민국 국적을 회복하는 허가를 받는 때에 함께 대한민국 국적을 취득하게 된다.

6. 국적회복 후의 가족관계등록 절차

국적회복허가를 받은 사람의 경우는 거의 대부분 국내에 기존의 가족관계등록 또는 구 호적 기록이 남아 있는 사람들이다. 따라서 가족관계등록을 새로 창설해야 하는 귀화자와는 달리 가족관계등록 또는 구 호적 기록을 다시 살리면 된다.

종전에는 국적회복허가를 받은 사람 본인이 직접 가족관계등록관서에 국적회복허가 통지서를 가지고 가서 그 서류를 제출하고 자신의 가족관계등록 기록을 되살리도록 하였으나, 2008.9.1.부터는 법무부장관이 국적회복허가를 받은 사람의 등록기준지 시 · 읍 · 면의 장에게 직접 통보하고 있으며, 이 통보를 받은 시 · 읍 · 면의 장이 국적회복허가를 받은 사람의 가족관계등록부를 작성하는 것으로 제도가 변경되었다.[3)]

3) 가족관계등록법 제95조(국적회복허가의 통보 등) ① 법무부장관은 「국적법」 제9조에 따라 대한민국의 국적회복을 허가한 경우 지체 없이 국적회복을 한 사람이 정한 등록기준지의 시 · 읍 · 면의 장에게 대법원규칙으로 정하는 사항을 통보하여야 한다.
② 제1항의 통보를 받은 시 · 읍 · 면의 장은 국적회복을 한 사람의 등록부를 작성한다. 다만, 국적회복을 한 사람의 등록부 등이 있는 경우에는 등록부 등에 기재된 등록기준지의 시 · 읍 · 면의 장에게 그 사항을 통보하여야 한다.

제 7 장

國籍取得者의 外國 國籍 拋棄義務

제10조(국적 취득자의 외국 국적 포기 의무)

① 대한민국 국적을 취득한 외국인으로서 외국 국적을 가지고 있는 자는 대한민국 국적을 취득한 날부터 1년 내에 그 외국 국적을 포기하여야 한다.

② 제1항에도 불구하고 다음 각 호의 어느 하나에 해당하는 자는 대한민국 국적을 취득한 날부터 1년 내에 외국 국적을 포기하거나 법무부장관이 정하는 바에 따라 대한민국에서 외국 국적을 행사하지 아니하겠다는 뜻을 법무부장관에게 서약하여야 한다.

1. 귀화허가를 받은 때에 제6조제2항제1호 · 제2호 또는 제7조제1항제2호 · 제3호의 어느 하나에 해당하는 사유가 있는 자
2. 제9조에 따라 국적회복허가를 받은 자로서 제7조제1항제2호 또는 제3호에 해당한다고 법무부장관이 인정하는 자
3. 대한민국의 「민법」상 성년이 되기 전에 외국인에게 입양된 후 외국국적을 취득하고 외국에서 계속 거주하다가 제9조에 따라 국적회복허가를 받은 자
4. 외국에서 거주하다가 영주할 목적으로 만 65세 이후에 입국하여 제9조에 따라 국적회복허가를 받은 자
5. 본인의 뜻에도 불구하고 외국의 법률 및 제도로 인하여 제1항을 이행하기 어려운 자로서 대통령령으로 정하는 자

③ 제1항 또는 제2항을 이행하지 아니한 자는 그 기간이 지난 때에 대한민국 국적을 상실한다.

제 1 절 概　　要

법 제10조는 귀화 등 후천적 사유로 대한민국 국적을 취득한 외국인에 대해 종전의 외국 국적을 어떻게 처리할 것인지에 관한 내용을 규정하고 있다. 이 문제는 요컨대 종전의 외국 국적을 계속 유지할 수 있게 해줄 것인가 아니면 그 국적을 반드시 포기 또는 상실하도록 요구할 것인가 하는 것으로 귀착된다.

우리 국적법은 본조 제1항과 제2항이 규정하고 있는 바와 같이 기본적으로는 귀화 등 후천적 사유로 대한민국 국적을 취득한 외국인에 대하여 무국적자[1)]가 아닌한 1년 내에 종전의 외국 국적[2)]을 반드시 포기 또는 상실할 것을 요구하고(제1항), 다만 예외적으로 몇 가지 유형에 속하는 사람은 같은 기간 내에 법무부장관에게 종전의 외국 국적을 대한민국 내에서 행사하지 않겠다는 뜻의 서약(=외국 국적 불행사서약)을 하면 되도록 규정하고 있다(제2항).

제1항에 해당하는 사람은 반드시 1년 내에 前국적을 포기 또는 상실해야 하며 이를 지키지 않으면 대한민국 국적을 자동 상실하게 되지만, 제2항에 따라 외국 국적 불행사서약을 한 사람은 계속 그 국적을 계속 보유할 수가 있게 된다. 이러한 외국 국적 불행사서약제도는 2010년 제10차 개정 법률에서 처음 도입된 것이다.

외국국적 불행사 서약제도를 도입한 것은 그 제도가 적용되는 사람들에 대해 종전의 국적국이 어떤 입장을 취하든지 간에 대한민국 입장에서는 그가 대한민국 국적을 취득한 후에 대한민국 내에서는 그 외국 국적을 행사하지 않겠다는 서약을 하고 이를 지킨다면 두 개의 국적을 모두 보유하는 이른바 복수국적자가 되더라도 문제 삼지 않겠다. 다시 말해 복수국적을 허용하겠다는 의미가 된다.

따라서 국적취득자의 외국국적 불행사 서약제도를 규정한 제10조제2항

---

1) 대한민국 국적을 취득하는 외국인 중 순수한 의미에서의 무국적자는 매우 드물다. 순수한 의미에서의 무국적자는 구 월남의 패망이후 국내에 체류해오던 구 월남 난민들의 경우이다. 한편 이와는 좀 다르지만 대한민국 국적을 취득하는 외국인 중에 국적취득단계에서 법률상 무국적인 상태는 많이 있다. 예컨대 구법 당시에 어떤 외국인이 대한민국 국적을 취득한 후 前국적의 포기절차를 개시하였으나 국적법이 정한 기한 내에 그 절차를 마치지 못한 관계로 대한민국 국적을 상실하였는데 만약 그 후에 前국적의 포기절차가 완료되면 그 사람은 논리적으로 무국적상태에 처하게 되고 만다. 그런 사람이 법무부장관으로부터 국적회복허가(법 제9조)를 받거나 재취득신고(법 제11조)를 하여 대한민국 국적을 취득하게 될 경우, 동인은 이미 前국적의 포기절차를 진작에 마치고 무국적 상태에 있었던 만큼 前국적 포기의무가 적용될 여지가 없게 된다.

2) 이하에서 외국국적이라 함은, 시민권(citizenship)제도를 운영하는 국가에 있어서의 시민권을 포함하는 개념이다. 시민권 제도를 운영하는 국가에 있어서의 시민권은 국적 제도만을 운영하는 국가에 있어서의 국적과 비교할 때 법률적 성격이나 기능이 거의 동일하기 때문에 국적의 득상에 관한 법률적 논의에 있어 국적과 같은 의미로 취급함이 상당하다. 이 점에 관한 자세한 내용은 拙稿, "국적의 개념과 그 得喪에 관한 고찰" 法曹, 1996년 12월호 참조.

은 이번 제10차 개정 국적법이 종전과 달리 부분적이고 제한적이나마 후천적 복수국적을 허용하기로 정책을 수정하였다는 것을 가장 명료하게 보여주는 증거의 하나가 될 것이다.

후천적 복수국적의 허용 여부에 관한 각국의 정책을 구분해 본다면 이를 불허 내지 금지하는 유형과 용인하는 유형으로 대별할 수 있다. 중국의 국적법을 제외하면 어떤 입법례도 국적법령에서 직설적이고 단순하게 복수국적을 금지한다 또는 용인한다는 식의 문언으로 그 입장을 규정하고 있는 예는 드물고 그보다는 간접적이고 우회적인 규정을 통하여 정책적 입장을 추단하게 하고 있다.

좀 더 구체적으로 설명하자면 실제로 후천적 복수국적 상태가 발생할 수 있는 두 가지의 경우, 즉 자국민이 외국에 귀화하는 등에 의하여 그 국적을 취득하는 경우와 외국인이 자국에 귀화하는 등의 형태로 자국 국적을 취득하는 경우에 있어 종전의 국적 혹은 '先취득 국적'(前者의 경우는 자국 국적이, 後者의 경우는 외국 국적이 바로 그것에 해당한다)을 계속 유지할 수 있는지 여부에 관해 각 국가의 입법례가 어떠한 태도를 취하는지에 따라 그 국가가 후천적 복수국적 문제에 관해 관대한 나라인지 반대로 엄격히 통제하는 나라인지를 추론적으로 판단할 수 있게 된다.

먼저 후천적 복수국적을 불허하는 입법례를 살펴보면 자국민이 외국국적을 취득한 경우에는 자국 국적을 자동 상실하는 것으로 하고, 자국 국적을 취득한 외국인에 대해서는 前국적의 계속적 보유를 불허하는 형태로 규정하고 있다.

반대로 후천적 복수국적을 용인하거나 문제 삼지 않는 국가의 입법례는, 자국민이 외국 국적을 취득한 경우에도 당연히 국적을 상실하는 것이 아니라 별도로 국적상실 또는 포기를 위한 절차(신고 또는 허가)를 밟은 때에 자국 국적을 상실하는 것으로 규정하는 한편, 자국에 귀화한 외국인에 대하여서도 국적취득의 사전 · 사후 요건으로서 前국적의 포기증명을 요구한다거나 기타 그 前국적의 계속적 보유를 규제하는 조항을 두지 아니함으로써 결과적으로 귀화자가 前국적을 계속 보유하는 것이 법률적으로 혹은 사실상으로 가능하도록 되어 있다.

제 2 절 外國 國籍 抛棄 制度의 沿革

국적 입법례상 자국에 귀화하는 외국인에 대하여 종전 국적의 포기 또는 종전 소속국가에 대한 충성의 포기를 요구하거나 자국에 대한 충성의 선서를 요구하는 것은 흔한 편이다. 우리 국적법이 대한민국 국적을 취득한 외국인에 대해 종전의 외국국적을 포기할 것을 요구하는 것도 기본적으로는 동일한 맥락이다.

이처럼 우리 국적법이 국적취득자에 대해 종전의 국적을 포기하도록 요구하는 것은 충성의무를 확인하고 그 이행을 약속받고자 하는 의미도 있고, 다른 한편으로는 국적변경과정에서 생길 수 있는 복수국적의 발생을 방지하려는 의미도 있다 할 것이다.

우리 국적법이 국적취득자에 대하여 종전의 외국국적 즉, 前국적을 상실[3]해야 한다는 취지를 처음 규정한 것은 1962년의 제1차 개정법률 부터였다. 동 개정법률에서는 구체적으로 6개월 내에 상실하도록 하였다.

1963년의 제2차 개정 법률에서는 6개월 내에 前국적을 상실하지 아니한 사람은 대한민국 국적을 상실한다는 취지의 규정이 신설되었다.

1997년의 제4차 개정에서는 외국 국적 포기의무의 이행과 관련하여 처음으로 예외적 규정을 신설하였다. 즉, 후천적 사유로[4] 대한민국 국적을 취득한 외국인 중 본인의 의사에도 불구하고 객관적 사유로 6개월 내에 前국적의 포기절차를 마치기 어렵거나 법적으로 의사능력이나 행위능력이 문제될 수 있는 미성년자들에 대해서는 예외적으로 일정한 기간 동안 前국적 포기의무를 유보해 주는 조항을 둔 것이다.

그와 같은 예외규정을 두게 된 것은, 그 이전의 국적법처럼 국적취득자

---

3) 법문에서는 "상실"이라는 용어로 규정하였는데, 이를 "포기"라는 용어로 대체하여 해석해 보면 그 입법취지를 이해하기 쉬울 것이다.

4) 당시 국적법에 의할 때 외국인이 출생 이외의 후천적 사유로 대한민국 국적을 취득하게 되는 경우는 대한민국 국민의 처가 된 경우(제3조제1호), 대한민국 국민에게 인지된 경우(제3조제2호), 귀화허가를 받은 경우(제3조제3호), 국적회복허가를 받은 경우(제14조), 귀화 또는 국적회복허가를 받은 자의 처 및 미성년의 자로서 수반취득한 경우(제8조, 제14조) 등이 있었다.

에 대해 6개월 내에 前국적을 상실하지 못하면 예외 없이 대한민국 국적을 자동으로 상실시키는 것은 혹시 당사자로서는 前국적을 상실하고 싶어도 그 나라의 국내법이나 제도상 그렇게 前국적의 포기를 마치는 자체가 불가능하다거나 우리 국적법이 정한 前국적 포기기한 즉, 6개월 내에 그 포기절차를 마칠 수 없는 사람은 자신에게 귀책사유가 없음에도 불구하고, 결과적으로 대한민국 국적의 실효를 면할 방법이 없다고 하는 점을 개선하기 위한 것이었다.

예를 든다면 미국[5]은 18세 미만의 자가 시민권을 포기하는 것을 인정하지 아니하므로 18세 미만의 미국 시민권자가 대한민국 국적을 취득하더라도 우리 국적법이 요구하는 前국적의 포기의무를 이행할 수 없는 실정이고, 캐나다 또는 남미 제국에서는 前국적 포기절차를 마치는데 평균 1년 이상의 기간이 소요됨으로 인해 6개월 내에 前국적의 포기절차를 마치기가 현실적으로 불가능해진다.

그리고 2010년 제10차 개정에서는 前국적 포기유보제도를 폐지하고 외국 국적의 불행사 서약만으로 그 포기의무를 대행하는 제도를 도입하는 한편, 前국적 포기의무기간이나 불행사 서약 기간도 종전의 6개월에서 1년으로 늘렸다는 점이 주된 특징이라 할 수 있다.

그런데 어쨌거나 제10차 개정을 거친 현행 국적법에 의하더라도 후천적으로 대한민국 국적을 취득한 사람은 법이 정한 기한 내에 前국적을 포기하지 않거나 불행사 서약을 하지 않으면 대한민국 국적을 자동 상실하게 된다. 이는 비교 입법론적 시각으로 볼 때 복수국적의 발생을 방지하는 데에는 대단히 효과적이지만, 前국적을 포기하지 않았다는 이유로 국적취득의 효과를 소멸시키는 것은 이와 동일한 타 입법례를 찾을 수가 없다는 점에서 너무 과도한 제재가 아니냐는 지적을 받을 수 있다.

5) 8 USCA § 1481(a)

제 3 절 前國籍 抛棄義務 對象者와 抛棄 方式 등

1. 前국적 포기의무 대상자

귀화, 국적회복, 인지, 수반취득 등 후천적 사유로 대한민국의 국적을 취득한 외국인 중에서 前국적을 포기 또는 상실하는 절차를 마치고 법무부장관에게 그 증빙자료를 제출할 의무가 있는 사람들은 법 제10조제2항에 따라 외국 국적 불행사 서약을 할 수 있는 사람들을 제외한 나머지 사람들이다.

물론 그런 사람들이라도 대한민국 국적을 취득할 당시에 이미 前국적의 포기를 마쳤거나 기타 각종의 이유로 前국적을 상실하고 무국적 상태에 있었다면 논리적으로 前국적 포기의무 대상자에 속하지 않을 것이다.

2. 前국적 포기기간과 방식

前국적을 포기 또는 상실하는 절차나 그 구체적 방식은 해당 국가의 국내법이나 제도에 따라야 할 사항이므로 우리 국적법령이 그 절차나 방식을 규정하는 것은 논리상 맞지 않다.

다만 우리 국적법령에서는 前국적 포기의무 대상자에 대해 그 국적을 포기 또는 상실하는 절차를 언제까지 마쳐야 한다는 것과 그 절차를 마친 사실을 어떻게 증빙할 것인가에 관한 것을 규정할 뿐이다.

가. 前국적 포기기간

우선 前국적 포기기간은 대한민국 국적을 취득한 날부터 1년 내이다(법 제10조제1항).

이는 대한민국 국적을 취득한 날부터 1년 내에 前국적 국가의 법령과 제도에 따라 그 국적을 포기 또는 상실하는 절차를 마쳐야 한다는 뜻이고, 그러한 절차를 마친 사실에 관한 증빙자료를 법무부장관에게 제출하는 것까지 1년 내에 마쳐야 한다는 뜻은 아니라고 할 것이다.

따라서 증빙자료에 의하여 대한민국 국적을 취득한지 1년 내에 前국적 국가의 법제에 따라 그 국적을 포기 또는 상실한 사실이 확인된다면 법무부장관에게 그 증빙자료를 제시 또는 제출한 시점은 1년이 지난 이후라 하더라도 문제가 없다.

나. 포기사실의 증명

법 제10조제1항에 따라 前국적을 포기하려는 사람은 1년 내에 前국적을 포기하거나 상실하는 절차를 마치고 그 외국의 영사나 관련 공무원이 발급한 국적포기 또는 국적상실 증명서 기타 이에 준하는 서류(국적포기 증명서)를 지체 없이 법무부장관에게 제출[6]하여야 한다(시행령 제11조제1항).

시행령 제11조제1항에서 "그 외국의 영사 기타 관련 공무원"으로 규정한 취지는, 현실적으로 대한민국 국적을 취득한 외국인의 절대 다수는 우리나라에 체류 중인 상태에서 우리나라에 주재하는 前국적 국가의 공관을 통해 前국적의 포기 내지 상실 절차를 취하게 될 것이므로 그 같은 절차를 이행한 사실을 증빙하는 문서 역시 우리나라에 주재하는 해당 국가 공관의 영사에 의하여 작성되는 경우가 대부분일 것이며, 다만 경우에 따라는 본국의 관련기관 공무원으로부터 국적포기(상실)증명서를 직접 송부 받게 되는 경우도 있을 것이라는 점을 감안한 것이다.

법무부장관은 "국적포기증명서"를 제출한 사람에 대하여 외국국적 포기확인서를 교부하여야 한다[7](시행령 제11조제2항).

3. 前국적 포기사실 증명요구의 타당성

한편 국적입법례 중에는 자국민이 자진하여 외국 국적을 취득하게 되면 자국 국적이 상실되는 것으로 규정하고 있는 예가 적지 않다. 만약 그러한 입법례에 속하는 나라의 국민이 대한민국 국적을 취득한 경우에는 대한민

6) 실무적으로는 출입국관리사무소장이나 출장소장에게 위임된 사항으로 각 지방에 소재하고 있는 출입국관리사무소 또는 출장소에 제출하면 된다(시행령 제29조제2호).
7) 외국국적 포기확인서를 발급하는 권한도 출입국관리사무소장이나 출장소장에게 위임되어 있다.

국 국적을 취득함과 동시에 본국법에 따라 前국적이 자동 상실되므로 별도로 우리 국적법이 요구하는 前국적 포기절차를 밟지 않아도 되는 것 아닌가 하는 의문을 가질 수 있다.

그러나 그런 나라의 국민이 대한민국 국적을 취득한 경우에도 우리 국적법이 규정하고 있는 바에 따라 前국적 포기절차를 실행하여야 하며, 실제로 우리나라 국적행정 실무도 그런 방향으로 운영되고 있다.

이와 같이 우리 국적법이 모든 국적취득자에게 일률적으로 前국적 포기절차를 실행하고 그 증빙자료의 제시 또는 제출을 요구하는 취지는, 자발적으로 대한민국 국민이 되기로 한 이상 前국적 국가에 대한민국 국적을 자진 취득한 사실을 스스로 신고함으로써 그 국가의 공민기록을 정리토록 함과 동시에 前국적에 기초한 공민권 행사나 공적 의무 이행을 중지토록 하기 위한 것에 그 취지가 있다 할 것이다.

물론 각 국가간에 양자협약 또는 다자간 협약등을 통해서 자국이 외국인에 대해 귀화허가한 사실 및 당사자 명단 등을 前국적국에 통보해 주기만 한다면 당사자가 前국적 포기절차를 따로 이행할 필요도 없고, 복수국적의 발생도 방지할 수 있을 것이다. 그러나 국제관행은 각 국가마다 귀화허가 관련 정보를 공개하지 않는 것이 일반적이고 이러한 경향이 단기간에 변할 것으로 보이지도 않는다.

국적의 결정문제는 각국별로 자국 고유의 국내법 관할사항이라는 점에 입각해서 본다면 설령 우리 정부가 특정한 외국의 국민이 대한민국에 귀화한 경우에 외교경로를 통하여 해당 국가에 귀화자의 인적사항 기타 정보 등을 통보한다 하더라도 우리나라와 해당 국가 간에 그러한 경우에 대처하기 위한 협약이 사전에 체결되어 있는 경우가 아닌 이상, 일방적 통보에 불과한 것이어서 해당 국가가 우리 정부의 통보에 대해 국내법적 효과를 불인정하고 당사자의 의사를 직접 확인하기 전까지 자국 국적의 변동여부를 자국의 법제상 기준 또는 관행을 토대로 해석 · 판단하더라도 이는 조금도 이상할 것이 없는 것이다. 따라서 일반론으로서, 외국인에 대하여 귀화를 승인한 국가가 그 귀화자의 前국적 국가에 귀화사실을 통보하는 것은 국제사회의 법원칙 또는 관행상 그 前국적의 상실 또는 포기효과를 달성하고자 하는 측면에서는 실효성이 희박하다고 하겠다.

뿐만 아니라 우리나라 입장에서는 귀화자 또는 국적회복자 개개인의

前국적 국가가 그 국적의 이탈이나 상실에 관해 어떠한 법제를 운영하고 있는지에 관하여 일일이 구체적으로 파악하기가 현실적으로 불가하다는 점을 부인하기 어렵다.

이러한 제반사정을 감안해 볼 때 국적취득자에 대해 前국적에 따른 권익과 의무 등을 포기하는 절차를 당사자 스스로 이행하게 함과 아울러 그 사실을 증명하도록 요구하는 우리 국적법의 태도는 입법정책으로서의 충분한 타당성을 갖추고 있다고 하겠다.

4. 법무부장관의 前국적 포기사실 증명 요구권한

현실적으로 대한민국 국적을 취득한 외국인 중에는 법정기한(1년)이 지날 때까지 前국적을 포기 또는 상실한 사실에 관한 증빙자료를 제시 또는 제출하지 않거나 못하는 경우가 상당히 많다.

그중에는 실은 기한 내에 前국적을 포기 또는 상실하였음에도 그 증빙자료를 제시 또는 제출하지 않고 지내는 경우도 있다.

법무부장관은 기본적으로 당사자가 증빙자료를 제출해 오는 경우에 그 진위여부만 판별하면 되겠지만, 경우에 따라서는 국적취득자를 대상으로 前국적의 포기여부 등을 확인할 필요가 생긴다.

법무부장관은 대한민국 국적 취득자 중 前국적 포기의무가 있는 사람(이미 국적포기증명서 등을 제출하거나 외국국적 불행사 서약서를 제출한 사람은 제외)에 대하여 1년이 지난 후에 그가 前국적을 포기하였는지를 확인할 필요가 있으면 그 포기사실을 증명할 것을 요구할 수 있다(시행령 제12조제1항). 이러한 요구를 받은 사람은 1개월 내에 국적포기증명서 등으로 前국적을 포기한 사실을 증명하여야 하며 이를 이행하지 않으면 前국적을 포기하지 않은 것으로 본다(시행령 제12조제3항).

5. 前국적 포기절차 이행의 법적 효과

대한민국 국적을 취득한 외국인 중 前국적의 포기의무가 있는 사람에 대해서는 그 의무의 이행을 담보하기 위하여 前국적 포기 절차를 마치고 법무부장관으로부터 외국국적 포기확인서를 교부받은 사람에 한해 외국인등록사항의 정리나 주민등록이 가능하며 대한민국 여권도 발급받을 수 있게 하고 있다.

따라서 당사자의 입장에서는 前국적의 포기절차를 마쳐야만 비로소 완전한 대한민국 국민의 권리를 누릴 수 있게 된다.

주민등록번호가 있어야만 대한민국 여권을 발급받을 수 있고 그밖에 참정권이나 사회보장의 수혜, 금융, 인터넷 등 각종 경제활동의 자유 등을 아무런 구애 없이 향유할 수 있게 된다는 점에서 前국적의 포기절차의 이행은 대한민국 국적을 취득하는 절차의 핵심적 마무리에 해당한다고 보아도 무방하다.

시행령 제14조도 前국적의 포기절차를 마치지 아니한 사람에게는 관계법령에서 정하는 바에 따라 출입국, 체류, 주민등록 또는 여권발급 등에 있어 대한민국 국민으로서의 처우가 제한될 수 있음을 규정하고 있다.

제4절 外國國籍 不行使 誓約 對象者와 誓約方式 등

1. 외국국적 불행사 서약 대상자

대한민국 국적을 취득한 외국인 중 前국적을 포기하지 아니하고 대한민국에서 그 국적을 행사하지 않겠다는 서약만 하여도 되는 사람들은 다음의 여섯 가지 유형이다(제10조제2항).

i) 대한민국 국민의 배우자로서 귀화허가를 받은 사람(단 귀화허가 당시 대한민국 국민과 혼인관계를 유지하고 있는 경우에 한함)

ii) 대한민국에 특별한 공로가 있거나, 대한민국의 국익에 기여할 우수인재로 인정되어 특별귀화 허가를 받은 사람

iii) 국적회복허가를 받은 사람 중 특별한 공로가 있거나, 국익에 기여할 우수 외국인재로 인정되는 사람

iv) 성년이 되기 전에 해외 입양되어 외국 국적을 취득하고 외국에서 거주하다가 국적회복허가를 받은 사람

v) 외국에 장기 거주하다가 65세 이후에 영주 귀국하여 국적회복허가를 받은 사람

vi) 본인의 뜻에도 불구하고 외국의 법률 또는 제도로 인하여 외국 국적 포기의무를 이행하기 어려운 자로서 대통령령으로 정하는 사람

이하에서 구체적으로 살펴보기로 한다.

가. 대한민국 국민과 혼인관계 유지하면서 간이귀화한 사람

대한민국 국민의 배우자로서 간이귀화를 한 외국인 중 귀화시점까지도 혼인관계를 유지하고 있는 사람은 불행사 서약으로 前국적 포기의무를 대신할 수 있다.

혼인관계를 유지하고 있는 사람으로 제한한 것은 현실적으로 국제결혼 가정의 이혼율이 높은 점을 감안한 것이다.

따라서 우리 국민과 혼인한 후 배우자의 사망·실종 또는 이혼 등으로 혼인관계가 단절된 상태에서 귀화허가를 받은 사람은 불행사서약을 할 수 없고 1년 내에 반드시 외국 국적을 포기하여야 한다.

나. 특별한 공로가 있거나 우수인재로서 특별귀화 한 사람

법 제7조제1항제2호 소정의 '대한민국에 특별한 공로가 있는 자'에 해당되어 특별귀화 허가를 받았거나, 동 제3호 소정의 우수인재에 해당되어 특별귀화 허가를 받은 사람은 불행사 서약을 하면 외국 국적을 포기하지 않아도 된다. 이는 우리나라에 도움이 되는 우수 외국인재를 유치하기 위한 인센티브로서 고안된 것이다.

다. 국적회복자 중 특별한 공로가 있거나 우수인재에 해당하는 사람

법 제9조에 따라 국적회복허가를 받은 한국계 외국인은 기본적으로 1년 내에 외국 국적을 포기하여야 하지만, 국적회복자 중에 법 제7조제1항제2호(특별한 공로가 있는 자) 또는 제3호(우수 외국인재)에 해당한다고 법무부장관이 인정하는 사람은 불행사서약만 하면 된다.

우수한 한국계 외국인에 대해 국적회복을 할 경우 외국국적 불행사 서약만 해도 되도록 한 것은 그러한 방식으로 복수국적을 허용하는 등 우대함

으로써 우수 한국계 외국인의 국내 유치확대 및 국적회복을 권장하기 위한 것이다.

라. 미성년일 때 해외입양 되었다가 국적회복한 사람

오랫동안 수많은 우리나라 아동들이 해외로 입양되었고 현재도 계속되고 있다. 이들의 대부분은 외국인 양부모(養父母) 밑에서 성장하면서 본인 의사와 관계없이 양부모의 국적을 취득함으로써 우리 국적을 상실한 상태에 놓이게 된다. 해외입양 되었던 사람들의 국적회복 사례가 최근 늘고 있는바, 이들이 자신들의 뿌리를 찾겠다는 일념에 대한민국 국적을 다시 회복할 경우에도 자신들의 성장지인 양부모 국가와의 유대를 일정부분 유지시켜 주고 양부모와의 지속적인 관계를 유지해 줄 인도적 배려가 필요하다.

그런 점에서 해외 입양아동들이 성장하여 대한민국 국적을 회복하는 경우 외국국적 포기 대신 불행사 서약으로 그 외국 국적을 계속 유지할 수 있도록 하였다. 다만 그 대상은 미성년일 당시에 외국인에게 입양되어 외국 국적을 취득한 경우로 하고 성년이 된 후 해외입양 된 경우는 제외하였다.

이는 복수국적을 가지기 위해 편법적으로 해외입양 방식을 시도하는 것을 방지하려는 취지라 할 수 있다.

▪ 해외 입양인 현황

연도별	76~85년	86~95년	96~05년	2006년	2007년	2008년	2009년	2010년
총계(명)	62,051	41,217	22,796	1,899	1,264	1,250	1,125	1,013

※ 출처: 보건복지부 내부자료(e-나라지표 홈페이지)

마. 외국에서 만 65세 이후에 영주귀국한 고령 동포

외국 국적을 취득하고 외국에서 장기거주 하다가 65세 이후에 영주 귀국하여 국적회복허가를 받은 사람은 외국 국적을 포기하지 않아도 되고 불행사 서약만 하면 된다.

이는 외국에서 거주국의 국적을 취득하고 장기거주 하다가 수구초심(首丘初心)으로 국내 영주귀국하여 국적회복을 한 고령의 동포들에게 국적회복을 이유로 前국적을 무조건 포기하도록 할 경우 前국적 국가에서 받고 있던 연금수급권 기타 복지혜택을 포기해야 하는 등의 불편이 있었고 그런 점 때문에 영주귀국이나 국적회복 자체를 망설였던 측면이 있었으므로 이를 개선하고자 한 것이다.

본 조항을 엄격하게 문리해석하면, "영주할 목적으로 만 65세 이후에 입국하여 국적회복허가를 받은 자"에 국한되므로 국내에 입국했다 하더라도 국내에 영주할 목적이 없는 자 또는 만 65세가 되기 전에 국내로 역이민하여 외국인 등록 또는 거소신고를 하고 생활해오던 자의 경우에는 설령 65세 이후에 국적회복을 하더라도 외국국적을 포기해야 하고 불행사 서약 대상에는 포함되지 않는다는 해석이 가능하다.

그러나 본 조항의 주된 입법취지가 고령의 동포가 말년에 대한민국 국적을 회복하고 여생을 모국에서 보내고자 할 경우에 대한 정책적 배려에 있다는 점을 고려한다면, 국적회복허가 시점이 만 65세 이후이기만 하면 족하고 영주할 목적의 유무 또는 국적회복 전에 국내 입국한 시점이 언제인지 여부 등은 문제로 삼을만한 실익이 그다지 크지 않다고 보아야 할 것이다.

따라서 입국시점에 관계없이, 예컨대 만 65세 전에 대한민국을 수차례 드나든 기록이 있다 하더라도 국내에 주소를 둔 상태에서 만 65세 이후에 국적회복을 신청한 경우라면 적극적으로 본 조항을 적용하여도 별 문제가 없다고 봄이 상당하다.

실제로 현재 법무부에서도 실무상, 외국국적 동포로서 65세 전에 입국하여 외국인등록이나 거소신고를 한 사람이라도 만 65세 이후에 국적회복허가를 신청하여 허가를 받은 경우라면 외국국적을 포기할 필요 없이 불행사 서약만 하면 되도록 지침을 만들어 운영하고 있다.

바. 외국의 법률 및 제도로 인하여 前국적의 포기가 어려운 자로서 대통령령으로 정하는 사람

대한민국 국적을 취득한 외국인 중에는 1년 내에 前국적을 포기하고자 하여도 본국의 법령과 제도상의 문제로 그 기간 내에 前국적의 포기절차를 마치기가 어려운 사람들이 분명히 있다. 이러한 사람들에 대해 예외 없이 법이 정한 기한 내에 前국적을 포기할 것을 요구하고 이를 어긴 경우에 마치 대한민국 국적을 도로 뺏듯이 상실시켜 버리면 그들은 영영 대한민국 국적을 취득하기가 어렵게 되는 문제가 생긴다.

이러한 경우에 해당하는 사람 등을 배려하기 위해 2010년 제10차 개정 전의 구 국적법은 다음과 같은 세 가지 유형을 시행령에 규정하고 이들에 대해서는 前국적 포기의무를 일정기간 유보해 주었던 바가 있다.

i) 대한민국 국적을 취득할 당시 대한민국의 「민법」상 미성년인 사람

ii) 해당 외국의 법률에서 정하는 절차 등으로 인하여 법에 규정된 기간 내에 해당 외국 국적의 포기절차를 마치지 못하였으나, 그 기간 내에 해당 외국의 영사나 그 밖의 관련 공무원에게 국적포기의 뜻을 신고하거나 선서하는 등 해당 국가의 국적포기절차를 시작하고, 법무부장관에게 그 사실을 증명하는 서류를 제출한 사람

iii) 외국에 주소를 두고 있거나 영주귀국준비 등 법무부장관이 인정하는 특별한 사유로 인하여 법에 규정된 기간 내에 그 외국 국적을 포기하지 못한 사람으로서 그 기간 내에 법무부장관에게 그 사유를 소명하는 서류를 제출한 사람

새 국적법 시행령 제13조제1항은 새 국적법이 '외국국적 포기 유보제도'를 폐지하는 대신 '외국국적 불행사 서약제도'를 도입함에 따라 다음과 같은 사람에 대해서는 기한 내에 前국적의 포기 대신 '불행사 서약'을 하면 되도록 하였다.

i) 외국의 법률 및 제도로 인하여 외국 국적의 포기가 불가능하거나 그에 준하는 사정이 인정되는 사람(1호)

ii) 대한민국 국적을 취득한 후 지체 없이 외국 국적의 포기절차를 개시하였으나 외국의 법률 및 제도로 인하여 법이 정한 기간 내에 국적포기 절차를 마치기 어려운 사정을 증명하는 서류를 법무부장관에게 제출한 사람(2호)

2. 외국국적 불행사 서약방식과 서약기간

불행사 서약 대상자가 그 서약을 하려면 대한민국 국적 취득일로부터 1년 내에 국내에 주소를 두고 있는 상태에서 국적법 시행규칙이 정한 서식의 외국국적 불행사 서약서를 작성하여 출입국사무소장이나 출장소장에게 제

출하여야 한다.

현실적으로 불행사 서약 대상임이 명백한 사람들에 대해서는 귀화(국적회복)허가 신청단계 또는 허가단계에서 불행사 서약서를 미리 제출받을 수도 있을 것이다.

불행사 서약서를 제출받은 사무소장 등은 지체 없이 법무부장관에게 송부하여야 하며, 법무부장관은 불행사 서약 대상자가 제출한 불행사 서약서가 적법한 때에는 이를 수리하고 외국국적 불행사 서약 확인서를 발급하여야 한다.

3. 외국국적 불행사 서약의 법적 효과

대한민국 국적을 취득한 외국인 중 불행사 서약 대상자는 불행사 서약을 마친 때에 비로소 주민등록과 대한민국 여권의 발급이 가능하게 되며, 이는 前국적 포기대상자가 그 포기절차를 이행한 경우와 동일하다.

한편 대한민국 국적을 취득하고 법 제10조제2항에 따라 불행사 서약을 하였던 사람이 그 서약에 위반된 행동을 한 경우에는 법무부장관은 국적선택명령을 하게 된다.

제 5 절 外國國籍 抛棄 또는 不行使 誓約義務의 不履行

前국적 포기 대상자로서 대한민국 국적을 취득한 후 1년 내에 前국적 포기절차를 마치지 아니한 사람과 불행사 서약 대상자로서 같은 기간 내에 서약서를 제출하지 아니한 사람은 각각 그 기간이 경과하는 날에 대한민국 국적을 자동 상실하게 된다. 즉 대한민국 국적을 취득한 효과가 소멸되는 것이다.

여기서 유의할 점은 前국적 포기 대상자의 경우에는 포기증빙자료를 1년이 지난 이후에 제출했다 하더라도 그가 본국의 법률과 제도에 따라 그 국적을 포기한 시점이 1년 내인 사실이 확인되기만 하면 우리 국적법이 요구하는 前국적 포기절차를 적법하게 완료한 것으로 취급되겠지만, 불행사 서약 대상자의 경우에는 불행사 서약서를 반드시 1년 내에 제출하여야만 국적법에 규정된 불행사 서약절차를 완료한 것으로 취급된다는 점이다.

제 8 장

國籍再取得 申告制度

제11조(국적의 재취득)

① 제10조제3항에 따라 대한민국 국적을 상실한 자가 그 후 1년 내에 그 외국 국적을 포기하면 법무부장관에게 신고함으로써 대한민국 국적을 재취득할 수 있다.
② 제1항에 따라 신고한 자는 그 신고를 한 때에 대한민국 국적을 취득한다.
③ 제1항에 따른 신고 절차와 그 밖에 필요한 사항은 대통령령으로 정한다.

제1절 概 要

법 제11조가 규정하고 있는 국적 재취득신고 제도는 대한민국 국적을 취득한 외국인이 前국적을 포기하거나 불행사 서약을 함에 있어 법정기한을 약간 도과하여 대한민국 국적을 상실한 경우에 이를 구제하기 위한 것이다.

즉 前국적의 포기절차를 1년 내에 마치지 못하였지만 그 후 1년 내에 前국적의 포기절차를 마쳤다면 법무부장관에 대한 신고만으로 간이하게 대한민국 국적을 재취득할 수 있게 해 주는 제도로서 1997년 제4차 개정 당시 신설되었다.

본 제도는 대한민국 국적의 취득을 계기로 前국적의 포기신청을 하였으나 본국의 법률 또는 행정절차 지연 등의 사정으로 포기절차가 늦어지면서 대한민국 국적을 상실하고 그 후 본국의 국적포기절차가 완료됨으로 인해 결과적으로 무국적상태가 된 사람에 대해 무국적 상태를 신속히, 그리고 간이하게 해소할 수 있도록 배려하는데 그 취지가 있다 하겠다.

만약 본 제도가 없다면 前국적의 포기절차가 늦어져 대한민국 국적을 상실한 사람이 대한민국 국적을 다시 취득하기 위해서는 새로 법무부장관의 국적회복허가를 받아야 할 것이다.

그런데 대한민국 국적을 취득한 것을 계기로 前국적을 포기하게 된 것이 분명한 사람에 대하여는 가능한 한 신속하고 간편한 절차로 대한민국 국적을 재취득할 수 있게 해주는 것이 어느 모로 보나 바람직하다. 그러한 고려에 입각하여 법무부장관에 대한 신고서 제출만으로 국적회복허가를 받은 것과 다름없이 대한민국 국적을 재취득할 수 있는 제도를 별도로 두게 된 것이다.

제 2 절 再取得申告의 要件과 節次

1. 재취득신고의 요건

법 제11조에 의하여 법무부장관에게 국적재취득 신고를 할 수 있는 사람은 대한민국 국적 취득 후 1년 내에 前국적의 포기 또는 불행사 서약을 이행하지 못하여 대한민국 국적을 상실하였으나 그 후 1년 내에 前국적 포기를 마친 사람이다.

이를 대한민국 국적을 취득한 시점부터 기산하여 본다면 1년이 경과한 후(→ 1년이 되는 시점에 대한민국 국적을 상실함), 그리고 2년이 경과하기 전까지 前국적의 포기절차를 마친 사람은 법무부장관에게 국적재취득 신고서를 제출하면 간이하게 대한민국 국적을 재취득할 수 있다는 결론에 이르게 된다.

법 제10조제2항에 의하여 외국 국적 불행사 서약을 할 수 있는 사람도 그 서약기간인 1년을 도과하여 대한민국 국적을 상실하게 되었다면, 그 이후에는 그 국적을 포기해야만 법 제11조에 의한 재취득신고제도를 이용할 수 있다. 불행사 서약 대상자로서 서약 불이행에 따라 대한민국 국적을 상실한 사람이 만약 재취득신고절차가 아니라 새로 국적회복허가를 받는다면 그 경우에는 다시 불행사 서약을 할 수도 있다고 본다.

2. 국적재취득신고의 절차

대한민국 국적을 재취득하고자 하는 자는 국적재취득신고서[1])를 작성하여 법무부장관에게 제출하여야 한다(시행령 제15조제1항). 법무부장관은 국적재취득신고를 수리한 때에는 그 사실을 지체 없이 본인과 등록기준지 가족관계등록관서의 장에게 통보하고, 관보에 고시하여야 한다(시행령 제15조제2항).

본조의 규정에 의하여 국적재취득신고를 한 사람은 그 신고를 한 때에 대한민국 국적을 취득하게 된다(법 제11조제2항).

1) 국적재취득을 위한 신고서를 제출할 때 첨부할 서류는 1. 가족관계기록사항에 관한 증명서 또는 대한민국의 국적취득사실을 증명하는 서류, 2. 외국국적을 포기한 사실 및 연월일을 증명하는 서류 등이다(시행규칙 제10조제2항).

제 9 장

複數國籍者의 法的 地位

제11조의2(복수국적자의 법적 지위 등)

① 출생이나 그 밖에 이 법에 따라 대한민국 국적과 외국 국적을 함께 가지게 된 자[이하 "복수국적자(複數國籍者)"라 한다]는 대한민국의 법령 적용에서 대한민국 국민으로만 처우한다.

② 복수국적자가 관계 법령에 따라 외국 국적을 보유한 상태에서 직무를 수행할 수 없는 분야에 종사하려는 경우에는 외국 국적을 포기하여야 한다.

③ 중앙행정기관의 장이 복수국적자를 외국인과 동일하게 처우하는 내용으로 법령을 제정 또는 개정하려는 경우에는 미리 법무부장관과 협의하여야 한다.

제 1 절 概 要

법 제11조의2는 대한민국 국적과 외국 국적을 함께 가진 사람에 대한 정의를 종전의 '이중국적자(二重國籍者)' 대신 '복수국적자(複數國籍者)'로 변경하고, 이러한 복수국적자가 대한민국 내에서 어떠한 법적 지위를 갖는지를 규정하고 있다.

우리 국적법은 제10차 개정 전까지는 대한민국 국적과 외국 국적을 함께 가진 사람을 가리키는 용어로 이중국적자라는 용어를 사용하여 왔다.

그런데 '이중국적자'라는 용어는 부정적인 어감을 주기 때문에 이중국적의 허용여부와 관련한 사회적 논의 자체를 저해할 소지가 많은데다가 한 개인이 국적을 많게는 3개 이상 가질 수 있는데도[1] 그런 사람을 포섭하지 못하는 한계가 지적됨에 따라 제10차 개정 법률에서는 용어의 의미를 보다

---

1) 한국인 남성과 필리핀 여성이 결혼하여 미국에서 자녀를 출산한 경우, 프랑스와 스페인 국적을 함께 보유하고 있는 남성과 한국인 여성이 결혼하여 자녀를 출산한 경우 등에 있어 그 자녀는 출생과 동시에 3개의 국적을 가지거나 가질 수 있게 된다.

객관화하고, 3개 이상의 국적을 가진 사람도 포섭할 수 있는 용어인 '복수국적자'로 변경한 것이다.

제 2 절 複數國籍者의 類型 및 對象

현행 국적법에 의할 때 대한민국 국적을 포함한 복수국적자가 되는 유형은 다음과 같다.

구분	복수국적 발생 유형	복수국적 허용 대상
선천적	① 미국, 캐나다 등 속지주의 국가에서 한국 국민의 자녀로 출생한 자 ② 부모중 일방이 한국 국민인 국제결혼 가정에서 출생한 자	• 남녀 모두 만 22세 전까지는 외국국적 불행사서약 방식으로 대한민국 국적 선택 가능(제13조) ※ 남자의 경우는 만 22세 이후에도 병역의무를 이행하면 2년 내에는 외국국적 불행사서약 방식으로 대한민국 국적 선택 가능
후천적	③ 대한민국에 귀화한 외국인 • 우수 외국인재 • 특별공로자 • 한국 국민의 배우자(혼인파탄자는 제외)	• 귀화허가일로부터 1년 내 외국국적 불행사 서약하면(제10조제2항) 복수국적 유지 가능
	④ 국적 회복한 외국국적 동포 • 만 65세 이후 영주 귀국한 동포 • 미성년 당시 해외입양 되어 양부모의 국적을 취득하였던 동포 • 우수외국인재 · 특별 공로자에 해당되는 동포	• 국적회복 허가일로부터 1년 내 외국국적 불행사 서약을 하면(제10조제2항) 복수국적 유지 가능
후천적	⑤ 해외입양 · 혼인 · 인지 · 수반취득 등 비자발적으로 외국 국적을 취득한 대한민국 국민(제15조제2항)	• 국적보유신고후 법이 정한 기한 내에 외국국적 불행사 서약하고 대한민국 국적을 선택한 사람은 복수국적 유지 가능

제 3 절 複數國籍者의 法的 地位

1. 국민처우원칙 (법 제11조의2 제1항)

제10차 개정 전까지는 복수국적자의 출입국, 체류 기타 국내법적 지위에 관한 사항을 국적법에서 규정하지 아니하고 법무부 예규인 「이중국적자 업무 처리지침(법무부고시 제2009-528호)」으로 정하였었다.

동 지침에서는 복수국적자로서 외국여권으로 우리나라에 입국하였던 사람이 출입국관리사무소나 출장소에 "국민처우신고"를 하면 그때부터는 대한민국 국민으로 처우하고, 한편 그 신고를 하지 않은 사람에 대해서는 외국인 신분으로 체류관리를 하면서 외국인등록도 허용해 주고 있었다.

그러나 복수국적자의 경우 엄연히 대한민국 국적을 가진 사람인데도 외국인으로 취급하여 체류관리를 하는 것은 법체계상 맞지 않다는 지적[2]이 가능할 뿐만 아니라 복수국적인 점을 이용하여 자신 편의에 따라 임의로 주민등록을 하지 않고 병역의무를 회피하는 것을 방조하는 결과가 된다는 점 등이 문제로 지적되어 왔다.

이에 제10차 개정법률 제11조의2 제1항은, 복수국적자는 대한민국의 법령 적용에 있어 대한민국 국민으로만 처우한다고 규정함으로써 복수국적자에 대해 대한민국 내에서의 법 적용에 있어서는 원칙적으로 외국인으로서의 지위를 인정하지 않겠다는 점을 명확히 규정하고 있다.

본 조항에 따라서 복수국적자는 원칙적으로 대한민국을 출입국할 때 대한민국의 공항만에서는 대한민국 여권을 사용하여야 하고, 대한민국에 거주하는 동안에는 출입국관리법에 따른 외국인등록을 할 수 없으며 일반적인 대한민국 국민과 마찬가지로 주민등록법에 따라 주민등록을 하여야 한다.

대한민국 내에서 외국인의 지위를 국민의 지위와 비교해 본다면 외국인

---

2) **출입국관리법 제2조(정의) 제2호:** '외국인'이라 함은 대한민국 국적을 가지지 아니한 자를 말한다.

은 취업이나 정치활동의 제한을 받을 뿐만 아니라 주어진 체류자격과 체류기간의 범위 내에서 체류하여야 하며, 장기체류하려면 외국인등록을 하고 체류기간 연장허가를 수시로 받아야 하는 등 여러 가지 면에서 국민보다 불안정한 생활을 해야 한다. 그럼에도 불구하고 그동안 복수국적자의 상당수가 국내에 생활근거를 두고 살면서도 주민등록을 하지 아니하고 외국인등록을 택했던 사유는 외국인학교 입학에 대한 특례와 병역의무를 회피하기 위한 수단 등으로 활용하려는 측면이 있었다고 볼 수 있다.

종전에는 '외국 국적을 보유하고 있는 사람'이면 외국인학교 입학자격이 주어졌기 때문에 대한민국 국적과 외국 국적을 함께 가진 복수국적자의 경우에도 외국인등록증만 있으면 외국인학교에 입학할 수 있었다.

그러나 교육과학기술부는 이러한 문제점을 개선하기 위해 2009년 2월 6일 「외국인학교 및 외국인유치원의 설립 · 운영에 관한 규정(대통령령 제21308호)」을 제정하여 곧바로 시행하였다.

이 규정에 따르면 복수국적자는 외국인으로서의 특례입학이 허용되지 않고, 하나의 국적만을 가진 일반 국민과 동일한 조건이 적용되어 외국에 3년 이상 거주한 경우에 한하여 외국인학교 학생 정원의 30%를 넘지 않는 범위 내에서만 입학이 가능하도록 하였다.[3]

따라서 2009년 2월 6일부터는 복수국적자가 외국인등록을 하는 경우에도 외국인학교 입학자격이 되지 않기 때문에 외국인등록을 할 실익이 없어졌으나 아직도 이를 잘못 알고 있는 사람들이 많은 것 같다.

복수국적자가 외국인등록을 원하는 또 하나의 사유는 병역을 회피하기 위한 수단으로 이용하려는 측면이 있다고 볼 수 있다.

통상적으로 병역의무를 부과하려면 우리나라 가족관계등록부에 출생신

---

3) **제2조 (정의)** 이 영에서 사용하는 용어의 뜻은 다음과 같다.

1. "내국인"이란 대한민국의 국적을 보유하고 있는 사람(「국적법」 제12조제1항에 따른 복수국적자를 포함한다)을 말한다.
2. "외국인"이란 대한민국의 국적을 보유하고 있지 아니한 사람을 말한다.

제10조 (외국인학교의 내국인 입학자격 등) ① 「초 · 중등교육법」 제60조의2 제1항에서 "대통령령이 정하는 자"란 외국에서 거주한 기간이 총 3년 이상인 내국인을 말한다.
② 제1항에 해당하는 내국인은 외국인학교 학생 정원의 30퍼센트를 넘지 아니하도록 하되, 교육감은 특별시 · 광역시 또는 도의 여건을 고려하여 20퍼센트의 범위에서 특별시 · 광역시 또는 도의 교육규칙으로 입학비율을 높일 수 있다.

고를 하고 거주지에 주민등록을 해야 병역소집대상으로 통지를 할 수 있는데, 외국에서 출생한 선천적 복수국적자 중에 외국여권으로 국내에 입국한 후 아예 출생신고조차 하지 않거나 출생신고를 하더라도 주민등록을 하지 않고 외국인등록을 하고 지내는 사람은 결국 병역을 회피하려는 것에 주된 의도가 있다고 추측할 수밖에 없기 때문이다.

그러나 이제 새 국적법이 시행된 이후 전국 각 출입국관리사무소에서는 복수국적자가 외국인등록을 하려는 경우에 출생당시 부모의 국적 등을 확인한 후 대한민국 국적을 보유하고 있는 사실이 확인되면 외국인등록을 받아주지 않으며, 국내에 계속 거주하기 위해서는 거주지 주민등록관서에 주민등록을 해야 한다.

여권 사용에 있어서도 복수국적자의 경우 대한민국의 공항^만에서는 대한민국 여권 사용을 원칙으로 하고 있어 대한민국 여권을 발급 받지 못한 사람으로서 긴급히 출국하여야할 특별한 사정이 없는 한 외국여권으로는 출국을 할 수 없다.[4)]

2. 복수국적자의 특정분야 종사 제한 (법 제11조의2 제2항)

제11조의2 제2항은 복수국적자가 복수국적인 상태에서는 종사할 수 없는 특정한 분야에 종사하려는 경우에는 외국 국적을 포기하여야 한다고 규정하고 있다. 그 분야란 관계법령에서 개별적으로 정하게 될 것인 바, 대체로 국가안보 및 보안 · 기밀, 외교 분야 등 외국국적을 가지고 있는 상태에서 직무를 수행하는 것이 사회통념상 부적절한 분야가 될 것이다.

현재 공직임용 관련 법령은 대부분 임용자격 및 결격사유의 하나로 '대한민국 국적을 가지지 아니한 자'를 규정하고 있는 바, 동 규정에 따르면 복수국적자는 대한민국 국적을 가진 자라는 점에서 임용결격 사유에 해당하지 않으므로 이 문제를 분명히 하기 위해서는 복수국적자를 임용결격 대상자로 추가하는 입법조치가 요구된다.

---

4) 출입국관리법시행규칙 제79조(복수국적자의 출입국절차 등) 제1항은 '국적법에 따른 복수국적자의 출입국 및 체류에 관한 절차는 법무부장관이 따로 정한다'고 규정하고 있으며, 이에 따라 법무부는 새 국적법 시행과 함께 「복수국적자의 출입국 및 체류에 관한 지침」을 정하여 운영하고 있다.

공직선거법은 대통령, 국회의원, 지방의회의원, 지방자치단체의 장의 자격요건을 "국민"으로 규정하고 있는 바, 복수국적자도 국민이라는 점에서 복수국적자도 피선거권이 있는지 검토가 필요하다.

외무공무원법, 경찰공무원법, 군인사법, 국가정보원직원법 등은 임용자격 및 결격사유 중의 하나로 '대한민국 국적을 가지지 아니한 자'로 규정하고 있다. 동 규정에 따르면 대한민국 국적을 가지고 있기만 하면 외국 국적을 가지고 있는 복수국적자도 임용이 가능하다는 점에서 복수국적자의 임용제한을 위해서는 복수국적자를 임용결격 사유로 추가 규정할 필요가 있다.

국가공무원법, 지방공무원법 등은 대한민국 국적의 보유여부에 대한 특별한 제한규정이 없고, 외국인의 임용에 대한 제한규정만 있으므로 복수국적자의 경우, 임용이 제한되는지 여부가 불분명한 실정이고 실제로 임용되는 예가 적지 않다. 따라서 고위직급이나 일정한 직책에 복수국적자의 임용을 제한하기 위해서는 별도 규정을 신설할 필요가 있다.

3. 복수국적자에 대한 외국인 처우의 제한 (법 제11조의2 제3항)

국민처우 원칙에도 불구하고 특별한 사정이 있어 예외적으로 복수국적자를 외국인으로 처우하는 내용으로 법령을 제정하거나 개정할 필요가 있는 경우에 대비한 조항이다. 즉 중앙행정기관의 장이 복수국적자를 외국인과 동일하게 처우하는 내용의 법률을 제정 또는 개정 하려는 경우에는 반드시 사전에 법무부장관과 협의하도록 하였다.

법문상 중앙행정기관의 장으로 제한하였기 때문에 의원입법의 경우에는 적용되지 않는 것으로 볼 수도 있으나, 이 조항의 입법취지는 복수국적자를 외국인과 동일하게 처우하는 법률을 제 · 개정하려는 경우에는 정부입법이든 의원입법이든 관계없이 모두 법무부장관의 의견을 들어야 하는 것으로 이해함이 상당하다.

통상 의원입법으로 법률을 제정 또는 개정하는 때에도 관계 중앙행정기관의 장에게 의견을 묻는 절차를 거치는 것이 일반적이다.

제 10 장

國籍選擇制度

제12조(복수국적자의 국적선택의무)

① 만 20세가 되기 전에 복수국적자가 된 자는 만 22세가 되기 전까지, 만 20세가 된 후에 복수국적자가 된 자는 그 때부터 2년 내에 제13조와 제14조에 따라 하나의 국적을 선택하여야 한다. 다만, 제10조제2항에 따라 법무부장관에게 대한민국에서 외국 국적을 행사하지 아니하겠다는 뜻을 서약한 복수국적자는 제외한다.

② 제1항 본문에도 불구하고 「병역법」 제8조에 따라 제1국민역(第一國民役)에 편입된 자는 편입된 때부터 3개월 이내에 하나의 국적을 선택하거나 제3항 각 호의 어느 하나에 해당하는 때부터 2년 이내에 하나의 국적을 선택하여야 한다. 다만, 제13조에 따라 대한민국 국적을 선택하려는 경우에는 제3항 각 호의 어느 하나에 해당하기 전에도 할 수 있다.

③ 직계존속(直系尊屬)이 외국에서 영주(永住)할 목적 없이 체류한 상태에서 출생한 자는 병역의무의 이행과 관련하여 다음 각 호의 어느 하나에 해당하는 경우에만 제14조에 따른 국적이탈신고를 할 수 있다.

1. 현역 · 상근예비역 또는 보충역으로 복무를 마치거나 마친 것으로 보게 되는 경우
2. 제2국민역에 편입된 경우
3. 병역면제처분을 받은 경우

제 1 절 概 要

법 제12조는 복수국적자의 국적선택제도에 관하여 규정하고 있다.

국적선택제도는 1997년 제4차 개정에서 최초로 도입한 제도로서 대한민국 국민 중 적법하게 한국 국적과 외국 국적도 함께 보유하게 된 복수국적자들에 대해 국적법(제12조 내지 제14조)이 정한 기한 내에 어느 하나의 국적을 선택할 것을 요구하는 제도이다.

국적을 선택한다고 함은 문언 그대로 대한민국 국적과 외국 국적 중에 한 가지를 선택하고 다른 것을 포기하는 것을 의미한다. 기본적 선택구조는

대한민국 국적을 선택하려면 외국 국적을 포기하여야 하고, 외국 국적을 선택하려는 생각이면 대한민국 국적을 포기하는 방식이 될 것이다.

이러한 국적선택제도는 복수국적자에 대해 법이 정한 기한까지는 복수국적을 향유하면서 자유롭게 국적을 선택할 수 있는 권리를 보장해 주는 한편, 법에 정해진 기한 내에 반드시 국적을 선택하게 함으로써 복수국적 상태를 해소할 의무를 부과하는 양면적 기능을 가진다고 할 수 있다.

제12조 제1항과 제2항은 복수국적자가 국적선택을 하여야 하는 기한에 관하여 규정하고 있고, 제3항은 영주할 목적 없이 외국에서 체류하던 재외국민의 자녀로 출생하여 복수국적이 된 사람은 병역문제가 해결된 후에만 비로소 대한민국 국적의 이탈이 가능함을 규정하고 있다. 법 체계상으로 보자면 제12조제3항은 국적이탈에 관한 내용이므로 국적이탈의 요건 및 절차를 규정하고 있는 제14조에 옮기는 것이 더 자연스럽고 상당하다고 할 것이다.

제10차 개정 전까지의 구법은 복수국적자가 국적법이 정한 기한내에 국적선택을 하지 않으면 자동으로 대한민국 국적을 상실하게 되어 있었다. 그런데 제10차 개정 국적법에서는 그런 사람도 대한민국 국적을 자동으로 상실하지는 않게 되었으며, 법무부장관의 국적선택명령의 대상이 된다.

즉 차후에 법무부장관이 국적선택명령을 하고 그 명령을 받고도 국적선택을 하지 않은 때에 비로소 대한민국 국적을 상실하는 것으로 변경한 것이 제10차 개정으로 달라진 국적선택제도의 가장 큰 특징이라 할 수 있다.

제 2 절 國籍選擇制度의 導入理由

1997년 제4차 개정 당시 국적선택제도를 도입하였던 주된 이유는 동 개정법률에서 종전의 부계혈통주의를 부모양계혈통주의로 전환함에 따라 선천적 복수국적자가 종전보다 많이 늘어나게 될 것에 대비하자는 것이었다.

제4차 개정 전까지의 구 국적법은 복수국적자(당시에는 이중국적자로 표현)에 대하여 법무부장관의 허가를 받아 대한민국 국적을 이탈할 수 있다는 규정(제12조제5호)만을 두었을 뿐, 어느 시점까지 하나의 국적을 반드시 선택해야 한다는 식으로 국적선택을 강제하는 규정은 두고 있지 않았다.

즉 구법은 일본 국적법에서 보는 바와 같은 국적유보제도[1] 또는 국적선택제도[2]를 두고 있지 않았고 그 밖에 달리 당사자의 의사와 무관하게 복수국적을 정리할 수 있는 규정을 두지 않았기 때문에 예컨대 선천적 복수국적자의 경우, 자신의 어떤 필요에 의하여[3] 스스로 대한민국 국적을 이탈하거나 혹은 자진하여 외국 국적을 포기하기 전에는 이를테면 영구히 복수국적 상태를 유지할 수 있는 형편이었다.

복수국적에 관한 구법의 이같은 태도는 국적의 적극적 저촉 상태를 가급적 억제하고자 하는 국제법 원칙에도 반할 뿐 아니라 복수국적자의 출입국 및 체류관리, 병역관리 등의 측면에서 적지 않은 문제점이 지적되어 왔다.

그러던 중 1997년 제4차 개정 국적법이 부계혈통주의를 부모양계혈통주의로 전환하게 되면서 종전에 비해 선천적 복수국적자가 훨씬 늘게 되었고, 뿐만 아니라 대한민국 국적 취득자에 대한 前국적 포기의무 유보제도 또는 외국 국적 취득자의 대한민국 국적 보유신고제도 등을 새로 도입하면서 결과적으로 구법에서는 생각하지 못했던 후천적 복수국적자도 상당수 발생하게 되었다.

---

1) 일본 국적법 제12조가 규정하고 있는 국적유보제도는, 외국에서 출생한 자로서 출생에 의하여 일본 국적과 외국 국적을 함께 취득하게 된 자가 3개월 안에 호적법이 정하는 바에 따라 일본국적을 유보하는 의사를 표시하지 않으면 출생시에 소급하여 일본 국적을 상실하게 되는 제도이다. 일본은 구 국적법 당시부터 동 제도를 운영해 왔으며, 동 제도는 외국에서 출생한 선천적 이중국적자들 중 국내 호적관서에 출생신고와 함께 일본 국적의 유보의사를 표시하지 않는 아동에 대해서는 혈통에 기한 일본국적의 취득효과를 소급적으로 말소시킴으로써 선천적 이중국적자 수를 줄이는 기능을 발휘하게 된다. 따라서 일본 국민 중 장래에 국적선택의무를 부담하는 선천적 이중국적자는 ⅰ) 일본 국내에서 출생한 선천적 이중국적자와 ⅱ) 외국에서 출생후 국적유보의사를 표시한 선천적 이중국적자 등으로 구성된다.

2) 일본 국적법 제14조 내지 제16조가 규정하고 있는 국적선택제도는, 선천적 이중국적자에 대하여 22세가 될 때까지, 그 밖의 사유로 이중국적이 된 자는 2년이 경과하기 전까지 어느 하나의 국적을 선택하여야 하며, 동 기한 내에 일본 국적을 선택하지 아니한 경우 서면으로 최고한 후 1개월 내에 일본 국적을 선택하지 않으면 일본 국적을 상실시키는 것을 골자로 하는 제도이다. 본 제도는 일본이 1984년에 부계혈통주의를 부모양계혈통주의로 바꾸는 방향으로 국적법을 개정할 당시 선천적 이중국적자가 양산될 것에 대비하여 신규 도입한 제도이다.

3) 종전에 실제로 흔히 볼 수 있었던 사례를 들자면 이중국적인 남자들의 경우는 병역의무를 피하기 위하여 이중국적인 여자들은 국내의 외국인학교 입학이나 대학진학시 외국인 특례입학시험 응시 등의 목적으로 대한민국 국적을 이탈하는 경우가 대부분이었다.

이에 복수국적자를 줄이기 위한 방책의 하나로 복수국적자에게 법이 정한 기한까지는 반드시 하나의 국적을 선택하도록 하는 내용의 국적선택제도를 도입하게 된 것이다.

> 복수국적을 효과적으로 방지 내지 해소하기 위한 가장 확실하고 유효한 방책은 국적의 득상 또는 국적의 저촉에 관해 각국이 통일적으로 기속되는 원칙을 정하는 것이겠지만, 국적의 결정을 각국의 고유한 주권사항으로 인식하는 국제사회에서 그와 같이 통일된 국제법 원칙을 수립하거나 국제조약을 체결한다는 것은 현실적으로 불가능한 일이다. 그러므로 결국 각 국가로서는 복수국적을 가진 자국민 개개인을 상대로 복수국적의 해소를 위해 노력할 것을 제도적으로 요구하는 것외에 달리 적절한 방책이 없다고 할 것이다.

한편 1997년 제4차 개정 당시에는 성안단계에서 국적선택제도 뿐만 아니라 일본 국적법에 규정된 바와 같은 국적유보제도도 함께 도입하는 방안이 검토되기도 하였다.

국적유보제도 도입방안의 골자는, 외국에서 출생하여 대한민국 국적과 외국 국적을 함께 가지게 된 자의 경우 출생 후 일정기간 내에 국내 호적관서에 국적유보의사를 표시한 사람에 대해서만 이중국적을 인정하고 그 의사를 표시하지 아니한 사람에 대해서는 출생시에 소급하여 대한민국 국적을 상실시킨다는 것이었다.

국적유보제도의 장점은 선천적 이중국적자 중 국적유보의사를 표시하지 않은 사람들은 출생시에 소급하여 대한민국 국적을 상실하게 되므로 그만큼 선천적 이중국적자가 줄어든다는 것과 복수국적자를 파악할 수 있어 나중에 국적선택을 요구할 수 있는 등 복수국적의 억제대책으로 매우 효율적인 것이 사실이다.

반면에 국적유보제도는 재외국민 2세의 국적취득 또는 국적선택의 기회를 조기에 차단하는 결과가 된다는 점, 특히 혈연적 유대가 어느 민족보다 강한 우리 국민의 정서적 특성과 상충될 여지가 많다는 점 등의 단점이 있어 최종적으로는 제4차 개정안에 포함되지 않았다.

> 실제로 재일동포사회는 1990년대 초반의 국적법 개정논의 당시와 1997년 제4차 개정 당시 법무부를 상대로 일본 국적법의 내용과 유사한 국적유보제도

를 도입하려는 점에 대해 기민정책(棄民政策)이라는 이유 등으로 강력반대하는 입장을 표시한 바 있다.

반대론의 요지는 재일동포들의 경우 여러 가지 사정에 의하여 그 자녀가 거의 성년에 이를 때까지 국내 가족관계등록관서에 자녀의 출생신고를 하지 않고 지내는 경향이 높은 실정인데 만약 우리나라가 일본 국적법과 같은 국적유보제도를 도입하게 된다면, 일본인과 결혼한 재일동포의 2세는(한 · 일 양국이 공히 부모양계혈통주의를 취하므로 그 2세는 출생시에 한 · 일 복수국적자가 됨) 대부분이 법정기간 내에 대한민국 국적을 유보하지 못하여 대한민국 국적을 상실하는 결과가 될 수 있고, 이는 일본에 정주하는 재일동포들을 모두 일본인으로 만들어 버리는 일종의 기민정책이라는 것이다.

제 3 절 國籍選擇 義務者

국적선택제도에 의하여 국적을 선택할 권리를 누리는 동시에 선택의 의무를 부담하는 사람들은 기본적으로 대한민국 국적과 외국 국적을 함께 보유하고 있는 복수국적자들이다.

유일하게 대한민국 국적밖에 없는 사람이 대한민국 국적을 포기하는 것은 곧 무국적자가 되는 것이므로 이는 허용되지 아니한다. 어떤 문명국가도 자국민에 대해 자국 국적을 포기함으로써 무국적 상태가 되는 것을 허용하는 경우는 없다. 개인적 소신이나 정치적 이유 등에 의하여 대한민국 국적을 포기하고자 한다면 자진하여 외국 국적을 취득함으로써 대한민국 국적을 자동 상실하게 되는 경우를 기대할 수밖에 없다.

법 제12조제1항은 국적선택의무자를 만 20세가 되기 전에 복수국적자가 된 자와 만 20세가 된 후에 복수국적자가 된 자로 구분하고 있는바, 요컨대 복수국적자라고 해서 모두 국적선택의무를 지는 것은 아니다.

현행법 하에서 복수국적자 중에 구체적으로 어떤 사람이 국적선택의무를 지게 되는가?

첫째, 출생에 의하여 선천적으로 복수국적을 가지게 된 사람이다.[4)]

---

4) 이러한 선천적 복수국적은 선천적 국적취득원인에 관한 각국의 법제가 같지 아니한 데에서 불가피하게 발생하게 된다. 출생과 동시에 대한민국 국적과 외국 국적을 함께 취득하게 되는 유형을 나열해 본다면, ① 대한민국 국민을 부 또는 모로 하여 속지주의 국가(예:

법 제12조제1항에서 말하는 '만 20세가 되기 전에 복수국적자가 된 자' 중에는 제15조제2항에 따른 후천적 복수국적자도 일부 있을 수 있겠지만 출생에 의한 선천적 복수국적자가 절대다수일 것이다.

둘째, 대한민국 국민으로서 외국 국적을 비자진취득한 후에 그 외국 국적을 취득한 날로부터 6개월 내에 법 제15조제2항에 따라 법무부장관에게 대한민국 국적의 보유의사를 신고함으로써 복수국적자가 된 사람이다.

그러면 복수국적자 중에 국적선택의무를 지지 않는 사람들은 어떤 사람들인가? 이에 해당하는 사람들은 외국인으로서 대한민국 국적을 취득한 후 법 제10조제2항에 따라 외국 국적 불행사 서약을 한 사람, 법 제13조에 따라 대한민국 국적을 선택하면서 외국 국적 불행사 서약을 한 사람, 부칙 제2조에 따라 외국국적 불행사 서약으로 복수국적자가 된 사람 등이다.

이러한 사람들은 이미 외국국적포기의무를 불행사 서약의 방식으로 이행함으로써 복수국적의 보유가 법으로 허용된 사람들이므로 또다시 국적선택을 요구하는 것은 논리적으로 모순이 되기 때문이다. 다만 이러한 사람들도 불행사 서약에 현저히 반하는 행위를 한 경우에는 법무부장관의 국적선택명령을 받을 수 있고, 그 경우에는 국적선택을 해야 한다(법 제14조의2 제2항).

한편 국적법에 따라 불행사 서약으로 복수국적이 허용된 사람이 그 이후 특별히 국적선택명령을 받은 상태가 아닌 경우에도 자진하여 한국 국적을 이탈할 수 있을 것인가? 외국에 살면서 한국 국적을 포기해야 할 상황이 발생할 수도 있겠지만 그 경우에 법해석상으로는 법무부장관이 법 제14조의2에 따른 국적선택명령을 하지 않는 이상 본인 스스로 국적이탈신고를 할 수는 없으며, 법 제14조의3에 따른 국적상실결정을 받거나 외국국적을 자진취득함으로써 법 제15조제1항에 따라 국적을 자동상실하게 되는 경우 외에는 한국 국적을 스스로 상실할 수도 없다.

미국, 캐나다, 브라질 등)에서 출생한 자, ② 부모중 일방은 대한민국 국민이고, 다른 일방은 부모양계혈통주의국가(예: 일본, 중국, 유럽 제국가 등)의 국민인 경우 그 부부 사이에서 출생한 자, ③ 모는 대한민국 국민이고, 부계혈통주의 국가(예: 중동 등 회교권 국가)의 국민을 부로 하여 그 사이에서 출생한 자 등이다.

제 4 절 國籍選擇期間

1. 기본선택기간

만 20세 전에 복수국적자가 된 사람은 만 22세가 되기 전까지, 만 20세가 된 이후에 복수국적자가 된 사람은 그때부터 2년 내에 하나의 국적을 선택하여야 한다(법 제12조제1항 본문).

만 20세가 되기 전에 복수국적자가 된 사람의 국적선택기간에 관하여 법문상 그 시점(始點)에 관해서는 아무런 규정이 없고 종점(終點)만 만 22세가 되기 전까지로 명시되어 있기 때문에 해석상 만 22세가 되기 전까지는 언제라도 국적선택이 가능하다는 결론이 된다. 예컨대 선천적 복수국적자의 경우, 출생 직후부터 국적선택이 가능하다.

만 20세가 된 이후에 복수국적자가 된 사람의 경우 국적선택기간은 2년인 바, 동 선택기간의 시점(始點)은 복수국적자가 된 때부터이다.

그러면 법 제12조제1항 본문에 규정된 기본선택기간이 도과된 후에는 국적선택을 더 이상 할 수 없는가 하면 그렇지는 않고, 기본선택기간이 지난 후에도 자발적으로 혹은 법무부장관의 국적선택명령에 따라 국적선택을 할 수 있다. 다만 그때에는 선택의 방식 또는 요건 등이 기본선택기간 내에 선택을 할 때와 비교할 때 약간 더 까다로워지게 된다.

2010년의 제10차 개정 전까지는 기본선택기간 내에(다만, 제1국민역에 편입된 사람은 병역이 해소된 후 2년이 지나기 전까지) 국적선택을 하지 않은 사람은 그 기간이 도과되는 시점에 대한민국 국적을 자동 상실하게 되어 있었다. 그런데 제10차 개정에서 국적선택기간 도과시 대한민국 국적을 자동 상실하게 되는 조항을 삭제함에 따라 앞으로는 국적선택기간을 도과한 사람도 대한민국 국적을 자동상실하는 것이 아니라 법무부장관의 국적선택명령을 받고 그 명령에 불응한 때에 비로소 대한민국 국적을 상실하는 것으로 변경이 되었다.

따라서 현행 국적법에서 기본선택기간의 도과가 갖는 법적 의미는 구법에 비해 달라졌다. 달라진 부분으로는, 기본선택기간을 도과하면 구법에서는 대한민국 국적의 자동 상실이라는 무거운 결과로 이어졌지만 현행 국적법에서는 종전에 비해 국적선택방식(특히, 대한민국 국적을 선택하는 방식)이 약간 더 까다로워지는 점 또는 법 제14조의2에 따른 법무부장관의 국적선택명령을 받게 된다는 점 등을 들 수 있다.

2. 병역의무자의 국적선택기간

법 제12조제1항 본문에도 불구하고 병역법 제8조에 따라 제1국민역에 편입된 복수국적자는 '편입된 때부터 3개월 이내에' 또는 '법 제12조제3항 각호의 어느 하나에 해당하는 때부터 2년 이내에' 하나의 국적을 선택하여야 한다. 다만 대한민국의 국적을 선택하려는 경우에는 제3항 각호의 어느 하나에 해당하기 전에도 할 수 있다(법 제12조제2항).

법 제12조제3항 각호는 다음과 같다.

1. 현역 · 상근예비역 또는 보충역으로서 복무를 마치거나 마친 것으로 보게 되는 경우
2. 제2국민역에 편입된 경우
3. 병역면제 처분을 받은 경우

여기서 '제1국민역에 편입된 때부터 3개월 이내에'라는 문언은 그 의미에 관하여 해석상 매우 오해가 생길 수 있는 부분이다. 그 의미를 제1국민역에 편입된 자의 경우에는 마치 그 편입시점(18세가 되는 해의 1월 1일)부터 3개월이 지나는 시점(18세가 되는 해의 3월 31일)까지의 3개월 동안에 국적을 선택할 수 있다는 뜻으로 해석하는 것은 잘못된 것이다. 그 정확한 의미는 제1국민역에 편입되기 전 뿐만 아니라, 편입된 후에도 3개월까지는 병역이행에 관계없이 국적선택이 가능하다는 뜻으로 해석하여야 한다.

즉 병역의무자의 경우 원래 출생 이후 제1국민역에 편입되기 전까지 병역이행에 관계없이 국적선택이 가능하게 되어 있었는데 이를 2005년의 제7차 개정 당시 제1국민역에 편입된 이후에도 3개월까지는 병역이행에 관계없이 국적선택이 가능하도록 바꾼 것이다.

결론적으로 남자 복수국적자의 경우(다만, 법 제12조제3항의 규정에 따라 직계존속이 외국에서 비영주목적으로 체류하는 동안에 출생한 사람은 제외) 출생 이후부터 만 18세가 되는 해의 3월 31일까지 병역이행에 관계없이 국적선택을 할 수 있는 셈이다.

한편 '법 제12조제3항 각호의 어느 하나에 해당하는 때부터 2년 이내에' 라는 문언도 약간 오인할 소지가 있다. 이 문언 부분 역시 마치 법 제12조제3항 각호의 어느 하나에 해당하는 시점부터 2년이 지나는 시점까지의 2년 동안에 국적선택을 해야 하는 것 같이 해석할 수 있으나 그것은 잘못된 해석이고, 그 정확한 의미는 국적선택의 종기(終期)를 나타낸 것으로서 대한민국 국적을 선택하려는 사람은 제3항 각호의 어느 하나에 해당하는 시점 이전에도 할 수 있고 그 시점 이후에는 2년이 지나기 전까지 국적선택을 마쳐야 한다는 의미인 것이다.

요컨대 병역의무자의 경우 제1국민역에 편입된 이후에는 법 제12조제3항 각호의 어느 하나에 해당하는 시점+2년 내까지 국적선택을 할 수 있고, 그때까지 국적선택을 하지 않으면 법 제14조의2에 따른 법무부장관의 국적선택명령의 대상이 된다.

1997년 제4차 개정당시 국적선택제도를 도입함에 있어 병역의무가 있는 남자 복수국적자의 국적선택기간을 (여자 복수국적자에 비해) 더 길게 규정하게 된 경위는 이러하다. 제4차 개정법률은 복수국적자가 법에 정한 국적선택기간 내에 국적선택을 하지 아니한 경우에 대한 불이익으로 대한민국 국적을 자동상실시키는 방식을 취하였다. 그런데 그 방식을 그대로 기계적으로 적용하게 되면 병역의무가 있는 남자 복수국적자들의 경우 대한민국 국적 자동 상실에 따른 병역의 자동면탈이라는 반사적 이익을 기대하고 국적선택기간이 지날 때까지 국적선택을 회피하는 부작용이 초래될 수 있는 상황이었다. 따라서 복수국적자의 수를 줄이기 위한 국적선택제도의 도입 목적과는 일부 상충되는 결과가 될지라도 병역의무자들의 부당한 병역면탈을 최대한 막기 위한 대책도 아울러 강구해야만 했다.

그 대책의 일환으로 병역의무가 있는 복수국적자에 대해서는 국적선택 불이행에 따른 대한민국 국적 상실제도를 적용하지 않는 방법을 생각해 볼 수 있지만 이는 국적선택제도의 도입취지를 반쪽으로 만든다는 점에서 권할만한 방책이 될 수 없고, 다른 대안으로서 병역의무자에 대해서는 병역을 필하거나 면제받는 등 병역이 해소될 때까지 국적선택기간을 계속 연장시키고 병역이 해소된 이후 일정 시점까지 국적선택을 하지 않으면 그 시점에 비로소 대한민국 국적을 상실시키는 방법을 생각할 수 있는 바, 제4차 개정 국적법은 법체계가 다소 번잡해지지만 상대적으로 부작용이 덜한 후자의 방법을 채택하였던 것이다.

요컨대 남자 복수국적자에 대해 병역의무와 연동시켜 국적선택기간을 연장해 주는 것은, 비록 그만큼 더 오래 복수국적 상태를 유지할 수 있게 해주는 결과가 될지라도 복수국적에 편승한 병역면탈을 최소화하기 위한 고육책이었던 것으로 보아야 한다.

제 5 절 大韓民國 國籍을 選擇하는 節次

제13조(대한민국 국적의 선택 절차)

① 복수국적자로서 제12조제1항 본문에 규정된 기간 내에 대한민국 국적을 선택하려는 자는 외국 국적을 포기하거나 법무부장관이 정하는 바에 따라 대한민국에서 외국 국적을 행사하지 아니하겠다는 뜻을 서약하고 법무부장관에게 대한민국 국적을 선택한다는 뜻을 신고할 수 있다.

② 복수국적자로서 제12조제1항 본문에 규정된 기간 후에 대한민국 국적을 선택하려는 자는 외국 국적을 포기한 경우에만 법무부장관에게 대한민국 국적을 선택한다는 뜻을 신고할 수 있다. 다만, 제12조제3항제1호의 경우에 해당하는 자는 그 경우에 해당한 때부터 2년 이내에는 제1항에서 정한 방식으로 대한민국 국적을 선택한다는 뜻을 신고할 수 있다.

③ 제1항 및 제2항 단서에도 불구하고 출생 당시에 모가 자녀에게 외국 국적을 취득하게 할 목적으로 외국에서 체류 중이었던 사실이 인정되는 자는 외국 국적을 포기한 경우에만 대한민국 국적을 선택한다는 뜻을 신고할 수 있다.

④ 제1항부터 제3항까지의 규정에 따른 신고의 수리 요건, 신고 절차, 그 밖에 필요한 사항은 대통령령으로 정한다.

1. 대한민국 국적 선택의 신고

복수국적자가 대한민국 국적을 선택하려면 법이 정한 기한 내에 법무부장관에게 신고하여야 한다.

신고하는 시점과 신고인이 원정출산자인지 여부에 따라 신고에 앞서 외국 국적을 포기하여야 하는 경우도 있고, 외국국적 불행사 서약만 하면 되는 경우도 있다. 외국국적 불행사 서약만 하면 되는 사람은 외국 국적을 포기하지 않아도 된다는 점에서 복수국적이 허용되는 경우라 할 수 있다.

위 신고는 국내에서도 할 수 있고 주거지 관할 재외공관을 통해 외국에서도 할 수 있다.

구체적으로는 국적선택신고서(시행규칙 별지 제7호 서식)를 출입국관리사무소장 또는 출장소장에게, 외국에서는 재외공관장에게 제출하면 된다. 신고서를 제출할 때 외국 국적 포기를 해야 하는 사람은 외국 국적의 포기 사실을 증명하는 서류를, 외국 국적 불행사 서약만 해도 되는 사람은 외국 국적 불행사 서약서(시행규칙 별지 제5호의3 서식)를 첨부하여야 한다.

2. 기본선택기간 내에 대한민국 국적을 선택하려는 경우

법 제12조제1항 본문에 규정된 기본선택기간 내에 대한민국 국적을 선택하려는 사람은 외국 국적을 포기하거나 대한민국에서 외국 국적을 행사하지 않겠다는 서약을 하면 된다. 다만, 원정출산자에 해당하는 사람은 기본선택기간 내에도 대한민국 국적을 선택하기 위해서는 외국 국적 불행사 서약방식은 안되고 반드시 외국 국적을 포기하여야 한다.

구체적으로는 기본선택기간 내에 대한민국 국적을 선택하려는 사람은 신고서와 함께 거의 모두 외국국적불행사서약서를 제출하게 될 것인바, 국적관서에서 그 신고서를 수리함에 있어 신고인이 원정출산자인지 여부를 검토하여 원정출산자가 아니라고 인정되면 그 신고를 수리하고, 원정출산자에 해당된다고 인정되면 외국국적불행사서약서가 아닌 외국국적포기 사실증명서류를 요구하면서 그 신고를 불수리하게 될 것이다.

3. 기본선택기간이 지난 후에 대한민국 국적을 선택하려는 경우

기본선택기간을 도과한 사람이 대한민국 국적을 선택하려면 그 전에 먼저 외국 국적 포기절차를 마쳐야 하며, 국적선택신고서와 함께 외국 국적 포기 증명서류를 제출하여야 한다. 다만 제12조제3항제1호에 해당하는 사람(현역 · 상근예비역 또는 보충역으로 복무를 마치거나 마친 것으로 보게 되는 경우에 해당하는 사람)은 그 경우에 해당한 때부터 2년 이내에는 외국 국적 불행사서약 방식으로, 그 이후에는 외국국적을 포기하여야 대한민국 국적을 선택할 수 있다. 기본선택기간을 도과한 사람 중 제2국민역에 편입되거나 병역이 면제된 사람의 경우는 외국 국적을 포기해야만 대한민국 국적을 선택할 수 있으며 외국 국적 불행사 서약방식으로 할 수는 없다.

원정출산자가 제12조제3항제1호에 해당하는 경우, 즉 현역 · 상근예비역 또는 보충역으로 복무를 마치거나 마친 것으로 보게 되는 경우에는 외국 국적 불행사 서약 방식으로 대한민국 국적을 선택할 수 있는가? 법해석상으로는 원정출산자는 어떤 경우에도 외국 국적을 포기하여야만 대한민국 국적을 선택할 수가 있고 외국 국적 불행사 방식으로 대한민국 국적을 선택할 수 없다.

그러나 원정출산자라는 이유로 현역 · 상근예비역 또는 보충역으로 복무를 마친 경우까지도 차별적으로 취급하는 것은 과잉금지원칙에 반하는 과도한 규제라는 비판이 제기될 수 있다. 즉 그런 사람에 대해 배려할 필요성이 있다면 원정출산자가 아닌 것으로 보고 불행사서약을 받아주는 융통성 발휘가 필요하지 않을까 생각된다.

4. 원정출산자의 판단 여부와 그 시점

위에서 설명한 바와 같이 원정출산으로 복수국적을 가지게 된 사람의 경우, 그가 대한민국 국적을 선택하려면 외국 국적을 행사하지 않겠다는 서약만으로는 안 되고 반드시 그 국적을 포기해야만 한다.

그런데 현실적으로 특정인이 원정출산자인지 여부를 판단해야 할 시점은 언제일까? 그 시점은 복수국적자가 대한민국 국적을 선택하겠다는 뜻으로 국적선택신고서와 외국 국적 불행사 서약서를 제출한 시점이 될 것이다.

즉 기본선택기간 내에 외국 국적 불행사 서약서와 함께 대한민국 국적을 선택하겠다는 신고서를 제출한 경우에 그 신고서를 수리하려면 그가 외국 국적 불행사 서약을 할 자격이 없는 원정출산자에 해당하는지 여부를 먼저 가려야 할 것이다.

법 제13조제3항은 원정출산자의 개념을 “출생 당시에 모가 자녀에게 외국 국적을 취득하게 할 목적으로 외국에서 체류 중이었던 사실이 인정되는 자"로 규정하고 있다. 좀 더 구체적으로 살펴보면 원정출산자는 국내에 생활기반을 두고 있던 어머니가 임신한 후에 비로소 자녀의 외국 국적 취득을 목적으로 출국하여 외국에서 체류하는 동안에 출생한 사람을 말한다(시행령 제17조제3항 본문).

그러나 임신 후에 출국하였다 하여도 부 또는 모가 ① 자녀의 출생 전후를 합산하여 2년 이상 계속하여 외국에 체류한 경우, ② 자녀의 출생 전후에 외국의 영주권 또는 국적을 취득한 경우, ③ 자녀의 출생 당시 유학·공무파견·국외주재·취업 등 사회통념상 상당한 사유로 법무부장관이 정하는 일정기간동안 외국에서 체류하면서 자녀를 출생하였으면 그 자녀에 대해서는 원정출산자로 보지 아니한다(시행령 제17조제3항 단서).

제 6 절 大韓民國 國籍을 離脫하는 節次

제14조(대한민국 국적의 이탈 요건 및 절차)

① 복수국적자로서 외국 국적을 선택하려는 자는 외국에 주소가 있는 경우에만 주소지 관할 재외공관의 장을 거쳐 법무부장관에게 대한민국 국적을 이탈한다는 뜻을 신고할 수 있다. 다만, 제12조제2항 본문 또는 같은 조 제3항에 해당하는 자는 그 기간 이내에 또는 해당 사유가 발생한 때부터만 신고할 수 있다.
② 제1항에 따라 국적 이탈의 신고를 한 자는 법무부장관이 신고를 수리한 때에 대한민국 국적을 상실한다.
③ 제1항에 따른 신고 및 수리의 요건, 절차와 그 밖에 필요한 사항은 대통령령으로 정한다.

1. 국적이탈의 신고

복수국적자가 외국 국적을 선택할 의사로 대한민국 국적을 포기하는 것을 우리 국적법에서는 국적이탈이라는 용어로 규정하고 있다.

복수국적자 중 국적이탈을 하려는 사람은 법무부장관에게 국적이탈신고를 하면 되는데 다만 국내에서는 그 신고를 할 수 없고 재외공관에서만 신고를 할 수 있다. 이는 국적이탈 신고요건과 관련이 있는 사항인데 제10

차 개정 전의 구 국적법에서는 국내 거주자도 국내에서 국적이탈신고를 할 수가 있었으나, 제10차 개정을 거쳐 성립된 현행 국적법에서는 외국에 주소가 있는 사람에 한해 주소지 관할 재외공관의 장을 거쳐 법무부장관에게 신고를 할 수 있도록 하였다.

병역의무가 있는 복수국적자에 대해서는 병역의무의 이행여부에 따라 국적이탈을 할 수 없도록 제한하는 것은 과거부터 계속 있어왔던 조항이다. 그런데 그와 별도로 제10차 개정에서 국내에서는 국적이탈을 할 수 없고 외국에 주소를 두고 있는 경우에만 외국에서 국적이탈을 할 수 있도록 한 것은 국적이탈의 장소적 제한을 새롭게 추가하였다는 점에서 대단히 획기적인 변화라 할 수 있다.

이러한 장소적 제한을 추가한 것은 현실적으로 국내에 주소를 두고 생활을 하면서도 본인의 사적 이익을 위해 대한민국 국적을 버린다는 것의 부당함을 시정하기 위한 취지로 이해함이 상당하다.

미국도 자국 내에서는 시민권의 포기를 허용하지 아니한다.

2. 국적이탈신고를 할 수 있는 기간

원칙적으로는 국적선택기간 내에만 국적이탈신고를 할 수 있고, 국적선택기간이 지난 사람은 법무부장관의 국적선택명령을 받은 때에 선택의 일환으로 국적이탈신고를 할 수 있다고 할 것이다. 다만 국적선택 기간을 도과한 사람도 법무부장관으로부터 국적선택명령을 받기 이전까지는 아래 설명하는 '국적이탈의 제한' 사유에 해당하지 않는다면 국적이탈신고가 가능하다고 볼 것이다.

3. 병역의무와 관련된 국적이탈의 제한

기본적으로 복수국적자 중 병역의무가 있는 자의 경우, 제1국민역에 편입되는 해 즉, 만 18세가 되는 해의 3월 31일까지는 병역의무 이행에 관계없이 국적이탈이 가능하고, 그 시기를 지난 경우에는 병역을 마치거나 면제받는 등 병역의무가 해소된 때에 한해 국적이탈을 할 수 있다.

다만 법 제12조제3항에 따라 직계존속이 외국에서 영주할 목적 없이 체류한 상태에서 출생한 사람은 제1국민역에 편입되기 전에도 국적이탈을 할 수 없고 병역의무가 해소(병역이행, 제2국민역에 편입, 병역면제처분)된 때에만 국적이탈을 할 수 있다.

여기서 '직계존속이 외국에서 영주할 목적 없이 체류한 상태에서 출생한 사람'이란, 외국에서 출생하였으나 출생당시 부 또는 모가 외국에 생활기반을 두고 있으면서 외국의 시민권이나 영주권을 취득한 상태 또는 그에 준하는 상태에서 출생한 자가 아닌 사람을 말한다(시행령 제16조의2).

'그에 준하는 상태에서 출생한 자'란 ① 외국에서 출생한 남자로서 출생 이후 부 또는 모가 외국의 영주권 또는 시민권을 취득한 사람, ② 부 또는 모가 외국에 체류하다가 외국의 영주권 또는 시민권을 신청한 상태에서 출생한 남자, ③ 외국에서 출생한 남자로서 출생 이후 부 또는 모가 외국의 영주권 또는 시민권을 신청한 사람, ④ 외국에서 출생한 남자로서 국적이탈 신고 전까지 부 또는 모가 외국에서 17년 이상 계속하여 거주한 사람을 말한다(시행규칙 제10조의2제1항).

한편 영주권제도를 채택하고 있지 않는 나라의 경우에는 최장기 체류비자 또는 거주허가증을 영주권에 갈음하는 것으로 보고, 시민권이라는 용어를 사용하지 않는 나라의 경우에는 국적을 시민권에 갈음하는 것으로 볼 것이다(시행규칙 제10조의2제2항).

4. 장소적 제한

또한 복수국적자가 국적이탈을 하려면 외국에 주소가 있어야 하고 재외공관을 통해서만 신고를 할 수 있다. 외국에 주소가 있어야 하므로 국내에 생활기반을 두고 거주하는 사람이 국적이탈을 하는 것은 불가하다. 따라서 여행이나 출장 기타 단기방문 형태로 외국에 가서 그곳의 재외공관에 국적이탈신고서를 제출하는 것도 허용되지 아니한다고 보아야 한다.

국적이탈의 제한과 관련하여 헌법재판소는 복수국적자에게 국적선택의 시기 또는 요건의 제한을 두는 것이 국적이탈의 자유를 침해하는 것이라 할 수 없어 헌법에 위반되지 않는다고 판시하고 있다.

【헌법재판소 2006.11.30. 2005헌마739 전원재판부 국적법 제12조제1항 등 위헌확인】

(1) 국적이탈 제한규정을 둔 국적법 제12조제2항 및 제14조제1항 단서는 이중국적자라 하더라도 대한민국 국민인 이상 병역의무를 이행하여야 한다는 것을 원칙적인 전제로 하여, 이중국적자로서 구체적인 병역의무 발생시기인 제1국민역 편입 시부터 일정기간 내에는 한국 국적을 이탈하게 함으로써 한국의 병역의무를 면하는 것은 허용하되, 위 기간 내에 국적이탈을 하지 않은 이중국적자는 병역문제를 해소하지 않는 한 한국 국적을 이탈하지 못하게 함으로써 국적선택제도를 통하여 병역의무를 면탈하지 못하게 하려는 데에 그 입법취지가 있다.

(2) 현행 법제상 한국 국적의 이탈로 인한 불이익 · 불편이 병역면탈 의도의 국적이탈을 저지할 만큼 심각하지 않아서 위 조항들과 같은 규제가 없다면 국적선택제도를 이용한 병역 면탈이 보다 용이하게 되어, 첫째, 병역자원의 일정한 손실을 초래하고, 둘째, 이중국적자가 생활의 근거를 한국에 두면서 한국인으로서 누릴 각종 혜택을 누리다가 정작 국민으로서 의무를 다해야 할 때에는 한국 국적을 버리는 기회주의적 행태가 허용되는 결과가 되어 병역부담평등의 원칙이 심각하게 훼손된다.

(3) 위 조항들에 의하더라도 국적선택의 자유가 완전히 박탈되는 것이 아니라 부분적인 제한을 받을 뿐이다. 18세가 되어 제1국민역에 편입된 때부터 3개월이 지나기 전이라면 자유롭게 국적을 이탈할 수 있고, 그 이후부터 입영의무 등이 해소되는 시점(36세)까지만 국적이탈이 금지되므로 일정한 시기적인 제약을 받을 뿐이며, 제1국민역에 편입된 때부터 3개월이 지났더라도 병역의무를 이행하거나 면제받는 등으로 병역문제를 해소한 때에는 역시 자유롭게 국적을 이탈할 수 있다.

(4) 주된 생활의 근거를 외국에 두고 있는 이중국적자들의 경우 적극적으로 국적이탈을 함으로써 병역의무를 조기에 해소할 수도 있고, 관련 병역법 규정에 따라 소극적인 방법으로 병역의 문제를 자연스럽게 해결할 수도 있어서, 이들에 대하여 국적선택제한조항의 적용을 명시적으로 배제하는 규정을 두지 않았다 하더라도 그 점만으로 이들의 국적이탈의 자유를 침해하는 것이라 할 수 없다.

따라서 국적이탈의 시기와 요건에 대한 제한은 헌법에 위반되지 않는다고 할 것이다.

5. 국적이탈의 신고절차

대한민국 국적을 포기(이탈)한다는 뜻의 국적이탈신고를 하려는 사람은 시행규칙 별지 제8호서식에 의한 국적이탈신고서를 작성하여 주소지 관할 재외공관의 장에게 제출하여야 한다. 국적이탈신고를 받은 재외공관의 장은 지체없이 법무부장관에게 송부하게 되며, 법무부장관은 국적이탈 요건을 갖추었는지를 심사하여 그 요건을 갖춘 경우에만 수리한다(시행령 제18조).

국적이탈의 방식과 절차 등과 관련한 국적법의 연혁을 살펴보면, 국적법 제정 이래 제4차 개정법률이 시행되기 전인 1998년 6월 13일 이전까지는 국적이탈은 허가 사항이었다. 그러다가 제4차 개정으로 국적이탈은 신고제로 변경되었으나, 만 17세 되는 해의 12월 31일까지는 누구나 자유롭게 국적이탈을 할 수 있되 제1국민역에 편입되는 때인 만 18세 되는 해의 1월 1일 이후에는 현행과 마찬가지로 병역의무를 해소할 때까지 국적이탈을 할 수 없도록 하였다.

이와 같이 제1국민역에 편입되기 전에는 국적이탈을 자유롭게 허용함에 따라 남자 복수국적자의 상당수가 병역을 면탈하기 위해 제1국민역 편입 전에 우리 국적을 이탈하는 현상이 나타나게 되었다.

이에 따라 2005년 제7차 개정 국적법(일명 "홍준표 법안")은 원정출산자의 병역기피를 막기 위해 직계존속이 외국에서 영주할 목적 없이 체류한 상태에서 출생한 이중국적자는 제1국민역 편입 전에도 국적을 이탈할 수 없으며 병역의무를 이행한 경우에만 우리 국적을 이탈할 수 있도록 국적이탈 제한 규정을 강화하였다. 이 규정은 제10차 개정 국적법에서도 그대로 유지되고 있다.

6. 국적이탈 신고의 효력발생 시기

국적이탈신고를 한 사람은 법무부장관이 그 신고를 수리한 때에 대한민국 국적을 상실하게 된다.

국적이탈 신고의 효력발생시점에 관하여 제10차 개정 전의 구 국적법은 '국적이탈 신고를 한 때'로 규정하였으나, 현행 국적법은 '그 신고를 수리한 때'로 규정하고 있다. 그 이유는 국적이탈은 그 자격요건 및 장소 등에 관한 제한이 있으므로 신고가 접수된 경우에 그 요건의 충족 여부(특히 직계존속의 비영주목적 해외체류 중 출생 여부 및 외국에 주소가 있는지 여부 등)에 대한 심사가 필요하기 때문이다.

제7절 國籍選擇 不履行의 法的 效果

복수국적자가 국적선택기간 내에 국적선택을 하지 않으면 어떻게 되는가?

복수국적자가 국적선택기간 중에 국적선택의 일환으로 대한민국 국적을 선택하거나 대한민국 국적을 이탈한 경우에 그 법적 효과는 즉시 발생하게 된다. 따라서 국적선택을 하지 않은 경우라 함은 대한민국 국적을 선택하지도, 이탈하지도 않은 채 국적선택기간을 무위도과한 경우를 의미한다.

국적선택을 하지 않은 경우에 2010년 제10차 개정 전의 구 국적법에서는 대한민국 국적을 자동 상실하게 되어 있었다. 현행 국적법에서는 법무부장관으로부터 국적선택명령을 받게 되며 그 명령을 받고도 1년 내에 대한민국 국적을 선택하지 아니하면 그 기간이 경과하는 때에 비로소 대한민국 국적을 상실하게 된다. 따라서 국적선택을 하지 않은 사람도 국적선택명령을 받기 전까지는 합법적으로 복수국적을 계속 유지하는 셈이 된다.

일본의 경우 1984년도에 부계혈통주의를 부모양계혈통주의로 전환하는 내용으로 국적법을 개정하면서 국적선택제도의 도입과 더불어 국적선택 미필자에 대하여 국적선택을 최고하는 절차를 함께 도입한 바 있다. 동 국적선택최고제도와 우리 국적법의 국적선택명령제도는 기본적으로 취지가 같다고 볼 수 있다.

즉 일본의 국적선택최고제도나 우리의 국적선택명령제도는 국적선택을 이행하지 아니한 사람에 대하여 국적을 상실시키기에 앞서 당사자의 선택을 다시 한 번 촉구하고 국적선택에 관한 당사자의 의사를 최종적으로 확인하는 의미를 가진다.

다만 일본 국적법은 선천적 복수국적자임을 스스로 밝히는 취지의 국적유보제도를 두고 있어 기본적으로 국적관서에서 국적선택최고의 대상자를 거의 빠짐없이 파악할 수 있지만, 우리 국적법은 선택명령의 대상자 즉, 국적선택기간 내에 국적선택을 하지 않고 기간을 도과한 사람을 빠짐없이 파악하기란 사실상 불가능하다는 점에서 차이가 있다.[5] 다만 일본의 경우에도 정책적 이유 등으로 아직까지 국적선택의 최고를 한 사례가 한 건도 없다고 한다.

국적선택명령제도에 대하여는 다음 장에서 자세히 살펴보기로 한다.

5) 대한민국 국적을 취득하였으나 가족관계등록신고를 하지 아니하여 가족관계등록부에 등재되지 아니한 사람의 경우는 기본적으로 복수국적인지 여부를 파악할 방도가 없으며, 가족관계등록부에 등재된 사람 중에서도 예컨대 실은 미국에서 출생하여 복수국적임에도 가족이 국내에서 출생한 자로 신고한 경우도 있는 등 가족관계등록부 기재만으로는 그가 복수국적인지를 알 수 없는 경우가 실제로 적지 않은 실정이다.

제 11 장

國籍選擇命令制度

제14조의2(복수국적자에 대한 국적선택명령)

① 법무부장관은 복수국적자로서 제12조제1항 또는 제2항에서 정한 기간 내에 국적을 선택하지 아니한 자에게 1년 내에 하나의 국적을 선택할 것을 명하여야 한다.
② 법무부장관은 복수국적자로서 제10조제2항, 제13조제1항 또는 같은 조 제2항 단서에 따라 대한민국에서 외국 국적을 행사하지 아니하겠다는 뜻을 서약한 자가 그 뜻에 현저히 반하는 행위를 한 경우에는 6개월 내에 하나의 국적을 선택할 것을 명할 수 있다.
③ 제1항 또는 제2항에 따라 국적선택의 명령을 받은 자가 대한민국 국적을 선택하려면 외국 국적을 포기하여야 한다.
④ 제1항 또는 제2항에 따라 국적 선택의 명령을 받고도 이를 따르지 아니한 자는 그 기간이 지난 때에 대한민국 국적을 상실한다.
⑤ 제1항 및 제2항에 따른 국적 선택의 절차와 제2항에 따른 서약에 반하는 현저한 행위 유형은 대통령령으로 정한다.

제 1 절 概　　要

법 제14조의2는 복수국적자에 대해 법무부장관이 국적선택을 명령하는 제도에 관하여 규정하고 있다. 구 국적법에서는 복수국적자가 국적선택기간 내에 국적선택을 하지 않으면 별도의 절차 없이 자동으로 대한민국 국적이 상실되게 되어 있었으나 제10차 개정에서 동 조항을 삭제하였다. 그 대신 국적선택 기간을 도과한 사람에 대해 대한민국 국적을 상실시키기에 앞서 명시적으로 국적선택의 의사를 묻는 국적선택명령 절차를 신설한 것이다.

또한 제10차 개정법률에서 새로 도입된 외국국적 불행사 서약제도에 따라 불행사 서약을 함으로써 복수국적이 허용된 사람이 그 서약의 취지에 현저히 반하는 행위를 한 경우에도 법무부장관이 국적선택명령을 할 수 있도록 하였다.

제 2 절 國籍選擇命令 對象者

'국적선택명령'의 대상자는 ① 복수국적자로서 법 제12조제1항 또는 제2항에서 정한 국적선택기간 내에 국적선택의무를 이행하지 아니한 사람과 ② 외국 국적 불행사 서약을 함으로써 복수국적이 허용되었으나 그 서약의 취지에 반하는 행위를 한 사람으로 대별해 볼 수 있다.

②에 해당하는 사람은 다시 다음 세 가지 경우로 구분할 수 있을 것이다.

②-1 / 대한민국 국적을 취득한 외국인 중 제10조제2항에 따라 외국 국적 포기 대신 '외국국적 불행사서약'을 한 사람

②-2 / 복수국적자로서 제13조제1항 또는 제2항 단서에 따라 '외국 국적 불행사서약'을 하고 대한민국 국적을 선택한 사람

②-3 / 부칙 제2조제1항 또는 제2항에 따라 '외국 국적 불행사서약'을 하고 복수국적자가 된 사람

제 3 절 國籍選擇命令의 方式과 效力

1. 국적선택의무 불이행자에 대한 국적선택명령

법무부장관은 국적선택기간 내에 국적선택의무를 이행하지 아니한 사람에게 1년 내에 하나의 국적을 선택할 것을 명하여야 한다(법 제14조의2 제1항).

이와 같이 법문상으로는 법무부장관은 국적선택의무를 이행하지 않은 모든 사람에게 국적선택을 명하여야 하는 것으로 되어 있지만, 실제로는 국적선택 불이행자를 일일이 파악하기가 어렵고 파악된 사람도 외국에 거주하고 있다거나 기타 사유로 명령의 전달이 물리적으로 어려운 경우가 많을 것이다.

따라서 법무부장관으로서는 국적선택기간이 경과한 복수국적자를 빠짐없이 찾아내어 국적선택명령을 하겠다기보다 그들 중 출입국심사나 체류관리 기타 공무수행과정에서 국적선택을 이행하지 아니한 사실이 발견 또는 확인된 사람부터 국적선택을 명하는 형태로 본제도를 운영하는 것이 현실적이고 또한 그렇게 하는 것이 국민인구의 감소방지 측면에서도 바람직하지 않을까 생각된다.

> 국적선택 미필자에 대한 국적선택명령제도를 어느 정도로 엄격히 요구할 것인지 여부는 복수국적의 허용여부에 대해 우리나라가 어떤 정책, 어떤 태도를 취하는가에 대한 바로미터가 될 수 있다고 본다. 현실적으로 파악이 어려운 사람들을 제외하고 가능한 모든 파악 수단을 동원하여 국적선택 미필자들을 낱낱이 적극적으로 찾아서 선택 할 것을 명령한다면 이는 복수국적을 법적 테두리 내에서만 허용하고 그 이상은 허용 않겠다는 뜻이 될 것이고, 반대로 국적선택 미필자를 찾아낼 노력을 않거나 직무상 발견된 사람에 대해서도 선택명령을 하지 않는다면 이는 복수국적을 폭 넓게 용인하는 것으로 평가받게 될 것이다.

국적선택명령을 하는 절차에 관하여 시행령 제18조의2는 국적선택명령서를 본인에게 직접 교부하거나 송부하기 어려운 경우에는 민법 제779조에 따른 가족이나 사실상 부양자에게 교부 또는 송부하도록 정하고 있고, 소재불명으로 국적선택명령서의 교부 또는 송부가 어려운 경우에는 관보에 공고하고 공고일로부터 14일이 경과한때 그 효력이 발생하는 것으로 규정하고 있다.

법 제14조의2 제1항에 따라 국적선택명령을 받은 사람이 대한민국 국적을 선택하려면 1년 내에 외국 국적을 포기하여야 한다. 이를 이행하지 않은 사람은 1년이 지나는 때에 대한민국 국적을 상실하게 된다.

2. 외국국적 불행사서약 위반자에 대한 국적선택명령

법무부장관은 외국 국적 불행사 서약을 한 사람이 그 서약의 취지에 현저히 반하는 행위를 한 경우에 그 사람에게 6개월 내에 하나의 국적을 선택할 것을 명할 수 있다(법 제14조의2 제2항).

서약의 취지에 현저히 반하는 행위란 반복하여 외국 여권으로 출입국하거나 외국 국적을 행사할 목적으로 외국인등록 또는 거소신고를 한 경우 및 정당한 사유 없이 국가 · 지방자치단체, 공공단체 또는 교육기관 등에 대하여 외국인으로서의 권리를 행사하거나 행사하려고 한 경우 등을 말한다(시행령 제18조의2 제4항).

그런데 서약위반을 이유로 국적선택명령을 하는 것은 신중할 필요가 있다고 본다. 단순히 외국여권을 빈번히 사용했다거나 외국인등록 또는 거소신고 등을 한 사실만으로 곧바로 국적선택명령을 하기보다는 동인이 복수국적 상태를 명백히 악의적으로 이용하거나 적어도 대한민국 국적자로서의 정체성이 현저히 의심스러운 경우에 한해 선택명령을 하는 것이 바람직하다고 본다.

법 제14조의2 제2항에 따라 국적선택명령을 받은 사람이 대한민국 국적을 선택하려면 6개월 내에 외국 국적을 포기하여야 하며, 이를 이행하지 않으면 6개월이 지나는 때에 대한민국 국적을 상실하게 된다.

3. 국적선택명령을 다툴 수 있는지 여부

국적선택의무 불이행에 따른 선택명령에 대해서는 기간 계산의 오류가 있는 경우 외에는 다툴 여지가 없지만, 외국국적 불행사 서약 위반을 이유로 법무부장관으로부터 국적선택명령을 받은 사람의 경우에는 서약위반의 점을 다투면서 그 명령에 불복하는 것이 가능하다고 보아야 할 것이다.

왜냐하면 국적선택명령의 유효성을 다투지 않을 경우 외국 국적을 포기하거나 그렇지 않으면 대한민국 국적을 상실할 수밖에 없는 상황이 되고, 그 명령의 유효성을 다툼으로써 외국국적 불행사 서약위반 사실이 없는 것으로 인정될 경우 불행사 서약에 따른 복수국적 허용상태를 계속 유지할 수 있는 실익이 있다고 할 것이기 때문이다.

제 12 장

國籍喪失決定制度

제14조의3(대한민국 국적의 상실결정)

① 법무부장관은 복수국적자가 다음 각 호의 어느 하나의 사유에 해당하여 대한민국의 국적을 보유함이 현저히 부적합하다고 인정하는 경우에는 청문을 거쳐 대한민국 국적의 상실을 결정할 수 있다. 다만, 출생에 의하여 대한민국 국적을 취득한 자는 제외한다.

1. 국가안보, 외교관계 및 국민경제 등에 있어서 대한민국의 국익에 반하는 행위를 하는 경우
2. 대한민국의 사회질서 유지에 상당한 지장을 초래하는 행위로서 대통령령으로 정하는 경우

② 제1항에 따른 결정을 받은 자는 그 결정을 받은 때에 대한민국 국적을 상실한다.

제 1 절 概　　要

법 제14조의3이 규정하고 있는 국적상실결정제도는 복수국적자가 대한민국 국적을 보유함이 현저히 부적합하다고 인정되는 정도의 일탈행위를 한 경우에 법무부장관의 결정으로 본인의 의사와 관계없이 대한민국 국적을 뺏는 제도이다.

본 제도는 2010년 제10차 개정에서 복수국적 허용범위를 확대함에 따른 부작용을 최소화하기 위한 장치의 하나로 도입된 것이다.

다만, 국적상실결정은 국적박탈이나 다름없는 제도라는 점에서 절차에 신중을 기하기 위해 법률상 반드시 청문(聽聞)을 거치도록 하였고, 시행령 제28조에 따라 설치된 국적심의위원회의 심의를 거치게 되며, 또한 복수국적자 중 출생에 의하여 대한민국 국적을 취득한 사람은 그 대상에서 제외하도록 하였다.

제 2 절 國籍喪失 決定의 對象者와 事由

1. 국적상실 결정의 대상자

대상자는 복수국적자에 한하며 그 중에서도 출생에 의하여 대한민국 국적을 취득한 복수국적자는 제외된다. 따라서 국적상실결정제도의 대상자는 출생에 의하지 아니하고 후천적 사유로 대한민국 국적을 취득한 사람으로서 복수국적이 된 사람이다.

즉 선천적 복수국적자는 국적상실결정의 대상이 되지 않으며, 반면 귀화나 인지 등 후천적 사유로(수반취득자 포함) 대한민국 국적을 취득하면서 외국국적 불행사 서약을 한 복수국적자는 모두 국적상실결정을 받을 수 있는 대상에 포함된다. 국적회복이나 수반취득으로 대한민국 국적을 취득하면서 외국국적 불행사 서약을 한 복수국적자 중에는 출생과 동시에 대한민국 국적을 취득했던 사람도 있을 수 있으므로 국적회복을 하면서 복수국적을 취득한 사람에 대해 국적상실결정을 할 때에는 출생 당시에 대한민국 국적을 보유하였던 사람인지 반드시 확인해 보아야 할 것이다.

2. 국적상실결정 사유

법 제14조의3 제1항은 국적상실결정 사유로 다음 2가지를 정하고 있다.

i) 국가안보, 외교관계 및 국민경제 등에 있어서 대한민국의 국익에 반하는 행위를 하는 경우(제1호)

ii) 대한민국의 사회질서 유지에 상당한 지장을 초래하는 행위로서 대통령령으로 정하는 경우(제2호)

제1호에서 '대한민국의 국익에 반하는 행위'라 함은 예컨대 중대한 국가기밀이나 산업기밀의 유출, 간첩행위, 적대국가 또는 반국가 단체의 이익을 위해 종사하는 행위 등을 들 수 있겠으며, 구체적으로는 국적심의위원회의 심의 과정에서 해당여부를 판단하면 될 것이다.

제2호에서 '대한민국의 사회질서 유지에 상당한 지장을 초래하는 행위로서 대통령령으로 정하는 경우'라 함은 살인죄, 강간죄 등 법무부령이 정하는 죄명으로 7년 이상의 징역 또는 금고의 형을 선고받아 그 형이 확정된 경우를 말한다(시행령 제18조의3제2항).

여기서 다시 법무부령이 정하는 죄명은, 살인죄, 강간죄 이외에 추행죄, 강도죄, '성폭력범죄의 처벌 및 피해자보호에 관한 법률' 위반의 죄, '마약류관리에 관한 법률' 위반의 죄, '특정범죄 가중처벌 등에 관한 법률' 제5조의2(약취 · 유인죄의 가중처벌), 제5조의4(상습강도 · 절도죄 등의 가중처벌), 제5조의5(강도상해 등 재범자의 가중처벌), 제5조의9(보복범죄의 가중처벌 등) 또는 제11조(마약사범 등의 가중처벌) 위반의 죄, '폭력행위 등 처벌에 관한 법률' 제4조(단체 등의 구성 · 활동) 위반의 죄, '보건범죄단속에 관한 특별조치법' 위반의 죄 등이다(시행규칙 제12조의3).

제 3 절 國籍喪失決定의 節次

1. 청 문

법무부장관이 국적상실 결정을 하려면 반드시 사전에 청문절차를 거쳐야 한다. 국적심의위원회의 심의에 앞서 거치게 될 청문은 당사자에게 의견진술 및 증거제출의 기회를 주는데 의미가 있으며, 청문절차는 「행정절차법」 중 청문에 관한 규정에 따른다.

국적상실결정 대상자에 대한 청문이 종료하면 청문주재자는 청문조서, 의견서를 작성하여 그 밖의 관계서류와 함께 법무부장관에게 제출하여야 한다.

법무부장관이 국적상실결정 대상자로 청문절차에 회부함에 있어서는 반드시 국적심의위원회의 심의를 거칠 필요는 없다고 할 것이나, 필요한 경우에는 심의를 거칠 수도 있을 것이다.

2. 국적심의위원회의 심의

시행령 제28조제2호는 법 제14조의3에 따른 국적상실결정에 관한 사항이 국적심의위원회의 심의 사항임을 규정하고 있다.

법률상 동 위원회의 심의를 국적상실결정의 전치요건으로 규정하고 있지 않고, 상실결정 절차를 시행령에 위임한다는 명시적 규정도 없기 때문에 시행령 제28조제2호의 효력이 문제될 소지가 없지 아니하나, 국적상실결정은 신중하게 처리할 필요가 있다는 점에서 국적상실결정은 반드시 동 위원회의 심의를 거쳐야 하는 것으로 해석, 운용함이 상당할 것이다.

법무부장관은 국적심의위원회에 청문 주재자로부터 제출받은 청문조서와 의견서 기타 관계서류를 제출하고 심의를 요청하며, 심의결과를 참고하여 상실여부를 결정하게 된다.

제 4 절 國籍喪失 決定의 效力

법무부장관으로부터 국적상실결정을 받은 사람은 그 결정을 받은 때에 대한민국 국적을 상실한다. 국적상실 결정을 받은 사람은 그 신분이 외국인으로 변경되므로 국적상실 결정과 동시에 출입국관리법에 따른 강제퇴거조치가 가능하게 된다.

《행정절차법》

제 2 절 의견제출 및 청문

제28조(청문주재자) ① 청문은 행정청이 소속직원 또는 대통령령이 정하는 자격을 가진 자중에서 선정하는 자가 주재하되, 행정청은 청문주재자의 선정이 공정하게 이루어지도록 노력하여야 한다.

② 청문주재자는 독립하여 공정하게 직무를 수행하며, 그 직무수행상의 이유로 본인의 의사에 반하여 신분상 어떠한 불이익도 받지 아니한다. 〈개정 2002.12.30〉

③ 제1항의 규정에 의하여 대통령령이 정하는 자중에서 선정된 청문주재자는 형법 기타 다른 법률에 의한 벌칙의 적용에 있어서 공무원으로 본다.

제29조(청문주재자의 제척 · 기피 · 회피) 〈조문생략〉

제30조(청문의 공개) 청문은 당사자의 공개신청이 있거나 청문주재자가 필요하다고 인정하는 경우 이를 공개할 수 있다. 다만, 공익 또는 제3자의 정당한 이익을 현저히 해할 우려가 있는 경우에는 공개하여서는 아니된다.

제31조 (청문의 진행) ① 청문주재자가 청문을 시작할 때에는 먼저 예정된 처분의 내용, 그 원인이 되는 사실 및 법적 근거등을 설명하여야 한다.

② 당사자등은 의견을 진술하고 증거를 제출할 수 있으며, 참고인 · 감정인등에 대하여 질문할 수 있다.

③ 당사자등이 의견서를 제출한 경우에는 그 내용을 출석하여 진술한 것으로 본다.

④ 청문주재자는 청문의 신속한 진행과 질서유지를 위하여 필요한 조치를 할 수 있다.

⑤ 청문을 계속할 경우에는 행정청은 당사자등에게 다음 청문의 일시 및 장소를 서면으로 통지하여야 하며, 당사자등이 동의하는 경우에는 전자문서로 통지할 수 있다. 다만, 청문에 출석한 당사자등에게는 당해 청문일에 청문주재자가 구술로 통지할 수 있다. 〈개정 2002.12.30〉

제32조(청문의 병합 · 분리) 〈조문생략〉

제33조(증거조사) ① 청문주재자는 신청 또는 직권에 의하여 필요한 조사를 할 수 있으며, 당사자등이 주장하지 아니한 사실에 대하여도 조사할 수 있다.

② 증거조사는 다음 각호의 1에 해당하는 방법에 의한다.

1. 문서 · 장부 · 물건등 증거자료의 수집
2. 참고인 · 감정인등에 대한 질문
3. 검증 또는 감정 · 평가
4. 기타 필요한 조사

③ 청문주재자는 필요하다고 인정하는 때에는 관계행정청에 대하여 필요한 문서의 제출 또는 의견의 진술을 요구할 수 있다. 이 경우 관계행정청은 직무수행상 특별한 지장이 없는 한 이에 응하여야 한다.

제34조(청문조서) ① 청문주재자는 다음 각호의 사항이 기재된 청문조서를 작성하여야 한다. 〈개정 2002.12.30〉

1. 제목
2. 청문주재자의 소속 · 성명등 인적사항
3. 당사자등의 주소 · 성명 또는 명칭 및 출석여부
4. 청문의 일시 및 장소
5. 당사자등의 진술의 요지 및 제출된 증거
6. 청문의 공개여부 및 공개 또는 제30조 단서의 규정에 의하여 비공개한 이유
7. 증거조사를 한 경우에는 그 요지 및 첨부된 증거
8. 삭제 〈2002.12.30〉
9. 기타 필요한 사항

② 당사자등은 청문조서의 기재내용을 열람 · 확인할 수 있으며, 이의가 있을 때에는 그 정정을 요구할 수 있다.

제34조의2(청문주재자의 의견서) 청문주재자는 다음 각호의 사항이 기재된 청문주재자

의 의견서를 작성하여야 한다.

1. 청문의 제목
2. 처분의 내용 · 주요 사실 또는 증거
3. 종합의견
4. 그 밖에 필요한 사항

[본조신설 2002.12.30]

제35조(청문의 종결) ① 청문주재자는 당해 사안에 대하여 당사자등의 의견진술 · 증거조사가 충분히 이루어졌다고 인정되는 경우에는 청문을 마칠 수 있다.

② 청문주재자는 당사자등의 전부 또는 일부가 정당한 사유없이 청문기일에 출석하지 아니하거나 제31조제3항의 규정에 의한 의견서를 제출하지 아니한 경우에는 이들에게 다시 의견진술 및 증거제출의 기회를 주지 아니하고 청문을 마칠 수 있다.

③ 청문주재자는 당사자등의 전부 또는 일부가 정당한 사유로 인하여 청문기일에 출석하지 못하거나 제31조제3항의 규정에 의한 의견서를 제출하지 못한 경우에는 상당한 기간을 정하여 이들에게 의견진술 및 증거제출을 요구하여야 하며, 당해 기간이 경과한 때에 청문을 마칠 수 있다.

④ 청문주재자는 청문을 마친 때에는 청문조서, 청문주재자의 의견서, 그 밖의 관계서류 등을 행정청에 지체없이 제출하여야 한다. 〈개정 2002.12.30〉

⑤ 삭제 〈2002.12.30〉

제35조의2(청문결과의 반영) 행정청은 처분을 함에 있어서 제35조제4항의 규정에 의하여 제출받은 청문조서, 청문주재자의 의견서, 그 밖의 관계서류 등을 충분히 검토하고 상당한 이유가 있다고 인정하는 경우에는 청문결과를 반영하여야 한다.

[본조신설 2002.12.30]

제36조(청문의 재개) 〈조문생략〉

제37조(문서의 열람 및 비밀유지) 〈조문생략〉

제 13 장

複數國籍者에 관한 通報義務

제14조의4(복수국적자에 관한 통보의무 등)

① 공무원이 그 직무상 복수국적자를 발견하면 지체 없이 법무부장관에게 그 사실을 통보하여야 한다.

② 공무원이 그 직무상 복수국적자 여부를 확인할 필요가 있는 경우에는 당사자에게 질문을 하거나 필요한 자료의 제출을 요청할 수 있다.

③ 제1항에 따른 통보 절차는 대통령령으로 정한다.

제 1 절 槪 要

법 제14조의4는 국내에 거주하는 복수국적자의 파악 및 관리 등을 위하여 공무원이 직무수행과정에서 복수국적자를 발견한 때에는 법무부장관에게 통보하도록 하고, 한편 공무원에게 복수국적자 해당 여부에 관한 질문권 및 자료제출 요청권을 부여한 규정이다.

제 2 절 複數國籍者 發見時 通報義務

통보의무의 주체는 공무원인 바, 복수국적에 관한 직무관련 공무원은 출입국관리공무원, 가족관계등록관서 공무원, 재외공관의 영사 등이 주된 대상이 될 것이다.

직무수행과정에서 복수국적자를 발견한 공무원은 복수국적자의 인적사항(한국명, 외국명, 생년월일)과 복수국적 취득원인, 연월일을 정확히 파악하여 법무부장관에게 통보하여야 한다.

구체적으로는 소속기관의 소재지를 관할하는 출입국관리사무소장 또는 출장소장에게 통보하면 된다. 다만, 재외공관의 장은 법무부장관에게 직접 통보하면 된다.

복수국적자를 통보하는 때에는 복수국적을 보유하게 된 원인 및 연월일을 증명하는 서류 또는 외국여권의 사본을 첨부하고 인적사항을 정확히 적어야 한다.

복수국적자에 관한 통보를 받은 사무소장등은 복수국적자기록표를 작성하여 법무부장관에게 송부하고 그 부본을 갖추어 두어야 한다.

제 3 절 複數國籍者에 대한 質問權 및 資料提出要請權

공무원은 그 직무상 복수국적자 여부를 확인할 필요가 있는 경우에는 당사자에게 질문을 하거나 필요한 자료의 제출을 요청할 수 있다.

이는 공무원이 직무수행 중에 복수국적자로 보여지는 사람을 발견한 경우나 복수국적의 취득원인 등에 관한 정확한 사실을 알 필요가 있는 경우에 대처할 수 있도록 하기 위한 것이다.

제 14 장

外國 國籍의 取得에 의한 國籍喪失

제15조(외국 국적 취득에 따른 국적 상실)

① 대한민국의 국민으로서 자진하여 외국 국적을 취득한 자는 그 외국 국적을 취득한 때에 대한민국 국적을 상실한다.

② 대한민국의 국민으로서 다음 각 호의 어느 하나에 해당하는 자는 그 외국 국적을 취득한 때부터 6개월 내에 법무부장관에게 대한민국 국적을 보유할 의사가 있다는 뜻을 신고하지 아니하면 그 외국 국적을 취득한 때로 소급(遡及)하여 대한민국 국적을 상실한 것으로 본다.

1. 외국인과의 혼인으로 그 배우자의 국적을 취득하게 된 자
2. 외국인에게 입양되어 그 양부 또는 양모의 국적을 취득하게 된 자
3. 외국인인 부 또는 모에게 인지되어 그 부 또는 모의 국적을 취득하게 된 자
4. 외국 국적을 취득하여 대한민국 국적을 상실하게 된 자의 배우자나 미성년의 자(子)로서 그 외국의 법률에 따라 함께 그 외국 국적을 취득하게 된 자

③ 외국 국적을 취득함으로써 대한민국 국적을 상실하게 된 자에 대하여 그 외국 국적의 취득일을 알 수 없으면 그가 사용하는 외국 여권의 최초 발급일에 그 외국 국적을 취득한 것으로 추정한다.

④ 제2항에 따른 신고 절차와 그 밖에 필요한 사항은 대통령령으로 정한다.

제 1 절 概 要

대부분의 국적입법례는 자국민이 외국 국적을 취득하면 자국 국적을 더 이상 유지할 수 없도록 하는 취지의 규정을 두고 있다. 이는 기본적으로 복수국적이 되는 것을 막기 위한 취지라 할 수 있다.

우리나라도 그러하다. 법 제15조는 우리 국민이 외국 국적을 취득하면 원칙적으로 대한민국 국적을 상실하게 된다는 점을 규정한 조항이다.

특기할 점은 우리 국적법은 우리 국민이 외국 국적을 취득한 경위에 관

하여 두 가지 경우(즉 ① 자진하여 외국 국적을 취득한 경우와 ② 혼인, 입양, 인지, 외국 국적의 수반취득 등에 의하여 자신의 뜻과 관계없이 자동으로 외국 국적을 취득하게 된 경우)로 구분하여 대한민국 국적의 상실요건을 약간 다르게 규정하고 있다는 점이다.

전자의 경우는 자진취득으로서 그 외국국적을 취득한 때에 자동으로 대한민국 국적을 상실하게 되고(제15조제1항), 후자의 경우는 비자진취득으로서 그 외국국적을 취득한 때부터 6개월 내에 법무부장관에게 국적보유신고를 하지 아니하면 외국국적 취득일로 소급하여 대한민국 국적을 상실하게 된다(제15조제2항). 비자진취득인 경우에는 당사자에게 대한민국 국적을 보유할 것인지에 관한 의사표시의 기회를 부여함으로써 복수국적 억제원칙을 취하면서도 다른 한편으로 국적에 관한 권리주장의 기회를 최대한 보장하고 있는 것이다.

외국 국적의 취득을 자진취득과 비자진취득으로 구분한 것은 1997년 제4차 개정법률에서 부터이다. 그 전까지는 우리 국민이 외국 국적을 취득하면 그 취득원인을 막론하고 대한민국 국적을 자동 상실하는 것으로 되어 있었다.

제 2 절 外國 國籍의 自進取得

1. 자진취득의 의미와 법적 효과

외국 국적을 자진취득 한다는 것은, 특정한 국가의 국적을 취득하겠다는 본인의 자발적 의사에 기하여 그 국가의 국적법령이 요구하는 국적취득요건을 갖추고 그 국적을 취득하는 것을 의미한다.

자진취득의 대표적 유형은 외국에 장기거주하면서 거주국 정부로부터 귀화허가를 받아 그 국적을 취득하는 경우이다. 귀화한 경우를 자진취득으로 평가하는 이유는 어떤 국가의 법제에서도 당사자의 적극적, 명시적 신청행위에 기하지 아니하고 귀화절차를 진행하는 경우는 없기 때문이다.

자진취득과 비자진취득을 구분하는 의미는 자진취득의 경우에는 적극적으로 대한민국 국적자로서의 신분을 포기하고 외국의 공민신분을 취득하여 그 국가가 허용하는 권리나 특권을 향유하려는 의사가 명백히 추정되기 때문에 자진취득자에 대해서는 그 사실만으로 자국 국적을 상실하는 것으로 취급하여도 무방하나 비자진취득의 경우는 그러하지 않다는 점에 있다고 할 것이다.

이러한 추정은 절대다수의 국적입법례가 자국에 귀화하는 외국인에 대하여 종전의 국적에 기한 유대(紐帶)를 포기할 것을 요구하고 있는 점에 비추어 보더라도 현실적으로 충분한 설득력을 가진다고 하겠다.

외국 국적을 자진취득한 것인지 여부의 판단과 관련하여 형식적 요소가 아니라 당사자의 주관적 의사를 기준으로 판단해야 한다는 견해가 있을 수 있다. 예컨대 생계유지를 위하여, 자녀의 교육문제 때문에, 연금수령을 비롯한 각종 사회보장제도 때문에, 외국인 차별을 견딜 수 없기 때문에, 선교활동을 위해, 본국정부로부터의 정치적 박해 우려 등등의 사유로 불가피하게 거주국의 국적을 취득할 수 밖에 없었기 때문에 자진취득이 아니라는 식의 주장도 가능한 것이다.

그러나 대한민국 국민이었던 어떤 개인이 외국에 귀화하여 현재 특별한 하자 없이 그 나라의 공민신분을 보유하고 있다고 할 때, 우리나라 입장에서 그 귀화행위의 유효성을 거부하면서 여전히 그 사람에 대한 인적 관할권을 주장할 만한 특별한 사유가 있지 않는 한, 그와 같은 내심의 의사 또는 주관적인 사정을 이유로 그 국적을 비자진취득한 것처럼 법적 평가를 내린다는 것은 극히 어렵고 이는 또한 국제사회의 보편적 관행에도 맞지 않는다.

2. 자진취득자의 대한민국 국적 상실시점

외국 국적을 자진취득 함에 따라 대한민국 국적을 상실하게 된 사람의 국적상실 시점은 그 외국 국적을 취득한 날이다.

그런데 우리 국민이 귀화 등의 형태로 외국 국적을 취득하더라도 그 외국의 국적관서에서 우리나라 국적관서에 그 사실을 통보해주지 않는 것이 일반적이기 때문에 우리나라 국적관서로서는 당사자가 그 사실을 신고해오기 전에는 알 수가 없다.

대체로 상당한 기간이 지난 뒤에 국적상실 신고를 하는 것이 일반적이고 심한 경우에는 외국 국적자로 지내다가 대한민국 국적을 회복하려는 시점에 국적상실신고를 하는 경우도 상당히 많은 데, 어쨌든 국적상실신고를 나중에 하더라도 대한민국 국적의 상실시점은 그 외국 국적을 취득한 날이다.

따라서 국적상실 신고가 접수되면 그 외국국적을 취득한 날에 대한민국 국적을 상실한 것으로 관보에 고시하고 가족관계등록부를 정리하게 된다.

판례도 우리 국민이 자진하여 외국국적을 취득한 경우에 그 시점에 즉시 대한민국 국적을 상실하는 것이지 별도로 국적이탈 허가를 받거나 국적상실 신고를 한 때에 대한민국 국적을 상실하는 것이 아니라는 것을 확인해 주고 있다.

대법원 1999.12.24. 선고 99도3354 판결【특정범죄가중처벌등에관한법률위반(외국인을위한재산취득)】

미국은 호주나 캐나다 등과 같이 그 나라의 국민이 되는 자격으로서 국적제도를 두지 아니하고 시민권제도를 두고 있는 바, 이러한 국가에서의 시민권은 국적과 그 법적 성격이나 기능이 거의 동일하다고 할 것이어서, 대한민국의 국민이 미국의 시민권을 취득하면 구 국적법(1997.12.13. 법률 제5431호로 전문 개정되기 전의 것) 제12조제4호 소정의 '자진하여 외국의 국적을 취득한 자'에 해당하여 우리나라의 국적을 상실하게 되는 것이지 대한민국과 미국의 '이중국적자'가 되어 구 국적법 제12조제5호의 규정에 따라 법무부장관의 허가를 얻어 대한민국의 국적을 이탈하여야 비로소 대한민국의 국적을 상실하게 되는 것은 아니다.

대법원 2008.7.24. 선고 2008도4085 판결【사기 업무상배임】

대한민국 국민이 뉴질랜드 시민권을 취득하면 「국적법」(2008.3.14. 법률 제8892호로 전문개정되기 전의 것, 이하 같다) 제15조제1항에 정한 '자진하여 외국국적을 취득한 자'에 해당하여 우리나라 국적을 상실하게 되는 것이지 대한민국과 뉴질랜드의 '이중국적자'가 되어 「국적법」 제14조제1항의 규정에 따라 법무부장관에게 대한민국 국적을 이탈한다는 뜻을 신고하여야 비로소 대한민국 국적을 상실하게 되는 것은 아니다.

제 3 절 外國 國籍의 非自進取得

1. 비자진취득의 의의 및 유형

외국 국적을 비자진취득 한다는 것은 당사자의 직접적이고 명시적인 국적신청행위로서 그 국적을 취득한 것이 아니라 그밖의 다른 법률행위나 사실행위의 결과로서 자동으로 그 국적을 취득하게 된 경우를 가리킨다.

주로 국제결혼 등 외국인과의 섭외적 신분행위의 결과로서 상대방의 국적을 자동취득하게 되거나 부모가 외국국적을 취득하는 과정에서 미성년 자녀가 그 국적을 자동으로 취득하게 되는 경우가 그 예에 해당된다고 볼 수 있다.

우리 국적법 제15조제2항은 비자진취득의 구체적 유형으로서 외국인과의 혼인, 외국인에 의한 인지나 입양 등 섭외적 신분행위로 인하여 그 국적을 취득하게 된 경우 또는 부모나 배우자 등 가족이 외국에 귀화하면서 미성년 자녀가 그 국적을 수반취득하게 된 경우를 규정하고 있다.

비자진취득을 자진취득과 별도로 구분하여 취급하는 이유는, 자진취득이 특정한 외국의 국적을 새로이 취득하고자 하는 본인의 자발적 의사를 바탕으로 당해 국가의 법제가 요구하는 절차를 적극 이행함으로써 그 국적을 취득한 경우인 것과는 달리, 비자진취득은 혼인, 입양, 인지와 같은 섭외적 신분행위의 결과로 혹은 수반취득처럼 제3자의 국적취득에 따른 부대적(附帶的) 결과로 일방적으로 그 국적이 부여된 경우로서 국적변경의 의사가 당연히 전제된 것은 아니라는 점에 있다고 하겠다.

이와 관련하여 특별히 유의할 점은 본조 제2항이 규정하고 있는 비자진취득은 외국인과의 혼인, 외국인에 의한 인지 또는 입양에 기하여 그 나라의 국내법상 별도의 귀화절차를 거치지 않고 자동적으로 또는 당연히 그 국적을 취득하게 된 경우로 국한된다는 점이다. 따라서 만약 외국인과 혼인을 하거나, 외국인에 의하여 인지 또는 입양된 것을 계기로 외국에 이주하게 된 뒤 별도로 그 나라의 국적법령이 정한 절차에 따라 귀화하는 형태로 그 나라 국적을 취득하였다면, 그 경우는 비자진취득으로 볼 것이 아니라 본조 제1항에 규정된 자진취득에 해당하는 것으로 보아야 할 것이다.

2. 비자진취득자의 대한민국 국적 상실시점

외국 국적을 비자진취득한 사람이 그 국적을 취득한 날부터 6개월 내에 법무부장관에게 법 제15조제2항에 따른 국적보유신고를 하지 아니한 경우에 그 사람이 대한민국 국적을 상실하는 시점은 6개월이 경과한 날이 아니라 그 외국 국적을 취득한 날이다.

즉 비자진취득인 경우에도 그 외국 국적을 최초 취득하였던 날로 소급하여 대한민국 국적이 상실되는 것으로 보는 것이다.

제 4 절 國籍保有申告制度

1. 제도의 의의

외국 국적을 비자진취득한 사람은 본조 제2항에 따라 외국국적을 취득한 날부터 6개월 내에 법무부장관에게 대한민국 국적을 보유하겠다는 의사를 신고하면 외국 국적을 취득한 사실에도 불구하고 대한민국 국적을 상실하지 아니한다.

이와 같은 국적보유신고제도는 1997년 제4차 개정당시 도입된 제도로서 대한민국 국민 중 자진취득이 아닌 비자진취득의 형태로 외국 국적을 취득하게 된 사람에 대해 국적의 선택기회를 부여함으로써 국적의 변경에 관한 당사자의 의사를 배려하기 위한 것이다.

국적보유신고를 함으로써 대한민국 국적을 상실하지 않게 된 사람은 일단 복수국적상태가 된다. 그러나 국적보유신고만으로 영구히 복수국적을 유지하게 되는 것은 아니고 법 제12조 내지 제14조에 규정된 국적선택제도에 따라 그 기간 내에 하나의 국적을 선택해야 한다.

국적보유신고를 한 사람이 기본선택기간 내에 대한민국 국적을 선택하려는 경우에는 모두 외국국적 불행사서약 방식으로 대한민국 국적을 선택할 수 있다. 복수국적자 중 원정출산자는 외국국적을 포기해야만 대한민국 국적을 선택할 수 있지만, 국적보유신고를 한 사람들은 출생당시에는 대한민국 국적만 가졌던 사람들이므로 '원정출산자'에 포함될 여지가 전혀 없기 때문이다.

한편 국적보유신고를 한 사람이 기본선택기간이 지난 후에 대한민국 국적을 선택하려면 외국국적을 포기해야 한다.

2. 국적보유신고 대상자

본조 제2항에 규정된 국적보유신고를 할 수 있는 사람은 대한민국 국민으로서 국제사법적 신분행위 등에 의하여 외국 국적을 비자진취득하게 된 사람이다. 구체적으로는 다음 각호의 어느 하나에 해당하는 사람을 말한다.

i) 외국인과의 혼인으로 인하여 그 배우자의 국적을 취득하게 된 자(제1호)

ii) 외국인에게 입양되어 그 양부 또는 양모의 국적을 취득하게 된 자(제2호)

iii) 외국인에게 인지되어 그 부 또는 모의 국적을 취득하게 된 자(제3호)

iv) 외국 국적을 취득하여 대한민국 국적을 상실하게 된 자의 배우자 또는 미성년 자녀로서 그 외국 법률에 의하여 함께 그 외국 국적을 취득하게 된 자(제4호)

3. 국적보유신고의 방식

국적보유신고를 하려면 법이 정한 기한(외국 국적을 취득한 때부터 6개월) 내에 시행규칙 별지 제9호 서식에 의한 국적보유신고서[6]를 작성하여 법무부장관이 위임한 출입국관리사무소장 · 출장소장에게 제출하여야 한다(시행령 제19조제1항).

---

6) 국적보유신고서에는 다음과 같은 서류가 첨부되어야 한다(시행규칙 제13조제2항).
1. 가족관계기록사항에 관한 증명서
2. 외국국적을 취득하게 된 원인 및 연월일을 증명하는 서류

외국에 주소를 두고 있을 때에는 주소지 관할 재외공관의 장에게 동 신고서를 제출하는 방식으로 국적보유신고를 할 수 있다(시행령 제25조제1항).

제 5 절 外國 國籍 取得日의 推定

자진취득이든 비자진취득이든 외국 국적을 취득한 사실에 기하여 대한민국 국적을 상실하게 되는 사람의 경우, 대한민국 국적을 상실하는 시점은 바로 그 외국 국적을 취득한 날이라는 것은 앞에서 설명하였다. 그런데 당사자가 외국 국적을 취득한 후 상당한 기간이 지나서 우리나라 국적관서에 국적상실신고를 하게 됨으로 인해 자신이 외국 국적을 취득한 일자를 기억하지 못하거나 그 일자에 관한 증빙자료를 제출하지 못하는 경우가 실무상 흔히 발생한다.

본조 제3항은, 당사자가 외국 국적의 취득일자를 기억하지 못하거나 그 증빙자료를 제출하지 못하는 경우에 대처하기 위한 조항이다. 법문상 그가 사용하는 외국 여권의 '최초 발급일'에 그 외국 국적을 취득한 것으로 추정한다고 되어 있는데, '최초'라는 수식어가 붙어 있기는 하지만 외국 국적의 취득일자가 문제되고 있는 시점에 사용 중인 외국 여권에 표시되어 있는 여권발급일자를 최초 발급일로 추정하여도 별 문제가 없다 하겠다.

실무상 외국 국적의 취득일자가 확인되지 않아 당사자 또는 정부기관이 봉착하게 되는 애로사항의 예를 들어본다.

i) 오래전에 외국 국적을 취득하여 대한민국 국적을 상실하였으나 국내의 구호적부 또는 현행 가족관계등록부상에 그 내용이 반영되어 있지 아니한[7] 사람이 국적회복허가를 신청하려면 국적상실신고부터 먼저 하거나 혹은 국적회복허가신청과 동시에 국적상실신고를 해야 한다. 이 때 국적회복허가신청서 또는 국적상실신고서에는 국적변동의 정확한 경과를 가족관계등록부에 등재하기 위하여 자신이 대한민국 국적을 상실한 일자 즉, 그

7) 대한민국 국적상실에 따른 제적조치가 이루어지지 않고 호적이나 가족관계등록부에 이름이 여전히 등재되어 있는 경우를 의미한다.

외국 국적을 취득한 일자를 반드시 기재하게 되어 있는데 만약 그 외국국적의 취득일자를 증빙할 수 있는 서류를 보관하고 있지 않는 상태라면 그 일자를 기재할 수가 없게 되고 그로 인하여 국적회복허가 신청서나 국적상실신고서를 접수할 수가 없게 된다.

ii) 외국 국적을 취득하여 대한민국 국적을 상실하였으나 가족관계등록부에 그 사실이 반영되어 있지 아니한 사람이 외국의 여권을 소지하고 우리나라를 출입하는 과정에서 출입국관리공무원에게 발견이 되면 출입국관리공무원은 국적법 제16조제2항에 의하여 지체없이 법무부장관에게 국적상실자 발견 통보를 해야 하는데 이때 그 사람이 자신의 외국 국적 취득일자를 모르고 있거나 혹은 그 정보의 제공을 거부할 경우에 출입국관리공무원은 통보서상에 그 사람의 대한민국 국적의 상실일자(외국 국적의 취득일자)를 기재할 수 없어 결국 국적상실자 발견통보를 할 수 없게 된다.

살피건대 위의 두 가지 경우에 출입국관리공무원의 입장에서 대상자가 현재 외국인인 사실이 중요한 것이지 그가 그 외국 국적을 언제 취득하였는지 여부는 그 일자가 특별히 쟁점이 되는 예외적 경우가 아닌 한, 그 일자를 하루도 틀림이 없이 정확하게 기재하여야 할 정도로 중요하지는 않다고 할 것이다.

다시 말하면 국적상실신고나 통보는 그 대상자가 과거 어느 시점에 외국 국적을 취득함으로써 현재 대한민국 국적을 상실한 상태에 있다는 사실을 가족관계등록부에 반영하기 위한 것에 불과하므로 만약 외국 국적 취득시기를 정확히 알 수 없다면 그 시기를 추단할 수 있는 어떤 시점을 특정해서 가족관계등록부에 등재함으로 족한 것이다.

그런 점에서 당사자가 사용 중인 외국여권의 발행시점은 중요한 참고가 될 수 있다. 오늘날 국제사회에서 여권은 그 소지자가 그 여권이 발급된 국가의 공민임을 증명하는 가장 보편적이고 유효한 수단이다. 그런 점을 감안할 때 달리 외국국적 취득일자에 관한 증빙자료가 없는 사람에 대해서는, 일응 그가 소지한 외국 여권에 표시된 발급일자를 그 외국 국적의 취득일자로 추정하여 가족관계등록부에 대한민국 국적상실 일자로 등재한다면 큰 무리가 없고, 이를 통해 가족관계등록부 정리에 필요한 행정절차상의 난점을 큰 불편 없이 극복할 수 있을 것이다.

물론, 여권은 그 외국 국적을 취득한 이후에 발급받게 되므로 논리적으로 여권 발급일 보다는 그 외국 국적의 취득일자(=대한민국 국적의 상실일자)가 앞서겠지만, 여권 발급일을 대한민국 국적의 상실일자로 등재하더라도 당사자에 대한 불이익 기타 문제가 될 소지는 거의 없다고 할 수 있는 점에서 본조 제3항은 충분한 타당성을 가진다.

제 15 장

國籍喪失의 申告 및 通報

제16조(국적상실자의 처리)

① 대한민국 국적을 상실한 자(제14조에 따른 국적이탈의 신고를 한 자는 제외한다)는 법무부장관에게 국적상실신고를 하여야 한다.

② 공무원이 그 직무상 대한민국 국적을 상실한 자를 발견하면 지체 없이 법무부장관에게 그 사실을 통보하여야 한다.

③ 법무부장관은 그 직무상 대한민국 국적을 상실한 자를 발견하거나 제1항이나 제2항에 따라 국적상실의 신고나 통보를 받으면 가족관계등록 관서와 주민등록 관서에 통보하여야 한다.

④ 제1항부터 제3항까지의 규정에 따른 신고 및 통보의 절차와 그 밖에 필요한 사항은 대통령령으로 정한다.

제 1 절 槪　　要

국적법과 가족관계의 등록 등에 관한 법률(舊 호적법)에 의하면, 가족관계등록부는 대한민국 국민에 한해 만들어지고, 가족관계등록부가 만들어진 국민 개개인에게 그 후 국적의 변동이 발생하였다면 그 변동의 내역이 모두 가족관계등록부에 기록되어야 한다.

즉 대한민국 국민이 외국 국적을 취득하여 대한민국 국적을 상실한 경우 그 사람의 가족관계등록부(舊 호적부)에 국적상실에 관한 사항을 기록하는 한편, 그 사람은 더 이상 대한민국 국민이 아닌 이상 그 가족관계등록부는 정리하여 일단 폐쇄조치를 취하는 것이 원칙이다.

법 제16조는 바로 이와 같이 대한민국 국적을 상실한 사람의 가족관계등록부와 주민등록부를 정리하기 위해 국적상실자 본인의 신고의무와 국적상실자를 발견한 공무원의 통보의무 등에 관하여 규정하고 있다.

제 2 절 國籍喪失申告

대한민국 국적을 상실한 사람의 가족관계등록부를 정리하기 위해서는 국적상실자 본인이 법 제16조와 시행령 제20조 및 제25조에 따라 국적상실의 원인 및 연월일을 증명하는 서류를 첨부하여 출입국관리사무소장 · 출장소장 또는 재외공관의 장에게 국적상실신고를 하여야 한다.

그러면 본인이 아니라 가족들이 외국국적 취득사실에 기한 국적상실신고를 하는 경우는 어떻게 할 것인가? 본인의 진정한 위임장과 함께 국적상실을 증명하는 서류 즉, 외국 국적을 취득한 때에는 국적취득증서나 시민권증서 등 그 사실을 증명하는 서류를 제출하는 경우에는 국적상실신고를 접수하여도 무방하다 할 것이다.[1)]

만약 국적을 상실한 당사자가 사망하거나 혹은 그 사망여부를 알수 없는 가운데 당사자의 위임장이 없이 가족들이 국적상실신고를 해 온 경우, 담당직원이 판단하기에 제출된 자료에 의해 국적상실한 사실이 객관적으로 인정되는 상황이라면 제16조제2항에 따라 법무부장관에게 국적상실사실을 통보하는 방식으로 그 사람에 대한 국적상실처리를 하면 될 것이다.

대한민국 국적을 상실한 자가 국적상실신고의무를 이행하지 않은 경우에 동인을 직접적으로 처벌하는 규정은 없으나, 만약 그가 대한민국 국적을 상실한 이후에도 과거에 발급받았던 대한민국 여권으로 대한민국을 출입국한 경우에는 무효의 여권을 사용한 행위에 관하여 처벌을 할 수 있다.

---

1) 법 제19조에 따르면 국적법상의 각종 신청이나 신고는 15세 미만이면 반드시 법정대리인이 대신하도록 규정하고 있고, 그 외에는 본인이 하여야 하는 것이 원칙이다. 그러나 국적상실신고는 국적법에 규정된 다른 신청이나 신고행위와는 달리 그 신고 자체가 본인의 신분변동에 직접적인 영향을 미치는 것이 아니라 기왕에 발생한 사실에 대한 신고이므로 실무를 운용함에 있어 완화하여 해석을 해야 할 것이다.

제 3 절 國籍喪失通報

공무원이 직무수행과정에서 대한민국 국적을 상실하고도 국적상실신고가 되어있지 아니한 사람을 발견한 때에는 법무부장관에게 통보하여야 한다(법 제16조제2항).

출입국관리공무원으로서는 출입국심사를 하거나 외국인등록 업무를 하는 과정에서 대한민국 국적을 상실한 사람임에도 그 사실이 신고되지 않아 등록기준지에 가족관계등록부가 남아 있는 사람을 발견하게 되면 그 사람의 성명 · 생년월일 · 성별 및 등록기준지 등 인적사항을 적고, 그가 대한민국 국적을 상실한 원인 및 연월일을 증명하는 서류 또는 그가 소지한 외국여권의 사본을 첨부하여 국적업무를 담당하는 부서 즉, 법무부 국적난민과나 관할 출입국관리사무소에 통보하여야 한다.

그밖에 가족관계등록관서나 주민등록관서 공무원들도 소관업무를 수행하는 과정에서 국적상실자를 발견한 경우에 법무부 국적난민과나 관할 출입국관리사무소에 통보하여야 한다.

법무부장관은 그 통보를 받은 경우에는 지체 없이 그 사실을 관보에 고시하고, 당사자의 가족관계등록 관서와 주민등록 관서에 통보하여야 한다(법 제16조제3항, 시행령 제21조). 다만, 이 업무는 시행령 제29조에 따라 사무소장등에게 위임되어 있어 사무소장등이 행할 수 있다.

제 16 장

官報 告示

제17조(관보 고시)

① 법무부장관은 대한민국 국적의 취득과 상실에 관한 사항이 발생하면 그 뜻을 관보에 고시(告示)하여야 한다.

② 제1항에 따라 관보에 고시할 사항은 대통령령으로 정한다.

제 1 절 概 要

법무부장관은 출생에 의한 대한민국 국적 취득자를 제외하고 그밖에 후천적 사유로 대한민국 국적을 취득하는 사람이나 국적이탈을 하는 사람 등 국적법의 규정에 따라 대한민국 국적의 취득과 상실에 관한 사항이 발생한 때에는 당사자의 성명 등을 관보에 고시하여야 한다.

각 사항별로 관보에 고시할 내용은 시행령 제26조에 자세히 규정되어 있다. 특기할 것은 국적이탈신고는 관보 고시 사항으로 되어있으나 대한민국 국적을 선택하는 뜻의 신고를 한 사람에 대해서는 관보 고시를 하지 않고 있고, 국적법 제14조의3의 규정에 따라 국적상실결정을 한 경우에는 그 성격상 반드시 관보 고시함이 상당할 것이나 시행령 제26조에 규정된 관보 고시 사항에 누락되어 있다는 점이다. 후자의 부분은 다음에 시행령을 개정할 때 반드시 반영할 필요가 있다고 본다.

〈관보에 고시할 사항(시행령 제26조)〉

1. 인지에 의한 국적취득신고를 수리한 경우 : 국적취득자의 인적사항(성명, 생년월일, 성별, 종전 국적, 예정 등록기준지. 이하 제2호부터 제4호까지는 동

일) 및 신고 수리일

2. 귀화를 허가한 경우 : 귀화자의 인적사항 및 귀화허가일(수반취득자가 있으면 수반취득자의 인적사항을 포함)
3. 국적회복을 허가한 경우 : 국적 회복자의 인적사항, 국적상실의 원인과 연월일 및 국적회복 허가일(수반취득자가 있으면 수반취득자의 인적사항을 포함)
4. 국적재취득 신고에 의한 국적취득 신고를 수리한 경우 : 국적취득자의 인적사항 및 신고수리일
5. 국적이탈 신고를 수리한 경우 : 국적이탈자의 인적사항(성명, 생년월일, 성별, 외국국적, 등록기준지) 및 신고수리일
6. 국적상실자에 대하여 국적상실 처리를 한 경우 : 국적상실자의 인적사항(성명, 생년월일, 성별, 외국국적, 등록기준지), 국적 상실의 원인 및 국적상실 연월일(외국국적을 취득하면 그 국적을 포함)
7. 국적판정 신청에 대하여 국적보유자로 판정한 경우 : 국적보유 판정자의 인적사항(성명, 생년월일, 성별, 외국국적, 등록기준지 또는 예정등록기준지) 및 국적보유 판정일

제 2 절 官報 告示의 效力

관보 고시는 국적의 득상(得喪) 내용을 공시하기 위한 것이며, 고시에 의하여 국적득상의 효력이 발생하는 것은 아니다.

실제로 국적법에 따라 귀화 또는 국적회복의 허가, 국적상실신고 또는 국적이탈신고의 수리 등이 적법하게 이루어졌으나 사무착오 등으로 관보고시가 누락된 경우가 있을 수 있는 바, 그 경우에도 국적득상의 효력에는 영향을 미치지 않는다 할 것이다.

제 17 장

國籍喪失者의 權利變動

제18조(국적상실자의 권리변동)

① 대한민국 국적을 상실한 자는 국적을 상실한 때부터 대한민국의 국민만이 누릴 수 있는 권리를 누릴 수 없다.

② 제1항에 해당하는 권리 중 대한민국의 국민이었을 때 취득한 것으로서 양도(讓渡)할 수 있는 것은 그 권리와 관련된 법령에서 따로 정한 바가 없으면 3년 내에 대한민국의 국민에게 양도하여야 한다.

제 1 절 概　　要

대한민국 국민이 국적법이 정한 사유에 따라 대한민국 국적을 상실하게 된 경우에 그 시점 이후로 그 사람은 더 이상 대한민국 국민으로서의 권리를 주장할 수 없고 대한민국 국민으로서의 각종 처우나 보호를 요구하지 못함은 기본적 상식일 것이다.

법 제18조는 대한민국 국적을 상실한 사람의 권리 변동, 특히 대한민국 국적을 상실한 후에는 대한민국 국민이 아니면 누릴 수 없는 권리 중 양도 가능한 권리를 양도할 의무 등에 관하여 규정하고 있다.

제 2 절 國籍喪失者 權利變動 條項의 沿革

1997년 제4차 개정 전까지의 구법(제16조)은 대한민국 국적을 상실한 자에 대해 국적상실일로부터 1년 내에 대한민국의 국민이 아니면 향유할 수 없는 권리를 대한민국 국민에게 양도하여야 하며, 이를 위반한 때에는 그 권리를 상실하는 것으로 규정하고 있었다.

구법이 국적상실자에 대하여 '대한민국의 국민이 아니면 향유할 수 없는 권리'를 1년 내에 양도하도록 규정한 것은 그 권리가 구체적으로 어떤 것인지도 불분명할 뿐 아니라 양도기간도 현실적으로 너무 짧다는 점에서 문제가 있었다.

또한 그 권리를 1년 내에 양도하지 아니한 때에는 상실하는 것으로 규정한 것은 그 법률적 의미가 모호할[1] 뿐 아니라 상실된 권리가 누구에게 귀속되는지 여부도 분명하지 않았다.[2]

> 그러한 양도의무 조항에도 불구하고 당시 『외국인의토지취득및관리에관한법률』이 토지에 관한 권리를 가지고 있는 국민이 외국인으로 된 경우에 건설교통부장관의 허가를 받으면 당해 토지에 관한 권리를 계속 보유할 수 있도록 하고, 그 허가를 받지 못한 경우에 한해 국적변동일로부터 3년 내에(상속 또는 포괄승계를 받은 재산은 5년 내에) 그 권리를 처분하거나 성업공사에 공매 처분을 위임하여야 하며, 이를 이행하지 않으면 건설교통부장관이 직권으로 성업공사에 공매처분을 의뢰하여야 한다(제15조)고 국적법과 상충되는 내용을 규정하고 있었던 점 역시 구 국적법에 내재한 문제점에서 비롯된 것이었다.

이러한 문제점 등을 감안하여 1997년 제4차 개정 당시 국적상실자에 대하여 대한민국 국민이 아니면 행사할 수 없는 권리로서 그 성격상 양도할 수 없는 공법적 권리 즉, 참정권이나 공무담임권, 대한민국 여권을 사용할 권리 등은 국적상실 이후에는 더 이상 향유할 수 없다는 기본적 사항을 선언하는 한편, 양도 가능한 권리에 대해서는 그 양도기간을 3년으로 연장하였다.

다만, 양도가능한 권리라 하더라도 구체적으로 양도절차 등은 권리의 성격에 따라 다를 수 있으므로 국적법에서 일률적으로 규정하기 보다는

---

1) 본 조항의 해석과 관련된 대법원 판례(1970.12.22. 선고 68사58판결)는 '대한민국 국적을 상실한 자가 1년 내에 토지를 대한민국 국민에게 양도하지 않았다 하더라도 당연히 그 소유권을 상실하는 것이 아니라 외국인토지법 소정의 경매가 있는 때에 비로소 그 소유권을 상실한다'고 판시한 바 있다.

2) 대만 국적법(제14조제2항)은 중화민국 국적을 상실한 자에 대하여 중화민국 국민이 아니면 향유할 수 없는 권리를 국적상실 후 1년 내에 중화민국 국민에게 양여하지 않으면 그 권리는 국고에 귀속되는 것으로 규정하고 있다.

그 권리와 관련된 법령에서 따로 정한 바가 있으면 그 규정[3]에 따르도록 하였다.

한편 우리 국적법은 양도 가능한 권리에 관하여 동 권리를 양도할 의무가 있다는 점과 양도기한만을 규정하고 그 의무의 불이행에 따른 권리의 상실 또는 소멸 여부 등에 관하여는 따로이 규정하지 않고 있다. 그렇게 한 것은 그 문제는 관계법령의 해석 · 적용에 의하여 해결하도록 한 취지로 보면 될 것이다.

제3절 大韓民國 國民만이 누릴 수 있는 權利의 消滅

제18조제1항에서 '대한민국 국민만이 누릴 수 있는 권리'라 함은 법률상 대한민국 국민만이 전속적으로 행사할 수 있는 권리, 예컨대 공무담임권, 투표권, 피선거권, 광업권 등을 의미한다.

국적상실자는 한국 정부가 발급한 여권도 더 이상 사용할 수 없고 대한민국에 출입국할 때에는 외국여권을 사용하고 때로는 비자를 받아야 하며, 장기체류하려면 외국인등록을 해야 한다. 그 밖에도 국내에서의 취업, 부동산 취득 등 제반 법률행위에 있어 외국인 신분에 따른 관계법률상의 규제를 받게 된다.

문리해석상 이 조항은 일응 당연한 내용을 선언적으로 규정한 것같이 보이기도 하지만, 관계 법률에서 대한민국 국민에게만 그 권리행사 자격을

3) 대한민국내의 토지를 보유한 대한민국 국민이나 대한민국의 법률에 의하여 설립된 법인 또는 단체가 외국인으로 변경된 경우에 당해 토지를 계속 보유하는 문제와 관련하여 구 외국인의토지취득및관리에관한법률(제15조)은 건설교통부장관의 허가를 받으면 당해 토지에 관한 권리를 계속 보유할 수도 있고, 허가를 받지 못한 경우에는 국적변동일로부터 3년 내에(상속 또는 포괄승계를 받은 재산은 5년 내에) 그 토지에 관한 권리를 처분하거나 성업공사에 공매처분을 위임하여야 하며, 이를 이행치 않는 경우 건설교통부장관이 직권으로 성업공사에 공매처분을 의뢰하여야 한다고 규정하고 있었으나, 1997년 4차개정 국적법 시행이후 동 법률의 폐지와 동시에 제정된 외국인토지법(법률 제5444호)에서는 외국인으로 변경된 날부터 6개월 이내에 시장 · 군수 또는 구청장에게 신고하면 그 토지를 계속 보유할 수 있고(제6조), 구 외국인의토지취득및관리에관한법률에 따라 토지의 계속 보유에 관하여 허가를 받지 아니하였던 자도 법 시행일부터 1년 내에 제6조의 개정규정에 의한 신고를 하면 종전의 규정에 의하여 허가를 받은 것으로 간주되도록(부칙 제2조) 되어 있다.

부여하는 규정을 따로 두지 아니한 경우에 적용가능한 일반적 지침으로 볼 수 있다.

제 4 절 讓渡 可能한 權利의 讓渡義務

제18조제2항은 대한민국 국민만이 누릴 수 있는 권리 중 대한민국 국민이었을 당시 취득한 것으로서 양도 가능한 권리에 관해서는 그 권리와 관련된 법령이 별도로 정한 바가 없는 한 대한민국 국적을 상실한 시점으로부터 3년 내에 다른 대한민국 국민에게 양도하여야 한다고 규정하고 있다.

대한민국 국민만이 누릴 수 있는 권리 중 양도 가능한 권리에 관하여는 그 권리의 성질상 주로 사유재산에 대한 권리 등이 문제될 것이다.

한편, 본 항은 만약 양도 가능한 권리를 3년 내에 양도하지 아니한 경우에 그 권리의 상실 또는 소멸 여부에 관해서는 별도로 규정하고 있지 않다. 동 기한 내에 양도처분하지 아니한 권리의 소멸 내지 상실 여부는 해당 법령에 특별한 규정이 있는 경우 그 법령에 의하여 결정될 것이며, 특별한 규정이 없다면 원칙적으로 계속 보유할 수 있는 것으로 해석된다. 헌법에서 보장하고 있는 권리인 재산권 등에 대하여 법률로써 제한하기 전까지는 그 권리가 상실 또는 소멸한다고 보기 어렵기 때문이다(헌법 제23조). 현재까지 양도처분을 하지 않았다는 이유로 권리 자체를 박탈하는 법률은 찾아볼 수 없다.

따라서 외국인의 소유에 대하여 법률에 특별한 제한이 없는 사유재산에 관한 권리는 대한민국 국민만이 누릴 수 있는 권리에 해당되지 아니하므로 대한민국 국적을 상실하였다고 해서 이를 자동 상실하지 않음은 물론 3년 내에 다른 대한민국 국민에게 양도할 의무도 없다. 즉 외국국적으로 변경된 후에도 예금을 비롯한 각종 동산, 토지 및 건물 등 부동산을 그대로 계속 보유할 수 있다.

다만, 외국인의 소유에 대하여 특별한 제한이 있는 경우는 해당 법률에 따라 양도하여야 할 것이다. 예를 들어 토지의 경우 외국인 신분으로 그 토지를 계속 보유하기 위해서는 대한민국 국적을 상실한 날부터 6개월 이내에 시장 · 군수 또는 구청장에게 신고하여야 하고 이를 이행하지 않으면 과태로 처분을 받게 되며(외국인토지법 제6조),[4] 지상파 방송사업자에 대한 출연 또는 출자를 한 후 대한민국 국적을 상실하여 외국인이 되면 방송통신위원회는 6개월 이내의 기간을 정하여 그 시정을 명할 수 있고 이를 위반하는 경우 1년 이하의 징역 또는 3천만원 이하의 벌금을 받게 된다(방송법 제14조 및 제106조제1호). 그 밖에 광업권의 경우 상호주의 원칙에 따라 해당 외국이 한국 국민에게 광업권을 인정하는 경우에만 그 권리를 가질 수 있도록 하고 있으며,[5] 신문 등의 진흥에 관한 법률 제13조에도 대한민국의 국민이 아닌 사람에게 신문 및 인터넷신문의 발행인 또는 편집인이 되거나 기사배열책임자가 될 수 없도록 제한하고 있다.

제 5 절 國籍喪失에 따른 其他 法律效果

대한민국 국적을 상실하게 되면 우리 국민과의 친족관계도 소멸되는가? 그렇지는 않다. 국적이라는 공법상의 지위만 상실할 뿐 기왕에 형성된 사법상의 지위 즉, 친족관계가 단절되거나 소멸되는 것은 아니며 따라서 한국인 부모와의 친자관계, 한국인 배우자와의 부부관계는 계속 유지되고, 친족관계에 기한 상속권도 여전히 유효하다고 보아야 한다.

대한민국 국적을 상실한 이후에는 종전까지 사용하던 한국 여권을 더 이상 사용할 수 없으며,[6] 한국 여권을 발급 받은 사람이 대한민국 국적을

---

4) 외국인토지법 제6조(계속보유 신고) 대한민국 안의 토지를 가지고 있는 대한민국 국민이나 대한민국의 법령에 따라 설립된 법인 또는 단체가 외국인등으로 변경된 경우 그 외국인등이 해당 토지를 계속보유하려는 경우에는 외국인등으로 변경된 날부터 6개월 이내에 대통령령으로 정하는 바에 따라 시장 · 군수 또는 구청장에게 신고하여야 한다.

5) 광업법 제10조의2(외국인의 권리능력) ① 외국인은 다음 각 호의 어느 하나에 해당하는 경우에만 광업권을 가질 수 있다.

1. 그 외국인이 속하는 국가에서 대한민국 국민에 대하여 그 국가의 국민과 동일한 조건으로 광업권을 갖는 것을 인정하는 경우
2. 대한민국이 그 외국인에 대하여 광업권을 갖는 것을 인정하는 경우에는 그 외국인이 속하는 국가에서도 대한민국 국민에 대하여 그 국가의 국민과 동일한 조건으로 광업권을 갖는 것을 인정하는 경우
3. 조약 및 이에 준하는 것에서 광업권을 갖는 것을 인정하고 있는 경우

6) 여권법 제13조(여권의 효력상실) ① 여권은 다음 각 호의 어느 하나에 해당하는 때에는 그

상실하는 등으로 여권의 효력상실 사유를 알게 된 지방자치단체의 여권발급 공무원이나 출입국관리공무원 등 직무관련 공무원은 그 사실을 외교통상부장관에게 통보하여야 한다. 대한민국 국적을 상실한 사람의 경우 종전에 사용하던 대한민국 여권을 반납할 의무는 없으나 외국 국적을 취득한 후에도 그 여권을 사용한 사실이 드러나면 유효하지 않은 여권을 행사한 것이 되어 출입국관리법 제7조와 제28조 위반으로 처벌을 받게 된다.

효력을 잃는다.

1. ~ 6. (생략)

7. 여권의 발급이나 재발급을 받은 사람이 외국국적을 취득하여 「국적법」에 따라 국적을 상실한 때

8.~ 9. (생략)

② 제1항제2호부터 제8호까지의 규정에 따른 여권의 효력상실 사유를 알게 된 지방자치단체의 소속 공무원 중 여권의 발급이나 재발급에 관한 사무를 담당하는 사람, 국가경찰공무원, 자치경찰공무원, 출입국관리나 세관업무에 종사하는 사람으로서 사법경찰관리의 직무를 행하는 사람은 그 사실을 외교통상부장관에게 통보하여야 한다.

제 18 장

法定代理人에 의한 申請·申告

제19조(법정대리인이 하는 신고 등)
이 법에 규정된 신청이나 신고와 관련하여 그 신청이나 신고를 하려는 자가 15세 미만이면 법정대리인이 대신하여 이를 행한다.

제 1 절 槪　　要

국적법에서 규정하고 있는 각종 신청과 신고는 국적의 득실과 관련이 있는 것으로 당사자 본인의 법적인 신분 내지 지위에 중요한 영향을 미치는 국적법상의 의사표시이므로 본래 대리를 허용하지 않는 본인만이 할 수 있는 행위이다. 이와 같은 행위도 의사표시인 이상 표의자(表意者)의 의사능력이 요구되는 것은 당연하다.

의사능력 유무를 연령별로 보면 개인마다 차이가 있지만 이를 개인의 능력에 따라 정할 수는 없기 때문에 국적법은 의사능력이 부족한 기준을 15세 미만자로 정하고 있다.

따라서 15세 미만자의 국적에 관한 신청 또는 신고는 항상 법정대리인으로 하여금 대신하게 하고, 반대로 15세 이상자에 대해서는 본인 자신이 반드시 해야 하는 것으로 한 것이다.

제 2 절 15歲 未滿者의 申請 또는 申告

현행 국적법 해석상 15세 미만인 자가 국적과 관련된 신청 또는 신고를 하게 되는 경우로 생각해 볼 수 있는 것은 대한민국 국민에게 인지되어 국적취득신고를 하려는 경우, 특별귀화허가신청을 하려는 경우, 수반취득신청을 하려는 경우, 국적회복허가신청이나 국적재취신고를 하려는 경우, 국적보유신고를 하려는 경우, 대한민국 국적의 선택신고나 이탈신고를 하려는 경우, 국적상실신고를 하려는 경우 등 다양하다.

15세 미만자의 국적관련 신청 또는 신고는 그 부 또는 모 등 법정대리인[1]이 당사자를 대신하여 행한다. 대행은 대리와 법률적 의미가 다르기 때문에 이것이 법정대리인의 대리행위인지 단순한 대행인지 검토해 볼 필요가 있다.

> 일상생활에서는 대리와 대행을 구분 없이 사용하고 있으나, 대리라 함은 대리인이 본인을 위한 것임을 명시하고 대리인 자신의 이름으로 의사표시를 함으로써 직접 본인에게 법률행위의 효과를 귀속시키는 행위이며, 대행이라 함은 본인의 의사표시를 단순히 전달하거나 본인이 결정한 의사를 상대방에게 그대로 표시함으로써 표시행위의 완성에 협력하는 행위를 말한다. 따라서 대리는 법률행위로서 위임범위가 포괄적이고 효과의사 결정자는 대리인이 되며, 대행은 사실행위로서 위임범위가 제한적이며 효과의사 결정자는 본인이 된다.

국적법상의 신청 또는 신고는 개인의 신분변동을 가져오는 일신전속적인 성격의 법률행위로서 원칙적으로 대리가 허용되지 않는다. 다만, 의사결정 능력이 부족하다고 판단되는 15세 미만자에 대해서는 법정대리인의 의사표시가 필요하다고 보아 법 제19조에서 대리에 관한 특별규정을 둔 것으로 보아야 한다.

따라서 법문상 '대신하여 행한다'고 규정하고 있어 그 의미가 모호하지

---

1) 민법 제911조(미성년자인 자의 법정대리인) 친권을 행사하는 부 또는 모는 미성년자인 자의 법정대리인이 된다.

만 법정대리인이 15세 미만인 당사자 본인을 위한 것임을 법정대리인 명의로 의사표시를 하고 그 효과는 본인에게 발생하게 하는 대리행위라고 봄이 상당하다.

이와 유사한 특별규정의 예를 든다면 민법 제869조가 15세 미만인 자의 입양에 관하여 법정대리인이 그에 갈음하여 입양을 승낙하도록 하는 제도를 규정하고 있는 점을 들 수 있다.[2] 여기서 입양의 승낙은 법정대리인의 의사표시이며 입양의 효력은 본인에게 발생하게 된다.

제 3 절 15歲 以上 未成年者의 申請 또는 申告

15세 이상이면서 아직 성년에는 도달하지 못한 사람이 국적관련 신청이나 신고를 하려는 경우에는 법률상 미성년자이기는 하지만 본인이 직접 하여야 한다. 민법 제5조는 미성년자가 법률행위를 함에는 법정대리인의 동의를 얻어야 하며, 이에 위반한 행위는 취소할 수 있다고 규정하고 있지만 이는 사법적(私法的) 법률행위에 적용되는 사항이고, 국적법상의 신청이나 신고는 개인의 신분변동을 가져오는 공법상의 행위라는 점에서 특별히 민법을 준용한다는 명문 규정이 없는 한 민법 제5조가 적용되지 않는다고 봄이 상당하다.

일본의 국적법 제18조[3]도 우리 국적법과 거의 유사한 규정을 두고 있다. 일본의 학설[4]도 국적에 관한 사항 중 법정대리인에 의해 하지 않으면 안 되는 것은 국적취득, 국적선택 또는 이탈을 하려는 자가 15세 미만인 경우이고, 만15세 이상이면 그 자가 행위무능력자라 하더라도 법정대리인에 의해 할 수는 없고 반드시 본인이 그와 같은 신고, 신청, 선언을 하지 않으면 안된다고 설명하고 있다. 일본의 판례 또한 본인이 만15세에 달한 후에 본인이 모르는 사이에 부가

2) 민법 제869조(15세 미만자의 입양승낙) 양자(養子)가 될 사람이 15세 미만인 경우에는 법정대리인이 그를 갈음하여 입양의 승낙을 한다. 다만, 미성년후견인이 입양을 승낙하는 경우에는 가정법원의 허가를 받아야 한다.

3) 일본 국적법 제18조(법정대리인이 하는 신고 등) 제3조제1항 또는 전조 제1항 규정에 의한 국적취득 신고, 귀화허가 신청, 일본국적 선택 선언 또는 국적이탈 신고는 국적취득, 선택 또는 이탈을 하려고 하는 자가 15세 미만인 때는 법정대리인이 대신한다.

4) 木棚照一, 逐條註解 國籍法, 일본 가제출판, 2003년, p.451.

한 국적이탈 신고를 당연무효라고 판시한 바 있다(동경지방재판소 1951.7.9 판결, 행정사건재판례집2권8호, 1365면).

제 19 장

國籍判定制度

> **제20조(국적 판정)**
> ① 법무부장관은 대한민국 국적의 취득이나 보유 여부가 분명하지 아니한 자에 대하여 이를 심사한 후 판정할 수 있다.
> ② 제1항에 따른 심사 및 판정의 절차와 그 밖에 필요한 사항은 대통령령으로 정한다.

제 1 절 概　　要

국적판정 제도는 대한민국 국적의 취득 또는 보유여부가 분명하지 아니한 사람에 대해 당사자의 신청이 있는 경우 법무부장관이 이를 심사, 판정해 주는 제도로서 1997년 제4차 개정 당시 도입되었다.

광의적 의미의 국적판정은 어떤 개인의 국적귀속관계가 불분명할 때 그 사람의 국적이 어디인지를 가리는 일일 것이다. 그중에서도 논의의 실익이 있는 부분은 그 사람이 대한민국 국민인지 아닌지 여부를 가리는 일이다. 전통 국제법에 의할 때 국적의 귀속관계에 관한 판단이나 결정은 각 국가의 주권적 재량사항이므로 어느 국가든지 당해 개인이 자국민이냐 아니냐만을 판단할 수 있을 뿐, 그 사람이 다른 제3국의 국민이냐 아니냐 하는 문제에 관해서는 아무런 결정권한이 있을 수 없기 때문이다.

이러한 광의적 의미의 국적판정은 국내법에 명문규정이 있고 없음을 떠나 국적행정을 담당하는 기관에서 통상적으로 그 1차적 권한을 행사하게 됨은 당연하고도 자연스러운 일이라 할 것이다. 다만 행정부 내에서도 어느 부서가 그 권한을 행사하는지 여부는 나라마다 조금씩 다를 수 있다. 우리나라의 경우 어떤 개인이 대한민국 국적을 취득 또는 상실한 사실이 있는지, 그리고 현재 대한민국 국적을 보유한 사람인지 여부 등에 관한 1차적 판단권한은 국적행정기관의 장인 법무부장관이 행사하지만, 미국에서는 어떤 개인의 국적관계가 불분명할 경우 동인을 미국 시민권자로 처우할 것인지 여부를 법무부가 아니라 국무부에서 판단한다.

협의적 의미의 국적판정은 대한민국 국적의 취득 및 보유관계가 불분명한 사람이 대한민국 국적자임을 확인 받을 목적으로 국적판정을 신청한 경우에 법무부장관이 그 사람의 국적귀속관계를 소정의 절차에 따라 심사한 후 현재 대한민국 국적자인지 여부를 판정하는 제도이다. 법 제20조가 규정하고 있는 국적판정제도는 바로 협의적 의미의 국적판정이다.

법무부장관은 국적판정을 신청한 자에 대하여 그 혈통관계, 국외이주 경위, 대한민국 국적을 취득한 사실 여부, 그가 대한민국의 국적을 취득한 후 자진하여 외국 국적을 취득함으로써 대한민국 국적을 상실한 사실이 있는지 여부 등을 심사한 후 그 사람이 신청시점 현재에도 대한민국 국적을 보유하고 있는 사람인지 여부를 판정하게 된다(시행령 제24조제3항).

이 제도에 의하여 법무부장관으로부터 현재도 대한민국 국적을 보유하고 있다는 판정을 받은 사람은 별도로 대한민국 국적을 취득하기 위한 국적법 소정의 절차를 거칠 필요 없이 곧바로 가족관계등록법 제98조[1]가 정하는 바에 따라 가족관계등록을 창설할 수 있게 된다(시행령 제24조제5항).

종전에는 국적보유자로 판정을 받은 사람이 등록하려는 곳을 관할하는 가정법원의 허가를 받아 가족관계등록 창설의 신고를 하여야 하는 것으로 되어 있었으나, 새로 제정된 가족관계등록법 제98조에 따라 2008년 9월 1일부터는 법무부장관이 등록기준지의 시 · 읍 · 면의 장에게 통보를 하여야 하고, 그 통보를 받은 시 · 읍 · 면의 장은 가족관계등록부를 작성하게 되어

---

1) 제98조(국적선택 등의 통보) ① 법무부장관은 다음 각 호의 어느 하나에 해당하는 사유가 발생한 경우 그 사람의 등록기준지(등록기준지가 없는 경우에는 그 사람이 정한 등록기준지)의 시 · 읍 · 면의 장에게 대법원규칙으로 정하는 사항을 통보하여야 한다.

1. 「국적법」 제13조에 따라 복수국적자로부터 대한민국의 국적을 선택한다는 신고를 수리한 때
2. 「국적법」 제14조제1항에 따라 국적이탈신고를 수리한 때
3. 「국적법」 제20조에 따라 대한민국 국민으로 판정한 때

② 대한민국 국민으로 판정받은 사람이 등록되어 있지 아니한 때에는 그 통보를 받은 시 · 읍 · 면의 장은 등록부를 작성한다.

있다.

법무부장관으로부터 판정이 불가한 자 또는 대한민국 국적을 보유하고 있지 아니한 자로 판정받은 사람은 외국인에 해당하므로 별도로 국적법이 정한 절차에 따라 대한민국 국적을 취득하여야만 가족관계등록을 창설할 수 있다.

제 2 절 國籍判定의 法的 性格

국적판정의 법적 성격은 그 신청자에 대하여 대한민국의 국적을 새로 부여하거나 상실토록 하는 형성적 처분이 아니라 판정시점 현재 그가 대한민국의 국적을 보유하고 있는지 여부를 확인하는 처분이다.

즉, 신청자의 출생연원과 국외이주 경위, 국적의 변동관계 등의 심사를 통해서 그가 출생, 인지, 혼인 등 구법에 규정된 제반 국적취득 원인에 기하여 대한민국의 국적을 취득한 사실이 있는지 여부 및 현재도 대한민국 국적을 보유하고 있는지 여부를 법무부장관이 확인적으로 판정해 주는 것이다.

이러한 국적판정 권한을 사법기관이나 행정기관 중 어디에 부여할 것인가에 관해서는 선택의 여지가 있을 수 있는데 우리 국적법은 행정기관인 법무부장관에게 그 권한을 부여하였다.

이는 국적판정도 사실상 그 대상자에 대하여 대한민국의 국적을 부여한다는 기능적 측면에서 볼 때 귀화 또는 국적회복의 허가와 마찬가지로 국적에 관한 일종의 행정처분으로 볼 수 있을 뿐 아니라 국적판정의 결과에 대하여 당사자가 불복하여 사법적(司法的) 심사를 신청할 수 있는 여지를 남겨 둔다는 점에서도 타당하다고 하겠다.

제 3 절 國籍判定의 對象者

국적판정절차의 주된 대상자는 대한민국 정부 수립 전에 한반도 및 부속도서에서 출생한 사람으로서 대한민국 국적의 취득여부가 분명하지 않거나 의심스러운 자, 대한민국 정부수립 이전에 국외로 이주한 자와 그 직계비속 또는 북한적 소지자 등 대한민국과 일정한 혈연 · 지연 관계를 가졌거나 그러한 관계의 개연성이 있는 사람 등이다. 국적판정제도는 그런 사람들이 대한민국 국적의 취득을 희망하는 경우에 원활하고 적정하게 대처하기 위한 절차이다.

그런데 대한민국 국적의 취득을 희망하는 사람에 대해 그가 현재 대한민국 국민으로 신분등록이 되어 있지 않은 상태라면 단순하게 외국인으로 보고 귀화 또는 국적회복허가 여부를 따지면 될 것을 굳이 국적법에서 특별하게 대한민국 국적의 보유 여부가 불분명한 '경계인'의 범주를 상정해서 그들에게만 제한적으로 우대하는 국적판정절차를 마련해 두고 있는 것은 어떤 이유에서일까?

그 이유는 아마도 우리 국적법이 안고 있는 원초적 문제 즉, 최초의 대한민국 국민의 정의규정의 흠결 문제와 또 다른 관점에서 국적법 적용상 어려움이 있는 북한주민의 처리문제에서 찾을 수 있을 것이다.

i) "최초의 대한민국 국민"에 대한 입법적 흠결

1948년 12월 20일 법률 제16호로 제정된 국적법은 제2조에서 선천적으로 대한민국의 국민이 되는 사람의 기준을 '출생한 당시에 부가 대한민국의 국민인 자'로 규정하면서도 동 법률의 제정 전 또는 대한민국 정부 수립 전에 이미 출생한 사람에 대해서는 그가 어떠한 기준에 의하여 대한민국의 국민이 되는지에 관해 아무런 경과규정 또는 정의규정을 두지 아니하였다.

ii) 북한주민

한편 탈북자로서 중국 등 제3국에서 체재하다가 입국한 자 또는 북한을 탈출하여 곧바로 입국한 북한주민이 국내에 정착하기 위해 가족관계등록을 편제하는 경우에도 현실적으로 이와 유사한 문제가 제기될 수 있다.

학계의 다수견해[2]나 확립된 판례[3]에 의할 때 헌법 제3조가 규정하고

2) 金哲洙, 앞의 책, p.103; 崔大權, 사례중심 헌법학, 박영사, 1997년, p.384(단정적인 표현을 쓰고 있지는 않으나 전체적 논조에 비추어 북한을 대한민국과 별개의 주권을 가진 국가로서 보아야 한다는 입장은 아니다); 桂禧悅, 헌법학(상), 박영사, 1995년, p.163; 朴允欣, "남북기본합의서의 이행에 따른 남북교류협력법령의 보완 · 발전방향", 서울대학교 법학 제34권제1호(93.2), p.1 이하; 金明基. "북한주민을 대한민국 국민으로 본 대법원판결의 법이론" 져스티스 제30권제2호(97.6), p.193. 한편 반대적 견해로서는 權寧星, 앞의 책, p.141(헌법 제3조의 영토조항은 헌법 서문과 제4조 등에 규정된 평화통일조항과 논리적으

있는 영토조항에 기하여 북한지역은 대한민국의 주권이 미치는 영토의 일부이고, 따라서 북한지역에 거주하는 주민 또는 북한의 해외공민의 실체법적 지위는 대한민국의 국민인 점은 분명하지만, 구체적 사례에서 현실적으로 직면하게 되는 문제는 현재 대한민국의 통치권이 실제로 작용되고 있는 군사분계선 이남 지역에 가족관계등록 기타 그 신분을 확인할 수 있는 자료가 없고 연고자도 전혀 없는 사람이 북한적자임을 자칭하면서 해외주재 공관이나 국내 기관에 여권발급이나 가족관계등록편제 등 대한민국 국민으로서의 처우를 요구해 오는 경우이다.

그러한 경우에 과연 어떠한 기준과 절차로 그가 진정한 북한주민인지 여부를 확인할 것인지, 북한주민인 사실이 확인되면 어떠한 절차로 가족관계등록편제나 주민등록증 발급 등 대한민국 국민으로 처우할 것인지, 또한 그러한 절차의 법적 근거는 어디서 찾아야 할 것인지 등 매우 다양한 문제가 대두되게 되는 것이다.

제 4 절 國籍判定의 節次 및 效力

본조에 따라 국적판정을 받고자 하는 사람은 시행규칙 별지 제11호 서식에 의한 국적판정신청서[4]를 작성하여 법무부장관에게 제출하여야 한다

로 모순되고, 이러한 모순은 신법 우선의 원칙과 비현실에 대한 현실 우선의 원칙에 따라 해결되어야 할 문제라는 점에서 북한지역도 대한민국의 영역의 일부라고 하는 종래의 해석논리는 수정되어야 마땅하다는 견해를 표하고 있다.); 李長熙, "남북한 통일방안의 법제도적 수렴가능성", 사법행정 390호(93.6.), p.33.

3) 대법원이 북한을 대한민국의 주권이 미치는 반국가단체로 본 판례로는 1961.9.28. 선고 4292행상48 판결, 1992.7.24. 선고 92도1148판결, 1992.8.14. 선고 92도1211판결, 1993.2.9. 선고 92도1711판결, 1994.5.24. 선고 94도930판결, 1996.11.12. 선고 96누 1221 판결 등이 있다. 헌법재판소의 결정례도 같은 입장인 바, 1990.4.2. 선고 89헌가113결정, 1991.3.11. 선고 91헌마21 결정, 1993.7.29.선고 92헌바78결정 등을 들 수 있다.

4) 국적판정신청서에는 다음과 같은 서류가 첨부되어야 한다(시행규칙 제15조제2항).
   1. 본인 또는 국내거주 친족의 가족관계등록등본 기타 출생 당시의 혈통관계를 소명할 수 있는 서류
   2. 외국국적을 취득한 적이 있는 때에는 그 사실을 증명하는 서류(단 그 외국의 여권사본으로 갈음할 수 있다) 및 그 외국국적을 취득하게 된 경위서
   3. 외국에 거주하다가 입국한 자는 입국 당시에 사용한 외국여권 · 여행증명서 또는 입국허가서의 사본

(시행령 제23조). 법무부장관은 국적판정을 신청한 사람에 대하여 필요한 때에는 의견을 진술하게 하거나 보완자료의 제출을 요구할 수 있다(시행령 제24조제2항).

법무부장관으로부터 현재 대한민국 국적을 보유하고 있는 것으로 판정을 받은 사람은 그 판정에 의하여 대한민국의 국적을 신규로 취득하는 것이 아니라 이미 대한민국 국민의 신분을 보유 중이라는 사실을 확인 받은 것이 된다.

따라서 국적회복허가나 귀화허가 등 대한민국 국적의 취득을 위한 별도의 절차를 거치지 않고 그 판정에 기하여 곧바로 대한민국 국민만이 등재될 수 있는 가족관계등록부에 등재될 수 있게 된다.

반면에 법무부장관으로부터 대한민국 국적 보유자가 아닌 것으로 판정을 받게 되면 그 사람은 현재 외국인이라는 뜻이 되므로 그가 대한민국 국적을 갖고자 한다면 국적법이 정한 국적취득절차 즉, 귀화 또는 국적회복 절차를 거쳐야 된다.

4. 기타 국적판정에 참고가 되는 자료

제 20 장

歸化許可 등의 取消

제21조(허가 등의 취소)

① 법무부장관은 거짓이나 그 밖의 부정한 방법으로 귀화허가나 국적회복허가 또는 국적보유판정을 받은 자에 대하여 그 허가 또는 판정을 취소할 수 있다.

② 제1항에 따른 취소의 기준 · 절차와 그 밖에 필요한 사항은 대통령령으로 정한다.

제1절 概 要

법 제21조는 법무부장관으로부터 귀화허가 또는 국적회복허가를 받은 사람, 그리고 대한민국 국적을 보유하고 있는 자로 판정받은 사람에 대해 허가 또는 판정과정에서 거짓이나 기타 부정한 방법을 사용한 것이 사후에 드러났을 때 법무부장관이 직권으로 그 허가나 판정을 취소할 수 있는 근거조항이다.

본 조항은 2008년 3월 14일 제9차 개정에서 신설되었다. 제9차 개정 전까지는 법률상에는 허가나 처분의 취소에 관한 조항이 없었고, 법무부 예규인 「국적업무처리지침」에 귀화허가 등의 취소에 관한 규정을 두고 간간이 허가를 취소하여 왔다.

행정법의 일반이론상 본 조항이 없다고 하더라도 귀화 또는 국적회복허가, 그리고 국적보유 판정 후에 중대한 하자가 드러난 경우에 그 허가 또는 처분의 취소를 못할 것은 아니라 하겠지만 법령의 명확성을 확보하고 행정의 예측성을 높이기 위하여 법률에 명문 규정을 두게 된 것이다.

제 2 절　取消의 對象

취소의 대상자는 다음과 같다(시행령 제27조제1항).

i) 귀화허가, 국적회복 허가 또는 국적보유 판정을 받을 목적으로 신분관계 증명서류를 위조 · 변조하거나 위조 · 변조된 증명서류를 제출하여 유죄 판결이 확정된 사람

ii) 혼인 · 입양 등에 의하여 대한민국 국적을 취득하였으나 그 국적취득의 원인이 된 신고 등의 행위로 유죄 판결이 확정된 사람

iii) 대한민국 국적 취득의 원인이 된 법률관계에 대하여 무효나 취소의 판결이 확정된 사람

iv) 그 밖에 귀화허가, 국적회복 허가 또는 국적보유 판정에 중대한 하자가 있는 사람

제 3 절　取消의 節次

법무부장관은 법 제21조제1항에 따라 귀화허가, 국적회복 허가 또는 국적보유 판정을 취소하려면 당사자에게 소명할 기회를 주어야 한다. 다만, 당사자의 소재를 알 수 없거나 당사자가 소명자료의 제출 요구에 정당한 이유 없이 2회 이상 따르지 아니한 경우에는 그러하지 아니하다(시행령 제27조제2항).

법무부장관은 법 제21조제1항에 따라 귀화허가, 국적회복 허가 또는 국적보유 판정 등을 취소한 때에는 그 사실을 지체 없이 본인에게 알리고, 관보에 고시하며, 그 등록기준지 가족관계등록관서의 장에게 통보하여야 한다. 또한 취소를 받은 사람이 주민등록이 되어 있는 때에는 그 주민등록관서의 장에게도 그 사실을 통보하여야 한다(시행령 제27조제3항 및 제4항).

제 4 절 取消의 效果

법무부장관이 법 제21조제1항에 따라 귀화허가, 국적회복 허가 또는 국적보유 판정을 취소하게 되면 당사자는 그 즉시 대한민국 국적을 상실하게 된다.

일반적으로 행정행위의 '취소'는 성립 당시의 '위법'한 행정행위에 대하여 효력을 소멸시키는 것이라는 점에서, '적법'하게 성립한 행정행위가 사후에 발생한 새로운 사정에 의하여 공익에 적합하지 않게 되었을 때 장래에 향하여 그 효력을 소멸시키는 '철회'와는 구별된다.[1)]

본조의 귀화허가나 국적판정 등의 취소는 허가 또는 판정 이후에 발생한 하자나 사정 등의 이유가 아니라 신청당시의 하자있는 행정행위, 즉 거짓이나 그 밖의 부정한 방법 등 위법한 행정행위를 이유로 효력을 소멸시키는 것이므로 그 취소의 효과는 소급하는 것이고, 따라서 그 허가나 판정은 처음부터 효력이 없는 것으로 보아야 한다. 판례도 행정청의 직권취소에 관하여 원칙적으로 소급효를 인정하고 있다.[2)]

1) [대법원 2006.5.11. 선고 2003다37969, 채무부존재확인 판결] 행정행위의 취소사유와 철회사유의 구별기준 - 행정행위의 취소는 일단 유효하게 성립한 행정행위를 그 행위에 위법 또는 부당한 하자가 있음을 이유로 소급하여 그 효력을 소멸시키는 별도의 행정처분이고, 행정행위의 철회는 적법요건을 구비하여 완전히 효력을 발하고 있는 행정행위를 사후적으로 그 행위의 효력의 전부 또는 일부를 장래에 향해 소멸시키는 행정처분이므로, 행정행위의 취소사유는 행정행위의 성립 당시에 존재하였던 하자를 말하고, 철회사유는 행정행위가 성립된 이후에 새로이 발생한 것으로서 행정행위의 효력을 존속시킬 수 없는 사유를 말한다; [대법원 2003.5.30. 선고 2003다6422, 소유권이전등기말소등 판결에서도 동일한 요지로 판결]

2) [대법원 1962.3.8. 4294민상1263 판결] 행정처분의 직권취소의 효과는 행정처분이 있었던 때에 소급하는 것이나, 취소되기까지의 기득권을 침해할 수 없는 것이 원칙이다 ; [대법원 1999.12.28. 98두1895 판결] 행정행위의 취소라 함은 일단 유효하게 성립한 행정처분이 위법 또는 부당함을 이유로 소급하여 그 효력을 소멸시키는 별도의 행정처분을 말한다 ; [대법원 1997.1.21. 96누3401 판결] 행정처분이 취소되면 그 소급효에 의하여 처음부터 그 처분이 없었던 것과 같은 효과를 발생하게 되는바, 행정청이 의료법인의 이사에 대한 이사취임승인취소처분(제1처분)을 직권으로 취소(제2처분)한 경우에는 그로 인하여 이사가 소급하여 이사로서의 지위를 회복하게 되고, 그 결과 위 제1처분과 제2처분 사이에 법원에 의하여 선임결정된 임시이사들의 지위는 법원의 해임결정이 없더라도 당연히 소멸된다.

따라서 귀화허가를 받은 사람에 대해 귀화허가 취소처분이 내려진 경우 그 사람은 종전에 대한민국 국적을 보유한 적이 있었던 사람이 아니므로 그가 또다시 대한민국 국적을 취득하려면 국적회복절차가 아니라 새로 귀화절차를 거쳐야 한다.

한편 허가 또는 판정의 취소처분이 내려지기 전까지 그 허가나 판정에 기초하여 행하여진 법률행위, 예컨대 투표권행사, 공직취임, 여권 발급 및 사용 등의 효력은 어떠한가? 원칙적으로 모두 무효가 될 것이다. 다만 취소처분이 내려지기 전까지의 여권사용 행위에 대해 형사처벌이나 행정벌 부과는 어렵다고 보여 지고, 공직 재직기간 중 처리한 행위의 효력여부는 사안별로 검토가 필요할 것으로 생각된다.

제 21 장

權限의 委任

제22조(권한의 위임)

이 법에 따른 법무부장관의 권한은 대통령령으로 정하는 바에 따라 그 일부를 출입국관리사무소장 또는 출입국관리사무소 출장소장에게 위임할 수 있다.

제 1 절 概　　要

본 조항은 이 법에 법무부장관의 권한으로 규정되어 있는 국적업무의 일부를 지방 소속기관에 위임하는 근거조항이다. 국적취득 신청자가 매년 증가함에 따라 국적행정의 효율성과 민원편의를 도모하기 위한 것이다.

제 2 절 具體的 內容

1. 권한위임의 범위

국적법에는 귀화허가, 국적회복허가, 인지에 의한 국적취득신고의 수리, 국적의 재취득신고의 수리, 국적선택 및 이탈 신고의 수리, 국적상실신고의 수리, 국적판정, 귀화허가 등의 취소 등에 관한 규정이 있고, 이러한 제반 권한은 모두 법무부장관의 몫으로 되어 있다.

그러나 매년 전국 각지에서 국적의 취득 및 상실에 관한 각종 신청 및 신고 관련 업무가 증가하고 있는 상황에서 이를 법 규정대로 모두 법무부에서 처리하도록 하는 것은 법무부로서도 부담이 너무 막대하여 그만큼 처리가 지연될 수 있고 전국에 흩어져 사는 민원인 입장에서도 불편하기 짝이 없게 되므로 행정의 효율성을 높이고 민원인의 편의성을 증진하고자 위임 근거 규정을 신설하게 된 것이다.

다만 구체적으로 볼 때 국적민원 중 귀화 또는 국적회복의 허가, 각종 국적취득신고의 수리 등은 대한민국 국적을 부여함으로써 상대방을 대한민국 국민의 범위 내에 진입시키는 가장 중요한 권리설정 행위이므로 그것을 출입국관리사무소장 등에게 위임하는 것은 다소 부적절하고 다만, 국적상실 · 선택 등에 관한 신고 사항의 수리와 귀화허가 · 국적회복허가 신청의 접수 등에 관한 사항은 우선적으로 일선 하부기관을 믿고 위임하더라도 별 문제는 없을 것이다.

시행령 제29조에서는 국적업무 중 다음과 같은 권한을 사무소장등에게 위임하고 있다.

i) 인지에 의한 국적취득 신고에 관한 권한
ii) 대한민국 국적취득자의 외국국적포기 증명서를 제출 받는 권한과 그에 대한 외국국적포기확인서를 발급하는 권한 및 국적취득 자 중 외국국적 포기절차를 마치기 어려운 사람이 그에 관해 증명하는 서류를 제출 받는 권한
iii) 국적의 재취득 신고에 관한 권한
iv) 복수국적자로서 관계법령에 따라 외국국적을 포기해야 하는 경우 국적포기증명서를 제출받는 권한과 외국국적포기확인서를 발급하는 권한
v) 복수국적자로서 외국국적을 포기하고 대한민국 국적을 선택하는 사람으로부터 국적선택신고를 받는 권한
vi) 국적상실신고에 관한 권한과 국적상실 사실을 가족관계등록관서와 주민등록관서에 통보하는 권한

2. 국적업무를 위임할 기관

국적업무를 위임할 기관은 현재 전국 각 시도 단위에 산재해 있는 출입국관리사무소장 또는 출입국관리사무소 출장소장이다.

제 22 장

附 則

제 1 절 施行日

부칙 제1조(시행일)

이 법은 2011년 1월 1일부터 시행한다. 다만, 제12조제1항 본문, 같은 조 제2항 및 제13조의 개정규정과 부칙 제2조(제3항 중 제14조의2제2항부터 제5항까지에 관한 사항은 제외한다) 및 부칙 제4조제1항은 공포한 날부터 시행한다.

이 개정 국적법의 시행일은 기본적으로 2011년 1월 1일이다. 다만 일부 조항 즉 복수국적자가 기본선택기간 내에 국적선택을 하지 않은 경우에 대한민국 국적을 자동 상실하게 되어 있는 종전 규정을 폐지한 제12조의 개정규정과 복수국적자가 대한민국 국적을 선택할 때 외국 국적을 포기하지 않고 불행사 서약만 해도 되도록 한 제13조의 개정규정 등은 공포와 동시에 즉시 시행하는 것으로 되어 있다.

제12조의 개정규정을 공포와 동시에 시행한 것은 종전의 규정이 법정기한내에 국적선택을 하지 않은 복수국적자에 대해 아무런 통지절차도 없이 대한민국 국적을 자동 상실시키는 것은 과도하고 불합리하다는 비판이 많았기에 이를 조기 시정하기 위한 것이고, 또한 제13조의 개정규정을 즉시 시행하도록 한 것은 복수국적자들이 대한민국 국적을 보다 더 많이 선택할 수 있게 하기 위한 것으로 보면 될 것이다.

아울러 구법에 따라 국적선택기간 내에 국적선택을 하지 않아 대한민국 국적을 자동 상실하였던 사람에 대해 '외국국적 불행사 서약'을 하고 국적재취득신고를 하면 대한민국 국적을 재취득 할 수 있도록 하고, 구법에 따라 외국국적을 포기하고 대한민국 국적을 선택한 사람들에 대해 그 외국국적을 재취득한 경우 '외국국적 불행사 서약'을 하면 대한민국 국적을 상실하지 아니하도록 특례를 규정한 개정법률 부칙 제2조도 공포와 동시에 즉시 시행하는 것으로 하였다.

제 2 절 國籍喪失者 등에 대한 特例

제2조(국적선택 불이행으로 대한민국 국적을 상실한 자 등에 대한 특례)

① 종전의 제12조제2항에 따라 대한민국 국적을 상실하였던 자는 대한민국에 주소를 두고 있는 상태에서 이 법 공포일부터 2년 이내에 외국 국적을 포기하거나, 대한민국에서 외국 국적을 행사하지 아니하겠다는 뜻을 서약하고 법무부장관에게 신고를 함으로써 대한민국 국적을 재취득할 수 있다. 다만, 남자는 제12조제3항제1호에 해당하는 자에 한한다.

② 종전의 제13조에 따라 외국 국적을 포기하고 대한민국 국적을 선택하였던 자가 이 법 공포일부터 5년 이내에 그 외국 국적을 재취득한 때에는 제15조제1항에도 불구하고 그 외국 국적 취득일부터 6개월 이내에 대한민국에서 외국 국적을 행사하지 아니하겠다는 뜻을 법무부장관에게 서약하면 대한민국 국적을 상실하지 아니한다.

③ 제1항 및 제2항에 따른 복수국적자에 대하여는 제13조제3항 및 제14조의2제2항부터 제5항까지의 개정규정을 준용한다.

구법 하에서는 복수국적자가 국적선택기간 내에 국적선택을 하지 아니하면 대한민국 국적을 자동 상실하게 되어 있었다. 1997년의 제4차 개정(1998년 6월 14일 시행) 당시 국적선택제도를 도입한 이후 약 12년 동안에 국적선택기간을 도과하여 대한민국 국적을 상실한 사람이 상당수에 이르며 심지어 그 중 일부는 자신이 대한민국 국적을 상실한 사실조차 인지하지 못하고 지내는 경우도 있었다.

이러한 사람들이 대한민국 국적을 다시 취득하기 위해서는 달리 규정이 없다면 법 제9조에 따라 국적회복허가를 받는 수밖에 없다. 부칙 제2조 제1항은 이러한 사람들에 대해 법무부장관에게 국적재취득신고만 하면 간편하게 대한민국 국적을 회복할 수 있도록 하고, 아울러 그 경우에 외국 국적은 포기하지 않아도 '불행사 서약'을 하면 되도록 한 것이다.

다만 여자는 전부에 대해, 남자는 현역^상근예비역 또는 보충역으로 병역을 마친 사람에 한해 그러한 내용이 적용되도록 하되, 원정출산으로 복수국적이 된 사람에 대해서는 적용을 배제하는 것으로 되어 있다.

한편, 형평성 차원에서 구법 당시 대한민국 국적을 선택하기 위해 외국국적을 포기하였던 사람에 대해서도 5년 이내에 그 외국국적을 재취득한 경우에 '외국국적 불행사 서약'만 하면 법 제15조제1항에도 불구하고 대한민국 국적을 상실함이 없이 계속 유지할 수 있도록 하였다.

각 항별로 살펴보면 다음과 같다.

1. 부칙 제2조제1항

부칙 제2조제1항은 복수국적자가 국적선택기간 내에 국적선택을 하지 아니하여 종전법 제12조제2항에 따라 대한민국 국적을 상실하였던 사람에 대해 다음과 같은 요건을 모두 갖춘 경우에는 외국국적 불행사 서약을 하고 법무부장관에게 국적 재취득 신고를 하면 대한민국 국적을 간이하게 취득함과 동시에 외국국적도 유지할 수 있도록 특례규정을 둔 것이다. 즉, 복수국적을 가질 수 있게 된다.

i) 대한민국에 주소를 두고 있을 것

ii) 이 법 공포일부터 2년 이내에 재취득 신고를 할 것

iii) 남자의 경우에는 현역^상근예비역 또는 보충역으로 복무를 마친 자(법 제12조제3항제1호)일 것

iv) 원정출산자(출생 당시에 모가 자녀에게 외국 국적을 취득하게 할 목적으로 외국에서 체류 중이었던 사실이 인정되는 자)가 아닐 것

v) 복수국적자로서 종전법에 따라 대한민국 국적을 이탈(국적이탈신고)한 사람이 아닐 것

vi) 외국국적을 포기하거나 외국국적 불행사 서약을 할 것

본 부칙조항은 복수국적자로서 스스로 대한민국 국적을 이탈하였던 사람 및 국적선택의무 불이행으로 대한민국 국적을 상실하였으나 위 요건을 갖추지 못한 사람들에게는 적용되지 않는다.

그런 사람들이 대한민국 국적을 재취득하려면 법 제9조에 따른 국적회복허가를 받아야 하고, 허가를 받게되면 법 제10조제2항이 정한 외국국적

불행사 서약 대상자를 제외하고는 국적회복허가를 받은 후 1년 내에 외국국적을 포기하여야만 한다.

2. 부칙 제2조제2항

부칙 제2조제2항은 같은 조 제1항이 국적선택 불이행으로 대한민국 국적을 상실하였던 사람에 대한 특례규정을 둔 것에 따른 형평성 차원에서 구법 시행당시에 대한민국 국적을 선택하기 위해 외국국적을 포기하였던 사람에게도 특례적으로 혜택을 주기 위해 둔 규정이다.

즉, 종전법에 따라 국적선택기간 내에 외국국적을 포기하고 대한민국 국적을 선택한 사람이 그 후 그 외국국적을 재취득한 경우에 외국국적 불행사 서약만 하면 법 제15조제1항(자진하여 외국 국적을 취득한 경우 대한민국 국적을 자동상실)을 적용하지 않고 그 외국 국적과 대한민국 국적을 함께 보유할 수 있도록 하였다. 즉, 복수국적을 가질 수 있게 한 것이다.

이와 같이 부칙 제2조제2항에 따라 '외국국적 불행사서약'을 통하여 복수국적을 가질 수 있는 사람은 다음의 요건을 모둔 갖춘 경우에 한한다.

i) 종전법에 따라 국적선택 기간 내에 외국국적을 포기하고 대한민국 국적을 선택하였던 사람이 이 법 공포일부터 5년 이내에 그 외국국적을 재취득 하였을 것

ii) 그 외국 국적 재취득일로부터 6개월 이내에 외국국적 불행사 서약을 할 것

iii) 원정출산자(출생 당시에 모가 자녀에게 외국 국적을 취득하게 할 목적으로 외국에서 체류 중이었던 사실이 인정되는 자)가 아닐 것

3. 부칙 제2조제3항

본 항은 제1항 및 제2항에 따라 복수국적을 가질 수 있는 사람에 대한 제한 규정을 둔 것이다.

제13조제3항의 개정규정을 준용토록 한 것은 제1항에 따라 외국국적 불행사 서약의 방식으로 우리국적 재취득 신고를 할 수 있는 사람과 제2

항에 따라 외국국적 취득 후 우리국적을 계속 보유하기 위해 외국국적 불행사 서약을 할 수 있는 사람은 원정출산자에 해당되지 않아야 한다는 것을 명시하기 위한 취지이다.

또한 부칙 제2조제1항 및 제2항에 따라 외국국적 불행사 서약으로 복수국적을 가지게 된 사람은 제10조제2항, 제13조제1항 또는 같은 조 제2항 단서에 따라 외국국적 불행사 서약으로 복수국적이 허용된 사람들과 마찬가지로 서약의 취지에 현저히 반하는 행위를 하는 경우에는 국적선택명령의 대상이 된다는 개정법률 제14조의2 제2항부터 제5항까지의 규정도 적용됨을 명시하고 있다.

제 3 절 舊法上의 外國國籍 抛棄 留保者에 대한 經過措置

부칙 제3조(외국 국적의 포기에 관한 적용례)

제10조의 개정규정은 이 법 시행 전에 종전의 제10조제2항 단서에 해당하여 외국 국적을 포기하지 아니한 자에 대하여도 이를 적용한다.

구 국적법은 외국인이 귀화, 국적회복 등으로 우리 국적취득을 취득한 경우 6개월 내에 외국 국적을 포기하도록 하되, 다만 본인의 의사에도 불구하고 6개월 내에 외국국적을 포기할 수 없는 사람들에 대해서는 일정기간 동안(국적취득일 당시 미성년은 22세 전까지, 성년은 취득일로부터 2년간) 외국 국적 포기를 유보할 수 있도록 규정하고 있었다.

제10차 개정법률은 구법상의 외국국적 포기유보 제도를 폐지하고, 그 대안으로서 대한민국 국적취득자 중 외국의 법률이나 제도로 인하여 1년 내에 외국국적을 포기하기 어려운 사람은 '외국국적 불행사 서약'을 하면 되도록 제도를 변경하였다. 즉 새 국적법에서는 외국 국적의 포기를 유보하고 사후에 다시 선택할 여지를 남겨두는 것 보다 더 간편하게 외국 국적 포기의무를 조기에 종료할 수 있도록 한 셈이다.

부칙 제3조는 그러한 법개정의 취지가 구법 하에서 외국국적 포기유보를 받은 사람에게도 일부 돌아갈 수 있도록 하기 위한 것이다. 즉 구법 제10조제2항 단서 규정에 따라 외국국적 포기 유보를 받은 이후 개정법 시행일인 2011년 1월 1일전까지 국적선택을 하지 않은 사람은 그 이후에는 개정규정 제10조의 적용을 받아 유보기간이 경과하기 전까지 '외국국적 불행사 서약'만 하면 외국 국적을 포기하지 않아도 되도록 한 것이다.

그런데 그에 해당하는 사람이 유보기간 만료전까지 외국 국적을 포기하지도 않고 개정법률에 따른 외국국적 불행사 서약도 하지 아니한 채로 그 기간을 도과하였다면 대한민국 국적을 상실하게 된다.

제 4 편
爭點事項 檢討

제 1 장 北韓住民의 國內法的 地位

제 2 장 "最初의 大韓民國 國民"에 관한 法的 欠缺과 治癒方案

제 1 장
北韓住民의 國內法的 地位

제 1 절 問題의 槪要

현 시점에서 우리가 북한주민[1]의 국내법적 지위를 논하는 이유 또는 그 논의의 실익은 요컨대 북한주민도 대한민국 국민인가 하는 문제에 대한 답을 구하고자 하는 것에 있다고 할 것이다.

현재 우리 학계의 다수설이나 판례는 제헌헌법 이래 우리 헌법이 한반도 및 그 부속도서를 대한민국의 영토로 규정하고 있는 점에 기초하여, 북한정권이 점령하고 있는 군사분계선 이북지역(이하 "북한지역"이라 한다)도 대한민국의 주권이 미치는 영토의 일부이며, 그 같은 논리의 귀결로서 북한주민도 대한민국 국민에 해당된다는 입장을 취하고 있는 바, 그와 같은 논법에 의하더라도 현실적으로 대한민국의 영토고권(領土高權)이나 통치권이 북한지역에 전혀 미치지 못하고 있다는 점, 그리고 이미 남북한이 각각 국제연합(UN)에 가입한 상황에서 제3국에 체류 중인 북한의 해외공민이나 탈북자에 대하여 우리 정부가 외교적 보호권을 제대로 행사하지 못하고 있다는 점은 부인할 수 없는 엄연한 사실이다.

그런 점에서 북한주민은 요컨대 대한민국의 법률상 국민(de jure national)에는 해당될지언정 실질적 국민(de facto national)으로 처우되고 있지는 못한 실정이고, 그와 같은 사정으로 인하여 북한주민의 국내법적 지위

1) 우리 헌법체제는 현재까지 북한을 독립된 국가로 인정하지 아니하므로 북한의 '국적'이라는 표현을 쓰는 것은 적절치 않다. 그런 탓으로 북한국적자라는 용어 대신 북한이탈주민, 탈북자, 북한적자(北韓籍者), 북한주민, 북한공민 등 다양한 용어들이 사용되고 있다. 어떤 용어를 사용하더라도 그 용어가 내포하는 의미나 법적 문제점은 동일하다고 할 것인데 이 글에서는 편의상 북한주민이라는 표현을 사용하기로 한다. 「북한이탈주민의 보호 및 정착지원에 관한 법률」에서는 북한이탈주민이라는 용어를 사용하고 있다.

를 두고 구체적으로 논란이 제기될 경우가 간혹 생긴다.

그렇다면 실질적으로 법적지위를 논의할 필요성이나 그 실익이 있는 북한주민의 범위는 과연 어디까지일까?

북한과의 완전한 통일이 실현되지 아니한 현시점에서 북한정권이 통제하는 북한지역에서 상주하고 있는 주민들에 대하여 이들도 대한민국 국민인가를 따지는 것은 별 의미가 없다 할 것이다.

결국 우리가 그 법적 지위를 논하는 대상으로서 실효적 의미를 가질 수 있는 북한주민의 범위는 결국, 개인 또는 가족단위로 북한주민을 자처하면서 우리 정부기관에 귀순 또는 대한민국 국민으로서의 보호나 처우를 요구해 오는 사람 또는 우리 정부가 외교적 보호문제를 검토할 필요성이 있는 제3국 체류 탈북난민 등 극히 일부분에 국한될 수밖에 없다고 본다.

현재 그 같은 범주에 속하는 북한주민의 주된 유형을 구체적으로 열거하여 본다면

i) 북한지역에서 상주하여 오다가 중국과 러시아 등지로 탈출(밀입국)하여 그곳에서 난민 형태로 체류 중인 이른바 탈북자,[2)]

ii) 1949년 중국 공산당 정부 수립이후 중국내 55개 소수민족 편입과정에서 조선족으로 분류되면서도 중국국적을 부여받지 못하고 북한 국적자로 분류된 자 및 그 2세로서 중국내 북한대사관에서 북한의 해외공민으로 등록된 상태로 중국에 장기간 거주해 온 북한적 조선족 동포,[3)]

iii) 북한정권 수립이후 중국, 구 소련, 동구권 국가 등 제3국으로 이주, 유학, 공관원 또는 벌목공 파견 등의 형태로 거소를 옮긴 후 체류중 현지에서 이탈, 망명 등 은거 상태로 정착한 자 또는 그 2세로서 사실상 무국적

---

2) 선박을 이용한 해상 탈북자를 제외하고 한반도 지형상 육로를 이용한 탈북자의 1차 행선지는 중국이 될 수 밖에 없을 것인데 중국에 체류중인 탈북자의 수와 관련하여서는, 2004년 미국 국무부가 미 하원 국제관계위원회에 제출한 보고서에는 중국 내 탈북자수가 3만~5만명으로 추산된다고 되어 있고(2005.9.13자 연합뉴스 보도), 2008년 중국의 비영리단체인 난민이민위원회(USCRI)가 발표한 내용에 의하면 중국 내 탈북자들이 11,000명 정도로 크게 줄었다는 것이며(2008.6.20자 노컷뉴스 보도), 2010.10.5 국회 외교통상 통일위원회의 통일부 국정감사에서 현인택 당시 통일부장관은 중국내 탈북자의 수를 묻는 자유선진당 박선영 의원의 질문에 대해 10만명은 될 것으로 본다고 답변한 바 있다.

3) 1995년도 외무부 자료에 의하면 중국에는 길림성, 흑룡강성, 요녕성 등 이른바 동북3성을 중심으로 192만여 명의 조선족이 거주하고 있으며(해외동포현황, 1995.12. 외무부, p.112), 이들 중 이른바 "조교(朝僑)"로 불려지는 북한적자는 대략 6,000명 내지 1만 명 정도로 추산된다고 한다(해외한민족의 현재와 미래, 국제문제조사연구소, 1996년, p.146).

상태로 제3국에서 장기간 거주해 온 북한적 동포,

iv) 이들 중 1990년대 초반 한 · 소, 한 · 중 수교를 전후한 시점부터 국내 친지나 각종 사회단체의 초청, 밀입국 또는 위 · 변조된 제3국 여권을 이용하여 국내로 입국한 후 국내에서 장기간 호적(가족관계등록)이 없는 상태[4]로 거주해 오고 있는 자,

v) 그리고 북한지역으로부터 탈출한 직후 남한지역으로 직접 월경하여 오거나 혹은 제3국을 경유하여 국내로 귀순하는 자[5] 등을 들 수 있을 것이다.

이러한 범주에 속하는 북한주민에 대하여 우리 정부기관이 현실적이고 구체적으로 직면하는 문제는 이들이 국내외의 우리 정부기관에 북한주민의 신분을 주장하면서 대한민국 국민으로서의 행정적 처우 또는 보호를 요구해 오는 경우에 어떠한 기준과 절차로 대처할 것인가 하는 문제이다. 그 경우에 이를테면 "북한주민도 대한민국 국민이다"라는 헌법논리 또는 일반원칙만으로 각 개개사안에 가로놓인 장애가 모두 해결될 수 있는가 하면 현실은 그렇지 않다고 하는 점에 고민이 생기게 되는 것이다.

실제로 최근 수년 동안에 자주 발생했던 사례로서는 ① 북한주민 또는 북한 해외공민의 신분을 주장하면서 중국 또는 러시아 주재 우리 공관을 찾아와서 대한민국에 입국할 수 있는 여권이나 여행증명서의 발급을 요구하는 사례, ② 중국으로부터 선박을 이용, 국내 해안으로 무단 상륙한 후 출입국관리에게 북한주민의 신분을 앞세워 입국허가를 요구하는 사례, ③ 위 · 변조 내지 부정발급 받은 제3국 여권으로 국내에 위장입국하거나 밀입

4) 이와 같이 국내에 입국한 사람들 중 상당수는 남한지역에 살고 있던 가족과의 재결합, 구 호적의 정리, 법원의 재판에 의한 새 호적의 편제 등 다양한 형태로 취적하여 자연스럽게 대한민국 국민의 일원으로 편입되어 있는가 하면, 반면에 극소수이기는 하지만 연고인 부재 등 사유로 관련법령의 보호를 받지 못한채 계속 무호적 상태로 살고 있는 사람도 없지 않다.

5) 통일부는 2010년 11월 15일 국내입국 북한이탈주민이 2만50명에 이른다고 밝힌 바 있다. 이는 1948년 정부수립 이후 군사분계선과 해상을 통해 넘어온 귀순자와 중국 등 제3국을 통해 입국한 탈북자를 모두 합한 숫자로서 누적기준으로 1999년 1천명을, 2007년에 1만명을 넘어선후 3년만에 2만명대를 넘어선 것이다(2010.11.18자. 조선일보 등 각 일간지 보도). 그리고 2000년대 중반까지는 탈북자들이 중국 주재 우리 공관을 통해 국내로 들어왔으나 2000년대 후반부터는 중국에서 태국으로 불법입국한 후 태국 이민청의 추방 형태로 국내로 들어오는 예가 급격히 늘고 있다. 2011.11.5자 노컷뉴스는 방콕 포스트신문 보도를 인용하여, 북한을 탈출해 한국 등으로 가기 위한 중간 경유지인 태국에 불법 입국한 탈북자 수가 2004년 46명에 불과했으나 2010년 2천482명에 이르는 등 6년 만에 50배 가량 늘어나는 등 폭발적인 증가세를 보이고 있다고 보도했다.

국한 후 국내 관공서를 찾아와 북한주민의 신분임을 주장하면서 호적부(가족관계등록부)의 작성, 주민등록증 및 여권의 발급을 요구하는 사례, ④ 제3국에 거주하는 북한 해외공민이 우편으로 국내 국적관서나 호적(가족관계등록)관서에 대한민국 국적의 취득 및 호적부(가족관계등록부)의 작성을 요청해 오는 사례 등을 들 수 있다.

이때 해당 기관의 입장에서는 북한주민을 자칭하는 사람에 대해 선뜻 외국인으로 취급하기는 곤란한 형편이면서도 다른 한편으로는 동인이 과연 북한주민인 것은 맞는지, 그가 소지한 북한신분자료가 진정한 것인지 또는 북한주민이었다 할지라도 중국 기타 제3국의 국적을 취득한 사실이 있는지 여부 등 최소한의 기초적 사실관계를 확인할 수 있어야 하는데 현재의 남북관계 하에서 그러한 확인이 거의 불가능한 형편이기 때문이다.

그러한 기초적 사실관계에 관하여 남한지역 내에 혈연관계를 추정할 수 있는 구 호적이나 친인척 등 연고인이라도 있다면 추적해 볼 수 있겠지만, 실제로 북한에 출생연고를 둔 북한주민 또는 제3국 거주 북한적 동포들의 절대 다수는 남한지역에 혈통관계를 입증할만한 신분기록이나 기타 자료가 전혀 없는 실정이어서 문제가 될 수밖에 없는 것이다.

물론 위에 예시한 각 상황에서 엄격한 국적법 이론을 떠나 북한주민을 자칭하는 사람에 대해 우선 인도적 차원이나 혹은 난민보호 차원에서 국내 입국 기타 요구사항을 수용할 수도 있을 것이다. 그러나 그것은 어디까지나 정책적 판단의 영역에 속하는 사항인 것이고, 적어도 법이론적 영역에서 동인을 곧바로 대한민국 국민과 동일한 처우를 할 것인지 여부의 결정은 결코 간단치가 않다는데 우리의 고민이 있다.

이러한 점을 감안하여 본다면 요컨대 우리가 북한주민의 법적 지위문제를 논의함에 있어서는 북한주민이 대한민국 국민이냐 혹은 아니냐는 등의 단순하고 형식논리적인 공방보다는 통일 전까지 현실문제로 대두될 수 있는 사례나 상황에 대해 구체적으로 어떻게 대처할 것인지, 그렇게 대처하기 위한 법제의 정비방향은 어떠한 것인지 등을 모색해 보는 실용적 사고가 더욱 더 긴요하지 않나 생각한다.

제2절 北韓住民의 法的 地位에 관한 學說[6] 및 判例 檢討

북한주민의 법적 지위에 관하여 여러 가지 학설이 대립하고 있는 것은 주로 그 선결문제인 헌법 제3조 영토조항의 해석, 즉 북한지역을 대한민국 영토의 일부로 보아야 하는지 여부와 상호 연관이 있어 보인다.

1. 헌법 제3조 영토조항의 해석을 둘러싼 제 견해

학계의 다수설[7]이나 대법원 및 헌법재판소의 판례[8]는 헌법 제3조의 영토조항에 기하여 북한지역도 대한민국의 주권이 미치는 영토의 일부이며, 북한정권은 불법단체 내지 반국가단체에 불과하다고 한다.

반면에 북한지역은 더 이상 대한민국 영토가 아니라는 견해[9]도 존재한다. 소수설로 분류할 수 있는 이 같은 견해의 논거들을 나열해 보면, 헌법의 영토조항은 i) 같은 헌법내의 평화통일조항(제4조) 및 '남북교류협력에관한법률' 등과 같은 관계법률, 그리고 우리 정부가 통일을 위한 대화 당사자로서의 북한정권과 기본합의서를 체결한 행위 등과 모순될 뿐 아니라 ii) 분

6) 북한주민의 법적 지위에 관한 국내학자들의 견해는 都會根, "북한주민의 헌법상 지위에 관한 연구"(한국헌법학회, 헌법학연구 제4집 제2호, 1998. 10)를 참조.

7) 金哲洙, 제9전정 신판 헌법학개론, 박영사, 1997년, p.103; 具丙朔, 신헌법원론, 박영사, 1998년, p.82; 姜景根, 헌법학, 법문사, 1997년, p.90; 崔大權, 사례중심 헌법학, 박영사, 1997년, p.384; 桂禧悅, 헌법학(상), 박영사, 1995년, p.163; 朴銳炘, "남북기본합의서의 이행에 따른 남북교류협력법령의 보완·발전방향", 서울대학교 법학 제34권제1호(1993.2), p.1 이하; 金明基. "북한주민을 대한민국 국민으로 본 대법원판결의 법이론" 져스티스 제30권제2호(1997.6), p.193.

8) 대법원이 북한정권을 대한민국의 주권이 미치는 반국가단체로 취급한 판례로는 1961.9.28. 선고 4292행상48 판결 이래 수없이 많은 바, 최근 것만 들더라도 2010.12.9.선고 2007도10121 판결, 2009.5.14선고 2009도329판결, 2008.4.17선고 2004도4899전원합의체 판결, 2008.4.17.선고 2003도758 전원합의체 판결, 2004.7.22선고 2002도 539판결, 2003.9.23선고 2001도4328판결, 2003.4.8선고 2002도7281판결 등이 있다. 헌법재판소에서도 1990.4.2.선고 89헌가113결정, 1991.3.11.선고 91헌마21 결정, 1993.7.29.선고 92헌바78 결정 등을 비롯하여 같은 입장을 취하고 있다.

9) 權寧星, 신판 헌법학원론, 법문사, 2010년, p.141; 羅仁均 "한국헌법의 영토조항과 국적문제" 헌법논총(헌법재판소) 제5집, 1994년, p.476; 李長熙, "남북한 통일방안의 법제도적 수렴가능성", 사법행정 390호(1993.6.), p.33; 都會根, 전게논문, 1998년, p.348.

단이래 대한민국의 영토고권과 대인고권이 북한지역 또는 북한주민에 대하여 실효적으로 미치지 못하고 있는 점에서 현실과 유리된 것이며, iii) 이미 북한이 UN에 합법적으로 가입하였다는 점에서 대한민국 정부가 한반도의 유일한 합법정부라는 해석도 타당성을 상실하였다는 점, iv) "구법(영토조항)에 대한 신법(평화통일조항) 우선의 원칙" 및 "비현실(분단사실과 국제법원칙의 외면)에 대한 현실(분단사실의 인식과 영토범위는 국가권력이 미치는 공간까지라는 국제법상 원칙의 수용) 우선의 원칙"에 따라 평화통일조항이 영토조항보다 우월한 효력을 가진다고 보아야 하는 점, v) 실제로 대한민국의 관할이나 영토고권 및 통치권은 남한지역에 한정되어 왔고 오랫동안 국제사회에서도 대한민국의 영토는 남한지역을 가리키는 것으로 인식되어 왔다는 점 등으로 요약된다.

한편 그 밖에도 한반도내에 현실적으로 두 개의 국가가 존재함을 전제로 같은 법 제4조의 평화통일조항과 모순되는 헌법 제3조의 영토조항은 이를 수정 또는 삭제함이 상당하다는 견해,[10] 한반도내에 국제법상으로는 엄연히 2개의 국가가 존재하지만 국내법상으로는 북한의 국가성을 인정할 수 없으며, 헌법상의 영토조항은 미래지향적, 역사적, 프로그램적 조항인 점에서 같은 헌법내의 현실적, 구체적, 실천적 조항인 평화통일조항과 서로 상충되는 조항이 아니므로 결국 규범적 의미에서는 북한지역도 대한민국 영토의 일부로 보아야 한다는 견해[11] 등도 존재한다.

2. 북한주민의 법적지위에 관한 제 견해

영토조항의 해석에 관한 견해의 다양성에 비례하여 각 견해에 상응하는 논리로서 북한주민의 법적 지위에 관한 견해도 다양하다.

먼저, 북한지역을 우리나라 영토의 일부로 보는 다수설과 판례의 입장은 그 논리적 귀결로서 대한민국으로서는 북한 정권이 창출한 이른바 조선

10) 張明奉, "남북한 기본관계정립을 위한 법적 대응" 유엔가입과 통일의 공법문제(한국공법학회), 1991년, p.131, 148.

11) 崔大權, "한국헌법의 좌표-영토조항과 평화통일조항" 법제연구(한국법제연구원) 제2권제1호, 1992년, p.9.; 許 銓, "남북기본합의서와 헌법", 법학연구(충북대 법학연구소) 제5권, 1993년, pp.200-201.; 李聖煥, "대한민국 국민의 범위", 법학논총(국민대학교) 제9집, 1997년, pp.272-273.

민주주의 인민공화국을 국가로 인정할 수 없으므로 국적의 판단 또는 결정에 있어 북한의 국적이라는 것을 인정할 수 없는 것이고, 따라서 북한지역 내 상주민은 물론 한반도 주변국가에 거주하는 북한의 해외공민들도 모두 대한민국 국민의 범주에 속하는 것으로 보고 있다.

대법원이 1996년 11월 12일에 선고한 이영순 사건(96누 1221, 강제퇴거명령처분 무효확인소송) 판결[12]을 통해, 북한법에 따라 북한의 해외공민증을 발급받은 자라도 북한은 대한민국 영토의 일부를 이루는 것이어서 대한민국의 주권이 미칠 뿐이므로 그 사람이 대한민국의 국적을 유지함에 영향을 끼칠 수 없다고 판시한 것도 같은 취지로 되어 있는 기존 판례의 입장을 재차 확인해 준 것이라 할 것이다.

반면에 북한지역을 대한민국 영토로 보지 않는 소수설의 입장에서는 논리상 북한주민을 대한민국 국민의 일부로 보기가 어려울 것이며 따라서 북한주민은 외국인에 해당된다는 결론에 이르게 될 것이다. 다만 일부 학자[13]는 헌법 제3조의 영토조항을 실효성 없는 미래지향적 · 프로그램적 조항으로 평가하면서도 북한주민의 법적지위 문제에 관해서는 영토조항의 평가와 일응 괴리가 있다는 점을 인정하면서 '국내법상 우리 국민이면서 동시에 그들이 제3국에 소재하는 경우 국제법적 견지에서 사실상 북한적을 가지고 이를 향유하고 있는 자'로 규정하고, "잠재적으로 대한민국 국적을 보유하면서 현실적으로는 이를 향유하는 비국민(그러한 점에서 잠재적 이중국적자라고도 할 수 있을 것임)의 지위"에 있다고 설명하기도 한다.

3. 私 見

대한민국의 영토고권이나 통치권이 북한지역에 실효적으로 미치지 못하고, 북한도 이미 국제사회에서 하나의 국가로 독자적 지위를 점하고 있다는 등의 현실에 비추어 북한지역을 우리 영토의 일부로 보기는 어렵다는

12) 본 판결에 대하여는 盧泳暾 교수("우리나라 국적법의 몇 가지 문제에 관한 고찰", 국제법학회 논총 제41권 제2호, 1996년 12월), 金明基 교수("북한주민을 대한민국 국민으로 본 대법원 판결의 법이론", 저스티스 제30권 제2호, 1997년 6월), 權寧卨 교수("헌법의 국민조항과 국적법", 고시계 1997년 7월호), 張明奉 교수("영토조항을 근거로 북한주민도 한국국민으로 본 대법원 판결에 대한 평가", 헌법학연구 제3집, 1997년) 등의 평석이 있었다.

13) 諸成鎬, 남북한 특수관계론, 한울아카데미, 1995년, pp.144-149.

소수설의 논지에는 분명 수긍할 수 있는 부분이 적지 않다.

그러나 소수설과 같이 북한주민도 더 이상 대한민국 국민에 해당되지 않는다는 견해에 대해서는 현재 북한주민 또는 제3국에 체류하는 탈북자 등에 대한 국민들의 일반적인 정서, 그리고 통일의 대상으로서의 북한을 바라보는 시각 그리고 남북 이산가족의 재결합 또는 귀순 탈북주민의 취적 등 처리를 둘러싼 국내법적 제문제 등을 고려할 때 동의하기 어렵다.

물론 북한지역을 우리 영토의 일부로 보는 다수설 및 판례의 시각에도 규범과 현실간의 불합치라든가 헌법 내 평화통일조항 등과의 모순성 등 소수설이 지적하는 바와 같은 각종 문제점이 있는 것은 사실이다. 그럼에도 불구하고 헌법 제3조가 명시적으로 규정하고 있는 영토조항의 문리해석과 국내적 시각에서 북한정권을 불법단체 내지 반국가단체로 인식할 수밖에 없는 논리 그리고 특히 통일 전까지 개별적으로 대한민국에 귀순하는 북한주민을 무리 없이 우리 국민으로 포섭하려면 북한주민도 법적 지위 면에서는 대한민국의 국민의 범주에 속한다고 보는 다수설의 견해가 더 큰 설득력을 가진다고 생각된다.

제 3 절 現實的 問題와 그 解決을 위한 法的 接近方式

이와 같은 인식을 바탕으로 북한주민의 법적 지위 및 통일 전까지 내국인으로서의 처우를 위한 국내법적 접근방식은 어떤 형태가 가장 실효적일 것인지에 관해 생각해 보기로 한다.

우선 북한주민도 대한민국 국민의 범주에 속한다는 사실 또는 그 사실을 뒷받침하는 근거를 국적법에 명시할 필요가 있다는 주장[14]이 있지만 이러한 주장에 대해서는 동의하기 어렵다. 왜냐하면 북한지역이 대한민국의 영토에 속하는가 또는 북한주민도 대한민국 국민에 속하는가 하는 문제는 헌법의 정비 또는 헌법의 해석으로 해결해야 할 성질의 문제인 것인지 하위 법률인 국적법에서 예컨대 “북한주민도 대한민국 국민이다” 또는 “본 법률

14) 李長熙, “통일시대를 대비한 한국 국적법의 개정방향 검토”, (사단법인 아시아사회과학연구원 21회 학술시민포럼, 1997년 10월, p.35.)

은 북한주민에게도 적용 된다"는 식의 규정을 둠으로써 해결할 문제는 아니라 할 것이며, 또한 국적법이 별도로 남한주민이라는 개념을 상정하고 있지 아니한 상태에서 북한주민에게도 적용된다는 취지의 규정을 두는 것은 법체계상으로도 맞지 않다고 할 것이기 때문이다.

또한 혹자[15]는 국적법정주의와 관련하여 북한주민의 국적문제를 국적법의 명시적 규정에 의하지 않고 헌법의 영토조항으로 해결하는 것은 국적법정주의에 반한다고 주장하기도 하는 바, 이는 국적법정주의의 의미를 오해한 것이라고 생각된다. 왜냐하면 국적법정주의라 함은 국적의 득상 및 결정에 관한 요건과 기준을 법으로써 정한다는 취지라 할 것인 바, 우리 국적법이 규정하고 있는 각종 국적득상의 유형과 요건 등을 남북한 주민 모두에게 동등하게 적용되는 것으로 해석하면 족한 것이고 국적법 속에 북한주민에 관해 특별한 규정을 두고 있지 않다고 해서 이 점을 들어 국적법정주의 원칙에 반하는 것이라 할 수는 없기 때문이다.

요컨대 북한주민의 국내법적 지위 또는 우리 국민으로서의 편입에 관한 법령체계의 구축방향으로는, 국적법 속에 북한주민도 대한민국 국민이다라고 명문조항을 두는 등의 실체법적 접근보다는, 북한주민을 자처하는 개개인에 대해 과연 동인을 어떠한 방식과 절차로 국민의 일원으로 편입시키고 처우할 것인지에 주안점을 두는 절차법적인 접근이 법리적으로나 현실적으로 더 타당하다고 생각된다.

다시 말해서 이미 헌법의 해석에 의하여 당연히 대한민국 국적을 가지는 것으로 평가되는 북한주민에 대해 다시 하위법에서 같은 의미의 실체적 규정을 두기 보다는, 국내외에서 어떠한 개인이 북한주민의 신분을 자칭하면서 대한민국 국민으로서의 처우 또는 보호를 요청해 오는 경우에 과연 어떠한 절차로 그가 북한주민인지 여부를 확인할 것인가, 북한주민으로 확인되면 어떠한 절차로 입국 및 국내영주의 허용, 호적편제(가족관계등록 창설), 주민등록증 발급 등 국민의 지위에 합당한 보호 및 권리보장을 하여줄 것인가 하는 등등에 관하여 그러한 절차의 근거가 되는 법령을 어떤 형태로 입법하여야 할 것인가 하는 문제에 초점이 놓여져야 한다고 보는 것이다.

15) 盧泳暾, "우리나라 국적법의 몇 가지 문제에 관한 고찰", 국제법학회 논총 제41권 제2호(1996년), p.59.

이러한 접근방식을 전제로 할 때 북한주민의 신분을 자처하면서 대한민국의 보호를 받고자 하는 의사를 표시한 개개의 특정인에 대하여 과연 그가 진정한 북한주민에 해당하는 자인지, 그리고 중국 등 제3국의 국적을 취득하는 등으로 인하여 대한민국 국적을 상실한 자는 아닌지 여부 등을 심사, 판정하는 작업은 곧 당해 특정인이 현재도 대한민국 국적자인지 여부를 심사, 판정하는 작업과 동일한 성격이라는 점에서 그 기준이나 절차 등을 국적법 또는 국적법에 준하는 특별법에 규정해 두는 것이 타당하다고 할 것이다.

즉 북한주민을 자칭하면서 보호를 요청하는 자에 대하여는 1차적으로 국적법이 정한 국적판정 절차에 따라 국적관서의 장인 법무부장관이 현재도 대한민국 국적을 보유중인 자인지 여부를 먼저 판정토록 한 다음, 대한민국 국적 보유자로 판정된 자에 대하여 비로소 2차적으로 가족관계등록부 작성, 여권발급, 주민등록증 발급 기타 국민처우를 할 수 있도록 북한주민 처리관련법령에 그 절차에 관한 근거규정을 마련해 두자는 것이다.

이러한 순차적 접근은, 현재 우리나라 국적법 체계상 외국인이 대한민국 국적을 취득하고자 할 경우에 제일 먼저 국적법이 정한 귀화 또는 국적회복절차를 통하여 먼저 대한민국 국적을 취득한 후, 그 다음에 가족관계의 등록등에 관한 법률에 따라 가족관계등록부의 작성이 이루어지며, 그 절차가 끝난 후에 비로소 주민등록법에 따른 주민등록증 발급 및 여권법에 따른 대한민국 여권의 발급절차가 진행되는 점과 동일한 맥락이라 할 수 있다.

그리고 북한주민에 대한 이같은 순차적 접근방식은 새롭고 생소한 내용이 아니라 이미 우리의 현행 법제에 일부 반영되어 있다. 즉 현재 우리 법제상 북한주민을 우리 국민의 일원으로 포섭하는 절차에 관한 기본법에 해당되는 북한이탈주민의보호및정착지원에관한법률[16](이하에서 "북한이탈주민지원법"이라 한다) 제19조가 규정하고 있는 가족관계등록 창설에 관한 특례조항이 그 예라 할 것이다.

동 법률 제19조(가족관계 등록 창설의 특례)는 동 법률에 의하여 대한민국 정부의 보호 및 지원을 받기로 결정된 북한이탈주민으로서 남한지역에

16) 「북한이탈주민의보호및정착지원에관한법률」은 1997년 1월 13일 종전까지 시행되어 오던 「귀순북한동포보호법」을 폐지하고 제정된 법률이다. 동 법률은 종전의 귀순북한동포를 북한이탈주민이라는 용어로 변경하고, 북한이탈주민에 대하여 대한민국 국민으로 정착할 수 있도록 취적을 허용하고 아울러 생활지원에 관하여 상세히 규정하고 있다.

가족관계등록부가 편제되어 있지 아니한 자에 대하여는 본인의 의사에 따라 등록기준지를 정하고 통일부장관이 서울가정법원에 가족관계 등록 창설허가 신청서를 제출하며, 서울가정법원은 동 신청에 대하여 지체 없이 허가여부를 결정하고 허가한 때에는 해당 등록기준지의 시 · 구 · 읍 · 면의 장에게 가족관계등록 창설허가 등본을 송부하고, 시 · 구 · 읍 · 면의 장은 지체 없이 가족관계등록부를 작성하여야 한다고 규정하고 있다.

이 같은 특례제도의 바탕에는 북한주민은 대한민국 국민에 해당된다는 관점에서 다른 외국인들처럼 먼저 국적법에 따라 대한민국 국적을 취득하는 별도의 절차를 거칠 필요없이 곧바로 가족관계등록을 창설하게 해주는 것이 타당하다는 법적 고려가 깔려 있다고 할 것이다.

제4절 統一 前 西獨의 東獨民 包攝에 관한 法制 槪觀

통일 전까지 북한주민의 국내법적 지위를 정립하고 우리 정부에 대하여 보호를 요청하는 개개의 북한주민을 실질적인 우리 국민의 일원으로 포섭하기 위한 우리의 법령과 제도는 어떤 모습이어야 할 것인지를 살펴보는데 있어 최근까지 분단 상태에 있었던 독일의 예, 즉 서독이 통일 전까지 동독민 또는 동독탈출자에 대하여 어떠한 형태로 법제를 운영해 왔었는지를 살펴보는 것은 매우 의미가 있을 것이다.

1949년 독일이 각각의 헌법과 통치체제를 갖춘 2개의 국가 즉 동서독으로 분단된 이후 서독은 기본법 제정당시부터 동독 탈출자뿐만 아니라 2차대전의 결과로 동 구라파지역에 흩어지게 된 독일민족 내지 독일계 혈통자들을 서독의 법체제 내부로 포섭하는 방안을 치밀하게 강구하여 그 법적 장치를 마련해 두고 있었다. 이러한 장치의 정점에 위치하고 있는 것이 바로 서독기본법 제116조의 규정이라 할 것인 바, 동 규정은 서독의 입장에서 통일 전까지 동독민 또는 동독 탈출자의 법적 지위는 어떠하며, 이들의 국적문제는 어떻게 취급할 것인가 하는 문제와 밀접한 연관이 있는 것이었다.[17]

---

17) 李時友, "동독탈출자에 대한 서독의 법적 대응방안", 인권과 정의(대한변호사협회지) 94년 6월호, p.19면 이하 참조.

통일 전까지 서독은 동독 또는 서독의 분리된 국적을 인정하지 않고 1937년 12월 31일 당시의 독일 국경선을 기준으로 독일제국(Das Deutsche Reich)이 지속된다는 것을 전제로 오직 하나의 독일 국적만이 존재한다는 입장을 일관되게 고수하여 왔다. 즉 서독 정부는 1972년의 기본조약 체결 후에도 동독민들이 동독 시민권외에 서독의 국적이기도 한 공통의 국적, 즉 독일 국적을 가진다는 입장을 취하면서 다만 동독 시민들의 경우에는 스스로 원하여 요청하는 경우에만 공통의 독일 국적이 주어지며, 구체적으로는 관련 하위법령이 정한 바에 따라 동독에서 탈출해 온 동독시민들에 대하여 동독 당국이 발행한 신분증명서를 제출하고 신청을 하면 이를 서독의 여권과 신분증을 바꾸어 줌으로써 입국 및 내국인으로서의 편입절차가 끝나는 것으로 처리해 왔던 것이다.[18]

서독 정부는 기본법 하에서 동독 탈출자들을 포함하여 구 소련 점령지역으로부터 넘어오는 독일계 주민들을 서독민의 일원으로 포섭하기 위해 1950년 8월 22일 「긴급수용법(Notaufnahmegesetz)」[19]을, 1965년 7월 24일 「피난민지원법(Fluchtlingshilfegesetz)」을 각각 제정하여 동독 출신 피난민의 유입을 통제 · 관리하고, 서독내 각 주의 경제적 · 사회적 여건을 고려하여 각 주별로 그 피난민을 배분하는 등 서독 내에서의 정착을 지원하였다.

요컨대 통일 전까지의 서독은 국적법에서 특별히 동독민도 자국민이라는 취지의 규정을 두기보다는 헌법에 해당하는 기본법을 통하여 그들도 당연히 독일 국민의 일원임을 분명히 한 후, 구체적으로 동독을 이탈하여 서독의 영역으로의 이주와 서독의 실질적 통치권 내로의 편입을 희망하는 자들에 대하여 국적법에 따른 국적취득 절차가 아닌 하위법령 소정의 혈통·신분 등에 대한 심사를 통해서 서독내로의 입국을 허용하고 서독 국민으로서의 신분등록 및 정착을 지원하는 방향으로 법제를 운영해 왔던 것인데 이 같은 서독의 대처방식은 북한과 대립중인 우리가 정책을 수립하는데 있어 시사하는 바가 매우 크다고 할 것이다.

18) 許 營 편저. 독일통일의 법적조명, 박영사, pp.65-66.

19) 동 법률의 정식명칭은 "연방내 독일인의 긴급수용에 관한 법률(Gesetz uber die Notaufnahme von Deutschen in das Bundesgebiet)"이다. 동 법률은 1986년 2월 18일 "수용법(Aufnahmegesetz)", 즉 "연방 내 독일인의 수용에 관한 법률(Gesetz uber die Aufnahme von Deutschen in das Bundesgebiet)"으로 개정되었다가 1990년 7월 1일자로 폐지되었다.

제 5 절 現行 法體系의 問題點과 向後의 課題

그렇다면 통일전까지 북한이탈주민 또는 제3국에 체류(거주)하는 북한적 동포들을 어떤 방식과 절차로 우리 국민의 범주로 포섭할 수 있을 것인가?

물론 이 문제에 관하여는 남북관계의 변화, 정부의 대북정책 또는 북한주민 포섭의지의 향배 등의 정세변화에 따라 통치행위적 혹은 초법률적 차원에서 그 답을 찾아야 할 특수요인이 존재하는 것이 사실이다. 그렇지만 그 같은 특수요인은 별론으로 하고, 이 글에서는 통일 전까지의 평시 상황을 전제로 북한주민의 법적 지위 또는 대한민국의 보호를 받고자 계속 넘어오는 북한주민들을 국민의 일원으로 포섭하는데 있어 현행 법체계상의 문제는 무엇이고 이를 개선하기 위한 법제의 형태는 어떠한 모습이어야 할 것인가를 살펴보고자 한다.

첫 번째 문제점으로는, 현행 북한이탈주민지원법은 대한민국의 보호를 받고자 하는 북한주민 모두를 광범위하게 그 적용대상으로 삼고 있는 것이 아니라 최근에 북한지역을 탈출한 사람 중 동 법률 소정의 심의를 거쳐 보호대상자로 결정된 사람만을 그 대상으로 하고 있다는 점에서[20] 그 적용의 대상과 범위가 지나치게 협소하게 되어 있다는 점을 들 수 있다.

그 같은 문제로 인하여 예컨대 오래전에 북한지역을 이탈하여 중국 기타 제3국에서 장기 거주해 온 북한적 동포들이나 1980년대 후반과 90년대 초반에 여행증명서 또는 부정발급된 중국 여권으로 우리나라로 들어온 탈북주민의 경우에는 북한이탈주민지원법에 의한 특례의 적용을 받지 못할 뿐 아니라 그 밖에 달리 이들이 국내에서 가족관계등록을 창설할 수 있는 절차법적 근거도 없는 실정이다.

두 번째 문제점으로 생각되는 것은, 북한주민처럼 규범적으로는 대한민국 국민이지만 실질적으로는 대한민국 국민으로 되어 있지 않던 사람들[21]

20) 동 법률 제9조제4호는 "체류국에서 10년 이상 생활근거지를 두고 있는 사람"에 대하여는 보호대상자로 결정하지 아니할 수 있다고 규정하고 있다.

21) 이러한 사람들의 범주에는 북한주민(북한의 해외공민 즉 북한적 동포들을 포함) 외에도 재일 조총련계 동포라든가 과거 한반도에서 조선인의 자로 출생한 후 남북이 분단되기 전

에 대하여 대한민국 국민의 명실상부한 법적 지위를 부여하는 절차에 있어, 국적법에 규정된 국적판정 절차가 완전히 도외시되고 있다는 점이다.

국적법 제20조가 규정하고 있는 국적판정제도는 1997년 제4차 개정 당시 도입된 제도로서 대한민국 국적의 취득, 보유여부가 불분명한 사람들로부터 신청이 있는 경우 소정의 심사를 거쳐 대한민국 국적 보유여부를 판정해주는 절차이다. 동 절차는 통일 전까지 국내외에서 북한주민 또는 북한적자를 자칭하면서 대한민국 정부의 보호를 요청하는 사안이 발생한 경우에 그 사람들에 대해 대한민국 국민으로 처우할 자인지 여부를 심사 판단하는 법절차적 기능을 충분히 발휘할 수 있는 제도라고 생각된다.

그렇게 생각되는 이유는 예컨대 국내에 호적 기타 출생의 연원 등을 판단할 수 있는 아무런 신분자료가 없는 사람이 북한적 또는 북한주민임을 자칭하면서 국내외의 우리 정부기관에 대한민국 국민으로서의 처우를 요구해 오는 경우에 법무부장관은 국적법상의 국적판정절차를 통해서 그가 북한주민, 즉 대한민국 국민에 해당하는 자인지를 심사하고 그에 해당되는 자로 판단되면 대한민국 국적보유자로 판정하여 줌으로써, 곧바로 가족관계등록 창설 및 주민등록 등 대한민국 국민으로서의 처우와 보호를 받을 수 있게 해주는 형태로 운용할 수 있다고 보여지기 때문이다.

이는 원래 1997년 국적법 제4차 개정당시 국적판정제도를 도입한 주된 취지는 1948년 대한민국 정부 수립 전에 중국이나 사할린 등 구 소련지역으로 이주하여 국적의 귀속관계가 불분명한 동포들의 국적문제를 대처하기 위한 것이었지만[22], 실제로 동 제도 도입 이후 지난 10여년간 법무부에 접수된 국적판정 신청자중에 사할린 동포 외에 국내 체류중인 탈북자도 상당수 포함되어 있다는 점[23]을 보더라도 그러하다.

그럼에도 불구하고 현재 북한주민을 국내적으로 포섭하는 정부의 공식적 절차에 있어, 북한이탈주민지원법만을 적용하고 국적법상의 국적판정

에 중국 또는 사할린 등 구 소련지역 국가 등지로 이주하게 된 이래 체류국내에서 공민신분을 취득하지 못하고 무국적 상태로 장기 거주해 온 동포들도 포함된다고 할 것이다.

22) 石東炫, "新國籍法의 成立經過 및 改正의 槪要" 저스티스 제32권제2호(1999.6), 한국법학원, p.178.

23) 법무부 출입국외국인 정책본부의 통계에 의하면 국적판정제도 도입 이후 1998년부터 2010년 12월까지 대한민국 국적 보유자로 판정한 사람은 총 3,321명으로서 사할린동포 1세가 3,029명, 북한이탈주민이 292명이라고 한다.

절차를 적용하지 않는 것은 상당히 문제[24]가 많다고 하지 않을 수 없다.

제6절 結 論

현재도 그렇지만 앞으로 통일이 되기 전까지 대한민국의 보호를 찾아 대한민국으로 입국하려는 북한주민은 계속 늘어갈 것이다. 이러한 상황에서 헌법상 대한민국 국민으로 해석되는 이들 북한주민을 구체적으로 국민의 일원으로 편입하는 문제와 관련된 우리의 현행 법제 및 그 운용형태는, 먼저 대한민국의 보호를 희망하는 모든 북한주민에 대해 명시적으로 그 전부를 적용대상으로 취급하는 적극적 태도를 갖추지 못한 채 단지 북한이탈주민지원법이 정한 제한적 범위에 대해서만 그 적용이 이루어지고 있다는 점과 국적법상의 국적판정 절차를 선용할 필요가 있음에도 그 입법취지를 충분히 살리지 못하고 있다는 점 등에 비추어 볼 때 그 소극성에 대한 비판을 면하기가 어렵다고 생각된다.

따라서 우리가 진실로 남북통일을 추구하고 또한 언젠가 갑자기 닥칠 수도 있는 통일에 내실있게 대비하고자 한다면, 독일의 예에서 보듯 통일전까지 국내로 밀려드는 북한주민들을 폭넓고 유연하게 우리의 공민으로 포섭할 수 있는 법규정을 마련해 두어야 하며, 아울러 그 합리적 운영을 통하여 인적통합 문제를 통일 전부터 미리미리 적극적이고 전향적으로 대비하는 자세가 매우 긴요하다고 할 것이다.

24) 이러한 문제점은 일본에 거주하는 조총련계 교포들이 대한민국 국민으로 전향(국적변경)하는 과정에서도 발견된다. 현재 조총련계 교포들이 대한민국 국적취득을 희망하는 경우 단순히 주일 대사관이나 총영사관에서 재외국민등록법에 따른 재외국민등록신청만 하면 국적법에 따른 국적판정 절차 없이 곧바로 재외국민으로 등록할 수 있게 해주고, 이어서 가족관계등록 및 대한민국 여권 발급등을 허용하고 있는 실정인 바, 2012년으로 예정된 재외국민 투표권 행사를 앞두고 그 부정적 요소를 우려하는 목소리가 높아지고 있다.

제 2 장
"最初의 大韓民國 國民"에 관한 法的 欠缺과 治癒方案

제 1 절 問題의 提起

1948년 대한민국 정부수립 직후에 제헌국회에서 만들어진 최초의 국적법("제정국적법"이라 한다)은 대한민국 국민의 요건을 규정함에 있어, 출생과 동시에 대한민국 국민이 되는 자의 요건을 제2조[1)]에서 규정해 두었을 뿐, 동 법률 시행일 전에 이미 출생한 자에 대해서는 그중 어떤 기준에 해당하는 자가 대한민국이라는 국가의 인적 구성원, 즉 최초의 대한민국 국민이 될 것인지에 관하여 동 법률 어디에도 이를 명시적으로 규정해 두지 않았다.[2)]

제정국적법 제2조는 부계혈통을 기준으로 하여 대한민국 국민의 자(동조 제1호, 제3호) 또는 대한민국 국민의 유복자(동조 제2호)로 출생한 자는 출생과 동시에 대한민국 국민의 신분을 가지게 됨을 규정하고 있는 바, 해석논리상 별도의 규정이 없는 한 본 규정은 동 법률 시행일 이후에 출생한 자에 대해 적용될 성질의 것이므로 국적법 제정 전에 출생한 자들에게는 소급적용하기 어렵다. 설사 동 조항을 국적법 제정 전에 출생한 자들에 대하여 소급적용시킨다 하더라도 그들이 출생한 당시는 대한민국 정부가 수

---

1) (제정국적법 제2조) 다음 각호의 1에 해당하는 자는 대한민국의 국민이다.
   1. 출생한 당시에 부가 대한민국의 국민인 자
   2. 출생하기 전에 부가 사망한 때에는 사망한 당시에 대한민국의 국민이던 자
   3. 부가 분명하지 아니한 때 또는 국적이 없는 때에는 모가 대한민국의 국민인 자
   4. 부모가 모두 분명하지 아니한 때 또는 국적이 없는 때에는 대한민국에서 출생한 자

2) 최초의 대한민국 국민에 관한 정의규정의 부재상태는 2010년까지 모두 10회의 개정을 거친 현행 국적법에 이르기까지 계속되고 있다.

립되기 전이어서 그 부 또는 모가 "대한민국의 국민"인지 여부가 애매한 상태였던 점을 감안한다면 동 조항의 적용에 의하여 그들이 당연히 대한민국 국민이 되게 된다고 하는 것은 선뜻 수긍하기 힘든 해석론이 아닐 수 없는 것이다.

제정국적법의 이같은 해석론적 문제점을 입법적 흠결로 인식하는 시각에서 본다면, 그와 같은 흠결로 인하여 법적으로 대한민국 국적의 취득 여부가 불분명하게 되는 자의 범주에는 근대이후 우리나라의 영토로 유지되어 온 한반도 및 부속도서에서 국적법 제정전 시기에 출생한 자 뿐만 아니라 국적법 제정전 시기에 독립운동이나 징용 등 각종 사유로 중국과 구 소련 등 한반도 주변 국가로 이주해 간 동포들 및 그 후손으로 외국에서 출생한 자들도 모두 포함된다고 보아야 한다.

나아가 이와 같이 최초의 대한민국 국민에 관한 정의규정 또는 경과적 규정이 부존재함으로 인해 야기되는 문제는 국적법 제정 전에 출생한 당사자들에게만 적용되는 것이 아니라 그 자손으로서 제정국적법 시행 이후에 출생한 자들에게도 미치게 된다는 점에서 문제의 정도는 더욱 심각할 수 있다. 왜냐하면 국적법 제정 전에 출생한 사람을 부 또는 모로 하여 제정국적법 시행 후에 출생한 자녀의 경우에도 그 부 또는 모가 위에서 언급한 바와 같은 이유로 대한민국 국민인지 여부가 법률상 불분명한 상태라면 그 자녀 역시 제정국적법 제2조 제1호 내지 제3호의 적용대상이 될지 여부가 불분명하게 되는 것은 형식논리상 자명한 이치이기 때문이다.

사정이 이와 같음에도 불구하고 그동안 우리의 법현실에서는 제정국적법에 내재된 이 같은 흠결과 그로 인한 법해석론적 난관이 그다지 부각되지 않았던 것이 사실이다. 또한 공법학계에서도 이 문제에 관하여 그동안 논의가 많지 않았다고 하는 점을 굳이 부인하기 어려울 것이다. 그렇게 된 이유는 아마도 남북이 분단된 이후 대한민국의 주권이 실효적으로 작용되어 온 남한지역에 생활근거를 두고서 호적이 편제되어 있는 사람들[3]의 경우는 태어날 때부터 당연히 우리 혈통이고 법적으로 대한민국 국민이라고 하는 점

3) 이러한 범주에는 반드시 남한지역에서 출생한 사람 뿐만 아니라 6.25를 전후하여 북한지역으로부터 월남하여 남한지역에서 계속 거주해 온 사람, 그리고 남한지역에 호적을 둔 채 외국에서 영주하고 있는 재외국민들도 포함된다고 하겠다.

에 관하여 자타간에 의문을 품을 여지가 거의 없었던 때문이 아닌가 싶다.

그러나 1990년대에 들어오면서부터 상황의 변화를 맞이하게 된다. 즉, 한 · 소수교(1991년), 한 · 중수교(1992년)가 이루어지면서 과거 일제시대 등 국적법이 제정되기 전 시기에 한반도 및 그 부속도서로부터 중국 또는 구 소련지역으로 이주한 자 및 그 후손에 해당하는 재중 · 재소동포들이 우리나라와의 왕래 및 통신교류가 가능해지게 된 것을 계기로 이들중 국내 입국 및 정착을 원하는 자 또는 대한민국 국적을 회복하기를 원하는 동포들이 매년 점증하게 되었고, 이에 따라 각 관계기관에서 이들 동포들에 대한 출입국 및 국내체류, 그리고 국적문제를 처리하는 과정에서 비로소 우리 국적법이 최초 제정되기 전에 출생한 사람들의 국적관계를 명확하게 하여 줄 명문의 규정을 갖추고 있지 못한 점과 그에 기인한 각종의 법률적 문제점들이 현실적이고 구체적인 장애요소로 대두되기 시작한 것이다.

문제의 요체는 국적법 제정 전에 출생하여 중국과 구 소련지역으로 이주한 동포 1세들을 출생과 동시에 대한민국 국적을 취득한 자로 취급할 것인가, 만약 그렇게 취급한다면 그 법적 근거는 무엇이며 또한 이들이 출생할 당시 그 부가 대한민국 국민이었다고 하는 연원적 사실은 어떤 방법으로 확인할 것인가 하는 것 등으로 집약해 볼 수 있다.

그러한 문제들이 현실적 장애로 대두되는 동포들을 유형별로 구분해 본다면 첫 번째는 국적법 제정 전에 각종 사유로 중국, 구 소련 등 주변국가로 이주하여 현재 중국 국적 또는 러시아 등 CIS국가 국적자로서 거주해 오고 있는 사람들이고, 두 번째는 국적법 제정 전에 북한지역에서 출생한 후 중국 또는 러시아 등 제3국으로 탈북하여 당해 거주국의 국적자로 혹은 난민과 다름없이 지내오고 있는 사람들로 대별할 수 있을 것이다.

이들 중 극소수는 예외적으로 국외로 이주하기 전의 호적자료가 현재까지 연고지 호적관서에 보존되어 있거나 족보 등을 통해 혈연관계 기록이 전하여 지는 경우도 있고, 특히 북한출신자인 경우에는 6 · 25를 전후하여 월남했던 가족의 신고에 의하여 실제로는 남한지역에 거주한 적이 없으면서도 가족의 호적부에는 함께 등재되어 있는 등 남한지역 내에 혈통 기타 혈연관계를 증빙할 수 있는 자료가 존재하기도 한다. 그러나 그같은 예외적 범주에 속하지 않는 대다수의 동포들의 경우는 이들이 개별적으로 우리나라의 국적관서나 재외공관에서 대한민국 국적을 취득하고자 할 때 혈통 관계를 어떤 방법으로 확인할 것인지, 이들을 출생과 동시에 대한민국 국적을 취득하였던 자 혹은 제정국적법 시행 당시부터 대한민국 국민의 신분을 취득한 자로 취급해야 할 것인지 여부가 법률상 매우 모호한 형편이고 그로 인하여 행정절차 진행상 여러가지 난관에 봉착하게 되는 것이다.

혹자는 이러한 문제들은 비단 중국이나 구 소련지역 국가거주 동포에 국한된 문제가 아니라 일찍부터 기타 외국으로 이주한 동포 및 그 후손들이 대한민국 국적을 취득(회복)하고자 할 때에도 마찬가지로 대두되는 것이 아니냐고 생각할 수 있겠지만 기타 국가 동포들의 경우는 재중동포 또는 재소련동포와 비교할 때 그 문제의 정도가 지극히 미약하다고 보아야 한다. 그 이유는 재중동포 또는 재소동포들의 경우는 1948년 정부수립 이후 한·중수교, 한·소수교가 정식으로 이루어진 1990년대 초반까지 수십년동안 우리나라와의 왕래 및 통신교류가 사실상 단절상태에 있었던 반면, 기타 국가에서 장기간 거주해 온 동포들의 경우는 거의 대부분 일찍부터 거주국과 우리나라간에 왕래 또는 통신교류가 가능하였을 뿐 아니라 거주국에 주재하는 우리 공관에서 재외국민등록법에 따른 재외국민 등록절차를 거칠 수가 있었고 따라서 당사자에게 의사만 있었다면 얼마든지 국내 호적의 편제나 정리가 가능하였다고 할 것이기 때문이다.

제 2 절 關聯規定의 不在에 관한 諸 見解

1. 立法上의 欠缺로 보는 見解

본 견해는 1948년 7월 17일에 제헌헌법이 공포되고 8월 15일에 대한민국 정부가 수립된 이상 그 이전에는 법률적으로 '대한민국의 국민'이 존재할 수 없다는 점을 전제로 한다.

權寧卨 교수[4]는, 제정국적법이 제2조제1호에서 국적의 기초로서 "부가 대한민국의 국민인 자"로 못 박으면서도 그 최초의 국적인단(國籍人團)에

---

4) 權寧卨, "헌법의 국민조항과 국적법"(考試界 1997년 7월호), p.96.

관한 명문적 경과규정을 두지 아니한 것은 국적법 제정 이전에 존재한 주민을 국적인화 하는 선행조치에 관한 규정이 없는, 법적 흠결을 자초한 것이라 한다.

盧泳暾 교수[5]는, 혈통주의를 취하는 것은 국적의 인적 상속을 추구하기 위한 것이므로 그 나라의 영역 내에서 출생한 사실만에 근거하여 자국 국적을 부여하는 출생지주의 국적법과는 달리 혈통주의를 취하는 국적법의 경우에 국적의 인적 상속이 가능하게 하기 위해서는 최초로 그 국적을 가질 자의 범위를 정하는 경과규정이 필수적으로 요구된다 할 것임에도 불구하고 우리 국적법은 이러한 경과규정을 갖추지 못하였다고 지적[6]하면서 아울러 미군정 당시의 '국적에관한임시조례' 제5조[7]가 최초의 조선인의 범위를 규정하고 있기는 하지만 동 임시조례가 안고 있는 여러 가지 결함으로 인해 제정국적법이 최초의 한국인의 범위를 정하지 못한 흠결을 동 임시조례 제5조로써 치유할 수는 없는 것이라 한다.

2. 입법상의 흠결로 보지 않는 견해

본 견해를 취하는 학자들은 1948년의 정부수립 선포로 대한민국이라는 새로운 '국가'가 창출된 것이 아니라는 논거에서 제정국적법이 최초의 대한민국 국민에 관한 정의규정을 두고 있지 아니한 점에 대해 이를 입법상의 흠결로 보지 아니한다.

金明基 교수[8]는 1910년의 이른바 한일합방조약은 무효이므로 동 조약에 의하여 우리나라가 국가로서 소멸한 것이 아니라 그대로 법통성을 유지하면서 1910년 이후에도 국가로서 존속해 왔고 따라서 1910년부터 1948년

5) 盧泳暾, 앞의 논문, pp.53~56.
6) 盧교수의 이러한 지적에 대해서는 동의하기 어렵다. 왜냐하면 출생지주의를 선천적 자국민의 결정기준으로 채택한 국가도 그러한 내용으로 된 국적법령을 처음 제정하는 단계에서는 어떤 형태로든지 동 법령 시행 전에 출생한 자들에 대하여 그중 最初의 自國民이 될 자의 범위를 정하기 위한 經過的 規定은 분명히 필요한 것이고, 이는 혈통주의를 취하는 국가의 국적법과 다를 바가 없다고 할 것이기 때문이다.
7) (국적에관한임시조례 제5조) : 외국의 국적 또는 일본의 호적을 취득한 자가 그 국적을 포기하거나 일본의 호적을 이탈한 자는 단기 4278년(서기 1945년) 8월 9일 이전에 조선의 국적을 회복한 것으로 간주함.
8) 金明基, "北韓住民을 大韓民國 國民으로 본 大法院 判決의 法理論"(져스티스 제30권 제2호, 1997년 6월), p.197, pp.203~204.

까지 사이에 출생한 자도 그 당시 父가 '한국 국민'[9]이면 그는 일본의 국적을 취득한 것이 아니라 한국 국적을 취득한 것이라고 한다. 또한 1948년 7월 17일의 제헌헌법 공포로 수립된 것은 대한민국이라는 '국가'가 아니라 대한민국의 '정부'가 수립된 것이므로 그 이전에 출생한 자의 경우에도 대한민국 국적을 새로 취득한 것이 아니라 출생과 동시에 한국 국적을 취득하여 보유하는 것이라고 한다.

李聖煥 교수[10]는, 한일합방조약은 강박에 의한 무효인 조약이므로 동 조약에 기하여 대한제국이 국가로서 소멸되었다고 할 수 없으며, 대한민국은 인적 일체성이나 영토적 일체성에 있어 대한제국과 동일하다는 점에서 대한제국이라는 군주국이 1948년 8월 15일 대한민국이라는 공화국의 형태로 국가 형태 및 국호를 변경하여 그대로 존속하는 것이므로 일제 강점기나 미군정기에도 대한제국의 국적은 계속 존속하였다고 보아야 하고, 다만 대한제국이 성문의 국적법을 가지고 있지 않았던 관계로 그 구체적 범위는 확정지을 수 없지만 1909년의 민적법에 따른 민적을 가진 자나, 조선 호적령에 따른 호적을 가진 자 그리고 관습에 따라 최소한 부모가 모두 대한제국의 신민인 자손은 외국 국적을 자의로 취득하지 아니하였던 한, 미군정기에 제정된 「국적에 관한 임시조례」상의 조선인으로 보아야 한다[11]고 한다.

3. 折衷的 見解

한편 제정국적법이 최초의 대한민국 국민이 되는 자의 자격이나 기준에 관한 규정을 두지 아니한 점을 일종의 입법상 흠결로 인식하면서도 다만 일제하의 민적 또는 호적과 미군정기의 호적을 국적으로 보는 것이 우리나라의 관행이고 따라서 그 흠결이 보완된 것이라는 견해[12]도 있다.

---

9) 그런데 金明基 교수도 同 論文에서 1948년 이전의 우리 國號를 '大韓民國'이라고 칭하기는 어려웠던 때문인지 1910년부터 1948년까지의 출생자들에 대하여 '大韓民國 國民'이라는 용어대신에 '韓國 國民'이라는 용어를 사용하고 있다. 그런데 그 시기의 우리 國號를 '韓國'이라고 표현하는 것에는 異見이 없을 것인지 다시 의문을 가지지 않을 수 없다.

10) 李聖煥, "대한민국 국민의 범위", 법학논총(국민대 법학연구소) 제9집, 1997년, pp.259~272.

11) 李聖煥, 앞의 논문, p.272.

12) 鄭印燮, "法的 기준에서 본 韓國人의 範圍" 社會科學의 諸問題, 1973年 法文社, pp.670~672.

4. 私 見

1948년에 제헌헌법이 제정되고 대한민국 정부수립 선포식이 거행된 역사적 사실의 의미를 대한민국이라는 신생 국가가 성립한 것으로 보아야 할 것인지 아니면 국가로서의 대한민국은 이전부터 계속 존속하여 온 가운데 단지 정부의 수립, 혹은 국가형태 및 국호를 변경한 것에 불과하다고 보아야 할 것인지는 논란이 제기될 수 있는 문제임에 틀림이 없다.

연혁적으로 본다면 사실 우리나라의 법제상 '대한민국'이라는 용어는 1948년의 제헌헌법에서 처음 사용된 것은 아니다. 즉 日帝 하에서 '대한민국 상해 임시정부'가 존재하였고 제헌헌법 전문(前文)에서는 "대한민국은 기미삼일운동으로 대한민국을 건립하여 세계에 선포한 위대한 독립정신을 계승하여"라고 선언함으로써 상해 임시정부의 정통성을 인정하고 있으며, 현행 헌법에서도 그 전문(前文)에서 "…우리 대한민국은 3 · 1운동으로 건립된 대한민국 임시정부의 법통과 불의에 항거한 4 · 19 민주이념을 계승하고…"라고 규정하여 그 법통의 계승을 분명히 하고 있기는 하다.

그러나 상해 임시정부의 경우, 사실적 의미로든 이념적 의미로든 영토나 영민 그리고 국가권력이라는 국가의 3대 구성요소 중 어느 한 가지 요소도 제대로 갖추었다고 보기 어렵다는 점을 감안한다면, 상해 임시정부의 성립시점을 대한민국이라는 국가의 성립시점으로 간주하여 1948년에 수립된 대한민국 정부를 상해 임시정부의 연장으로 단정하는 것은 통용되기 어려운 주장이라고 생각된다.

또한 金明基 교수나 李聖煥 교수의 견해와 같이 한일합방조약이 원천적으로 무효이기 때문에 일제 강점기나 미군정기에도 대한제국이 계속 존속되어 왔으며, 대한민국은 대한제국이라는 국가의 계승으로서 1948년 8월의 정부수립 선포는 국가의 형태 및 국호의 변경에 불과하다는 주장도 관념적으로는 수긍 못할 바 아니겠으나 제헌헌법의 내용 어디를 둘러보아도 그러한 견해를 뒷받침할 만한 조항을 찾아보기 어렵다는 점에서 논리적 취약성을 면하기 어렵다고 하겠다.

뿐만 아니라 1948년 정부수립의 성격에 관한 여러 견해 중 어떠한 견해를 지지한다 하더라도 국적법의 적용과 관련하여 1948년 이전 시기의 우리나라 국호가 '대한민국'이었다고 단정하는 것은 법적 근거의 측면에서 선뜻 수용하기 힘든 주장일 것으로 사료된다.

나아가 법적 흠결의 문제를 회피할 의도로서 일제 강점기나 미군정기에도 대한제국이라는 국가가 존속되어 왔던 것처럼 이해한다 할지라도 대한민국 정부가 수립된 단계에서 성립된 제정국적법이 동 법률 시행전 또는 대한민국 정부수립전 시기에 출생한 자들의 국적귀속관계를 명백히 해주는 경과적 규정을 갖추지 아니한 상태임에도 불구하고 그들이 자동적으로 '대한민국 국민'의 신분을 취득하게 된다고 의제하는 것은 역사적 당위성의 측면 또는 관념론적 시각에서는 이해될 수 있다 하더라도 법해석론적 관점에서는 수긍하기 힘든 주장이라 하지 않을 수 없다.

요컨대 제정국적법이 혈통주의 원칙의 기준인으로서 '대한민국의 國民'이라는 용어를 법문속에 명시함에 있어서는 동 법률 시행전에 이미 존재하고 있는 사람들중 최초로 대한민국 국민의 범주에 속하게 될 자에 관한 정의규정 혹은 경과적 규정을 마련하여 두었더라면 별 문제가 없었을 것인데 아쉽게도 제정국적법은 그 같은 규정을 불비하고 있었던 것이고 이 부분에 대해서는 입법상의 중대한 흠결로 인정하는 것이 보다 더 논리적이면서 또한 솔직한 접근이 아닌가 생각된다.

그리고 혹시 그와 같은 규정의 불비를 입법상의 흠결이 아닌 법해석을 통해 해결할 문제로 이해하는 견해를 취한다 하더라도 특정한 개인에 대하여 국적의 귀속관계에 관한 판단이 요구되는 구체적 사안이 발생한 경우에 그와 같은 규정의 불비 때문에 논란이 야기될 수도 있음은 분명한 사실이라 할 것인 이상, 새로운 입법이나 기존 법령의 적절한 해석 기타 어떤 형태를 통해서든 그러한 결함을 치유 또는 최소화하기 위한 대안을 모색하는 노력이 긴요하다고 하는 점을 우리는 유념하지 않으면 안될 것이다.

이와 관련하여 대법원이 1996년 11월 12일에 선고한 96누 1221호 강제퇴거명령무효확인사건(이른바 이영순 사건) 판결은 그와 같은 대안을 모색함에 있어 매우 중요한 참고가 될 것으로 생각된다. 왜냐하면 동 판결은 제정국적법이래 우리 국적법이 안고 있는 원초적 결함 즉, 최초의 대한민국 국민에 관한 정의규정의 부재라는 문제를 극복하기 위해 장래의 입법을 기다리지 않고 기존 법령의 조화적 · 연결적 해석을 통한 법리구성을 처음으로 시도하였던 판결로 볼 수 있기 때문이다. 동 판결의 자세한 내용은 다음 절에서 살펴보기로 한다.

제 3 절 大法院 判決의 內容과 分析

1. 대상판결

대법원 1996.11.12. 선고 96누 1221호 판결(강제퇴거명령무효확인)

2. 사실관계

본 사건의 사실관계를 위 대법원 판결이유에 나타나 있는 바에 따라 요약 정리해 본다면 다음과 같다.

원고 이영순(李英順)은 1937년에 북한에서 '조선인'의 자로 출생하였고, 그 후 부모를 따라 중국으로 이주하였다. 동녀는 중국에서 중국인 남편과 혼인하고, 주중 북한대사관에 해외공민등록을 필한 상태로 생활해 오던 중 1992년 9월 중국여권을 소지하고 우리나라 법무부로부터 입국사증(비자)을 발급받아 우리나라에 입국하게 되었다. 입국당시에 허가받은 체류기간이 도과되자 동녀는 국내에 계속 체류할 목적으로 그 시점에서 비로소 관계기관에 북한의 해외공민증을 제시하고 귀순의사를 표시하였다.

법무부(외국인보호소장)에서는 동녀가 입국할 당시에 중국여권을 소지하고 우리 정부당국으로부터 입국사증을 받아 입국하였던 사실에 기초하여 동녀를 중국인으로 간주하고, 동녀가 입국당시의 체류허가기간을 도과하여 불법체류한 사실을 근거로 강제퇴거를 명하였다.

이에 동녀는 자신은 북한의 해외공민 즉, 북한주민으로서 대한민국 국민에 해당되며 외국인이 아니라는 이유로 동 강제퇴거명령이 무효임을 주장하는 소를 제기하기에 이르렀다.

3. 쟁 점

이상의 사실관계를 통해서 짐작할 수 있는 바와 같이 동녀가 본 사건 소송을 제기한 핵심취지는 자신은 북한주민 즉, 외국인이 아닌 대한민국 국민이고 따라서 출입국관리법상 강제퇴거명령의 대상[13]이 아니므로 법무부 외국인보호소장이 자신에게 부과한 강제퇴거명령은 무효라는 것에 있다. 따라서 동 소송의 핵심 쟁점은 동녀가 과연 대한민국 국민에 해당하는 자인지 여부를 가리는데 있음은 두말할 나위가 없다.

본 사건에서 동녀가 (현재) 대한민국 국민에 해당하는 자인지 여부를 가리는데 있어서는 동녀가 언제, 어떠한 법적 근거로서 대한민국 국민의 신분(국적)을 취득하였는가에 관한 판단이 선결문제이고, 그 다음에는 그와 같이 취득한 대한민국 국민의 신분(국적)을 상실함이 없이 현재도 계속 유지하고 있는 상태인지 여부를 따져 보는 것이 논리적 수순일 것이다.

얼핏 보기에 동녀가 북한의 해외공민증을 제시하면서 북한주민의 신분임을 주장하는 점에 착안하여 본 사건에는 마치 "북한주민도 대한민국 국민에 해당하는가"라는 쟁점만이 존재하는 것으로 생각하기 쉽지만 곰곰히 생각해 본다면 동녀의 출생시점인 1937년도는 우리나라가 남한과 북한으로 분단되기 전이다. 다시 말해서 동녀는 태어날 때부터 '북한 해외공민' 또는 '북한주민'으로 태어난 자는 아닌 것이며, 한편 동녀가 출생한 당시는 대한민국 정부가 수립되기 전이고 국적법도 제정되지 아니한 시점에 해당된다. 따라서 동녀가 (현재) 대한민국의 국민에 해당하는지 여부를 가리기 위해서는 "북한주민도 대한민국 국민인가" 라는 쟁점뿐만 아니라 그보다 앞서 "대한민국 정부수립 또는 국적법 제정 전에 출생한 자는 언제, 어떠한 법적 근거에 의하여 대한민국 국민의 신분을 취득하게 되는가" 라는 쟁점을 먼저 해결하지 않으면 안되는 것이다.

---

13) 우리 출입국관리법 제46조는 강제퇴거명령의 대상자가 外國人임을 명시하고 있다. 뿐만 아니라 전통적 국적이론에 비추어 보더라도 모든 국가는 외국인에 대해서는 受認拒絕權을 가지는 한편 自國民에 대해서는 受認義務를 부담하는 관계로 自國民에 대한 입국불허 또는 강제퇴거는 있을 수 없다. 국가가 부담하게 되는 自國民의 受認義務에 관해서는 石東炫 "국적의 概念과 그 得喪에 관한 고찰" 法曹 1996년 12월호, p.39를 참조.

만약 동녀가 국적법이 제정되고 남북분단이 고착화된 1948년 이후에 북한지역에서 북한인의 子로 출생한 사람이었다고 한다면 본 사건의 쟁점은 아마 "북한주민도 대한민국 국민인가"라고 하는 단일한 주제로 국한되었을 것이 분명하다.

따라서 본 사건은 우리나라의 국적법이 풀지 못하고 있는 두 가지 미완의 과제 즉, 최초의 대한민국 국민에 관한 규정의 흠결문제와 북한주민의 헌법적 지위문제를 법리 면에서 모두 짚고 넘어가야만 결론을 내릴 수 있는 매우 흥미로운 사안이었던 셈이다. 이러한 우리의 기대에 부응하여 법원은 후술하는 바와 같이 판결이유를 통해 위 두 가지의 쟁점에 대하여 각각 그 입장과 논거를 상세하고도 분명하게 제시하고 있음을 볼 수가 있다.

4. 판결이유의 요지 및 분석

본 사건의 판결이유[14]를 요약해 보자면 ① 남조선과도정부 법률 제11호 국적에관한임시조례 제2조제1호는 조선인을 부친으로 하여 출생한 자는 조선의 국적을 가지는 것으로 규정하고 있고 제헌헌법 제3조는 대한민국의 국민되는 요건은 법률로써 정한다고 규정하면서 제100조에서 현행 법령은 이 헌법에 저촉되지 않는 한 효력을 가진다고 규정하고 있는 바, 그렇다면 원고는 1937년에 '조선인'[15]인 이승호를 부친으로 하여 출생함으로써 위 임시조례의 규정에 따라 '조선의 국적'을 취득하였다가 1948년 7월 17일 제헌헌법의 공포와 동시에 '대한민국의 국적'을 취득하였다 할 것이고, ② 설사 원고가 북한법의 규정에 따라 북한의 국적을 취득하여 1977년 8월 25일 중국주재 북한대사관으로부터 북한의 해외공민증을 발급받은 자라 하더라도

14) 본 판결이유는 실은 동 사건 원심(서울高法 1995.12.8. 선고 94구16009)에서 설시된 것이며 대법원은 원심의 판결이유를 대부분 그대로 원용하고 있다.

15) 본 사건 판결문에서 법원은 '朝鮮人' 또는 '朝鮮의 국적'이라는 표현을 사용하고 있는데 이는 동 판결이 法源으로서 引用하고 있는 「국적에관한임시조례」의 규정에서 도출된 것으로 일응 이해되지만 실은 1948년 제헌헌법 공포이전 또는 대한민국 정부수립 이전의 우리나라 國號가 무엇인가 하는 문제에 관하여 법원이 고심한 흔적이 엿보이는 대목이다. 제헌헌법 공포 이전 또는 대한민국 정부수립 이전의 國號에 관하여는 학술적으로 다양한 견해가 있을 수 있을 것인데 본 사건의 판결문에 의한다면 법원은 그 시기의 우리나라 國號를 '朝鮮'으로 본 셈이 되고, '朝鮮'의 국적을 보유한 자를 가리키는 의미로서 '朝鮮人'이라는 용어를 사용하였다고 볼 수 있다.

북한지역 역시 대한민국의 영토에 속하는 것이어서 대한민국의 주권이 미칠 뿐이고 대한민국의 주권과 부딪치는 어떠한 국가단체나 주권을 법리상 인정할 수 없는 점에 비추어 볼 때 원고가 대한민국의 국적을 취득하고 이를 유지함에 있어 아무런 영향을 끼칠 수 없다는 것이다.

위 판결이유에 따르면, 대법원은 본 사건의 두 가지 쟁점 중 첫 번째 쟁점 즉, 국적법 제정 전에 출생한 자가 대한민국 국적을 취득하게 되는 법적 근거 및 그 경과에 관해서는, 남조선과도정부 법률 제11호 국적에관한임시조례 제2조제1호, 제헌헌법 제3조 및 제100조에 따라 출생과 동시에 '조선의 국적'을 취득하였다가 제헌헌법의 공포시점에 '대한민국의 국적'을 취득한 것으로 보아야 한다는 법리를, 그리고 두 번째 쟁점 즉, 북한주민의 헌법적 지위에 관해서는 우리 헌법상의 영토조항에 기하여 북한지역에도 대한민국의 주권만이 미칠 뿐 이와 부딪치는 어떠한 국가단체나 주권을 법리상 인정할 수 없으므로 북한주민도 결국 대한민국 국민으로 보아야 한다는 법리를 각 제시한 것으로 추단해 볼 수 있다.

5. 평 가

본 판결의 의의와 관련하여 당시 국내의 주요 일간지는 모두 한결같이 우리 대법원이 처음으로 북한주민을 대한민국 국민으로 선언하였다는 식의 논조로 대서특필 하였었다. 그리고 학자들 중에서 金明基 교수[16], 權寧卨 교수[17] 및 張明奉 교수[18]와 같은 경우도 북한주민이 대한민국 국민에 해당한다고 판시한 본 판결의 결론부분에 주안점을 두고서 그 의미를 평가하고 있는 것을 볼 수 있다.

다만 盧泳暾 교수[19]의 경우는 다른 학자들과 달리 본 판결이 법원이 북한 국적자를 대한민국 국적자로 판시한 부분은 그간의 사법부의 일관된 태도와 부합되는 것에 불과하다고 보는 한편 그 점과 별도로 본사건 원고

16) 金明基, "北韓住民을 大韓民國 國民으로 본 大法院 判決의 法理論", 져스티스 제30권 제2호, 1997년 6월.

17) 權寧卨, "헌법의 국민조항과 국적법", 考試界 1997년 7월호.

18) 張明奉, "領土條項을 근거로 北韓住民도 韓國國民으로 본 大法院 判決에 대한 평가", 헌법학연구 제3집, 1997년.

19) 盧泳暾, 앞의 논문, pp.57~59.

이영순이 남조선과도정부 당시의 '국적에관한임시조례'에 따라 '조선의 국적'을 취득하였다가 제헌헌법의 공포와 동시에 '대한민국의 국적'을 취득한 것이라고 판시한 부분 본 판결에서 남조선과도정부 당시의 '국적에관한임시조례'를 유효한 국적법원의 하나로 취급하고 있는 점은 동의하기 어렵다는 취지의 비판적 견해를 밝힌 바 있다.

그런데 졸견으로서는 우리 학계의 다수설[20] [21] [22]이나 본 판결이전에 나

20) 金哲洙, 第9全訂新版 憲法學槪論, 博英社, 1997年, p.103; 丘秉朔, 신헌법원론, 박영사, 1998年, p.82; 姜慶根, 憲法學, 법문사, 1997年, p.90; 崔大權, 事例中心 憲法學, 博英社, 1997年, p.384; 桂禧悅, 憲法學(上), 博英社, 1995年, p.163; 朴銳炘, "남북기본합의서의 이행에 따른 남북교류협력법령의 보완·발전방향", 서울대학교 法學 제34권제1호(1993.2), p.1 이하; 金明基, 앞의 논문, p.193.

21) 반면에 우리 학계에서는 북한지역을 더 이상 대한민국의 영토로 볼 수 없다는 견해도 엄존하고 있다. 동 견해의 논거들을 나열해 본다면 헌법의 영토조항은 같은 헌법내의 평화통일조항(제4조) 및 '남북교류협력에관한법률' 등과 같은 관계법률, 그리고 대한민국 정부가 통일을 위한 대화 당사자로서의 북한정권과 남북기본합의서를 체결한 행위 등과 모순될 뿐 아니라 분단이래 대한민국의 영토고권과 통치권이 북한지역에 實效的으로 미치지 못하고 있고, 대한민국의 대인고권이 현실적으로 북한주민 또는 제3국에 체류중인 북한적자들에 대해 미치지 못하고 있다는 점에서 현실과 유리되어 있으며, 이미 북한이 UN에 합법적으로 가입하였다는 점에서 대한민국 정부가 한반도의 유일한 합법정부라는 해석도 타당성을 상실하였다는 점, "舊法(영토조항)에 대한 新法(평화통일조항) 優先의 원칙" 및 "非現實(분단사실과 국제법원칙의 외면)에 대한 現實(분단사실의 인식과 영토범위는 국가권력이 미치는 공간까지라는 국제법상 원칙의 수용) 優先의 原則"에 따라 평화통일조항의 영토조항에 대한 우월적 효력을 인정해야 한다는 점, 실제로 대한민국의 관할이나 영토고권 및 통치권은 남한지역에 한정되어 왔고 오랫동안 국제사회에서도 대한민국의 영토는 남한지역을 가리키는 것으로 인식되어 왔다는 것 등을 들 수 있다. 權寧星, 新版 憲法學原論, 法文社, 1997年, p.141; 羅仁均 "한국헌법의 영토조항과 국적문제" 헌법논총(헌법재판소) 제5집, 1994年, p.476; 李長熙, "남북한 통일방안의 法制度的 수렴가능성'', 사법행정 390호(1993.6.), p.33; 都會根, "북한주민의 헌법상 지위에 관한 연구", 헌법학연구(한국헌법학회) 제4집제2호, 1998年, p.348.

22) 한편 그밖에도 한반도내에 현실적으로 두 개의 국가가 존재한다는 것을 전제로 헌법 제4조의 평화통일조항과 모순되는 제3조의 영토조항은 이를 수정 또는 삭제하여야 한다는 견해≪張明奉, "남북한 기본관계정립을 위한 법적 대응" 유엔가입과 통일의 공법문제(한국공법학회), 1991年, p.131, 148.≫, 그리고 한반도내에 국제법상으로는 엄연히 2개의 국가가 존재하지만 국내법상으로는 북한의 국가성을 인정할 수 없으며, 헌법상의 영토조항은 미래지향적·역사적·프로그램적 조항인 점에서 같은 헌법내의 현실적·구체적·실천적 조항인 평화통일조항과 상호 조화적인 해석이 가능하며 서로 상충되는 조항이 아니므로 결국 규범적 의미에서는 북한지역도 대한민국 영토의 일부로 보아야 한다는 견해≪崔大權, "한국헌법의 좌표-영토조항과 평화통일조항" 법제연구(한국법제연구원) 제2권제1호, 1992年, p.9; 許 銓, "남북기본합의서와 헌법", 법학연구(충북대 법학연구소) 제5권, 1993年, pp.200~201; 李聖煥, "대한민국 국민의 범위", 법학논총(국민대학교) 제9집, 1997年, pp.272~273≫ 등도 존재한다.

온 대법원 및 헌법재판소의 판례[23]가 이미 헌법 제3조의 영토조항에 기하여 북한지역을 대한민국의 주권이 미치는 영토의 일부로 취급해 왔다고 하는 점을 감안하여 본다면, 본 판결에서 북한주민도 대한민국 국민에 해당한다고 판시한 부분은 이미 확립되어 있는 법리를 재확인한 것이거나 혹은 기존의 판례와 학계의 다수설을 토대로 당연히 도출되어지는 추론에 불과한 것일 뿐이므로 이와 달리 마치 본 판결에서 처음으로 혹은 새롭게 창출한 법리인 것 같이 취급하는 것은 지나치게 감성적인 접근이 아닌가 생각된다. 다시 말해서 본 판결이 마치 우리 사법부가 북한주민을 대한민국 국민으로 선언한 최초의 판결인 것처럼 오직 그 점에 치중하여 본 판결의 의미를 거론하는 것은 적절치 못한 평가라고 보는 것이다.

아울러 졸견으로서 본 판결에 관해 우리가 더욱 더 큰 관심을 가지고 주목해야 할 것으로 감히 생각하는 부분은 본 판결이 우리 국적법의 원초적 결함, 즉 최초의 대한민국 국민에 관한 규정의 흠결문제를 극복하기 위해 미군정 당시의 '국적에관한임시조례'와 제헌헌법의 연결적 해석을 토대로 국적법 제정 전에 출생한 자중 동 임시조례에 따라 조선의 국적을 취득한 자가 제헌헌법의 공포와 동시에 대한민국 국적을 취득하게 된다는 취지의 독창적 법리 구성을 처음으로 시도하였다는 점이 아닌가 한다. 따라서 본 판결의 의미 평가는 그 같은 시도의 법리적 상당성 여부를 살펴보는 것에 그 중점이 놓여져야 할 것이라 믿는다.

요컨대 본 판결을 계기로 우리 국적법이 제정당시부터 최초의 대한민국 국민에 관하여 아무런 정의규정 내지 경과적 규정을 두고 있지 아니한 점을 입법적 흠결로 보아야 할 것인지 아니면 본 판결의 논지와 같이 흠결의 문제가 아니라 관련법령간의 해석을 통해 해결할 문제로 보는 것이 상당할 것인지 여부, 그리고 나아가 그 같은 규정의 부재로 인해 실제 야기되는 법적 논란을 치유할 구체적 대안은 어떠한 것인지 등에 관하여 본격적인 논의의 물꼬가 트였다고 할 것이다.

23) 大法院이 北韓政權을 大韓民國의 主權이 미치는 反國家團體로 취급한 판례로서는 1961.9.28. 선고 4292行上48 판결, 1992.7.24. 선고 92도1148판결, 1992.8.14. 선고 92도1211판결, 1993.2.9. 선고 92도1711판결, 1994.5.24. 선고 94도930판결 등이 있다. 同旨의 헌법재판소 결정례로서는 憲裁 1990.4.2. 선고 89헌가113결정, 1991.3.11. 선고 91헌마21결정, 1993.7.29. 선고 92헌바78 결정 등을 들 수 있다.

제 4 절 欠缺의 治癒를 위한 立法論的 方案

1. 정의규정을 두는 방안

우선 생각해 볼 수 있는 방안은 지금이라도 국적법을 개정하거나 국적 관련 특별법을 제정하여 국적법 제정전 시기에 출생한 자들 중 최초의 대한민국 국민이 될 자의 자격 또는 기준을 명문으로 정의하는 규정을 두는 방안이다. 이러한 정의규정을 조문화함에 있어서는 두 가지 입법방식이 있을 수 있다고 본다.

첫 번째는 논란의 소지가 있는 법률용어의 사용을 최대한 피해 가면서 시간적 · 장소적 개념을 활용하여 예컨대 "국적법 제정 전에 한반도 및 그 부속도서에서 출생한 자 및 그를 부로 하여 출생한 자"라는 식과 같이 직접적으로 정의하는 방식이고, 두 번째는 국적법 제정 전에 성립된 타 법령이나 관련 제도 등을 원용하여 간접적으로 정의하는 방식이다.

먼저 직접적 정의방식에 관하여 보건대 이러한 입법방식을 택하는 경우에 기본적으로 추구해야 할 목표는, 최초의 대한민국 국민의 정의 속에 한반도 및 그 부속도서에서 출생한 자 뿐만 아니라 국외로 이주한 자의 비속으로 국적법제정 전에 국외에서 출생한 자까지도 빠짐없이 포섭될 수 있도록 하여야 한다는 점이다. 그러나 현실적으로 이들을 빠짐없이 포섭하면서도 법적 상당성과 명료성, 적확성을 갖춘 정의를 국적법에서 간결한 문장으로 조문화 하는 문제는 대한민국이라는 국가의 존립시점, 모계혈통의 인정여부 등 법률적 측면 뿐 아니라 역사학, 정치학 등 사회과학적 측면에서 이견이 대립하는 요소가 많기 때문에 매우 미묘하고도 어려운 문제일 수밖에 없다.

이견이 있을 수 있는 가장 큰 요소는, 이미 이 글의 앞에서 설명한 바와 같이 1948년 제헌헌법의 제정과 정부수립이라는 일련의 사건을 통하여 대한민국이라는 국가가 새로이 탄생한 것으로 보아야 하는지 아니면 1910년의 한일합방조약 이후에도 우리나라는 국가로서의 법통성을 갖추고 계속

존속하여 온 것으로 보아야 하는지에 관하여 학술적인 견해가 일치되어 있지 않다는 점을 들 수 있겠다.

위의 두 가지 견해 중 후자의 견해를 취한다고 할지라도 1948년 대한민국 정부가 수립되기 전 시기의 우리 국호는 무엇인가 하는 것도 문제일 뿐 아니라 동 시기의 우리나라 국민을 총칭하는 법률용어를 조선인이라 할 것인지 아니면 대한제국 신민이라고 할 것인지 혹은 더 적확한 다른 표현이 있을 것인지도 매우 애매한 것이 사실이다.

따라서 국적법 제정 전에 한반도 및 그 부속도서 그리고 주변 국가에서 출생한 자들을 대상으로 그 중 최초의 대한민국 국민이 되는 자를 정의하고 이를 조문화 하는 작업은 이러한 제반 문제에 관한 학술적 정리가 선행되어야만 비로소 가능하지 않을까 생각된다. 어떻게 보면 국적법 제정 당시의 입법자들도 그 같은 어려움[24] 때문에 최초의 대한민국 국민을 정의하기 위한 규정을 만들지 못하였던 것이 아닐까하는 느낌마저 없지 않다.

다음으로 간접적 정의방식에 관하여 살펴본다. 앞에서 소개한 이영순 사건 판례를 통하여 우리 대법원이 대한민국 정부수립 전에 '조선인'을 부로 하여 출생한 자는 남조선과도정부 법률 제11호 국적에관한임시조례 제2조 제1호에 의하여 '조선의 국적'을 취득하였다가 제헌헌법 제3조 및 제100조에 의하여 1948년 7월 17일 제헌헌법 공포와 동시에 '대한민국의 국적'을 취득한 것으로 보아야 한다고 판시한 부분은 간접적 정의방식을 시도함에 있어 시사하는 바가 크다고 생각된다.

동 판결에서 우리 법원은 미군정시대 법령인 '국적에관한임시조례'를 토대로 대한민국이라는 국가의 존립 이전에 조선이라는 국가가 존재하였고 이에 기초하여 '조선의 국적'을 취득한 자가 대한민국 정부수립과 더불어 대한민국 국적을 취득한 것이라는 취지의 논리를 구성한 셈이 될 것인 바, 이러한 논리구성에 대하여 이견의 여지도 없지는 않겠으나 어떻든 우리나라에서 국적법이 제정되기 전 시기에 출생한 사람 중 전체로서의 대한민국 국민의 범주에 포함될 사람을 총칭하는 표현으로서 동 임시조례가 규정하

24) 이같은 어려움 탓인지 最初의 대한민국 국민의 범위에 관한 經過的 規定의 不在를 입법상 欠缺로 설명하시는 盧泳敦 교수와 權寧卨 교수께서도 막상 그 欠缺을 치유하기 위한 입법론적 대안을 제시하지는 못하고 있다.

고 있던 '조선인'이라는 용어는 그 어떤 다른 용어보다도 일반 국민이나 재외동포들에 대하여 법언어로서의 의미 전달도 쉽고 거부감도 적을 것이라 여겨진다.

그러한 의미에서 위 이영순 사건 판결에 나타난 대법원의 판시취지를 원용하여 국적법 제정 전에 우리나라 혈통자로 출생한 사람 중 최초의 대한민국 국민이 될 자를 간접적 방식으로 정의하여 본다면, "국적법 제정 전에 출생한 자중 조선과도입법의원이 1948년 5월 11일에 제정한 남조선과도정부 법률 제11호 국적에관한임시조례에 의하여 조선의 국적을 취득하였던 자는 제헌헌법의 시행과 동시에 대한민국의 국민이 된 것으로 본다"는 식의 조문안을 상정해 볼 수 있을 것이다.

2. 국적의 심사·판정절차에 관한 규정을 두는 방안

흠결의 치유방안으로서 생각해 볼 수 있는 두 번째 방안으로서는 구체적으로 대한민국 국적의 취득 또는 보유여부를 다투는 개별 사안이 발생하는 경우에 당사자의 국적을 심사, 판정하는 절차를 국적법 중에 규정하여 제도화하는 방안이 있다.

국적판정절차를 제도화한다고 함은 어떠한 개인이 우리의 혈통임을 주장하면서 대한민국 국적의 회복 내지 취득을 요청하거나 혹은 자신이 당연히 대한민국 국적 소지자임을 확인하여 달라는 요청을 하여 오는 경우에 국적관서에서 관련 당사자의 출생연원, 주변인의 혈통관계 및 출생이후의 국적변동 내력 등을 종합적으로 심사하여 과연 그가 출생과 동시에 대한민국 국적을 취득하였던 자인지 혹은 현재도 대한민국 국적을 보유하고 있는 자인지 여부를 심사하고 그 심사의 결과로서 현재도 대한민국 국적을 보유하고 있는 자로 판정된 자에 대하여는 곧바로 대한민국 국민으로서 처우하는 것을 의미한다.

앞서 언급한 정의규정의 조문화가 문제해결을 위한 직접적이고 실체적 접근방식이라 한다면 이와 같은 국적판정절차의 법제화는 일응 간접적이고 절차적인 접근방식이라 할 수 있을 것이다.

이러한 국적심사 · 판정절차의 법제화 방안은 지난 1980년대 후반부터

1997년경까지 외무부의 영주귀국허가지침을 근거로 재중동포 및 재사할린 동포 중 외무부장관의 허가를 득하여 영주귀국한 동포에 대하여 법무부에서 특례적으로 시행하였던 국적판정제도에 그 유래를 두고 있다.

동 제도는 판정 대상자에 대해 간이하고 신속하게 대한민국 국적을 부여하기 위한 절차로 운영되었던 제도로서, 먼저 외무부장관은 재중동포 및 재사할린 동포중 독립유공자 후손 등 소정의 요건을 갖춘 사람에 대해 영주귀국을 허가한 후 법무부장관에게 국적판정을 의뢰하게 되고, 법무부장관은 그와 같이 국적판정이 의뢰된 사람에 대하여 출생할 당시 그 부가 우리 혈통의 사람이었는지 여부 및 출생한 후에 그가 자진하여 다른 외국의 국적을 취득한 적이 있는지 여부 등을 심사한 후 그가 우리 국민을 부로 하여 출생한 사실이 확인되기만 하면 특별한 사정이 없는 한 그가 영주귀국 전까지 보유하고 있던 중국, 러시아(또는 구 소련) 국적에 대해서는 이를 비자진취득한[25] 것으로 의제하여 줌으로써 결국 출생과 동시에 취득한 대한민국 국적을 상실함이 없이 계속 보유해 오고 있는 자로 판정하여 주며, 그 같은 내용의 판정을 받은 사람은 이미 우리 국민의 자격을 갖추고 있음이 확인된 결과가 되어 귀화 또는 국적회복허가 등과 같은 국적법상의 대한민국 국적 취득절차를 거칠 필요 없이 곧바로 취적할 수가 있게 되어 있었다.

동 제도는 당시의 국적법에 명문적 근거가 없이 운영되어 왔다는 점에서 법적 문제의 소지는 없지 않았으나, 동 제도의 시행 배경에는 일제 강점기 등 우리 역사상 혼란기인 1948년 이전에 독립운동, 징병 등 다양한 사유로 한반도 및 그 부속도서로부터 중국, 사할린 기타 구 소련영토 등지로 이주한 후 수 십년간 계속된 냉전체제로 인해 모국과의 교류가 단절된 채 거주해 온 재중동포 및 재사할린동포 1세 및 그 직계비속들이 우리 국적을 취득하여 국내에 영구정착함에 있어 당시의 국적법을 엄격히 적용할 경우에 부딪칠 수 있는 난점들을 가능한 한 무리 없이 비껴가기 위한 합목적적

25) 그 외국국적을 자진취득한 것이냐 비자진취득한 것이냐가 문제되는 이유는 우리 국적법은 대한민국 국적을 가진 자라도 자진하여 외국국적을 취득한 경우에는 대한민국 국적을 자동 상실하는 것으로 규정(구 국적법 제12조 제4호, 현행법 제15조 제1항)하고 있기 때문이다. 본 규정을 반대해석하게 되면, 대한민국 국적을 취득한 자가 외국국적을 취득한 경우에도 그 국적을 자진취득한 것이 아니라 비자진취득한 경우라면 그 국적을 취득한 사실로 인해 대한민국 국적을 상실하게 되지는 않는다고 할 것이다.

고려가 깔려있었다고 보아야 한다.

그 당시 국적법의 여러 조항을 엄격히 적용했을 경우의 난점들로서는 먼저 당시나 현재나 우리 국적법상 외국인이 대한민국 국적을 취득하려면 그가 생래적 외국인인지 한국계 외국인인지 여부에 따라 귀화 또는 국적회복의 두 가지 절차 중 어느 한 가지를 거치도록 되어 있는데 그 두 가지 중 상대적으로 간편하고 용이하며 사실상 호적의 복원절차나 다름없는 국적회복절차의 대상이 될 동포 1세들의 경우는 대부분 국내에 과거의 호적 기록이 전혀 보존되어 있지 않거나 그 기록을 찾아내기가 어려운 사정 등으로 인하여 국적회복절차를 진행하기가 어려운 실정이었던가 하면, 대부분 귀화절차의 적용대상이 될 2세 이하 동포[26]들의 경우는 국적법 소정의 귀화요건중 하나인 국내거주기간[27]을 충족해야 하는 관계로 영주귀국 후에도 상당기간 동안 귀화하지 못하고 외국인 신분으로 체류해야만 했으므로 결국 국적회복절차나 귀화절차의 적용이 용이하지 않았던 점을 들 수 있다.

뿐만 아니라 또 다른 난점은 우리 국적법상 외국국적자가 법무부장관의 국적회복 또는 귀화허가를 득하여 대한민국 국적을 취득한 경우에는 6개월 내에 전(前)국적을 포기 내지 상실하여야 하고 이를 이행하지 못하면 대한민국 국적을 상실하게 되어 있는 점이었다. 즉 영주귀국한 재중동포 또는 구 소련 국적의 재사할린 동포들로서는 법무부장관의 국적회복 또는 귀화허가를 받는다 하더라도 당시의 상황으로서는 전국적인 중국국적 또는 구 소련국적을 상실하는 절차를 밟기가 매우 어려운 형편에 있었고 그 점 때문

26) 우리 국적법은 1948년 제정 이래 외국인이 대한민국 국적을 취득하는 절차를 국적회복과 귀화, 두 가지로 구분해 두고 있다. 이 가운데 국적회복절차는 한국계 외국인 즉, 과거 한 때라도 우리 국적을 가졌던 자가 우리 국적을 再取得하는 절차인 것과 달리 귀화절차는 생래적 외국인 즉, 출생이래 한 번도 우리 국적을 가진 적이 없는 자가 우리 국적을 취득하기 위해서 거쳐야 하는 절차이다. 그런데 在中同胞 또는 舊 소련동포 2세 이하중 상당수는 출생한 당시에 이미 그 父가 중국국적 또는 舊 소련국적을 취득하여 있던 상태였던 관계로 이들은 결국 출생 이래 한 번도 우리 국적을 취득하지 못한 생래적 외국인으로서 귀화절차를 거쳐야 할 자의 범주에 속하게 되는 셈이다.

27) 舊 國籍法 하에서 귀화대상인 외국인이 우리나라에 귀화하기 위해서는 귀화신청시점까지 계속하여 국내에 5년 이상 주소를 두고 있어야 하고, 부모가 대한민국 국민이었던 자의 경우는 계속하여 3년 이상 주소를 두고 있어야만 귀화신청이 가능하도록 되어 있었다. 따라서 2세 이하의 동포들을 부모(동포 1세)가 대한민국 국민이었던 자로 본다 하더라도 이들이 국적법 소정의 요건과 절차에 따라 법무부장관에게 귀화신청을 하기 위해서는 영주귀국한 후에도 3년 이상을 기다려야 하는 실정이었던 것이다.

에 만약 國籍法을 엄격히 적용할 경우에는 前국적을 상실하지 않았다는 이유로 애써 취득한 우리 국적을 도로 상실하게 되어 있었던 것인 바, 이는 심히 부당한 일이 아닐 수 없었다.

이상과 같이 국적법을 적용할 경우에 대두될 수 있는 현실적 난점들을 비껴가기 위한 고육책으로서 당시 법무부에서는 영주귀국한 동포들에 한해서는 국적법에 따른 국적취득요건과 절차를 그대로 적용하는 대신, 그들을 이미 대한민국 국적을 보유한 자로 선언(판정)하여 줌으로써 국적취득절차 자체도 간소화함과 동시에 이들 동포들이 영주귀국 직전까지 보유하고 있던 중국 또는 구 소련 국적을 자진취득한 것이 아닌, 즉 실효성 없는 국적으로 간주함으로써 궁극적으로 동 국적의 상실절차를 이행하지 못하더라도 그 점 때문에 우리 국적을 상실하게 되는 불이익을 입지 않도록 하기 위하여 다소 초법률적인 이른바 국적판정제도를 고안, 운영하게 되었던 것으로 이해함이 상당한 것이다.

3. 小　結

생각해 보건대 대한민국 정부가 수립되고 국적법이 제정된 1948년 이후 어언 60여년이 지난 현 시점에서 정부수립 이전으로 거슬러 올라가 최초의 대한민국 국민이 되는 자의 기준과 범위를 정의하는 조문을 두기로 한다면 이는 일종의 소급입법에 해당할 여지가 있을 뿐 아니라 그 명료성과 적확성을 기하기가 쉽지 아니한 관계로 자칫하면 당연히 우리 국민의 일원으로 지내온 사람조차도 제한적으로 정의된 국적인단의 범위에서 부적절하게 배제되는 경우가 생길 수도 있다는 점을 우려하지 않을 수 없다

아울러 현시점에서 최초의 대한민국 국민에 관한 정의규정의 부재를 문제시하는 궁극적 실익이란 결국은 국적법 제정 전에 출생한 재중동포, 구 소련지역 거주동포 등이 우리 대한민국 국적의 취득 혹은 대한민국 국민으로서의 처우를 요구해오는 사안에 적절히 대처하기 위한 것임을 감안할 필요가 있다.

따라서 소급입법에 따른 무리를 무릅쓰고 제한적 범위의 정의규정을 두기 보다는 차선책이며 현실적인 대안으로서 과거 국적법 제정 전에 출생하

여 국외로 이주한 재중동포, 구 소련지역 거주동포나 그 2세들이 현실적으로 대한민국 국적의 취득 또는 보유여부를 다투는 구체적이고 개별적인 사안이 발생하는 경우에 당사자의 국적을 심사, 판정하는 절차를 국적관계법령에서 법제화함으로써 동 절차에 기하여 국적관서에서 과연 그가 출생과 동시에 대한민국 국적을 취득한 자인지 혹은 현재도 대한민국 국적을 보유하고 있는 자인지 여부를 심사, 판정해 주고 그 결과 현재도 대한민국 국적을 보유하고 있다고 판정된 자에 대해서는 곧바로 대한민국 국민으로서의 처우를 받을 수 있게 해준다면 이는 제정국적법 이래 우리 국적법이 최초의 대한민국 국민에 관한 정의규정을 갖추지 못하고 있는 점에서 파생되는 법리적 결함을 실질적으로 타개할 수 있는 방안이 될 것으로 생각된다.

제 5 절 國籍法의 解釋을 통한 欠缺의 治癒方案

1. 국적판정제도의 내용과 법적 성격

현행 국적법 제20조는 대한민국 국적의 취득 또는 보유여부가 분명하지 아니한 자에 대하여 법무부장관이 국적의 귀속관계를 판정할 수 있다는 것을 골자로 한 국적판정제도를 규정하고 있다. 본 제도는 1997년의 제4차 개정 당시 새로 도입된 것이다.

구체적 내용을 살펴보면, 법무부장관은 국적판정을 신청한 자에 대하여 그 출생연원, 국외이주 경위, 자진하여 외국 국적을 취득한 사실이 있는지 여부 등을 심사한 후 현재 대한민국 국적을 보유하고 있는 자인지 여부를 판정하게 되며(시행령 제24조제3항), 본 제도에 의하여 현재도 대한민국 국적을 보유하고 있는 자로 판정된 자는 별도로 대한민국 국적을 취득하기 위한 국적법 소정의 절차를 거칠 필요 없이 곧바로 가족관계등록법이 정하는 바에 따라 가족관계등록부를 창설을 할 수 있다(시행령 제24조제5항).

국적판정의 법적 성격은 신청자에 대하여 대한민국 국적을 형성적으로 부여하는 처분이 아니라 판정이 이루어진 시점 현재로 그가 이미 대한민국 국적을 보유하고 있는 사실을 사후적으로 확인하여 주는 처분이라 할 수 있다. 즉, 법무부장관은 신청자의 출생연원과 국외이주 경위, 국적의 변동관계 등의 심사를 통하여 신청자가 과연 우리 국적법이 정한 바에 따라 대한민국 국적을 취득한 사실이 있는지 여부 및 현재도 대한민국 국적을 보유하고 있는지 여부를 확인적으로 판정하게 되며, 그 결과 현재 대한민국 국적을 보유하고 있다는 판정[28]을 받은 자는 그 판정에 기하여 대한민국 국적을 새롭게 형성적으로 취득하게 되는 것이 아니라 이미 대한민국 국적을 보유하고 있다는 사실을 확인받은 것이므로 별도의 국적취득절차를 거칠 필요 없이 대한민국 국적을 가진 자만이 등재되는 가족관계등록부에 곧바로 등재될 수 있게 된다.

국적법이 국적판정의 권한을 사법기관이 아닌 법무부장관에게 부여하고 있는 것은, 국적판정도 귀화허가 또는 국적회복허가와 마찬가지로 국적관서의 장인 법무부장관이 행하는 국적관련 행정처분의 일종이라 할 수 있을 뿐 아니라 국적판정의 결과에 대하여 당사자가 승복할 수 없는 경우 법원에 사법적 심사를 신청할 수 있는 여지를 남겨 둔다는 점에서도 타당하다고 하겠다.

2. 국적판정제도의 운영방향

국적법이 본 제도를 도입한 1차적 의의는 종전의 국적법 하에서 영주귀국허가를 득한 재중동포 또는 재사할린동포들을 대상으로 법적 근거 없이 운영되어 오던 국적판정절차를 제도화한다는 것에 있다고 할 것이지만 나아가 현행법 제20조에서 국적판정제도의 적용대상자를 중국 또는 사할린에서 영주귀국한 자로 국한하고 있지도 않고 또한 중국이나 구 소련지역의 국적자로 특정하고 있지도 아니한 점 등을 두루 감안하여 본다면, 본 제도의 바탕에는 재중동포나 구 소련지역 동포뿐만 아니라 한반도 및 부속도서에서 국외로 이주한 자와 그 비속으로서 출생이력 면에서는 대한민국 혈통으로 추정되면서도 혈통의 연원이나 대한민국 국적의 취득경과의 입증이 어려운 사람 모두를 대상으로 이들이 대한민국 국적의 취득을 원하는 경우

28) 반대로 국적판정의 결과 현재 대한민국 국적을 보유하고 있지 아니한 것으로 판정된 자는 곧 외국인의 신분이라는 의미이므로 그러한 자가 대한민국 국민이 되기 위해서는 별도로 국적법이 정한 국적취득절차, 즉 귀화 또는 국적회복 절차를 거쳐야만 할 것이다.

에 적절하게 대처, 해결해 나가기 위한 고려가 깔려 있다고 보아야 할 것이다.[29)]

따라서 본 제도를 적절히 운용할 경우에는 그 출생시점이 국적법 제정 전이거나 제정 이후이거나를 막론하고 출생의 연원 등에 관하여 재중동포나 재사할린 동포와 유사하게 국내에 가족관계등록부(호적부) 기타 연고자료가 부재한 사정으로 입증상의 곤란을 겪는 잠재적 대한민국 국적자, 예컨대 북한적 동포까지도 그 적용대상으로 포함될 수 있을 것이며, 이들 중 국적귀속 여부가 구체적 사안으로 문제시되는 경우에 국적관서의 長인 법무부장관이 문제 당사자에 대하여 현재도 대한민국 국적자인지 여부를 심사, 판정함으로써 궁극적으로 우리 국민으로서의 처우 여부를 결정할 수 있는 제도적 장치로서의 기능을 발휘할 여지가 충분하다고 생각된다.

제 6 절 結 論

이상에서 우리는 1948년 대한민국 정부수립을 계기로 비로소 체계적인 국가형태를 갖추고 제반 분야에서 근대적 의미의 입법을 추진하는 과정에서 국가의 기본적 구성요소라 할 수 있는 국민에 해당하는 자의 기준에 관해 명문규정을 두지 아니함으로써 원초적 결함을 안게 된 사정과 그에 따른 법률문제를 치유하는 두 가지 방안으로서 ⅰ) 지금이라도 국적법에 그 정의규정을 만들어 두는 방안과 ⅱ) 국적귀속이 문제되는 개개사안별로 해결점을 찾을 수 있도록 국적의 심사 · 판정절차를 규정해 두는 방안 등에 관하여 살펴보았다.

그런데 위 두 가지 방안 중 전자의 방안, 즉 정의규정을 두는 방안에 관하여 보건대, 동 방안은 법문으로 대한민국 국민의 범위를 규정함으로써 그 의미를 명료히 한다는 장점은 있겠으나, 반면에 일제 강점기 동안의 국가존속여부에 관한 논란, 일제 강점기를 전후한 시기에 국외로 이주한 동포들 및 그 자손들을 두루 포섭할 수 있는 기준이 매우 모호하다는 점 때문에 그 정의규정의 적확성을 기하기가 매우 어렵다는 점, 그리고 이미 지난 수

---

29) 石東炫, 新國籍法의 成立經過 및 改正의 概要, 저스티스 제32권 제2호 1999.6, p.178.

십년 간에 정의규정 없이도 형성되어 온 각종의 신분적 법률관계에 중대한 혼란을 야기할 소지가 있다는 점이 큰 단점이 아닐 수 없다.

한편 특정인에 대해 국적의 귀속관계가 문제되는 구체적 사안이 발생한 경우에 동인의 국적관계에 대한 심사·판정절차를 통해서 대한민국 국적자인지 여부를 판정해 주는 방법은 직접적인 정의규정을 두는 방안이 안고 있는 문제점도 최소화 할 수 있고, 아울러 문제해결 면에서도 즉각적이고 실효성을 발휘할 수 있다는 점에서 더욱 더 효과적이지 않을까 생각된다.

그러한 점에서 사견으로서는 현행 국적법에 도입되어 있는 국적판정제도를 적정하게 운영하기만 한다면, 우리 국적법이 최초 제정된 이래 최초의 대한민국 국민에 관해 그 근거규정을 갖추지 못한 흠결에 따른 제반문제들도 큰 무리 없이 해결될 수 있을 것으로 생각한다.

附 錄

1. 국적법
2. 국적법 시행령
3. 국적법 시행규칙
4. 국적업무처리지침
5. 외국국적 동포의 국적회복 등에 관한 업무처리 지침
6. 국적관련 국내문헌

1. 국적법

[시행 2011. 1. 1]
[법률 제10275호, 2010. 5. 4, 일부개정]

제1조(목적) 이 법은 대한민국의 국민이 되는 요건을 정함을 목적으로 한다.
[전문개정 2008.3.14]

제2조(출생에 의한 국적 취득) ① 다음 각 호의 어느 하나에 해당하는 자는 출생과 동시에 대한민국 국적(國籍)을 취득한다.
1. 출생 당시에 부(父)또는 모(母)가 대한민국의 국민인 자
2. 출생하기 전에 부가 사망한 경우에는 그 사망 당시에 부가 대한민국의 국민이었던 자
3. 부모가 모두 분명하지 아니한 경우나 국적이 없는 경우에는 대한민국에서 출생한 자

② 대한민국에서 발견된 기아(棄兒)는 대한민국에서 출생한 것으로 추정한다.
[전문개정 2008.3.14]

제3조(인지에 의한 국적 취득) ① 대한민국의 국민이 아닌 자(이하 "외국인"이라 한다)로서 대한민국의 국민인 부 또는 모에 의하여 인지(認知)된 자가 다음 각 호의 요건을 모두 갖추면 법무부장관에게 신고함으로써 대한민국 국적을 취득할 수 있다.
1. 대한민국의 「민법」상 미성년일 것
2. 출생 당시에 부 또는 모가 대한민국의 국민이었을 것

② 제1항에 따라 신고한 자는 그 신고를 한 때에 대한민국 국적을 취득한다.
③ 제1항에 따른 신고 절차와 그 밖에 필요한 사항은 대통령령으로 정한다.
[전문개정 2008.3.14]

제4조(귀화에 의한 국적 취득) ① 대한민국 국적을 취득한 사실이 없는 외국인

은 법무부장관의 귀화허가(歸化許可)를 받아 대한민국 국적을 취득할 수 있다.

② 법무부장관은 귀화허가 신청을 받으면 제5조부터 제7조까지의 귀화 요건을 갖추었는지를 심사한 후 그 요건을 갖춘 자에게만 귀화를 허가한다.

③ 제1항에 따라 귀화허가를 받은 자는 법무부장관이 그 허가를 한 때에 대한민국 국적을 취득한다.

④ 제1항과 제2항에 따른 신청절차와 심사 등에 관하여 필요한 사항은 대통령령으로 정한다.

[전문개정 2008.3.14]

제5조(일반귀화 요건) 외국인이 귀화허가를 받기 위하여서는 제6조나 제7조에 해당하는 경우 외에는 다음 각 호의 요건을 갖추어야 한다.

1. 5년 이상 계속하여 대한민국에 주소가 있을 것
2. 대한민국의 「민법」상 성년일 것
3. 품행이 단정할 것
4. 자신의 자산(資産)이나 기능(技能)에 의하거나 생계를 같이하는 가족에 의존하여 생계를 유지할 능력이 있을 것
5. 국어능력과 대한민국의 풍습에 대한 이해 등 대한민국 국민으로서의 기본 소양(素養)을 갖추고 있을 것

[전문개정 2008.3.14]

제6조(간이귀화 요건) ① 다음 각 호의 어느 하나에 해당하는 외국인으로서 대한민국에 3년 이상 계속하여 주소가 있는 자는 제5조제1호의 요건을 갖추지 아니하여도 귀화허가를 받을 수 있다.

1. 부 또는 모가 대한민국의 국민이었던 자
2. 대한민국에서 출생한 자로서 부 또는 모가 대한민국에서 출생한 자
3. 대한민국 국민의 양자(養子)로서 입양 당시 대한민국의 「민법」상 성년이었던 자

② 배우자가 대한민국의 국민인 외국인으로서 다음 각 호의 어느 하나에 해당하는 자는 제5조제1호의 요건을 갖추지 아니하여도 귀화허가를 받을 수 있다.

1. 그 배우자와 혼인한 상태로 대한민국에 2년 이상 계속하여 주소가 있는 자

2. 그 배우자와 혼인한 후 3년이 지나고 혼인한 상태로 대한민국에 1년 이상 계속하여 주소가 있는 자
3. 제1호나 제2호의 기간을 채우지 못하였으나, 그 배우자와 혼인한 상태로 대한민국에 주소를 두고 있던 중 그 배우자의 사망이나 실종 또는 그 밖에 자신에게 책임이 없는 사유로 정상적인 혼인 생활을 할 수 없었던 자로서 제1호나 제2호의 잔여기간을 채웠고 법무부장관이 상당(相當)하다고 인정하는 자
4. 제1호나 제2호의 요건을 충족하지 못하였으나, 그 배우자와의 혼인에 따라 출생한 미성년의 자(子)를 양육하고 있거나 양육하여야 할 자로서 제1호나 제2호의 기간을 채웠고 법무부장관이 상당하다고 인정하는 자

[전문개정 2008.3.14]

제7조(특별귀화 요건) ① 다음 각 호의 어느 하나에 해당하는 외국인으로서 대한민국에 주소가 있는 자는 제5조제1호 · 제2호 또는 제4호의 요건을 갖추지 아니하여도 귀화허가를 받을 수 있다〈개정 2010.5.4〉.
1. 부 또는 모가 대한민국의 국민인 자. 다만, 양자로서 대한민국의 「민법」상 성년이 된 후에 입양된 자는 제외한다.
2. 대한민국에 특별한 공로가 있는 자
3. 과학 · 경제 · 문화 · 체육 등 특정 분야에서 매우 우수한 능력을 보유한 자로서 대한민국의 국익에 기여할 것으로 인정되는 자

② 제1항제2호 및 제3호에 해당하는 자를 정하는 기준 및 절차는 대통령령으로 정한다〈개정 2010.5.4〉.

[전문개정 2008.3.14]

제8조(수반 취득) ① 외국인의 자(子)로서 대한민국의 「민법」상 미성년인 자는 부 또는 모가 귀화허가를 신청할 때 함께 국적 취득을 신청할 수 있다.

② 제1항에 따라 국적 취득을 신청한 자는 법무부장관이 부 또는 모에게 귀화를 허가한 때에 함께 대한민국 국적을 취득한다.

③ 제1항에 따른 신청 절차와 그 밖에 필요한 사항은 대통령령으로 정한다.

[전문개정 2008.3.14]

제9조(국적회복에 의한 국적 취득) ① 대한민국의 국민이었던 외국인은 법무부장관의 국적회복허가(國籍回復許可)를 받아 대한민국 국적을 취득할 수

있다.

② 법무부장관은 국적회복허가 신청을 받으면 심사한 후 다음 각 호의 어느 하나에 해당하는 자에게는 국적회복을 허가하지 아니한다.

1. 국가나 사회에 위해(危害)를 끼친 사실이 있는 자
2. 품행이 단정하지 못한 자
3. 병역을 기피할 목적으로 대한민국 국적을 상실하였거나 이탈하였던 자
4. 국가안전보장 · 질서유지 또는 공공복리를 위하여 법무부장관이 국적회복을 허가하는 것이 적당하지 아니하다고 인정하는 자

③ 제1항에 따라 국적회복허가를 받은 자는 법무부장관이 허가를 한 때에 대한민국 국적을 취득한다.

④ 제1항과 제2항에 따른 신청 절차와 심사 등에 관하여 필요한 사항은 대통령령으로 정한다.

⑤ 국적회복허가에 따른 수반(隨伴) 취득에 관하여는 제8조를 준용(準用)한다.

[전문개정 2008.3.14]

제10조(국적 취득자의 외국 국적 포기 의무) ① 대한민국 국적을 취득한 외국인으로서 외국 국적을 가지고 있는 자는 대한민국 국적을 취득한 날부터 1년 내에 그 외국 국적을 포기하여야 한다〈개정 2010.5.4〉.

② 제1항에도 불구하고 다음 각 호의 어느 하나에 해당하는 자는 대한민국 국적을 취득한 날부터 1년 내에 외국 국적을 포기하거나 법무부장관이 정하는 바에 따라 대한민국에서 외국 국적을 행사하지 아니하겠다는 뜻을 법무부장관에게 서약하여야 한다〈신설 2010.5.4〉.

1. 귀화허가를 받은 때에 제6조제2항제1호 · 제2호 또는 제7조제1항제2호 · 제3호의 어느 하나에 해당하는 사유가 있는 자
2. 제9조에 따라 국적회복허가를 받은 자로서 제7조제1항제2호 또는 제3호에 해당한다고 법무부장관이 인정하는 자
3. 대한민국의 「민법」상 성년이 되기 전에 외국인에게 입양된 후 외국 국적을 취득하고 외국에서 계속 거주하다가 제9조에 따라 국적회복허가를 받은 자
4. 외국에서 거주하다가 영주할 목적으로 만 65세 이후에 입국하여 제9조에 따라 국적회복허가를 받은 자
5. 본인의 뜻에도 불구하고 외국의 법률 및 제도로 인하여 제1항을 이행하

기 어려운 자로서 대통령령으로 정하는 자

③ 제1항 또는 제2항을 이행하지 아니한 자는 그 기간이 지난 때에 대한민국 국적을 상실(喪失)한다〈개정 2010.5.4〉.

[전문개정 2008.3.14]

제11조(국적의 재취득) ① 제10조제3항에 따라 대한민국 국적을 상실한 자가 그 후 1년 내에 그 외국 국적을 포기하면 법무부장관에게 신고함으로써 대한민국 국적을 재취득할 수 있다〈개정 2010.5.4〉.

② 제1항에 따라 신고한 자는 그 신고를 한 때에 대한민국 국적을 취득한다.

③ 제1항에 따른 신고 절차와 그 밖에 필요한 사항은 대통령령으로 정한다.

[전문개정 2008.3.14]

제11조의2(복수국적자의 법적 지위 등) ① 출생이나 그 밖에 이 법에 따라 대한민국 국적과 외국 국적을 함께 가지게 된 자[이하 "복수국적자"(복수국적자)라 한다]는 대한민국의 법령 적용에서 대한민국 국민으로만 처우한다.

② 복수국적자가 관계 법령에 따라 외국 국적을 보유한 상태에서 직무를 수행할 수 없는 분야에 종사하려는 경우에는 외국 국적을 포기하여야 한다.

③ 중앙행정기관의 장이 복수국적자를 외국인과 동일하게 처우하는 내용으로 법령을 제정 또는 개정하려는 경우에는 미리 법무부장관과 협의하여야 한다.

[본조신설 2010.5.4]

제12조(복수국적자의 국적선택의무) ① 만 20세가 되기 전에 복수국적자가 된 자는 만 22세가 되기 전까지, 만 20세가 된 후에 복수국적자가 된 자는 그 때부터 2년 내에 제13조와 제14조에 따라 하나의 국적을 선택하여야 한다. 다만, 제10조제2항에 따라 법무부장관에게 대한민국에서 외국 국적을 행사하지 아니하겠다는 뜻을 서약한 복수국적자는 제외한다〈개정 2010.5.4〉.

② 제1항 본문에도 불구하고「병역법」제8조에 따라 제1국민역(제일국민역)에 편입된 자는 편입된 때부터 3개월 이내에 하나의 국적을 선택하거나 제3항 각 호의 어느 하나에 해당하는 때부터 2년 이내에 하나의 국적을 선택하여야 한다. 다만, 제13조에 따라 대한민국 국적을 선택하려는 경우에는 제3항 각 호의 어느 하나에 해당하기 전에도 할 수 있다〈개정 2010.5.4〉.

③ 직계존속(直系尊屬)이 외국에서 영주(永住)할 목적 없이 체류한 상태에

서 출생한 자는 병역의무의 이행과 관련하여 다음 각 호의 어느 하나에 해당하는 경우에만 제14조에 따른 국적이탈신고를 할 수 있다〈개정 2010.5.4〉.

1. 현역 · 상근예비역 또는 보충역으로 복무를 마치거나 마친 것으로 보게 되는 경우
2. 제2국민역에 편입된 경우
3. 병역면제처분을 받은 경우

[전문개정 2008.3.14]

[제목개정 2010.5.4]

제13조(대한민국 국적의 선택 절차) ① 복수국적자로서 제12조제1항 본문에 규정된 기간 내에 대한민국 국적을 선택하려는 자는 외국 국적을 포기하거나 법무부장관이 정하는 바에 따라 대한민국에서 외국 국적을 행사하지 아니하겠다는 뜻을 서약하고 법무부장관에게 대한민국 국적을 선택한다는 뜻을 신고할 수 있다〈개정 2010.5.4〉.

② 복수국적자로서 제12조제1항 본문에 규정된 기간 후에 대한민국 국적을 선택하려는 자는 외국 국적을 포기한 경우에만 법무부장관에게 대한민국 국적을 선택한다는 뜻을 신고할 수 있다. 다만, 제12조제3항제1호의 경우에 해당하는 자는 그 경우에 해당하는 때부터 2년 이내에는 제1항에서 정한 방식으로 대한민국 국적을 선택한다는 뜻을 신고할 수 있다〈신설 2010.5.4〉.

③ 제1항 및 제2항 단서에도 불구하고 출생 당시에 모가 자녀에게 외국 국적을 취득하게 할 목적으로 외국에서 체류 중이었던 사실이 인정되는 자는 외국 국적을 포기한 경우에만 대한민국 국적을 선택한다는 뜻을 신고할 수 있다〈신설 2010.5.4〉.

④ 제1항부터 제3항까지의 규정에 따른 신고의 수리(受理) 요건, 신고 절차, 그 밖에 필요한 사항은 대통령령으로 정한다〈개정 2010.5.4〉.

[전문개정 2008.3.14]

제14조(대한민국 국적의 이탈 요건 및 절차) ① 복수국적자로서 외국 국적을 선택하려는 자는 외국에 주소가 있는 경우에만 주소지 관할 재외공관의 장을 거쳐 법무부장관에게 대한민국 국적을 이탈한다는 뜻을 신고할 수 있다. 다만, 제12조제2항 본문 또는 같은 조 제3항에 해당하는 자는 그 기간 이내에 또는 해당 사유가 발생한 때부터만 신고할 수 있다〈개정 2010.5.4〉.

② 제1항에 따라 국적 이탈의 신고를 한 자는 법무부장관이 신고를 수리한

때에 대한민국 국적을 상실한다〈개정 2010.5.4〉.
③ 제1항에 따른 신고 및 수리의 요건, 절차와 그 밖에 필요한 사항은 대통령령으로 정한다〈개정 2010.5.4〉.
[전문개정 2008.3.14]
[제목개정 2010.5.4]

제14조의2(복수국적자에 대한 국적선택명령) ① 법무부장관은 복수국적자로서 제12조제1항 또는 제2항에서 정한 기간 내에 국적을 선택하지 아니한 자에게 1년 내에 하나의 국적을 선택할 것을 명하여야 한다.
② 법무부장관은 복수국적자로서 제10조제2항, 제13조제1항 또는 같은 조 제2항 단서에 따라 대한민국에서 외국 국적을 행사하지 아니하겠다는 뜻을 서약한 자가 그 뜻에 현저히 반하는 행위를 한 경우에는 6개월 내에 하나의 국적을 선택할 것을 명할 수 있다.
③ 제1항 또는 제2항에 따라 국적선택의 명령을 받은 자가 대한민국 국적을 선택하려면 외국 국적을 포기하여야 한다.
④ 제1항 또는 제2항에 따라 국적선택의 명령을 받고도 이를 따르지 아니한 자는 그 기간이 지난 때에 대한민국 국적을 상실한다.
⑤ 제1항 및 제2항에 따른 국적선택의 절차와 제2항에 따른 서약에 현저히 반하는 행위 유형은 대통령령으로 정한다.
[본조신설 2010.5.4]

제14조의3(대한민국 국적의 상실결정) ① 법무부장관은 복수국적자가 다음 각 호의 어느 하나의 사유에 해당하여 대한민국의 국적을 보유함이 현저히 부적합하다고 인정하는 경우에는 청문을 거쳐 대한민국 국적의 상실을 결정할 수 있다. 다만, 출생에 의하여 대한민국 국적을 취득한 자는 제외한다.
1. 국가안보, 외교관계 및 국민경제 등에 있어서 대한민국의 국익에 반하는 행위를 하는 경우
2. 대한민국의 사회질서 유지에 상당한 지장을 초래하는 행위로서 대통령령으로 정하는 경우
② 제1항에 따른 결정을 받은 자는 그 결정을 받은 때에 대한민국 국적을 상실한다.
[본조신설 2010.5.4]

第14조의4(복수국적자에 관한 통보의무 등) ① 공무원이 그 직무상 복수국적자를 발견하면 지체 없이 법무부장관에게 그 사실을 통보하여야 한다.

② 공무원이 그 직무상 복수국적자 여부를 확인할 필요가 있는 경우에는 당사자에게 질문을 하거나 필요한 자료의 제출을 요청할 수 있다.

③ 제1항에 따른 통보 절차는 대통령령으로 정한다.

[본조신설 2010.5.4]

第15조(외국 국적 취득에 따른 국적 상실) ① 대한민국의 국민으로서 자진하여 외국 국적을 취득한 자는 그 외국 국적을 취득한 때에 대한민국 국적을 상실한다.

② 대한민국의 국민으로서 다음 각 호의 어느 하나에 해당하는 자는 그 외국 국적을 취득한 때부터 6개월 내에 법무부장관에게 대한민국 국적을 보유할 의사가 있다는 뜻을 신고하지 아니하면 그 외국 국적을 취득한 때로 소급(遡及)하여 대한민국 국적을 상실한 것으로 본다.

1. 외국인과의 혼인으로 그 배우자의 국적을 취득하게 된 자
2. 외국인에게 입양되어 그 양부 또는 양모의 국적을 취득하게 된 자
3. 외국인인 부 또는 모에게 인지되어 그 부 또는 모의 국적을 취득하게 된 자
4. 외국 국적을 취득하여 대한민국 국적을 상실하게 된 자의 배우자나 미성년의 자(子)로서 그 외국의 법률에 따라 함께 그 외국 국적을 취득하게 된 자

③ 외국 국적을 취득함으로써 대한민국 국적을 상실하게 된 자에 대하여 그 외국 국적의 취득일을 알 수 없으면 그가 사용하는 외국 여권의 최초 발급일에 그 외국 국적을 취득한 것으로 추정한다.

④ 제2항에 따른 신고 절차와 그 밖에 필요한 사항은 대통령령으로 정한다.

[전문개정 2008.3.14]

第16조(국적상실자의 처리) ① 대한민국 국적을 상실한 자(제14조에 따른 국적이탈의 신고를 한 자는 제외한다)는 법무부장관에게 국적상실신고를 하여야 한다.

② 공무원이 그 직무상 대한민국 국적을 상실한 자를 발견하면 지체 없이 법무부장관에게 그 사실을 통보하여야 한다.

③ 법무부장관은 그 직무상 대한민국 국적을 상실한 자를 발견하거나 제1항

이나 제2항에 따라 국적상실의 신고나 통보를 받으면 가족관계등록 관서와 주민등록 관서에 통보하여야 한다.
④ 제1항부터 제3항까지의 규정에 따른 신고 및 통보의 절차와 그 밖에 필요한 사항은 대통령령으로 정한다.
[전문개정 2008.3.14]

제17조(관보 고시) ① 법무부장관은 대한민국 국적의 취득과 상실에 관한 사항이 발생하면 그 뜻을 관보에 고시(告示)하여야 한다.
② 제1항에 따라 관보에 고시할 사항은 대통령령으로 정한다.
[전문개정 2008.3.14]

제18조(국적상실자의 권리 변동) ① 대한민국 국적을 상실한 자는 국적을 상실한 때부터 대한민국의 국민만이 누릴 수 있는 권리를 누릴 수 없다.
② 제1항에 해당하는 권리 중 대한민국의 국민이었을 때 취득한 것으로서 양도(讓渡)할 수 있는 것은 그 권리와 관련된 법령에서 따로 정한 바가 없으면 3년 내에 대한민국의 국민에게 양도하여야 한다.
[전문개정 2008.3.14]

제19조(법정대리인이 하는 신고 등) 이 법에 규정된 신청이나 신고와 관련하여 그 신청이나 신고를 하려는 자가 15세 미만이면 법정대리인이 대신하여 이를 행한다.
[전문개정 2008.3.14]

제20조(국적 판정) ① 법무부장관은 대한민국 국적의 취득이나 보유 여부가 분명하지 아니한 자에 대하여 이를 심사한 후 판정할 수 있다.
② 제1항에 따른 심사 및 판정의 절차와 그 밖에 필요한 사항은 대통령령으로 정한다.
[전문개정 2008.3.14]

제21조(허가 등의 취소) ① 법무부장관은 거짓이나 그 밖의 부정한 방법으로 귀화허가나 국적회복허가 또는 국적보유판정을 받은 자에 대하여 그 허가 또는 판정을 취소할 수 있다.
② 제1항에 따른 취소의 기준·절차와 그 밖에 필요한 사항은 대통령령으로

정한다.
[본조신설 2008.3.14]

제22조(권한의 위임) 이 법에 따른 법무부장관의 권한은 대통령령으로 정하는 바에 따라 그 일부를 출입국관리사무소장 또는 출입국관리사무소 출장소장에게 위임할 수 있다.
[본조신설 2010.5.4]

부칙 〈법률 제5431호, 1997.12.13〉

제1조(시행일) 이 법은 공포후 6월이 경과한 날부터 시행한다.

제2조(귀화허가신청 등에 관한 경과조치) 이 법 시행전에 종전의 규정에 의하여 귀화허가·국적회복허가 및 국적이탈허가를 신청한 자에 대하여서는 종전의 규정을 적용한다.

제3조(국적의 회복 및 재취득에 관한 경과조치) ① 제9조의 개정규정은 이 법 시행전에 대한민국의 국적을 상실하였거나 이탈하였던 자가 대한민국의 국적을 회복하는 절차에 관하여서도 이를 적용한다.
② 제11조의 개정규정은 제1항에 규정된 자중 대한민국의 국적을 취득한 후 6월내에 외국 국적을 포기하지 아니하여 대한민국의 국적을 상실하게 된 자에 대하여서도 이를 적용한다.

제4조(국적취득자의 외국 국적 포기의무에 관한 경과조치) 제10조의 개정규정은 이 법 시행전에 대한민국의 국적을 취득하고 그 때부터 이 법의 시행일까지 6월이 경과하지 아니한 자에 대하여서도 이를 적용한다.

제5조(이중국적자의 국적선택의무 및 절차에 관한 경과조치) 제12조 내지 제14조의 개정규정은 이 법 시행전에 대한민국의 국적과 외국 국적을 함께 가지게 된 자(이미 국적이탈허가를 받은 자를 제외한다)에 대하여서도 이를 적용한다. 다만, 이 법의 시행일 현재 만 20세 이상인 자는 이 법의 시행일을 제12조제1항에 규정된 국적선택 기간의 기산일로 본다.

제6조(국적상실자의 처리 및 권리변동에 관한 경과조치) 제16조 및 제18조의 개정규정은 이 법 시행전에 대한민국의 국적을 상실한 자에 대하여서도 이를 적용한다.

제7조(부모양계혈통주의 채택에 따른 모계출생자에 대한 국적취득의 특례) ① 1978년 6월 14일부터 1998년 6월 13일까지의 사이에 대한민국의 국민을 모

로 하여 출생한 자로서 다음 각호의 1에 해당하는 자는 2004년 12월 31일까지 대통령령이 정하는 바에 의하여 법무부장관에게 신고함으로써 대한민국의 국적을 취득할 수 있다〈개정 2001.12.19〉.

1. 모가 현재 대한민국의 국민인 자
2. 모가 사망한 때에는 그 사망 당시에 모가 대한민국의 국민이었던 자

② 제1항의 규정에 의한 신고는 국적을 취득하고자 하는 자가 15세 미만인 때에는 법정대리인이 대신하여 이를 행한다〈개정 2001.12.19〉.

③ 천재지변 기타 불가항력적 사유로 인하여 제1항에 규정된 기간 내에 신고를 하지 못한 자는 그 사유가 소멸된 때부터 3월내에 법무부장관에게 신고함으로써 대한민국의 국적을 취득할 수 있다.

④ 제1항 또는 제3항의 규정에 의하여 신고한 자는 그 신고를 한 때에 대한민국의 국적을 취득한다.

제8조(다른 법률의 개정) 민법중 다음과 같이 개정한다.

제781조제1항에 단서를 다음과 같이 신설한다.

다만, 부가 외국인인 때에는 모의 성과 본을 따를 수 있고 모가에 입적한다.

부칙 〈법률 제6523호, 2001.12.19〉

이 법은 공포한 날부터 시행한다.

부칙 〈법률 제7075호, 2004.1.20〉

① (시행일) 이 법은 공포한 날부터 시행한다.

② (적용례) 제6조제2항제3호 및 제4호의 개정규정은 1998년 6월 14일부터 이 법 시행전까지의 사이에 대한민국 국민과 혼인한 외국인에게도 적용된다.

부칙 〈법률 제7499호, 2005.5.24〉

① (시행일) 이 법은 공포한 날부터 시행한다.

② (이중국적자의 국적이탈신고에 관한 적용례) 제12조제1항 단서 · 제3항 및 제14조제1항 단서의 개정규정은 이 법 시행 후 최초로 국적이탈신고를 하는 사람부터 적용한다.

부칙 〈법률 제8435호, 2007.5.17〉 (가족관계의 등록 등에 관한 법률)

제1조(시행일) 이 법은 2008년 1월 1일부터 시행한다. 〈단서 생략〉

제2조 부터 **제7조**까지 생략

제8조(다른 법률의 개정) ①부터 ④까지 생략

⑤ 국적법 일부를 다음과 같이 개정한다.

제16조제3항 중 "호적관서"를 "가족관계등록관서"라 한다.

⑥ 부터 〈39〉까지 생략

제9조 생략

부칙 〈법률 제8892호, 2008.3.14〉

이 법은 공포한 날부터 시행한다. 다만, 제21조의 개정규정은 공포 후 6개월이 경과한 날부터 시행한다.

부칙 〈법률 제10275호, 2010.5.4〉

제1조(시행일) 이 법은 2011년 1월 1일부터 시행한다. 다만, 제12조제1항 본문, 같은 조 제2항 및 제13조의 개정규정과 부칙 제2조(제3항 중 제14조의2제2항부터 제5항까지에 관한 사항은 제외한다) 및 부칙 제4조제1항은 공포한 날부터 시행한다.

제2조(국적선택 불이행으로 대한민국 국적을 상실한 자 등에 대한 특례) ① 종전의 제12조제2항에 따라 대한민국 국적을 상실하였던 자는 대한민국에 주소를 두고 있는 상태에서 이 법 공포일부터 2년 이내에 외국 국적을 포기하거나, 대한민국에서 외국 국적을 행사하지 아니하겠다는 뜻을 서약하고 법무부장관에게 신고를 함으로써 대한민국 국적을 재취득할 수 있다. 다만, 남자는 제12조제3항제1호에 해당하는 자에 한한다.

② 종전의 제13조에 따라 외국 국적을 포기하고 대한민국 국적을 선택하였던 자가 이 법 공포일부터 5년 이내에 그 외국 국적을 재취득한 때에는 제15조제1항에도 불구하고 그 외국 국적 취득일부터 6개월 이내에 대한민국에서 외국 국적을 행사하지 아니하겠다는 뜻을 법무부장관에게 서약하면 대한민국 국적을 상실하지 아니한다.

③ 제1항 및 제2항에 따른 복수국적자에 대하여는 제13조제3항 및 제14조의

2제2항부터 제5항까지의 개정규정을 준용한다.

제3조(외국 국적의 포기에 관한 적용례) 제10조의 개정규정은 이 법 시행 전에 종전의 제10조제2항 단서에 해당하여 외국 국적을 포기하지 아니한 자에 대하여도 적용한다.

제4조(다른 법률의 개정) ① 가족관계의 등록 등에 관한 법률 일부를 다음과 같이 개정한다.

제44조제2항제6호 중 "이중국적자"를 "복수국적자(複數國籍者)"로 한다.

제98조제1항제1호 중 "「국적법」 제13조제1항"을 "「국적법」 제13조"로, "이중국적자"를 "복수국적자"로 한다.

② 재외동포의 출입국과 법적 지위에 관한 법률 일부를 다음과 같이 개정한다.

제5조제2항제1호 중 "이중국적자(二重國籍者)"를 "복수국적자(複數國籍者)"로 한다.

2. 국적법 시행령

[시행 2011. 3.29]
[대통령령 제22750호, 2011. 3.29, 일부개정]

제1조(목적) 이 영은 「국적법」에서 위임된 사항과 그 시행에 필요한 사항을 규정함을 목적으로 한다.
[전문개정 2011.3.29]

제2조(인지에 의한 국적취득 신고의 절차 등) ① 「국적법」(이하 "법"이라 한다) 제3조제1항에 따라 대한민국 국적을 취득하려면 법무부령으로 정하는 국적취득 신고서를 작성하여 법무부장관에게 제출하여야 한다.

② 법무부장관은 제1항에 따라 국적취득 신고를 수리(受理)하면 그 사실을 지체 없이 본인과 「가족관계의 등록 등에 관한 법률」에 따른 등록기준지(이하 "등록기준지"라 한다) 가족관계등록관서의 장에게 통보하고, 관보에 고시하여야 한다〈개정 2010.12.31〉.
[전문개정 2008.10.6]

제3조(귀화허가의 신청) ① 법 제4조제1항에 따라 귀화허가를 받으려면 법무부령으로 정하는 귀화허가 신청서를 작성하여 출입국관리사무소장 또는 출입국관리사무소 출장소장(이하 "사무소장등"이라 한다)에게 제출하여야 한다〈개정 2010.12.31〉.
② 사무소장등은 제1항에 따라 신청서를 제출받은 때에는 지체 없이 법무부장관에게 송부하여야 한다. 다만, 법무부장관이 정하는 바에 따른 조회 · 조사 및 확인 등을 해야 할 경우에는 그 절차를 마치고 의견을 붙여 송부하여야 한다〈신설 2010.12.31〉.
[전문개정 2008.10.6]

제4조(귀화허가 신청에 대한 심사) ① 법무부장관은 법 제4조제2항에 따라 귀화허가 신청자에 대한 귀화 요건을 심사할 때 관계 기관의 장에게 귀화허가

신청자에 대한 신원조회, 범죄경력조회 및 체류동향조사를 의뢰하거나 그 밖에 필요한 사항에 관하여 의견을 구할 수 있다.

② 법무부장관은 법 제6조제2항의 귀화 요건에 관한 다음 각 호의 구분에 따른 사항을 심사하기 위해 법무부령으로 정하는 증명서류를 제출하게 하거나 거주지를 현지조사하는 등 적절한 방법으로 귀화 요건을 갖추었는지를 확인하여야 한다.

1. 법 제6조제2항제1호 · 제2호에 해당하는 사람: 배우자와 정상적인 혼인관계를 유지하고 있는지 여부
2. 법 제6조제2항제3호에 해당하는 사람: 정상적인 혼인생활을 유지할 수 없었던 사유
3. 법 제6조제2항제4호에 해당하는 사람: 자녀의 양육에 관한 사항

③ 법무부장관은 제1항 및 제2항에 따라 조회 · 조사 · 확인한 결과 귀화 요건(법 제5조제3호 및 제5호의 요건은 제외한다)을 갖춘 사람에 대해서만 법 제5조제3호 및 제5호의 요건을 갖추고 있는지를 심사(이하 "귀화적격심사"라 한다)한다.

④ 귀화적격심사는 필기시험과 면접심사로 구분하여 시행한다. 다만, 법무부령으로 정하는 사람에 대해서는 필기시험 또는 면접심사를 면제할 수 있다.

⑤ 필기시험의 출제방식 등 귀화적격심사의 시행에 필요한 사항은 법무부령으로 정한다.

⑥ 법무부장관은 귀화적격심사의 대상자 중 필기시험에서 100점을 만점으로 하여 60점 이상을 득점하고, 면접심사에서 적합평가를 받은 사람을 귀화적격자로 판정한다.

[전문개정 2011.3.29]

제5조(귀화허가) ① 법무부장관은 귀화적격심사결과 귀화적격자로 판정된 사람에게 귀화를 허가한다.

② 법무부장관은 귀화를 허가하였을 때에는 그 사실을 지체 없이 본인과 등록기준지 가족관계등록관서의 장에게 통보하고, 관보에 고시하여야 한다〈개정 2010.12.31〉.

[전문개정 2008.10.6]

제6조(특별귀화 대상자) ① 법 제7조제1항제2호에서 "대한민국에 특별한 공로

가 있는 자"란 다음 각 호의 어느 하나에 해당하는 사람을 말한다.

1. 본인 또는 그 배우자나 직계존비속이 독립유공 또는 국가유공으로 관계 법률에 따라 대한민국 정부로부터 훈장·포장 또는 표창을 받은 사실이 있는 사람
2. 국가안보·사회·경제·교육 또는 문화 등 여러 분야에서 대한민국의 국익에 기여한 공로가 있는 사람
3. 그 밖에 제1호 및 제2호에 준하는 공로가 있다고 법무부장관이 인정하는 사람

② 법 제7조제1항제3호에 해당하는 사람은 다음 각 호의 어느 하나에 해당하는 사람 중에서 제28조에 따른 국적심의위원회의 심의를 거쳐 법무부장관이 정하는 사람으로 한다.

1. 국회사무총장, 법원행정처장, 헌법재판소사무처장 또는 중앙행정기관의 장 등이 추천한 사람
2. 재외공관의 장, 지방자치단체(특별시·광역시·도 및 특별자치도를 말한다)의 장, 4년제 대학의 총장, 그 밖에 법무부장관이 정하는 기관·단체의 장이 추천하는 사람으로서 법무부장관이 심의에 부친 사람
3. 과학·경제·문화·체육 등의 분야에서 수상, 연구실적, 경력 등으로 국제적 권위를 인정받고 있는 사람으로서 법무부장관이 심의에 부친 사람

[전문개정 2011.3.29]

제7조(수반취득의 신청절차 등) ① 법 제8조제1항에 따라 국적취득(이하 "수반취득"이라 한다)을 하려면 그 아버지 또는 어머니가 제3조에 따라 사무소장 등에게 제출하는 귀화허가 신청서에 수반취득하려는 뜻을 표시하여야 한다.

② 부모가 이혼한 수반취득 신청자는 그 아버지나 어머니가 수반취득을 신청한 사람에 대하여 친권 또는 양육권을 가지고 있다는 것을 서면으로 증명하여야 한다.

③ 법무부장관은 법 제8조제1항의 요건을 갖춘 수반취득 대상자가 제1항 및 제2항에 따라 수반취득을 신청한 경우에는 그 아버지 또는 어머니에 대하여 귀화를 허가할 때 수반취득에 관한 사항도 함께 알리고, 등록기준지 가족관계등록관서의 장에게 통보하며, 관보에 고시하여야 한다.

[전문개정 2011.3.29]

제8조(국적회복허가의 신청) ① 법 제9조제1항에 따라 국적회복허가를 받으려

면 법무부령으로 정하는 국적회복허가 신청서를 작성하여 사무소장등에게 제출하여야 한다〈개정 2010.12.31〉.

② 사무소장등은 제1항에 따라 신청서를 제출받은 때에는 지체 없이 법무부장관에게 송부하여야 한다. 다만, 법무부장관이 정하는 바에 따른 조회·조사 및 확인 등을 해야 할 경우에는 그 절차를 마치고 의견을 붙여 송부하여야 한다〈신설 2010.12.31〉.

[전문개정 2008.10.6]

제9조(국적회복허가 신청에 대한 심사) ① 법무부장관은 법 제9조제2항에 따라 국적회복허가 신청자에 대한 국적회복 요건을 심사할 때 관계 기관의 장에게 국적회복허가 신청자에 대한 신원조회, 범죄경력조회, 병적조회 또는 체류동향조사를 의뢰하거나 그 밖에 필요한 사항에 관하여 의견을 구할 수 있다.

② 법무부장관은 필요하면 국적회복허가 신청자에 대하여 의견을 진술하게 하거나 보완자료 제출을 요구할 수 있다.

[전문개정 2011.3.29]

제10조(국적회복허가) ① 법무부장관은 국적회복허가 신청자에 대하여 국적회복을 허가하였으면 그 사실을 지체 없이 본인과 등록기준지 가족관계등록관서의 장에게 통보하고, 관보에 고시하여야 한다〈개정 2010.12.31〉.

② 국적회복허가의 경우에는 제7조를 준용한다. 이 경우 "귀화허가 신청서"는 "국적회복허가 신청서"로 본다.

[전문개정 2008.10.6]

제11조(외국 국적의 포기방식 등) ① 법 제10조제1항 또는 제2항에 따라 외국 국적을 포기하려는 사람은 그 기간 내에 외국 국적을 포기하거나 상실하는 절차를 마치고, 그 외국의 영사나 관련 공무원이 발급한 국적포기(상실)증명서 또는 이에 준하는 서류(이하 "국적포기증명서등"이라 한다)를 지체 없이 법무부장관에게 제출하여야 한다〈개정 2010.12.31〉.

② 법무부장관은 제1항에 따라 국적포기증명서등을 제출한 사람에 대하여 외국국적 포기 확인서를 발급하여야 한다〈개정 2010.12.31〉.

③ 법 제10조제2항에 따라 대한민국에서 외국 국적을 행사하지 아니하겠다는 뜻을 서약(이하 "외국국적불행사서약"이라 한다)하려는 사람은 그 기간

내에 국내에 주소를 두고 있는 상태에서 외국국적불행사 서약서를 작성하여 사무소장등에게 제출하여야 한다〈개정 2010.12.31〉.
④ 사무소장등은 제3항에 따라 외국국적불행사 서약서를 제출받은 때에는 지체 없이 법무부장관에게 송부하여야 하며, 법무부장관이 그 서약서를 수리한 때에는 서약서를 제출한 사람에게 외국국적불행사 서약확인서를 발급하여야 한다〈신설 2010.12.31〉.
⑤ 법무부장관은 법 제11조의2제2항에 따라 외국 국적을 포기한 사람이 국적포기증명서등을 제출하고 그 확인을 요청하는 경우에는 외국국적 포기확인서를 발급하여야 한다〈신설 2010.12.31〉.
⑥ 제2항부터 제5항까지의 규정에 따른 외국국적 포기확인서, 외국국적불행사 서약서 및 외국국적불행사 서약확인서의 서식은 법무부령으로 정한다〈신설 2010.12.31〉.
[전문개정 2008.10.6]

제12조(외국 국적 포기사실증명의 요구) ① 법무부장관은 법 제10조제1항에 규정된 사람(제11조제1항 또는 제3항에 따라 국적포기증명서등을 제출하거나 외국국적불행사 서약서를 제출한 사람은 제외한다)에 대하여 그 기간이 지난 후에 그 외국 국적을 포기하였는지를 확인할 필요가 있으면 그 포기사실을 증명할 것을 요구할 수 있다.
② 제1항에 규정된 사람의 소재를 알 수 없거나 그 밖에 서면으로 요구할 수 없는 부득이한 사정이 있을 때에는 관보에 게재하는 방식으로 제1항의 요구를 할 수 있다. 이 경우 관보에 게재된 날의 다음 날에 그 요구의 의사표시가 도달된 것으로 본다.
③ 제1항 또는 제2항에 따라 요구를 받은 사람은 요구를 받은 때부터 1개월 내에 그 외국의 영사나 그 밖의 관련 공무원이 발급한 국적포기증명서등으로 그 외국 국적을 포기한 사실을 증명하여야 하며, 이를 이행하지 아니한 경우에는 그 외국 국적을 포기하지 않은 것으로 본다.
④ 제3항에 규정된 사람으로서 천재지변이나 그 밖의 불가항력적 사유로 그 기간 내에 요구사항을 이행하지 못한 사람은 그 사유가 소멸된 때부터 10일 내에 그 외국 국적을 포기한 사실을 증명할 수 있다.
[전문개정 2011.3.29]

제13조(외국 국적 포기가 어려운 자 등) ① 법 제10조제2항제5호에서 “대통령

령으로 정하는 자"란 다음 각 호의 어느 하나에 해당하는 사람을 말한다.

1. 외국의 법률 및 제도로 인하여 외국 국적의 포기가 불가능하거나 그에 준하는 사정이 인정되는 사람
2. 대한민국 국적을 취득한 후 지체 없이 외국 국적의 포기절차를 개시하였으나 외국의 법률 및 제도로 인하여 법 제10조제1항에 따른 기간 내에 국적포기절차를 마치기 어려운 사정을 증명하는 서류를 법무부장관에게 제출한 사람

② 제1항제2호에 해당하는 사람이 외국 국적의 포기절차를 마쳤을 때에는 지체 없이 국적포기증명서등을 법무부장관에게 제출하여야 한다.

[전문개정 2010.12.31]

第14조(외국 국적 미포기자 등에 대한 처우 제한) 대한민국 국적을 취득하고도 법 제10조제1항 또는 제2항에 따른 외국 국적의 포기 절차나 외국국적불행사서약 절차를 마치지 아니한 사람에게는 관계 법령에서 정하는 바에 따라 출입국, 체류, 주민등록 또는 여권발급 등에서 대한민국 국민으로서의 처우가 제한될 수 있다.

[전문개정 2010.12.31]

第15조(국적의 재취득 신고절차 등) ① 법 제11조제1항에 따라 대한민국 국적을 재취득하려면 법무부령으로 정하는 국적취득 신고서를 작성하여 법무부장관에게 제출하여야 한다.

② 법무부장관은 제1항에 따라 국적취득신고를 수리하였으면 그 사실을 지체 없이 본인과 등록기준지 가족관계등록관서의 장에게 통보하고, 관보에 고시하여야 한다〈개정 2010.12.31〉.

[전문개정 2008.10.6]

第16조(복수국적자의 의의 등) ① 법 제11조의2제1항에서 그 밖에 이 법에 따라 대한민국 국적과 외국 국적을 함께 가지게 된 자는 다음 각 호의 어느 하나에 해당하는 사람으로 한다.

1. 법 제10조제2항에 따라 외국국적불행사서약을 한 사람
2. 대한민국의 국민으로서 법 제15조제2항에 따라 외국 국적을 취득하게 된 후 6개월 내에 법무부장관에게 대한민국 국적의 보유 의사를 신고한 사람
3. 법률 제10275호 국적법 일부개정법률 부칙 제2조제1항에 따라 법무부장

관에게 외국국적불행사서약을 하고 대한민국 국적을 재취득하거나 같은 조 제2항에 따라 외국 국적을 재취득한 후 외국국적불행사서약을 한 사람

② 만 20세가 되기 전에 법 제12조제3항 각 호의 어느 하나에 해당하게 된 사람은 만 20세가 된 때부터 같은 조 제2항 본문의 기간을 계산한다.

[전문개정 2011.3.29]

제16조의2(직계존속이 외국에서 영주할 목적 없이 체류한 상태에서 출생한 자) 법 제12조제3항 각 호 외의 부분에서 직계존속이 외국에서 영주할 목적 없이 체류한 상태에서 출생한 자는 아버지 또는 어머니가 외국에 생활기반을 두고 있으면서 외국의 시민권이나 영주권을 취득한 상태 또는 법무부령으로 정하는 그에 준하는 체류 상태에서 출생한 자가 아닌 사람으로 한다.

[전문개정 2011.3.29]

제17조(대한민국 국적의 선택 절차 등) ① 복수국적자로서 법 제13조제1항 또는 같은 조 제2항 단서에 따라 대한민국 국적을 선택하려는 사람은 해당 기간 내에 제11조제1항 · 제2항에 따라 외국 국적을 포기 또는 상실하는 절차를 마치고 법무부령으로 정하는 국적선택 신고서를 작성하여 법무부장관에게 제출하거나, 제11조제3항 · 제4항에 따라 외국국적불행사서약을 한 후 국적선택 신고서를 작성하여 사무소장등에게 제출하여야 한다. 이 경우 사무소장등은 제출받은 국적선택 신고서를 지체 없이 법무부장관에게 송부하여야 한다.

② 복수국적자로서 법 제13조제2항 본문 또는 같은 조 제3항에 따라 대한민국 국적을 선택한다는 뜻을 신고하려는 사람은 외국 국적을 포기 또는 상실하는 절차를 마치고, 법무부령으로 정하는 국적선택 신고서를 작성하여 법무부장관에게 제출하여야 한다.

③ 법 제13조제3항에서 "출생 당시에 모가 자녀에게 외국 국적을 취득하게 할 목적으로 외국에서 체류 중이었던 사실이 인정되는 자"란 국내에 생활기반을 두고 있는 어머니가 임신한 후 자녀의 외국 국적 취득을 목적으로 출국하여 외국에서 체류하는 동안 출생한 사람을 말한다. 다만, 아버지 또는 어머니가 다음 각 호의 어느 하나에 해당하는 사람은 제외한다.

1. 자녀의 출생 전후를 합산하여 2년 이상 계속하여 외국에서 체류한 경우
2. 자녀의 출생 전후에 외국의 영주권 또는 국적을 취득한 경우
3. 자녀의 출생 당시 유학, 공무파견, 국외주재, 취업 등 사회통념상 상당한

사유로 법무부장관이 정하는 기간 동안 외국에서 체류한 경우

④ 법무부장관은 제1항부터 제3항까지의 규정에 따라 국적선택 신고를 수리한 때에는 지체 없이 그 사실을 본인과 등록기준지 가족관계등록관서의 장에게 통보하여야 한다.

[전문개정 2011.3.29]

제18조(대한민국 국적의 이탈 절차 등) ① 복수국적자로서 법 제14조제1항에 따라 대한민국 국적을 이탈한다는 뜻을 신고하려는 사람은 법무부령으로 정하는 국적이탈 신고서를 작성하여 주소지 관할 재외공관의 장에게 제출하여야 하고, 재외공관의 장은 지체 없이 이를 법무부장관에게 송부하여야 한다.

② 법무부장관은 제1항에 따른 국적이탈 신고가 법 제14조제1항에 따른 국적이탈 요건을 갖춘 경우에만 수리한다.

③ 법무부장관은 제1항 및 제2항에 따라 국적이탈 신고를 수리한 때에는 지체 없이 그 사실을 접수지 재외공관의 장을 거쳐 본인에게 알려야 하며, 등록기준지 가족관계등록관서의 장에게 통보하고 관보에 고시하여야 한다.

④ 법무부장관은 국적이탈자가 주민등록이 되어 있을 때에는 그 주민등록관서의 장에게도 그 사실을 통보하여야 한다.

⑤ 제3항 및 제4항에 따라 등록기준지 가족관계등록관서의 장 또는 주민등록관서의 장에게 통보하는 서류에는 다음 각 호의 사항을 적어야 한다.

1. 국적이탈자의 성명, 생년월일, 성별 및 등록기준지
2. 국적이탈의 원인 및 연월일
3. 외국 국적

[전문개정 2011.3.29]

제18조의2(국적선택명령의 절차 등) ① 법 제14조의2제1항 및 제2항에 따라 법무부장관이 국적선택명령을 할 때에는 법무부령으로 정하는 국적선택명령서를 본인에게 직접 교부하거나 등기우편으로 송부하여야 한다. 다만, 본인에게 직접 교부하거나 송부하기 어려운 경우에는 「민법」 제779조에 따른 가족이나 사실상 부양자에게 교부하거나 송부하여야 한다.

② 소재불명 등으로 국적선택명령서의 교부 또는 송부가 어려운 경우에는 관보에 공고하며, 공고일부터 14일이 지난 때에 그 효력이 발생한다.

③ 법 제14조의2제1항 및 제2항에 따라 법무부장관으로부터 국적선택명령을 받은 사람이 대한민국 국적을 선택하려면 제17조에 규정된 절차를 따라

야 하고, 대한민국 국적을 이탈하려면 제18조에 규정된 절차를 따라야 한다.

④ 법 제14조의2제2항에서 “그 뜻에 현저히 반하는 행위”란 외국국적불행사 서약을 한 사람이 다음 각 호의 어느 하나에 해당하는 행위를 한 경우를 말한다.

1. 반복하여 외국 여권으로 대한민국에 출국·입국한 경우
2. 외국 국적을 행사할 목적으로 외국인등록 또는 거소신고를 한 경우
3. 정당한 사유 없이 대한민국에서 외국 여권 등을 이용하여 국가·지방자치단체, 공공기관, 공공단체 또는 교육기관 등에 대하여 외국인으로서의 권리를 행사하거나 행사하려고 한 경우

⑤ 법무부장관은 관계 기관 또는 재외공관의 장에게 복수국적자의 국내·국외 주소지 확인 등 필요한 사항을 조회할 수 있다.

⑥ 법무부장관은 복수국적자가 국적선택명령을 받고도 따르지 아니하여 법 제14조의2제4항에 따라 대한민국 국적을 상실한 경우에는 지체 없이 다음 각 호의 사항을 관보에 고시하고, 그 등록기준지 가족관계등록관서의 장과 주민등록관서의 장에게 통보하여야 한다.

1. 국적상실자의 성명, 생년월일, 성별 및 등록기준지
2. 국적상실의 원인 및 연월일
3. 외국 국적

[전문개정 2011.3.29]

제18조의3(대한민국 국적의 상실결정 절차 등) ① 법 제14조의3제1항 각 호 외의 부분 본문에서 대한민국의 국적을 보유함이 현저히 부적합하다고 인정하는 경우는 제28조에 따른 국적심의위원회의 심의를 거쳐 법무부장관이 결정한다.

② 법 제14조의3제1항제2호에서 “대통령령으로 정하는 경우”란 살인죄, 강간죄 등 법무부령으로 정하는 죄명으로 7년 이상의 징역 또는 금고의 형을 선고받아 그 형이 확정된 경우를 말한다.

③ 법 제14조의3제1항 각 호 외의 부분 본문의 청문절차에 관하여는 「행정절차법」 제2장제2절 중 청문에 관한 규정을 준용한다.

④ 법무부장관은 복수국적자가 국적상실결정을 받아 대한민국 국적을 상실한 경우에는 제18조의2제6항을 준용한다.

[본조신설 2010.12.31]

제18조의4(복수국적자에 관한 통보절차 등) ① 법 제14조의4제1항에 따른 통보는 그 공무원이 속한 기관의 주소지를 관할하는 사무소장등에게 하여야 한다. 다만, 재외공관의 장이 통보하는 경우는 법무부장관이 따로 정한다.

② 제1항에 따른 통보는 다음 각 호의 사항을 적은 서류로 하여야 하며, 복수국적자가 복수국적을 보유하게 된 원인 및 연월일을 증명하는 서류 또는 소지한 외국 여권의 사본을 첨부하여야 한다.

1. 한글 성명, 생년월일, 성별 및 등록기준지 등 인적사항
2. 외국 국적의 영문 성명 및 생년월일

③ 사무소장등은 제1항에 따라 통보를 받거나 그 직무상 복수국적자를 발견하면 복수국적자 기록표를 작성하여 법무부장관에게 송부하고 그 부본(副本)을 갖추어 두어야 한다.

[전문개정 2011.3.29]

제19조(국적보유의사의 신고절차 등) ① 법 제15조제2항에 따라 대한민국 국적을 보유할 의사가 있다는 뜻을 신고하려면 법무부령으로 정하는 국적보유 신고서를 작성하여 사무소장등에게 제출하여야 한다〈개정 2010.12.31〉.

② 사무소장등은 제1항에 따라 신고서를 제출받은 때에는 지체 없이 법무부장관에게 송부하여야 한다〈신설 2010.12.31〉.

③ 법무부장관은 제1항과 제2항에 따라 국적보유 신고를 수리하였으면 그 사실을 지체 없이 본인에게 알리고, 그 등록기준지 가족관계등록관서의 장에게 통보하여야 한다〈개정 2010.12.31〉.

④ 제3항에 따라 그 등록기준지 가족관계등록관서의 장에게 통보하는 서류에는 다음 각 호의 사항을 적어야 한다〈개정 2010.12.31〉.

1. 국적보유 신고자의 성명, 생년월일, 성별 및 등록기준지
2. 외국 국적을 취득하게 된 원인 및 연월일

[전문개정 2008.10.6]

제20조(국적상실의 신고·통보절차 등) ① 법 제16조제1항에 따라 국적상실 신고를 하려면 법무부령으로 정하는 국적상실 신고서를 작성하여 법무부장관에게 제출하여야 한다.

② 법 제16조제2항에 따라 국적상실을 통보할 때에는 그 사람의 성명, 생년월일, 성별 및 등록기준지 등 인적사항을 적고, 대한민국 국적을 상실한 원인 및 연월일을 증명하는 서류 또는 그가 소지한 외국여권의 사본을 첨부하

여야 한다.
[전문개정 2011.3.29]

제21조(국적상실자의 처리) ① 법 제16조제3항에 따라 법무부장관은 그 직무상 대한민국 국적을 상실하고도 등록기준지에서 말소되지 아니한 사람을 발견하거나 제20조에 따른 국적상실의 신고나 통보를 수리한 경우에는 지체 없이 그 사실을 관보에 고시하고, 그 등록기준지 가족관계등록관서의 장에게 통보하여야 한다.
② 제1항의 경우에는 제18조제4항 및 제5항을 준용한다〈개정 2010.12.31〉.
[전문개정 2008.10.6]

제22조(법정대리인이 하는 신청 · 신고 등) 법 제19조에 따라 법정대리인이 대신하여 신청이나 신고를 할 때에는 신청서나 신고서에 법정대리인의 성명 · 주소 및 신청자(신고자)와의 관계를 적고, 그 관계를 증명하는 서류를 첨부하여야 한다.
[전문개정 2011.3.29]

제23조(국적 판정의 신청) ① 법 제20조에 따라 국적 판정을 받으려면 법무부령으로 정하는 국적판정 신청서를 작성하여 사무소장등에게 제출하여야 한다.
② 사무소장등은 제1항에 따라 신청서를 제출받은 때에는 지체 없이 법무부장관에게 송부하여야 한다.
[전문개정 2011.3.29]

제24조(국적 판정의 심사 및 판정절차 등) ① 법무부장관은 국적을 판정할 때 필요하면 관계 기관의 장에게 국적판정신청자에 대한 신원조회, 범죄경력조회 또는 체류동향조사를 의뢰하거나 그 밖에 심사에 참고가 될 사항에 관한 의견을 구할 수 있다.
② 법무부장관은 필요하면 국적판정 신청자에게 의견을 진술하게 하거나 보완자료 제출을 요구할 수 있다.
③ 법무부장관은 국적판정신청자에 관하여 다음 각 호의 사항 등을 심사한 후 현재도 대한민국 국적을 보유하고 있는지를 판정한다.
1. 혈통관계

2. 국외이주 경위
3. 대한민국 국적 취득 여부
4. 대한민국 국적을 취득한 후 스스로 외국국적을 취득함으로써 대한민국 국적을 상실한 사실이 있는지 여부

④ 법무부장관은 국적판정 신청자가 현재도 대한민국 국적을 보유하고 있는 것으로 판정하면 그 사실을 지체 없이 본인과 등록기준지 가족관계등록관서의 장에게 통보하고, 관보에 고시하여야 한다.

⑤ 제4항의 판정을 받은 사람은 별도의 국적취득 절차를 거치지 아니하고 「가족관계의 등록 등에 관한 법률」에서 정하는 바에 따라 가족관계 등록 창설을 할 수 있다.

[전문개정 2011.3.29]

제25조(외국에 주소를 두고 있는 사람의 신고 또는 신청) ① 법 제3조제1항, 법 제9조제1항, 법 제11조제1항, 법 제13조제1항 · 제2항, 법 제15조제2항, 법 제16조제1항에 따른 신고나 신청은 그 신고나 신청을 하려는 사람이 외국에 주소를 두고 있을 때에는 주소지 관할 재외공관의 장을 통해서도 신고서나 신청서를 제출할 수 있다〈개정 2010.12.31〉.

② 제1항에 따라 신고서나 신청서를 제출받은 재외공관의 장은 이를 지체 없이 외교통상부장관을 거쳐 법무부장관에게 송부하여야 한다.

③ 법무부장관은 재외공관의 장을 통하여 제출된 신고를 수리하거나 신청을 접수하였으면 그 사실을 외교통상부장관을 거쳐 해당 재외공관의 장에게 통보한다.

[전문개정 2008.10.6]

제26조(관보에 고시할 사항) 법 제17조제1항에 따라 관보에 고시할 사항은 다음 각 호와 같다.

1. 인지에 의한 국적취득신고를 수리한 경우에는 국적취득자의 인적사항(성명, 생년월일, 성별, 종전 국적, 예정 등록기준지를 말한다. 이하 제2호부터 제4호까지에서 같다) 및 신고 수리일
2. 귀화를 허가한 경우에는 귀화자의 인적사항 및 귀화허가일(수반취득자가 있으면 수반취득자의 인적사항을 포함한다)
3. 국적회복을 허가한 경우에는 국적 회복자의 인적사항, 국적상실의 원인과 연월일 및 국적회복 허가일(수반취득자가 있으면 수반취득자의 인적사

항을 포함한다)
4. 국적재취득 신고에 의한 국적취득 신고를 수리한 경우에는 국적취득자의 인적사항 및 신고수리일
5. 국적이탈 신고를 수리한 경우에는 국적이탈자의 인적사항(성명, 생년월일, 성별, 외국국적, 등록기준지) 및 신고수리일
6. 국적상실자에 대하여 국적상실 처리를 한 경우에는 국적상실자의 인적사항(성명, 생년월일, 성별, 외국국적, 등록기준지), 국적 상실의 원인 및 국적상실 연월일(외국국적을 취득하면 그 국적을 포함한다)
7. 국적판정 신청에 대하여 국적보유자로 판정한 경우에는 국적보유 판정자의 인적사항(성명, 생년월일, 성별, 외국국적, 등록기준지 또는 예정등록기준지) 및 국적보유 판정일

[전문개정 2011.3.29]

제27조(허가 등의 취소의 기준 · 절차 등) ① 법무부장관은 다음 각 호의 사람에 대하여 법 제21조제1항에 따라 귀화허가, 국적회복 허가 또는 국적보유 판정을 취소할 수 있다.
1. 귀화허가, 국적회복 허가 또는 국적보유 판정을 받을 목적으로 신분관계 증명서류를 위조 · 변조하거나 위조 · 변조된 증명서류를 제출하여 유죄 판결이 확정된 사람
2. 혼인 · 입양 등에 의하여 대한민국 국적을 취득하였으나 그 국적취득의 원인이 된 신고 등의 행위로 유죄 판결이 확정된 사람
3. 대한민국 국적 취득의 원인이 된 법률관계에 대하여 무효나 취소의 판결이 확정된 사람
4. 그 밖에 귀화허가, 국적회복 허가 또는 국적보유 판정에 중대한 하자가 있는 사람

② 법무부장관은 법 제21조제1항에 따라 귀화허가, 국적회복 허가 또는 국적보유 판정을 취소하려면 당사자에게 소명(疏明)할 기회를 주어야 한다. 다만, 당사자의 소재를 알 수 없거나 당사자가 소명자료 제출 요구에 정당한 이유 없이 2회 이상 따르지 아니한 경우에는 그러하지 아니하다.

③ 법무부장관은 법 제21조제1항에 따라 귀화허가, 국적회복 허가 또는 국적보유 판정 등을 취소하면 그 사실을 지체 없이 본인 및 등록기준지 가족관계등록관서의 장에게 통보하고, 관보에 고시하여야 한다.

④ 제3항의 경우에는 제18조제4항을 준용한다.

⑤ 제3항 및 제4항에 따라 관보에 고시하거나 등록기준지 가족관계등록관서의 장과 주민등록관서의 장에게 통보할 때에는 다음 각 호의 사항을 적어야 한다.

1. 취소 대상자의 성명, 생년월일, 성별 및 등록기준지
2. 취소 원인 및 연월일

[전문개정 2011.3.29]

제28조(국적심의위원회) 다음 각 호의 사항을 심의하기 위하여 법무부장관 소속으로 국적심의위원회(이하 "위원회"라 한다)를 둔다.

1. 법 제7조제1항제3호에 해당하는 특별귀화 대상자 선정에 관한 사항
2. 법 제14조의3에 따른 대한민국 국적의 상실 결정에 관한 사항
3. 그 밖에 법무부장관이 국적업무와 관련하여 위원회에 심의를 요청하는 사항

[본조신설 2010.12.31]

제28조의2(위원회의 구성 및 임기) ① 위원회는 위원장 1명과 20명 이내의 위원으로 구성한다.

② 위원장은 법무부 출입국·외국인정책본부장이 되고, 위원은 법무부 국적·통합정책단장 및 관계 기관 공무원과 민간 전문가 중에서 법무부장관이 임명하거나 위촉하는 사람으로 한다.

③ 위원회의 사무를 처리하기 위하여 간사 1명을 두며, 간사는 국적·난민과장으로 한다.

④ 위촉된 위원의 임기는 1년으로 하며, 두 번만 연임할 수 있다. 다만, 위원의 임기 중 결원이 생겨 새로 위촉되는 위원의 임기는 전임자 임기의 남은 기간으로 한다.

[전문개정 2011.3.29]

제28조의3(위원회 위원장의 직무) ① 위원장은 위원회를 대표하고, 위원회의 사무를 총괄한다.

② 위원장이 부득이한 사유로 직무를 수행할 수 없을 때에는 위원장이 지명하는 위원이 그 직무를 대행한다.

[본조신설 2010.12.31]

제28조의4(위원회의 운영) ① 위원회의 회의는 법무부장관이 요청하거나 위원장이 필요하다고 인정할 때에 위원장이 소집하고, 위원장은 그 의장이 된다.

② 위원회의 회의는 위원장과 위원장이 회의마다 지정하는 12명의 위원으로 구성하되, 위원은 민간위원과 정부위원을 같은 수로 한다.

③ 위원회의 회의는 제2항에 따른 구성원 과반수의 출석으로 개의(開議)하고, 출석위원 과반수의 찬성으로 의결한다.

④ 위원장과 위원은 자기와 이해 관계가 있는 심의에 관여하지 못한다.

⑤ 위원회는 심의 사항과 관련하여 필요하다고 인정할 때에는 관계인을 출석시켜 의견을 들을 수 있다.

⑥ 이 영에서 규정한 사항 외에 위원회 운영에 필요한 사항은 법무부장관이 정한다.

[전문개정 2011.3.29]

제29조(권한의 위임) 법무부장관은 법 제22조에 따라 다음 각 호의 권한을 사무소장등에게 위임한다.

1. 법 제3조에 따른 인지에 의한 국적 취득 신고에 관한 권한
2. 법 제10조 및 이 영 제11조제1항 · 제2항, 제13조에 따른 국적포기증명서등 또는 국적포기절차를 마치기 어려운 사정을 증명하는 서류를 제출받는 권한과 외국국적 포기확인서를 발급하는 권한
3. 법 제11조에 따른 국적의 재취득 신고에 관한 권한
4. 법 제11조의2제2항 및 이 영 제11조제5항에 따른 국적포기증명서등을 제출받는 권한과 외국국적 포기확인서를 발급하는 권한
5. 법 제13조 및 이 영 제17조에 따른 외국 국적의 포기(상실) 절차를 마치고 한 국적선택 신고에 관한 권한
6. 법 제16조에 따른 국적상실 신고 또는 통보에 관한 권한

[본조신설 2010.12.31]

부칙 〈대통령령 제15807호, 1998.6.5〉

제1조(시행일) 이 영은 1998년 6월 14일부터 시행한다.

제2조(모계출생자의 국적취득특례신고절차등) ① 법 부칙 제7조제1항 또는 제3항의 규정에 의하여 대한민국의 국적을 취득하고자 하는 자는 법무부령이

정하는 국적취득신고서를 작성하여 법무부장관에게 제출하여야 한다.
② 법무부장관은 제1항의 규정에 의한 국적취득신고를 수리한 때에는 그 사실을 지체없이 본인에게 통지하고, 관보에 고시하여야 한다.
③ 제25조제1항 내지 제3항의 규정은 외국에 주소를 두고 있는 자가 제1항의 규정에 의하여 국적취득신고를 하는 경우에 이를 준용한다.

부칙 〈대통령령 제20465호, 2007.12.28〉

이 영은 2008년 1월 1일부터 시행한다.

부칙 〈대통령령 제21061호, 2008.10.6〉

이 영은 공포한 날부터 시행한다.

부칙 〈대통령령 제22588호, 2010.12.31〉

제1조(시행일) 이 영은 2011년 1월 1일부터 시행한다. 다만, 제29조의 개정규정은 이 영 공포 후 6개월이 경과한 날부터 시행한다.
제2조(위원회의 유효기간) 제6조제2항(위원회의 심의를 거치도록 한 사항에 한정한다), 제18조의3제1항(위원회의 심의를 거치도록 한 사항에 한정한다), 제28조 및 제28조의2부터 제28조의4까지의 개정규정은 2015년 12월 31일까지 효력을 가진다.
제3조(권한의 위임에 관한 적용례) 제29조의 개정규정은 이 영 시행 후 최초로 신고, 제출 또는 통보하는 사람부터 적용한다.
제4조(국적의 재취득 신고절차 등) ① 법률 제10275호 국적법 일부개정법률 부칙 제2조제1항에 따라 대한민국 국적을 재취득하려는 사람은 같은 법 부칙 제2조제1항에 규정된 기간 내에 외국 국적을 포기(상실)하는 절차를 마치거나 외국국적불행사서약을 하고, 법무부령으로 정하는 국적취득 신고서를 작성하여 사무소장등에게 제출하여야 한다.
② 법률 제10275호 국적법 일부개정법률 부칙 제2조제2항에 따라 외국 국적을 재취득한 사람은 법무부령으로 정하는 외국국적불행사서약서 및 첨부서류를 사무소장등에게 제출하여야 한다.
③ 사무소장등은 제1항(외국국적불행사서약을 한 후 제출한 국적취득 신고

서에 한정한다) 및 제2항에 따라 신고서 등을 제출받은 때에는 지체 없이 이를 법무부장관에게 송부하여야 한다.

④ 법무부장관 또는 사무소장등은 제1항부터 제3항까지에 따라 국적취득 신고를 수리한 때에는 지체 없이 그 사실을 본인 및 등록기준지 가족관계등록관서의 장에 통보하고 관보에 고시하여야 한다.

⑤ 제1항 및 제2항에 따른 외국국적 포기(상실) 또는 외국국적불행사서약의 절차 및 이에 대한 확인서는 제11조를 준용한다.

⑥ 제1항 및 제2항에 따른 서약을 마치고 복수국적자가 된 사람에 대해서는 법 제12조제1항 본문의 규정이 적용되지 아니한다.

제5조(외국 국적의 포기 의무가 유보된 사람에 대한 특례) 이 영 시행 전에 종전의 제13조제1항 각 호의 어느 하나에 해당하여 외국 국적의 포기 의무가 유보된 사람은 종전의 유보된 기간 내에 법 제10조에 따라 외국 국적을 포기하거나 외국국적불행사서약을 할 수 있다.

부칙 〈대통령령 제22750호, 2011.3.29〉

이 영은 공포한 날부터 시행한다.

3. 국적법 시행규칙

[시행 2011. 5.27]
[법무부령 제741호, 2011. 5.27, 일부개정]

제1조(목적) 이 규칙은 「국적법」 및 같은 법 시행령에서 위임된 사항과 그 시행에 필요한 사항을 규정함을 목적으로 한다.
[전문개정 2011.5.27]

제2조(국적취득 신고서의 서식 및 첨부서류) ① 「국적법 시행령」(이하 "영"이라 한다) 제2조제1항에 따른 국적취득 신고서는 별지 제1호서식에 따른다.
② 제1항의 국적취득 신고서에 첨부하여야 하는 서류는 다음 각 호와 같다.
1. 외국인임을 증명하는 서류
2. 대한민국 국민인 아버지 또는 어머니에 의하여 인지된 사실을 증명하는 서류
3. 출생한 당시에 그 아버지 또는 어머니가 대한민국 국민이었음을 증명하는 서류
4. 「가족관계의 등록 등에 관한 법률」 제93조에 따른 국적취득 통보 및 가족관계등록부 작성 등에 필요한 서류로서 법무부장관이 정하는 서류
[전문개정 2011.5.27]

제3조(귀화허가 신청서의 서식 및 첨부서류) ① 영 제3조에 따른 귀화허가 신청서는 별지 제2호서식에 따른다.
② 제1항의 귀화허가 신청서에 첨부하여야 하는 서류는 다음 각 호와 같다.
1. 외국인임을 증명하는 서류
2. 다음 각 목의 어느 하나에 해당하는 서류로서 본인 또는 생계를 같이하는 가족이 생계유지능력을 갖추고 있음을 증명하는 서류. 다만, 「국적법」(이하 "법"이라 한다) 제7조제1항에 해당하는 사람은 제외한다.
가. 3천만원 이상의 예금잔고증명
나. 3천만원 이상에 해당하는 부동산등기부 등본 또는 부동산전세계약

서 사본

다. 재직증명서 또는 취업예정사실증명서

라. 그 밖에 가목부터 다목까지에 상당하다고 법무부장관이 인정하는 서류

3. 수반취득을 신청하는 사람이 있을 때에는 그 관계를 증명하는 서류
4. 추천서 및 추천서 작성자의 신분을 증명하는 서류(법 제6조 및 제7조제1항제1호에 해당하는 사람은 제외한다)
5. 아버지 또는 어머니의 가족관계기록사항에 관한 증명서 · 제적등본(법 제6조제1항제1호에 해당하는 사람으로 한정한다)
6. 본인과 그 아버지 또는 어머니가 대한민국에서 출생한 사실을 증명하는 서류(법 제6조제1항제2호에 해당하는 사람으로 한정한다)
7. 입양사실이 기록된 양부 또는 양모의 가족관계기록사항에 관한 증명서(법 제6조제1항제3호에 해당하는 사람으로 한정한다)
8. 한국인 배우자의 가족관계기록사항에 관한 증명서(법 제6조제2항제1호 또는 제2호에 해당하는 사람으로 한정한다). 다만, 외국에서 혼인하고 한국인 배우자의 가족관계등록부에 혼인사실이 기록되어 있지 아니할 경우에는 혼인한 사실을 증명하는 서류로 갈음한다.
9. 한국인 배우자의 가족관계기록사항에 관한 증명서 · 제적등본, 그 배우자의 사망이나 실종 또는 그 밖에 자신에게 책임이 없는 사유로 정상적인 혼인생활을 할 수 없었던 사실을 증명하는 서류(법 제6조제2항제3호에 해당하는 사람으로 한정한다).
10. 한국인 배우자의 가족관계기록사항에 관한 증명서 · 제적등본, 그 배우자와의 사이에서 출생한 미성년 자녀가 있다는 사실을 증명할 수 있는 출생증명서 또는 그 밖에 이에 준하는 서류 및 본인이 그 미성년 자녀를 양육하고 있거나 양육하여야 할 사람이라는 사실을 증명하는 서류(법 제6조제2항제4호에 해당하는 사람으로 한정한다).
11. 아버지 또는 어머니의 가족관계기록사항에 관한 증명서(법 제7조제1항제1호에 해당하는 사람으로 한정한다).
12. 영 제6조제1항 또는 제2항 각 호의 어느 하나에 해당하는 사실을 증명하는 서류(법 제7조제1항제2호 또는 제3호에 해당하는 사람으로 한정한다).
13. 「가족관계의 등록 등에 관한 법률」 제94조에 따른 귀화허가 통보 및 가족관계등록부 작성 등에 필요한 서류로서 법무부장관이 정하는 서류

③ 출입국관리사무소장 또는 출입국관리사무소 출장소장(이하 "사무소장등"

이라 한다)은 귀화허가 신청서를 받은 경우에는 정보처리시스템으로 다음 각 호의 서류의 내용을 확인하여야 한다. 다만, 귀화허가를 받으려는 사람이 그 확인에 동의하지 아니하는 경우에는 해당 서류를 첨부하도록 하여야 한다.

1. 외국인등록사실증명. 다만, 법 제7조제1항제2호에 해당하는 사람은 제외한다.
2. 출입국사실증명

④ 사무소장등은 귀화허가 신청서를 받은 경우에는 「전자정부법」 제36조제1항에 따른 행정정보의 공동이용을 통하여 다음 각 호의 서류의 내용을 확인하여야 한다. 다만, 귀화허가를 받으려는 사람이나 정보주체가 그 확인에 동의하지 아니하는 경우에는 해당 서류를 첨부하도록 하여야 한다.

1. 한국인 배우자의 주민등록표 등본(법 제6조제2항제1호 또는 제2호에 해당하는 사람으로 한정한다)
2. 아버지 또는 어머니의 주민등록표 등본(법 제7조제1항제1호에 해당하는 사람으로 한정한다)

⑤ 제2항제4호에 따른 추천서는 다음 각 호의 어느 하나에 해당하는 사람이 별지 제2호의2서식에 따라 작성한 것이어야 한다. 다만, 법 제7조제1항제3호에 해당하는 사람은 영 제6조제2항 각 호의 사람이 작성한 추천서 등을 제출하여야 한다.

1. 국회의원
2. 지방자치단체의 장 · 지방의회의원 · 교육의원 및 교육감
3. 판사 · 검사 · 변호사
4. 「고등교육법」에 따른 교원
5. 「초 · 중등교육법」에 따른 교원 중 교장 · 교감
6. 5급 이상 또는 5급상당 이상에 해당하는 국가공무원 또는 지방공무원
7. 다음 각 목의 사람 중 법무부장관이 정하는 기준 이상의 직(職)에 있는 사람
   가. 「은행법」 제8조에 따라 은행업 인가를 받은 금융기관에 근무하는 사람
   나. 「공공기관의 운영에 관한 법률」에 따른 공공기관 중 법무부장관이 정하는 기관에 근무하는 사람
   다. 「신문 등의 진흥에 관한 법률」에 따른 일반일간신문사에 근무하는 사람

라. 「방송법」에 따른 지상파방송국 또는 위성방송국에 근무하는 사람
마. 그 밖에 가목부터 라목까지에 상당하다고 법무부장관이 인정하는 기관 또는 단체 등에 근무하는 사람

[전문개정 2011.5.27]

제4조(귀화적격 심사) ① 영 제4조제4항 단서에 따라 필기시험을 면제할 수 있는 사람은 다음 각 호와 같다.

1. 부부가 함께 귀화허가 신청을 한 경우의 배우자 1명
2. 미성년자
3. 만 60세 이상인 사람
4. 법 제7조제1항제2호 또는 제3호에 해당하는 사람
5. 한국어 및 다문화 이해 등에 대한 교육과 정보제공 등을 내용으로 하는 프로그램으로서 법무부장관이 정하여 고시하는 사회통합프로그램을 이수한 사람
6. 그 밖에 법무부장관이 인정하는 특별한 사유가 있는 사람

② 필기시험에서는 대한민국의 역사 · 정치 · 문화 · 국어 및 풍습에 대한 이해 등 대한민국 국민이 되기 위하여 갖추어야 할 기본소양에 관한 사항을 심사하되, 주관식 또는 객관식으로 10문항 이상 20문항 이하를 출제한다.

③ 영 제4조제4항 단서에 따라 면접심사를 면제할 수 있는 사람은 다음 각 호와 같다.

1. 국적을 회복한 사람의 배우자로서 만 60세 이상인 사람
2. 귀화허가 신청 당시 만 15세 미만인 사람
3. 제1항제5호에 해당하는 사람
4. 그 밖에 법무부장관이 인정하는 특별한 사유가 있는 사람

④ 면접심사에서는 국어능력 및 대한민국 국민으로서의 자세와 자유민주적 기본질서에 대한 신념 등 대한민국 국민으로서 갖추어야 할 기본요건을 심사한다.

[전문개정 2011.5.27]

제5조(귀화신청자의 국내거주 요건) 법 제5조제1호 및 법 제6조에 따른 기간은 외국인이 적법하게 입국하여 외국인등록을 마친 후 국내에서 적법하게 계속 체류한 기간으로 하되, 다음 각 호의 어느 하나에 해당하는 경우에는 국내에서 계속 체류한 것으로 보아 전후의 체류기간을 통틀어 합산한다.

1. 국내 체류 중 체류기간이 끝나기 전에 재입국 허가를 받고 출국한 후 그 허가기간 내에 재입국한 경우
2. 국내 체류 중 체류기간 연장이 불가능한 사유 등으로 일시 출국하였다가 1개월 이내에 입국사증을 받아 재입국한 경우
3. 제1호 및 제2호에 준하는 사유로 법무부장관이 전후의 체류기간을 통틀어 합산하는 것이 상당하다고 인정하는 경우

[전문개정 2011.5.27]

제6조(국적회복허가 신청서의 서식 및 첨부서류) ① 영 제8조에 따른 국적회복허가 신청서는 별지 제3호서식에 따른다.

② 제1항의 국적회복허가 신청서에 첨부하여야 하는 서류는 다음 각 호와 같다.

1. 가족관계기록사항에 관한 증명서 · 제적등본 또는 그밖에 본인이 대한민국 국민이었던 사실을 증명하는 서류
2. 국적상실의 원인 및 연월일을 증명하는 서류(외국국적을 취득하였을 때에는 그 국적을 취득한 원인 및 연월일을 증명하는 서류)
3. 수반취득을 신청하는 사람이 있을 때에는 그 관계를 증명하는 서류
4. 신원진술서 2통
5. 「가족관계의 등록 등에 관한 법률」 제95조에 따른 국적회복허가 통보 및 가족관계등록부 작성 등에 필요한 서류로서 법무부장관이 정하는 서류
6. 법 제10조제2항제2호부터 제4호까지의 규정 중 어느 하나에 해당하는 사실을 증명하는 서류로서 법무부장관이 정하는 서류(영 제11조제3항에 따라 외국국적불행사서약을 하려는 사람만 해당한다)

③ 외국에 주소를 두고 있는 사람이 주소지를 관할하는 재외공관의 장에게 국적회복허가 신청서를 제출할 때에는 다음 각 호의 서류를 첨부하여야 한다.

1. 제2항제1호부터 제3호까지, 제5호 및 제6호의 서류
2. 국내에 주소가 없을 때에는 그 사유서
3. 주소지를 관할하는 재외공관의 영사가 작성하거나 확인한 외국거주사실 증명서

[전문개정 2011.5.27]

제6조의2(본국 범죄경력증명서 등의 제출) 법무부장관은 필요한 경우 귀화허

가 신청자 또는 국적회복허가 신청자에게 본국 정부의 범죄경력증명서 또는 그 밖에 이에 준하는 서류를 제출하게 할 수 있다.
[전문개정 2011.5.27]

제7조 삭제 〈2010.12.31〉

제8조(외국국적 포기확인서의 서식) 영 제11조제2항 및 제5항에 따른 외국국적 포기확인서는 별지 제5호서식에 따른다.
[전문개정 2011.5.27]

제8조의2(외국국적불행사 서약서의 서식 등) ① 영 제11조제3항에 따른 외국국적불행사 서약서는 별지 제5호의2서식에 따른다.
② 법 제10조제2항제5호에 해당하는 사람이 제1항에 따른 서약서를 제출하려는 경우에는 영 제13조제1항 각 호의 어느 하나에 해당하는 사실을 증명하는 서류를 첨부하여야 한다.
③ 영 제11조제4항에 따른 외국국적불행사 서약확인서는 별지 제5호의3서식에 따른다.
[전문개정 2011.5.27]

제9조 삭제 〈2010.12.31〉

제10조(국적재취득 신고자의 신고서식 및 첨부서류) ① 영 제15조제1항에 따른 국적 재취득을 위한 국적취득 신고서는 별지 제1호서식에 따른다.
② 제1항의 국적취득 신고서에 첨부하여야 하는 서류는 다음 각 호와 같다.
1. 가족관계기록사항에 관한 증명서 또는 대한민국 국적 취득사실을 증명하는 서류
2. 외국 국적을 포기한 사실 및 연월일을 증명하는 서류
3. 「가족관계의 등록 등에 관한 법률」 제93조에 따른 국적취득 통보 및 가족관계등록부 작성 등에 필요한 서류로서 법무부장관이 정하는 서류
[전문개정 2011.5.27]

제10조의2(영주권에 준하는 체류 상태에서 출생한 자) ① 영 제16조의2에서 "법무부령으로 정하는 그에 준하는 체류 상태에서 출생한 자"란 다음 각 호

의 어느 하나에 해당하는 사람을 말한다.

1. 외국에서 출생한 남자로서 출생 이후 아버지 또는 어머니가 외국의 영주권 또는 시민권을 취득한 사람
2. 아버지 또는 어머니가 외국에 체류하다가 외국의 영주권 또는 시민권을 신청한 상태에서 출생한 남자
3. 외국에서 출생한 남자로서 출생 이후 아버지 또는 어머니가 외국의 영주권 또는 시민권을 신청한 사람
4. 외국에서 출생한 남자로서 국적이탈 신고 전까지 아버지 또는 어머니가 외국에서 17년 이상 계속하여 거주한 사람

② 영주권제도를 채택하고 있지 않는 나라의 경우에는 최장기 체류비자 또는 거주허가증으로 영주권을 갈음하는 것으로 보고, 시민권이라는 용어를 사용하지 않는 나라의 경우에는 국적으로 시민권을 갈음하는 것으로 본다.
[전문개정 2011.5.27]

제11조(국적선택 신고서의 서식 및 첨부서류) ① 영 제17조제1항 및 제2항에 따른 국적선택 신고서는 별지 제7호서식에 따른다.

② 제1항의 국적선택 신고서에 첨부하여야 하는 서류는 다음 각 호와 같다.

1. 가족관계기록사항에 관한 증명서
2. 외국 국적을 포기한 사실 및 연월일을 증명하는 서류 또는 외국국적불행사 서약서
3. 외국 국적을 취득한 사유 및 연월일을 증명하는 서류
4. 법 제12조제3항제1호에 해당하는 사실을 증명하는 병역 관련 서류(법 제13조제2항 단서에 따라 외국국적불행사서약을 하는 사람만 해당한다)
5. 법 제13조제3항에 해당하지 않는 사실을 증명하는 서류로서 법무부장관이 정하는 서류(영 제17조제1항에 따라 외국국적불행사서약을 하는 사람만 해당한다).

[전문개정 2011.5.27]

제12조(국적이탈 신고서의 서식 및 첨부서류) ① 영 제18조제1항에 따른 국적이탈 신고서는 별지 제8호서식에 따른다.

② 제1항의 국적이탈 신고서에 첨부하여야 하는 서류는 다음 각 호와 같다.

1. 가족관계기록사항에 관한 증명서
2. 외국 국적을 취득하거나 보유 중인 사실을 증명하는 서류

3. 외국 국적을 취득한 사유 및 연월일을 증명하는 서류
4. 만 18세가 되는 해의 3월 31일 이전에 국적이탈 신고를 하려는 남자는 영 제16조의2에 해당하지 않는 사실을 증명하는 서류로서 법무부장관이 정하는 서류
5. 만 18세가 되는 해의 4월 1일 이후에 국적이탈 신고를 하려는 남자는 병역의무 이행과 관련하여 법 제12조제3항 각 호의 어느 하나에 해당하는 사실을 증명하는 서류(병적증명서로 확인할 수 없는 경우만 해당한다)

③ 법무부장관은 국적이탈 신고서를 제출하는 사람이 만 18세가 되는 해의 4월 1일 이후에 국적이탈 신고를 하는 남자인 경우에는 「전자정부법」 제36조제1항에 따른 행정정보의 공동이용을 통하여 병적증명서의 내용을 확인하여야 한다. 다만, 신고인이 이에 동의하지 아니하는 경우에는 그 서류를 첨부하도록 하여야 한다.

[전문개정 2011.5.27]

제12조의2(국적선택명령서의 서식) 영 제18조의2제1항에 따른 국적선택명령서는 별지 제8호의2서식에 따른다.

[전문개정 2011.5.27]

제12조의3(국적상실 결정의 사유에 해당하는 죄명) 영 제18조의3제2항에서 "법무부령으로 정하는 죄명"이란 다음 각 호의 어느 하나에 해당하는 죄를 말한다.

1. 「형법」 제2편 제24장 살인의 죄, 제32장 강간과 추행의 죄 또는 제38장 절도와 강도의 죄 중 강도의 죄
2. 「성폭력범죄의 처벌 등에 관한 특례법」 위반의 죄
3. 「마약류관리에 관한 법률」 위반의 죄
4. 「특정범죄 가중처벌 등에 관한 법률」 제5조의2, 제5조의4, 제5조의5, 제5조의9 또는 제11조 위반의 죄
5. 「폭력행위 등 처벌에 관한 법률」 제4조 위반의 죄
6. 「보건범죄단속에 관한 특별조치법」 위반의 죄

[전문개정 2011.5.27]

제12조의4(복수국적자의 기록관리) ① 영 제18조의4제3항에 따른 복수국적자 기록표는 별지 제8호의3서식에 따르며, 다음 각 호의 사항을 적는다.

1. 대한민국 국적의 한글성명, 생년월일, 성별 및 국내 주소
2. 외국 국적의 영문성명 및 생년월일
3. 대한민국 국적 및 외국 국적의 취득사유 및 취득일
4. 병역의무와 관련이 있는 사람의 경우에는 병역사항
5. 그 밖에 법무부장관이 정하는 사항

② 복수국적자 기록표의 작성 및 관리는 정보화업무처리 절차에 따라 할 수 있다.

[전문개정 2011.5.27]

제13조(국적보유 신고서의 서식 및 첨부서류) ① 영 제19조제1항에 따른 국적보유 신고서는 별지 제9호서식에 따른다.

② 제1항의 국적보유 신고서에 첨부하여야 하는 서류는 다음 각 호와 같다.
1. 가족관계기록사항에 관한 증명서
2. 외국 국적을 취득하게 된 원인 및 연월일을 증명하는 서류

[전문개정 2011.5.27]

제14조(국적상실 신고서의 서식 및 첨부서류) ① 영 제20조제1항에 따른 국적상실 신고서는 별지 제10호서식에 따른다.

② 제1항의 국적상실 신고서에 첨부하여야 하는 서류는 다음 각 호와 같다.
1. 가족관계기록사항에 관한 증명서
2. 국적상실의 원인 및 연월일을 증명하는 서류(외국 국적을 취득하였을 때에는 그 국적을 취득한 원인 및 연월일을 증명하는 서류)

③ 외국 국적을 취득함으로써 대한민국 국적을 상실한 사람 중 그 외국 국적을 취득한 연월일을 증명하는 서류를 제출할 수 없는 사람은 제2항제2호의 서류를 그 외국의 여권 사본으로 갈음하여 제출할 수 있다.

[전문개정 2011.5.27]

제15조(국적 판정 신청서의 서식 및 첨부서류) ① 영 제23조에 따른 국적 판정 신청서는 별지 제11호서식에 따른다.

② 제1항의 국적 판정 신청서에 첨부하여야 하는 서류는 다음 각 호와 같다.
1. 본인 또는 국내거주 친족의 가족관계기록사항에 관한 증명서나 그 밖에 출생 당시의 혈통관계를 소명할 수 있는 서류
2. 외국 국적을 취득한 적이 있을 때에는 그 사실을 증명하는 서류(그 외국

의 여권 사본으로 갈음할 수 있다) 및 그 외국 국적을 취득하게 된 경위서

3. 외국에 거주하다가 대한민국에 입국하여 주소 또는 거소를 두고 있는 사람은 입국 당시에 사용한 외국여권 · 여행증명서 또는 입국허가서의 사본
4. 「가족관계의 등록 등에 관한 법률」 제98조에 따른 국적 판정 통보 및 가족관계등록부 작성 등에 필요한 서류로서 법무부장관이 정하는 서류
5. 그 밖에 국적 판정에 참고가 되는 자료

[전문개정 2011.5.27]

제16조(번역문의 첨부) 영 및 이 규칙에 따른 신청 또는 신고와 관련하여 법무부장관 또는 사무소장등에게 제출하는 서류가 외국어로 작성되어 있을 때에는 번역문을 첨부하여야 하며, 그 번역문에는 번역자의 성명과 연락처를 적어야 한다.

[전문개정 2011.5.27]

제17조(증명서의 발급) ① 법무부장관은 대한민국 국적을 상실한 사람 및 이 규칙에 따라 신청서 또는 신고서를 제출한 사람이 신청하면 그 사실에 대한 증명서를 발급한다.

② 법무부장관은 귀화허가 등으로 대한민국 국적을 취득한 사람이 신청하면 그 사실에 대한 증명서를 발급한다.

③ 제1항에 따라 발급하는 증명서는 별지 제12호서식에 따르고, 제2항에 따라 발급하는 증명서는 별지 제13호서식에 따른다.

[전문개정 2011.5.27]

제18조(수수료) ① 국적업무와 관련된 각종 허가신청 · 신고 및 증명서등의 발급에 관한 수수료는 다음 각 호와 같다.

1. 귀화허가 신청(1인당, 수반취득자는 제외한다): 10만원
2. 국적회복허가 신청(1인당, 수반취득자는 제외한다): 5만원
3. 국적취득 신고(1인당): 1만원
4. 국적재취득 신고(1인당): 1만원
5. 국적이탈 신고(1인당): 1만원
6. 국적보유 신고(1인당): 1만원
7. 외국 국적 포기확인서 발급(1통당): 1천원
8. 외국국적불행사 서약확인서 발급(1통당): 1천원

9. 제17조에 따른 증명서 발급(1통당): 1천원

② 제1항에 따른 수수료는 그 금액에 해당하는 정부수입인지로 납부한다. 다만, 재외공관에서는 현금, 그 금액에 상당하는 외국 화폐 또는 그 납입을 증명하는 증표 등으로 갈음할 수 있다.

[전문개정 2011.5.27]

부칙 〈법무부령 제461호, 1998.6.12〉

제1조(시행일) 이 규칙은 1998년 6월 14일부터 시행한다.

제2조(모계출생자의 국적취득신고서의 서식 및 첨부서류) ① 영 부칙 제2조제1항에 규정된 국적취득신고서는 별지 제1호서식에 의한다.

② 제1항의 국적취득신고서에 첨부하여야 하는 서류는 다음 각호와 같다.

1. 외국인임을 증명하는 서류
2. 모와 친자관계에 있음을 증명하는 서류
3. 모의 호적등본 또는 제적등본
4. 모의 주민등록등본 또는 대한민국 여권 사본

③ 법 부칙 제7조제3항의 규정에 의하여 국적취득신고서를 제출하는 자는 제2항 각호에 규정된 서류와 천재지변 기타 불가항력적 사유를 증명하는 서류를 첨부하여야 한다.

부칙 〈법무부령 제553호, 2004.6.10〉

이 규칙은 공포한 날부터 시행한다.

부칙 〈법무부령 제592호, 2006.7.27〉

(행정정보의 공동이용 및 문서감축을 위한 국적법시행규칙 등 일부개정령)

이 규칙은 공포한 날부터 시행한다.

부칙 〈법무부령 제623호, 2007.12.31〉

이 규칙은 2008년 1월 1일부터 시행한다.

부칙 〈법무부령 제638호, 2008.4.4〉

이 규칙은 공포한 날부터 시행한다. 다만, 제4조제1항의 개정규정은 2009년 1월 1일부터 시행한다.

부칙 〈법무부령 제646호, 2008.9.3〉

제1조(시행일) 이 규칙은 공포한 날부터 시행한다.

제2조(귀화허가신청서 등의 첨부서류에 관한 경과조치) 이 규칙 시행 당시 종전의 규정에 따라 귀화허가 및 국적회복허가를 신청한 사람은 제3조 및 제6조의 개정규정에도 불구하고 종전의 규정에 따른다.

부칙 〈법무부령 제682호, 2009.12.31〉

제1조(시행일) 이 규칙은 공포한 날부터 시행한다.

제2조(귀화허가 신청에 관한 경과조치) 이 규칙 시행 전에 귀화허가를 신청한 자는 제3조제5항의 개정규정에도 불구하고 종전의 규정에 따른다.

부칙 〈법무부령 제707호, 2010.6.10〉

이 규칙은 공포한 날부터 시행한다.

부칙 〈법무부령 제728호, 2010.12.31〉

제1조(시행일) 이 규칙은 2011년 1월 1일부터 시행한다.

제2조(국적취득신고서 등의 첨부서류) ① 대통령령 제22588호 국적법 시행령 일부개정령(이하 이 조에서 "영"이라 한다) 부칙 제4조제1항에 따른 국적취득 신고서에 첨부하여야 하는 서류는 다음 각 호와 같다.

1. 가족관계기록사항에 관한 증명서
2. 외국 국적을 취득한 사유 및 연월일을 증명하는 서류
3. 국적포기증명서등 또는 외국국적불행사 서약서
4. 제11조제2항제4호에 규정된 서류(영 부칙 제4조제1항에 따라 외국국적불행사서약을 하는 남자에 한정한다)

5. 제11조제2항제5호에 규정된 서류(영 부칙 제4조제1항에 따라 외국국적불행사서약을 하는 사람에 한정한다).
6. 「가족관계의 등록 등에 관한 법률」 제93조에 따른 국적취득의 통보 및 가족관계등록부의 작성 등에 필요한 서류로서 법무부장관이 정하는 서류

② 영 부칙 제4조제2항에서 따른 외국국적불행사 서약서에 첨부하여야 하는 서류는 다음 각 호와 같다.

1. 가족관계기록사항에 관한 증명서
2. 외국 국적을 재취득한 사실 및 연월일을 증명하는 서류
3. 제11조제2항제5호에 규정된 서류

부칙 〈법무부령 제741호, 2011.5.27〉

이 규칙은 공포한 날부터 시행한다.

[서식 1] 국적취득 신고서
[서식 2] 귀화허가 신청서 (일반, 간이, 특별)
[서식 2의2] 귀화 추천서
[서식 3] 국적회복허가 신청서
[서식 4] 삭제 〈2010.12.31〉
[서식 5] 외국 국적 포기확인서
[서식 5의2] 외국국적불행사 서약서
[서식 5의3] 외국국적불행사 서약확인서
[서식 6] 삭제 〈2010.12.31〉
[서식 7] 국적선택 신고서
[서식 8] 국적이탈 신고서
[서식 8의2] 국적선택명령서
[서식 8의3] 복수국적자 기록표
[서식 9] 국적보유 신고서

[서식 10] 국적상실 신고서
[서식 11] 국적 판정 신청서
[서식 12] (국적취득 신고사실, 국적선택 신고사실, 국적이탈 신고사실, 국적보유 신고사실, 귀화허가 신청사실, 국적회복허가 신청사실, 국적상실 신고사실, 국적상실 사실) 증명서
[서식 13] 국적취득사실 증명서

국적법 시행규칙 [별지 제1호서식] 〈개정 2010.12.31〉

국적취득 신고서

※ 어두운 난은 적지 마시고 [ ]에는 해당되는 곳에 √ 표시를 합니다. (앞쪽)

접수번호	접수일	처리확인	처리기간

<table>
<tr><td rowspan="6">신고인</td><td>성명(한글)</td><td>(한자)</td><td>성별 [ ] 남
[ ] 여</td><td rowspan="5">사진
3.5cm×4.5cm</td></tr>
<tr><td>성명(외국명)</td><td colspan="2">출생지</td></tr>
<tr><td>생년월일</td><td colspan="2">현 국적</td></tr>
<tr><td>전화번호</td><td colspan="2">전자우편</td></tr>
<tr><td colspan="3">주소</td></tr>
<tr><td colspan="4">예정 등록기준지</td></tr>
</table>

<table>
<tr><td rowspan="5">가족</td><td>관계</td><td>성명</td><td>나이</td><td>국적</td><td>주소</td></tr>
<tr><td></td><td></td><td></td><td></td><td></td></tr>
<tr><td></td><td></td><td></td><td></td><td></td></tr>
<tr><td></td><td></td><td></td><td></td><td></td></tr>
<tr><td></td><td></td><td></td><td></td><td></td></tr>
</table>

<table>
<tr><td rowspan="3">신고사유</td><td>[ ]인지에 의한 국적 취득(「국적법 시행령」 제2조) (인지일: . . .)</td></tr>
<tr><td>[ ]재취득(「국적법 시행령」 제15조) (외국 국적 포기일: . . .)</td></tr>
<tr><td>[ ]재취득(「국적법 시행령」 부칙 제4조)
• 외국 국적 포기일: . . .
• 외국국적불행사서약일: . . .</td></tr>
</table>

「국적법 시행령」 제2조 · 제15조 또는 부칙 제4조에 따라 신고합니다.

년 월 일장

신고인 (법정대리인) (인)

법무부장관 귀하

210㎜×297㎜[보존용지(2종) 70g/㎡]

첨부서류	- 인지에 의한 국적 취득 신고 (「국적법 시행령」 제2조) 1. 외국인임을 증명하는 서류 2. 대한민국 국민인 아버지 또는 어머니에 의하여 인지된 사실을 증명하는 서류 3. 출생 당시에 그 아버지 또는 어머니가 대한민국 국민이었음을 증명하는 서류 4. 국적취득 통보 및 가족관계등록부 작성 등에 필요한 서류 - 국적 재취득 신고 (「국적법 시행령」 제15조) 1. 가족관계기록사항에 관한 증명서 또는 대한민국 국적 취득사실을 증명하는 서류 2. 외국 국적을 포기한 사실 및 연월일을 증명하는 서류 3. 국적취득 통보 및 가족관계등록부 작성 등에 필요한 서류 - 국적재취득신고 (「국적법 시행령」 부칙 제4조) 1. 가족관계기록사항에 관한 증명서 2. 외국 국적을 취득한 사유 및 연월일을 증명하는 서류 3. 국적포기증명서 등 또는 외국국적불행사 서약서 4. 원정출산자가 아님을 증명하는 서류(외국국적불행사 서약자만 제출합니다) 5. 병역 관련 증명서류(남자만 제출합니다) 6. 국적 취득 통보 및 가족관계등록부 작성 등에 필요한 서류	수수료 1인당 1만원 (수반취득자 제외)
담당 공무원 확인사항	병적증명서(담당 공무원의 확인에 동의하지 않는 경우 직접 제출합니다)	

행정정보 공동이용 동의서

본인은 이 건 업무 처리와 관련하여 담당 공무원이 「전자정부법」제36조에 따른 행정정보의 공동이용을 통하여 위의 담당 공무원 확인사항을 확인하는 것에 동의합니다.
*동의하지 않는 경우에는 신청인이 직접 관련 서류를 제출해야 합니다.

신청인 (서명 또는 인)

귀화허가 신청서

[ ] 일반 [ ] 간이 [ ] 특별

※ 어두운 난은 적지 마시고 [ ]에는 해당되는 곳에 √ 표시를 합니다. (1쪽)

접수번호	접수일	처리확인	처리기간

<table>
<tr><td rowspan="8">신고인</td><td colspan="2">성명(한글)</td><td>(한자)</td><td>성별 [ ] 남
[ ] 여</td><td rowspan="6">사진
3.5cm×4.5cm</td></tr>
<tr><td colspan="2">성명(외국명)</td><td colspan="2">생년월일</td></tr>
<tr><td colspan="2">출생지</td><td colspan="2">직업</td></tr>
<tr><td colspan="4">전화번호(집) (직장) (배우자 등)</td></tr>
<tr><td colspan="4">전자우편(E-mail)</td></tr>
<tr><td colspan="4">주소</td></tr>
<tr><td>가족 국적</td><td colspan="4">아버지( ) 어머니( ) 배우자( )</td></tr>
</table>

예정 등록 기준지	
대한민국 거주기간	. . .부 터 현재까지 (총 년 개월)

귀화하고자 하려는 사유

1. 「국적법 시행령」 제3조에 따라 귀화허가를 신청합니다.
2. 위 기재사항을 증명할 수 있는 자료를 첨부하여 만약 귀화가 허가되면 허가일부터 1년 내에 현 국적의 포기절차 등을 마치겠습니다.

년 월 일

신고인 (서명 또는 인)

(법정대리인)

법무부장관 귀하

210mm×297mm[보존용지(2종) 70g/m²]

(2쪽)

재산	부동산 만원	동산 만원

학력	. . . 학교 졸업
	. . . 학교 졸업 (중퇴, 재학중)

추천인 (해당자만 기재)	성명	직업(직위)	근무처	전화번호

※ 수반취득대상자가 있을 때에는 수반취득란에 반드시 ○표하시기 바랍니다.

가족	관계	성명	성별	생년월일	국적	수반취득
				. . .		
				. . .		
				. . .		
				. . .		
				. . .		
				. . .		
				. . .		
				. . .		
				. . .		
				. . .		
				. . .		
				. . .		
				. . .		
				. . .		
				. . .		
				. . .		
				. . .		
				. . .		
				. . .		
				. . .		

신청인 제출서류	1. 외국인임을 증명하는 서류 2. 외국인등록증 사본(「국적법」 제7조제1항제2호에 해당하는 사람은 제외합니다) 3. 출입국사실증명 4. 3천만원 이상의 예금잔고증명, 3천만원 이상에 해당하는 부동산등기부 등본, 3천만원 이상에 해당하는 부동산전세계약서 사본, 재직증명서, 취업예정사실증명서 또는 그 밖에 이에 상당하다고 법무부장관이 인정하는 서류로서 본인 또는 생계를 같이하는 가족이 생계유지능력을 갖추고 있음을 증명하는 서류(「국적법」 제7조제1항에 해당하는 사람은 제외합니다) 5. 수반취득을 신청하는 사람이 있을 때에는 그 관계를 증명하는 서류 6. 추천서 및 추천서 작성자의 신분을 증명하는 서류(「국적법」 제6조 및 제7조제1항제1호에 해당하는 사람은 제외합니다) 7. 아버지 또는 어머니의 가족관계기록사항에 관한 증명서, 제적등본(「국적법」 제6조제1항제1호에 해당하는 사람만 제출합니다) 8. 본인과 그 아버지 또는 어머니가 대한민국에서 출생한 사실을 증명하는 서류(「국적법」 제6조제1항제2호에 해당하는 사람만 제출합니다) 9. 입양사실이 기록된 양부 또는 양모의 가족관계기록사항에 관한 증명서(「국적법」 제6조제1항제3호에 해당하는 사람만 제출합니다) 10. 한국인 배우자의 가족관계기록사항에 관한 증명서(「국적법」 제6조제2항제1호 또는 제2호에 해당하는 사람만 제출합니다) 다만, 외국에서 혼인하고 한국인 배우자의 가족관계등록부에 혼인사실이 기록되어 있지 아니할 때에는 혼인한 사실을 증명하는 서류로 갈음합니다 11. 한국인 배우자의 가족관계기록사항에 관한 증명서, 그 배우자의 제적등본, 그 배우자의 사망이나 실종 또는 그 밖에 본인의 귀책사유 없이 정상적인 혼인생활을 할 수 없었던 사실을 증명하는 서류(「국적법」 제6조제2항제3호에 해당하는 사람만 제출합니다) 12. 한국인 배우자의 가족관계기록사항에 관한 증명서, 그 배우자의 제적등본, 그 배우자와의 사이에서 출생한 미성년 자녀가 있다는 사실을 증명할 수 있는 출생증명서 또는 그 밖에 이에 준하는 서류 및 본인이 그 미성년 자녀를 양육하고 있거나 양육해야 할 사람이라는 사실을 증명하는 서류(「국적법」 제6조제2항제4호에 해당하는 사람만 제출합니다) 13. 아버지 또는 어머니의 가족관계기록사항에 관한 증명서(「국적법」 제7조제1항제1호에 해당하는 사람만 제출합니다) 14. 「국적법 시행령」 제6조제1항 또는 제2항 각 호의 어느 하나에 해당하는 사실을 증명하는 서류(「국적법」 제7조제1항제2호 또는 제3호에 해당하는 사람만 제출합니다) 15. 귀화허가 통보 및 가족관계등록부 작성 등에 필요한 서류 ※ 위 제2호 및 제3호 서류는 정보처리시스템으로 그 내용을 확인할 수 있는 경우 제출하지 않아도 됩니다	수수료 1인당 10만원 (수반취득자 제외)
담당공무원 확인사항	1. 건물등기부 등본 2. 토지등기부 등본 3. 한국인 배우자의 주민등록표 등본(담당 공무원의 확인에 동의하지 않는 경우 해당서류를 직접 제출합니다) 4. 아버지 또는 어머니의 주민등록등표 등본(담당 공무원의 확인에 동의하지 않는 경우 해당서류를 직접 제출합니다)	

행정정보 공동이용 동의서

본인은 이 건 업무 처리와 관련하여 담당 공무원이 「전자정부법」 제36조에 따른 행정정보의 공동이용을 통하여 위의 담당 공무원 확인사항 제3호 및 제4호를 확인하는 것에 동의합니다.
*동의하지 않는 경우에는 신청인이 직접 관련 서류를 제출해야 합니다.

신청인 (서명 또는 인)

국적법 시행규칙 [별지 제2호의2서식]

귀화 추천서

(앞쪽)

<table>
<tr><td rowspan="2">추천받는 사람
(귀화허가 신청자)</td><td colspan="2">성명(한글)</td><td>(영문)</td></tr>
<tr><td colspan="3">외국인등록번호</td></tr>
<tr><td rowspan="6">추천인</td><td colspan="2">성명</td><td>주민등록번호</td></tr>
<tr><td>직장</td><td>직장명</td><td>직위/직급</td></tr>
<tr><td rowspan="2">연락처</td><td>직장전화번호</td><td>휴대전화번호</td></tr>
<tr><td colspan="2">전자우편(e-mail)</td></tr>
<tr><td colspan="3">추천받는 사람을 알게 된 경위</td></tr>
</table>

210mm × 297mm[보존용지(2종) 70g/㎡]

(뒤쪽)

추천 사유	

본인은 위와 같은 사유로 위 사람을 귀화대상자로 추천하며, 이 추천서의 기재내용은 모두 사실임을 서약합니다.

년　　월　　일장

추천인　　　　(서명 또는 인)

법무부장관 귀하

국적법 시행규칙 [별지 제3호서식] 〈개정 2010.12.31〉

국적회복허가 신청서

※ 어두운 난은 적지 마시고 [ ]에는 해당되는 곳에 √ 표시를 합니다. (1쪽)

접수번호	접수일	처리확인	처리기간

<table>
<tr><td rowspan="6">신청인</td><td>성명(한글)</td><td>(한자)</td><td>성별 [ ] 남
[ ] 여</td><td rowspan="5">사진
3.5cm×4.5cm</td></tr>
<tr><td>성명(외국명)</td><td colspan="2">출생지</td></tr>
<tr><td>생년월일</td><td colspan="2">현국적</td></tr>
<tr><td>직업</td><td colspan="2">전화번호</td></tr>
<tr><td colspan="3">전자우편</td></tr>
<tr><td colspan="4">주소</td></tr>
</table>

<table>
<tr><td colspan="2">등록기준지(예정지)</td></tr>
<tr><td colspan="2">한국 국적 상실일</td></tr>
<tr><td>한국
국적
상실원인</td><td>[ ]외국 국적 취득 [ ]국적선택명령 불이행 [ ]국적이탈 [ ]국적 취득 후 외국 국적 포기 불이행 [ ]국적선택불이행 [ ]기타</td></tr>
<tr><td colspan="2">국적회복을 하려는 사유</td></tr>
</table>

1. 「국적법 시행령」 제8조에 따라 국적회복허가를 신청합니다.
2. 위 기재사항을 증명할 수 있는 자료를 첨부하며, 만약 국적회복이 허가되면 허가일부터 1년 내에 현 국적의 포기절차 등을 마치겠습니다.

년 월 일장

신청인
(법정대리인) (인)

법무부장관 귀하

<table>
<tr><td>첨부서류</td><td>가. 가족관계기록사항에 관한 증명서, 제적등본 또는 그 밖에 본인이 대한민국 국민이었던 사실을 증명하는 서류
나. 국적상실의 원인 및 연월일을 증명하는 서류(외국 국적을 취득하였을 때에는 그 국적을 취득한 원인 및 연월일을 증명하는 서류)
다. 수반취득을 신청하는 사람이 있을 때에는 그 관계를 증명하는 서류
라. 신원진술서 2통
마. 국적회복허가 통보 및 가족관계등록부 작성 등에 필요한 서류
바. 「국적법」 제10조제2항제2호부터 제4호까지 중 어느 하나에 해당함을 증명하는 서류(외국국적불행사서약을 하려는 사람만 제출합니다)</td><td>수수료

5만원</td></tr>
</table>

210㎜×297㎜[보존용지(2종) 70g/㎡]

(2쪽)

재 산	부동산 만원	동산 만원

학 력	. . . 학교 졸업
	. . . 학교 졸업 (중퇴, 재학중)

※ 수반취득대상자가 있을 때에는 수반취득란에 반드시 ○ 표하시기 바랍니다.

	관계	성명	성별	생년월일	국적	수반취득
가 족				. . .		
				. . .		
				. . .		
				. . .		
				. . .		
				. . .		
				. . .		
				. . .		
				. . .		
				. . .		
				. . .		
				. . .		
				. . .		

국적상실 신고

접수번호	접수일자	처리확인	처리기간

본인은 앞면에 적은 것과 같이 대한민국 국적을 상실한 사실이 있음에도 불구하고 현재까지 가족관계등록부가 정리되어 있지 않아 국적상실 신고를 하니 가족관계등록부를 정리해 주시기 바랍니다.

년 월 일장

신고인 (서명 또는 인)

법무부장관 귀하

국적법 시행규칙 [별지 제5호서식]
〈개정 2010.12.31〉

※ 이 증명서는 정부민원포털(www.minwon.go.kr)에서 무료로 발급받을 수 있습니다.

외국 국적 포기확인서

발급번호	발급일	처리기간 즉시

신청인	성명(한글) (한자)		성별 [ ] 남 [ ] 여	사진 3.5cm×4.5cm
	성명(외국명)	출생지		
	생년월일	외국 국적		
	전화번호			
	주소			

등록기준지

대한민국 국적 취득일

대한민국 국적 취득 원인	[ ]출생 [ ]국적 취득 신고 [ ]귀화 [ ]국적회복 [ ]수반취득 [ ]기타( )

외국 국적 포기일

외국인등록번호 외국인등록증 반납 여부 [ ]반납 [ ]미반납

위 사람은 「국적법 시행령」 제11조제1항 등에 따라 외국 국적을 포기하였음을 확인합니다.

년 월 일

확인자 성명 (서명 또는 인)

직급 전화번호

법무부장관 (직인생략)

첨부서류	없음	수수료 1통당 1천원

210㎜×297㎜[보존용지(2종) 70g/㎡]

국적법 시행규칙 [별지 제5호의2서식] 〈신설 2010.12.31〉

외국국적불행사 서약서

※ 어두운 난은 적지 마시고 [ ]에는 해당되는 곳에 √ 표시를 합니다.

접수번호	접수일	처리확인		
서약인	성명(한글)	(한자)	성별 [ ] 남 [ ] 여	사진 3.5cm×4.5cm
	성명(외국명)	생년월일		
	외국국적	출생지		
	전화번호	전자우편(E-mail)		
	주소			
	등록기준지			
서약유형	[ ]「국적법」 제10조제2항 [ ]제1호 [ ]제2호 [ ]제3호 [ ]제4호 [ ]제5호			
	[ ]「국적법」 제13조 [ ]제1항 [ ]제2항 단서			
	[ ]「국적법」 부칙 제2조 [ ]제1항 [ ] 제2항			

1. 본인은 대한민국 국적을 취득·선택·보유하는 것과 관련하여 다음과 같이 서약합니다.
   ○ 대한민국 국민으로서의 의무를 충실히 이행하겠습니다.
   ○ 대한민국 내에서나 출입국을 할 때 대한민국 국민으로만 처우됨을 잘 알고 있으며, 외국 여권을 사용하거나 외국인등록을 하는 등 외국 국적을 행사하지 않을 것입니다.
2. 만약 오늘 이후에 본인이 위 내용에 위배되는 행위를 할 경우에는 과태료 부과 등의 제재를 포함하여 「국적법」 제14조의2에 따른 국적선택명령이나 국적법 제14조의3에 따른 국적상실 결정 등의 불이익을 감수할 것을 서약합니다.

년 월 일장

서약인 (서명 또는 인)

법무부장관 귀하

210㎜×297㎜[보존용지(2종) 70g/㎡]

국적법 시행규칙 [별지 제5호의3서식] 〈신설 2010.12.31〉

※ 이 증명서는 정부민원포털(www.minwon.go.kr)에서 무료로 발급받을 수 있습니다.

외국국적불행사 서약확인서

발급번호	발급일	처리기간 즉시

서약인	성명(한글) (한자)	성별 [ ] 남 [ ] 여	사진 3.5cm×4.5cm
	성명(외국명)	생년월일	
	외국 국적	출생지	
	전화번호		
	주소		

등록기준지	
대한민국 국적 취득일	
외국인등록번호	외국인등록증 반납 여부 [ ]반납 [ ]미반납
대한민국 국적 취득 원인	[ ]출생 [ ]국적 취득 신고 [ ]귀화 [ ]국적회복 [ ]수반취득 [ ]기타( )

서약내용	서약일	
	서약유형	[ ]「국적법」 제10조제2항 [ ]제1호 [ ]제2호 [ ]제3호 [ ]제4호 [ ]제5호
		[ ]「국적법」 제13조 [ ]제1항 [ ]제2항 단서
		[ ]「국적법」 부칙 제2조 [ ]제1항 [ ] 제2항

위 사람은 「국적법」제10조 · 제13조 또는 부칙 제2조에 따라 외국국적불행사서약을 하였음을 확인합니다.

년 월 일장

확인자 성명 (서명 또는 인)

직급 전화번호

법무부장관 (직인 생략)

첨부서류	없음	수수료 1통당 1천원

210㎜×297㎜[보존용지(2종) 70g/㎡]

국적법 시행규칙 [별지 제7호서식] 〈개정 2010.12.31〉

국적선택 신고서

※ 어두운 난은 적지 마시고 [ ]에는 해당되는 곳에 √ 표시를 합니다.

접수번호	접수일	처리확인

신고인				
신고인	성명(한글)	(한자)	성별 [ ] 남 [ ] 여	사진 3.5cm×4.5cm
	성명(외국명)	생년월일		
	출생지	외국 국적		
	전화번호	전자우편(E-mail)		
	주소			
	등록기준지			

복수 국적				
복수 국적	대한민국 국적	취득일	년 월 일	
		취득원인	출생( )	기타( )
	외국 국적	취득일	년 월 일	
		취득원인	출생( )	기타( )

가족	관계	성명	직업	국적	주소
가족					

외국 국적 포기일	외국국적불행사 서약일

「국적법 시행령」 제17조에 따라 외국 국적의 포기절차 등을 마치고 국적선택 신고서를 제출합니다.

년 월 일장

신고인 (법정대리인) (인)

법무부장관 귀하

첨부서류	1. 가족관계기록사항에 관한 증명서 2. 외국 국적을 취득한 사유 및 연월일을 증명하는 서류 3. 외국 국적을 포기한 사실 및 연월일을 증명하는 서류 또는 외국국적불행사 서약서 4. 「국적법」 제13조제3항에 해당하지 않음을 증명하는 서류(외국국적불행사 서약자만 제출합니다) 5. 병역 관련 증명서류(「국적법」 제13조제2항 단서에 따라 서약하는 사람만 제출합니다)	수수료 없음

210mm×297mm[보존용지(2종) 70g/m²]

국적법 시행규칙 [별지 제8호서식] 〈개정 2010.12.31〉

국적이탈 신고서

※ 어두운 난은 적지 마시고 [ ]에는 해당되는 곳에 √ 표시를 합니다.

접수번호	접수일	처리확인

신고인				
신고인	성명(한글)	(한자)	성별 [ ] 남 [ ] 여	사진 3.5cm×4.5cm
	성명(외국명)	생년월일		
	출생지	외국 국적		
	전화번호	전자우편(E-mail)		
	외국주소			
	주민등록 여부	[ ]주민등록 [ ]주민등록이 되어있지 않음		
		주민등록지		

복수 국적			
복수 국적	대한민국 국적	취득일	년 월 일
		취득원인	출생( ) 기타( )
	외국 국적	취득일	년 월 일
		취득원인	출생( ) 기타( )

가족	관계	성명	직업	국적	주소

「국적법 시행령」 제18조에 따라 국적이탈 신고서를 제출합니다.

년 월 일장

신고인 (법정대리인) (인)

법무부장관 귀하

구분	내용	수수료
신고인 (법정대리인) 제출서류	1. 가족관계기록사항에 관한 증명서 2. 외국 국적을 취득하거나 보유중인 사실을 증명하는 서류 3. 만 18세가 되는 해의 3월 31일 이전에 국적이탈 신고를 하려는 남자는 「국적법 시행령」 제16조의2에 해당하지 않음을 증명하는 서류 4. 만 18세가 되는 해의 4월 1일 이후에 국적이탈 신고를 하려는 남자는 병역의무 이행과 관련하여 「국적법」 제12조제3항 각 호의 어느 하나에 해당하는 사실을 증명하는 서류 ※ 제4호 서류는 담당 공무원의 확인에 동의하는 경우 제출하지 않아도 됩니다	수수료 없음
담당 공무원 확인사항	병적증명서(담당 공무원의 확인에 동의하지 않는 경우 직접 제출합니다)	

행정정보 공동이용 동의서

본인은 이 건 업무 처리와 관련하여 담당 공무원이 「전자정부법」 제36조에 따른 행정정보의 공동이용을 통하여 위의 담당 공무원 확인사항을 확인하는 것에 동의합니다.
*동의하지 않는 경우에는 신청인이 직접 관련 서류를 제출해야 합니다.

신고인 (서명 또는 인)

210㎜×297㎜[보존용지(2종) 70g/㎡]

국적법 시행규칙 [별지 제8호의2서식] 〈신설 2010.12.31〉

국적선택명령서

발급번호		발급일	
대상자	성명	한국명 (한자)	성별
		외국명	
	생년월일		외국 국적
	주소		

1. 「국적법」 제14조의2에 따라 귀하에게 하나의 국적을 선택할 것을 명합니다.

2. 귀하는 이 명령서를 받은 날부터 아래에 적힌 기간 내에 외국 국적을 포기하고 대한민국 국적을 선택하거나, 대한민국 국적을 이탈해야 합니다.

3. 기간 내에 아무런 선택을 하지 않은 경우 그 기간이 지나면 대한민국 국적을 상실하게 됩니다.

[ ] 국적선택기간이 지난 경우(「국적법」 법제14조의2제1항 위반): **1년**
[ ] 외국국적불행사서약 위반자(「국적법」 법제14조의2제2항 위반): **6개월**

년 월 일장

확인자 성명 (서명 또는 인)

직급 전화번호

법무부장관 인

210㎜×297㎜[보존용지(2종) 70g/㎡]

국적법 시행규칙 [별지 제8호의3서식] 〈신설 2010.12.31〉

복수국적자 기록표

복수국적자 번호							
한국 성명	(한자명)	생년월일		성별		기록 입력일	
국내 주소 전화번호 주소변경일							사 진 3.5cm×4.5cm
등록 기준지							
한국 인적 사항	한국 국적 취득일	한국 국적 취득 사유	주민등록 후단번호	여권번호			

외국 인적 사항 1.	외국 국적 취득일	외국 국적 취득 사유	국 적	여권번호
	성 명			생년월일

외국 인적 사항 2.	외국 국적 취득일	외국 국적 취득 사유	국 적	여권번호
	성 명			생년월일

복수국적 취득일	복수국적 유형	병역사항	병역사항 발생일	원정출산 여부

신분변동	
변 동 사 항	변 동 일

가족관계				
관계	성명	성별	생년월일(외국인등록번호)	국적

참고사항	
관리일	사 유

210mm×297mm[보존용지(2종) 70g/m²]

국적법 시행규칙 [별지 제9호서식] 〈개정 2010.12.31〉

국적보유 신고서

※ 어두운 난은 적지 마시고 [ ]에는 해당되는 곳에 √ 표시를 합니다.

<table>
<tr><td>접수번호</td><td>접수일</td><td colspan="3">처리확인</td></tr>
<tr><td rowspan="7">신고인</td><td>성명(한글)</td><td>(한자)</td><td>성별 [ ] 남
[ ] 여</td><td rowspan="6">사진
3.5cm×4.5cm</td></tr>
<tr><td>성명(외국명)</td><td colspan="2">생년월일</td></tr>
<tr><td>출생지</td><td colspan="2">외국 국적</td></tr>
<tr><td>전화번호</td><td colspan="2">전자우편(E-mail)</td></tr>
<tr><td colspan="3">주소</td></tr>
<tr><td colspan="3"></td></tr>
<tr><td colspan="4">등록기준지</td></tr>
</table>

<table>
<tr><td rowspan="2">외국
국적</td><td>취득일</td><td>년 월 일</td></tr>
<tr><td>취득원인</td><td>[ ]혼인 [ ]입양 [ ]인지 [ ]기타( )</td></tr>
</table>

<table>
<tr><td rowspan="5">가족</td><td>관계</td><td>성명</td><td>직업</td><td>국적</td><td>주소</td></tr>
<tr><td></td><td></td><td></td><td></td><td></td></tr>
<tr><td></td><td></td><td></td><td></td><td></td></tr>
<tr><td></td><td></td><td></td><td></td><td></td></tr>
<tr><td></td><td></td><td></td><td></td><td></td></tr>
</table>

신고 사유

「국적법 시행령」 제19조에 따라 대한민국 국적보유 신고서를 제출합니다.

년 월 일장

신고인
(법정대리인) (인)

법무부장관 귀하

<table>
<tr><td>첨부서류</td><td>1. 가족관계기록사항에 관한 증명서
2. 외국 국적을 취득하게 된 원인 및 연월일을 증명하는 서류</td><td>수수료
1인당
1만원</td></tr>
</table>

210㎜×297㎜[보존용지(2종) 70g/㎡]

국적법 시행규칙 [별지 제10호서식] 〈개정 2010.12.31〉

국적상실 신고서

※ 어두운 난은 적지 마시고 [ ]에는 해당되는 곳에 √ 표시를 합니다.

접수번호	접수일	처리확인

<table>
<tr><td rowspan="6">신고인</td><td colspan="2">성명(한글) (한자)</td><td>성별 [ ] 남
[ ] 여</td><td rowspan="6">사진
3.5cm×4.5cm</td></tr>
<tr><td>성명(외국명)</td><td colspan="2">생년월일</td></tr>
<tr><td>출생지</td><td colspan="2">외국 국적</td></tr>
<tr><td>전화번호</td><td colspan="2">전자우편(E-mail)</td></tr>
<tr><td colspan="3">주소</td></tr>
<tr><td colspan="3">등록기준지</td></tr>
<tr><td>대한민국
국적상실일</td><td colspan="4"></td></tr>
</table>

<table>
<tr><td rowspan="10">국적상실
사유</td><td rowspan="2">외국 국적 취득</td><td>국적명</td><td>취득일</td></tr>
<tr><td>취득 원인</td><td>[ ]귀화 [ ]혼인 [ ]입양 [ ]인지 [ ]기타( )</td></tr>
<tr><td rowspan="2">대한민국 국적 취득 후 기간 내 외국 국적 미포기</td><td>대한민국 국적 취득일</td><td></td></tr>
<tr><td>대한민국 국적 취득원인</td><td>[ ]귀화 [ ]국적회복
[ ]기타( )</td></tr>
<tr><td rowspan="2">국적선택명령 불이행</td><td>국적선택명령일</td><td></td></tr>
<tr><td>국적선택명령 사유</td><td></td></tr>
<tr><td rowspan="2">국적상실 결정</td><td>대한민국 국적 취득일</td><td></td></tr>
<tr><td>국적상실 결정 사유</td><td></td></tr>
<tr><td rowspan="2">국적선택 불이행</td><td>대한민국 국적 취득일</td><td></td></tr>
<tr><td>외국 국적 취득일</td><td></td></tr>
</table>

<table>
<tr><td rowspan="5">가족</td><td>관계</td><td>성명</td><td>직업</td><td>국적</td><td>주소</td></tr>
<tr><td></td><td></td><td></td><td></td><td></td></tr>
<tr><td></td><td></td><td></td><td></td><td></td></tr>
<tr><td></td><td></td><td></td><td></td><td></td></tr>
<tr><td></td><td></td><td></td><td></td><td></td></tr>
</table>

「국적법 시행령」 제20조에 따라 국적상실 신고서를 제출합니다.

년 월 일장

신고인
(법정대리인) (인)

법무부장관 귀하

첨부서류	1. 가족관계기록사항에 관한 증명서 2. 국적상실의 원인 및 연월일을 증명하는 서류(외국 국적을 취득하였을 때에는 그 국적을 취득한 원인 및 연월일을 증명하는 서류)	수수료 없음

210㎜×297㎜[보존용지(2종) 70g/㎡]

국적법 시행규칙 [별지 제11호서식] 〈개정 2010.12.31〉

국적 판정 신청서

※ 어두운 난은 적지 마시고 [ ]에는 해당되는 곳에 √ 표시를 합니다.

접수번호	접수일	처리확인	처리기간

신청인			
	성명(한글)	(한자)	성별 [ ] 남 [ ] 여
	성명(외국명)	출생지	사진 3.5cm × 4.5cm
	생년월일	현 국적	
	직업	대한민국 입국일	
	전화번호	전자우편(E-mail)	
	외국 주소		
	국내 주소		

학력	
주요 경력	

국적 판정 신청 사유

국내 연고인		
	성명	주민등록번호
	전화	신청인과의 관계
	주소	

「국적법 시행령」 제23조에 따라 국적 판정 신청서를 제출합니다.

년 월 일장

신청인 (서명 또는 인)

법무부장관 귀하

첨부서류		수수료
첨부서류	1. 본인 또는 국내거주 친족의 가족관계기록사항에 관한 증명서나 그 밖에 출생 당시의 혈통관계를 소명할 수 있는 서류 2. 외국 국적을 취득한 적이 있는 경우에는 그 사실을 증명하는 서류 (그 외국의 여권 사본으로 갈음할 수 있다) 및 그 외국 국적을 취득하게 된 경위서 3. 외국에 거주하다가 대한민국에 입국하여 주소 또는 거소를 두고 있는 사람은 입국 당시에 사용한 외국여권 · 여행증명서 또는 입국허가서의 사본 4. 그 밖에 국적 판정에 참고가 되는 자료 5. 국적 판정의 통보 및 가족관계등록부 작성 등에 필요한 서류	수수료 없음

210㎜ × 297㎜[보존용지(2종) 70g/㎡]

국적법 시행규칙 [별지 제12호서식] 〈개정 2010.12.31〉

※ 이 증명서는 정부민원포털(www.minwon.go.kr)에서 무료로 발급받을 수 있습니다.

[ ]국적취득 신고사실
[ ]국적선택 신고사실
[ ]국적이탈 신고사실
[ ]국적보유 신고사실
[ ]귀화허가 신청사실
[ ]국적회복허가 신청사실
[ ]국적상실 신고사실
[ ]국적상실사실

증명서

발급번호	발급일	처리기간	즉시

대상자	성명	한국명	(한자)	성별
		외국명		
	생년월일		출생지	
	외국 국적		전화번호	
	주소			
법정 대리인	성명		생년월일	
	주소		관계	

위 사람은 위에 표시된 사실이 있었음을 「국적법 시행규칙」 제17조제1항 및 제3항에 따라 증명합니다.

년 월 일장

확인자 성명 (인)

직급 전화번호

법무부장관 (직인 생략)

첨부서류	없음	수수료 1통당 1천원

210㎜×297㎜[보존용지(2종) 70g/㎡]

국적법 시행규칙 [별지 제13호서식] 〈신설 2010.12.31〉

※ 이 증명서는 정부민원포털(www.minwon.go.kr)에서 무료로 발급받을 수 있습니다.

국적취득사실 증명서

발급번호	발급일	처리기간 즉시

대상자	성명(한국명)	(외국명)
	옛 외국인등록(거소)번호	성별
	생년월일	출생지
	이전 국적	전화번호
등록기준지		
고시번호		
국적 취득	국적 취득일	
	국적 취득 사유	[ ] 국적 취득 신고 [ ]귀화허가 [ ]국적회복 [ ]수반취득

귀화자의 경우 근거 규정

위 사람은 위에 표시된 사실이 있었음을 「국적법 시행규칙」 제17조제2항 및 제3항에 따라 증명합니다.

년 월 일장

확인자 성명 (인)

직급 전화번호

법무부장관 (직인 생략)

첨부서류	없음	수수료 1통당 1천원

210㎜×297㎜[보존용지(2종) 70g/㎡]

4. 국적업무처리지침

[시행 2011.7.19]

[법무부예규 제982호, 2011.7.19, 일부개정]

제1조(목적) 이 예규는 「국적법」(이하 "법"이라한다), 「국적법 시행령」(이하 "영"이라 한다) 및 「국적법 시행규칙」(이하 "규칙"이라 한다)의 시행에 관하여 필요한 사항을 규정함으로써 국적업무의 적정한 운영 및 효율적 처리를 도모함을 목적으로 한다.

제2조(추천서 등) ① 법 제5조에 따른 귀화허가를 신청하는 자는 다음 각 호의 어느 하나에 해당하는 자에 의하여 작성된 규칙 별지제2호의2서식의 귀화추천서를 제출하여야 한다.

1. 규칙 제3조제5항제1호부터 제6호까지의 어느 하나에 해당하는 자
2. 규칙 제3조제5항제7호에 따른 이 예규 제3조에 해당하는 자

② 영 제6조제1항제1호에 해당하는 자는 국가보훈처장이 독립유공 관련자 등임을 확인하는 서류를 제출하여야 한다(귀화허가 신청 후 제출도 가능).

③ 법 제7조제1항제3호에 해당하는 자는 영 제6조제2항제1호 및 제2호에서 규정한 추천권자의 추천서 등을 제출하여야 한다.

제3조(귀화추천인의 자격) ① 규칙 제3조제5항제7호 가목부터 라목까지 규정된 자 중 귀화추천서를 작성할 수 있는 자는 다음 각 호와 같다.

1. 「은행법」 제8조에 의하여 은행업의 인가를 받은 금융기관의 임원, 지배인, 대리점주 또는 본점의 부장 이상의 지위에 있는 자
2. 「공공기관의운영에관한법률」 제4조에서 규정한 공공기관 중 같은 법 제5조 및 제6조에 따라 기획재정부장관이 지정하여 고시하는 공기업 또는 준정부기관의 임원 또는 지배인, 부장 이상의 직위에 있는 자
3. 「신문등의진흥에관한법률」에 의한 일반 일간신문사의 임원 또는 부장 이상의 직위에 있는 자
4. 「방송법」에 의한 지상파방송 또는 위성방송사업자의 임원 또는 부장 이

상의 직위에 있는 자

② 규칙 제3조제5항제7호 마목에 의하여 귀화추천서를 작성할 수 있는 자는 다음 각 호의 어느 하나에 해당하는 자를 말한다.

1. 「신용보증기금법」에 의한 신용보증기금의 임원, 지배인 또는 부장 이상의 지위에 있는 자, 「보험업법」에 따라 허가받은 보험회사의 임원 또는 부장 이상의 직위에 있는 자, 「자본시장과금융투자업에관한법률」에 따라 설립된 종합금융회사의 임원 또는 지배인 이상의 직위에 있는 자, 「상호저축은행법」에 따라 허가받은 상호저축은행의 임원 또는 지배인으로 근무하는 자, 「신용협동조합법」상 규정된 중앙회의 임원 이상의 자
2. 상장법인의 임원 또는 부장 이상의 직위에 있는 자

제4조(심사업무의 위임) ① 법무부장관은 귀화 또는 국적회복 허가 신청에 대한 심사업무의 일부를 출입국관리사무소장 또는 출입국관리사무소출장소장(이하 "사무소장등"이라 한다)에게 위임할 수 있다.

② 제1항에 따라 위임을 받은 사무소장등은 별지제1호서식의 귀화심사결정서 또는 별지제2호서식의 국적회복심사결정서에 심사의견을 기재하여 법무부장관에게 보고한다.

제5조(면접심사의 민간 위임) ① 법무부장관은 영 제4조제3항 및 제4항의 귀화적격심사 중 면접심사를 출입국관리공무원 외의 자(이하 "민간면접관"이라 한다)에게 위임하여 수행하게 할 수 있다.

② 민간면접관은 면접심사를 실시한 후 별지제3호서식의 면접심사결과보고서를 사무소장등에게 제출하여야 한다.

③ 민간면접관의 위촉 및 처우에 관한 사항은 법무부장관이 따로 정한다.

제6조(필기시험의 수준) 영 제4조제5항, 규칙 제4조제2항에 규정된 귀화적격심사의 필기시험은 초등학교 4학년부터 6학년까지의 교육과정에 상응하는 수준의 대한민국 역사 · 정치 · 문화 · 국어 등 기본소양에 대하여 객관식 20문항을 출제하고 각 문항별 5점씩 배점하여 합계 100점으로 평가한다.

제7조(필기시험의 면제) ① 법무부장관은 다음 각 호의 어느 하나에 해당하는 자에 대하여는 영 제4조제4항, 규칙 제4조제1항제6호에 의하여 필기시험을 면제할 수 있다.

1. 대한민국에서 출생하고 「초 · 중등교육법」에 의한 초 · 중 · 고등학교, 「고등교육법」에 의한 대학(산업대학 · 교육대학 · 전문대학 · 방송 · 통신대학 · 사이버대학 · 기술대학) 또는 「근로자직업능력개발법」에 의한 기능대학 중 어느 하나를 이수한 자
2. 「초 · 중등교육법 시행령」에 규정된 중 · 고등학교 입학자격검정고시 또는 고등학교 졸업학력 검정고시 합격자
3. 배우자가 대한민국의 국민인 외국인으로서 법 제6조제2항제1호 또는 제2호에 의하여 귀화허가를 신청한 자
4. 「출입국관리법 시행령」 별표1의 제28의3호 영주(F-5)자격을 취득한 외국인으로서 같은 호 나목 후단 및 다 · 바 · 사 · 자목의 어느 하나에 해당하는 자
5. 법 제7조제1항제1호에 따라 귀화허가를 신청한 자 중 「장애인복지법 시행규칙」 제2조 별표1의 '장애인의 장애등급표'에 규정된 아래 각 목의 어느 하나에 해당하는 자
   가. 지적 · 정신 장애인으로서 1급부터 3급까지의 판정을 받은 자
   나. 자폐성장애인으로서 1급 또는 2급의 판정을 받은 자
   다. 뇌병변장애인으로서 1급부터 3급까지의 판정을 받은 자
6. 독립유공자 후손과 동반하여 귀화허가를 신청하는 배우자
7. 국적회복을 신청하는 자와 동반하여 귀화허가를 신청하는 배우자

② 제1항 각 호의 어느 하나에 해당되어 필기시험을 면제받고자 하는 자는 아래 각 호에 규정된 서류에 의하여 그 사실을 소명하여야 한다.
1. 대한민국에서 출생한 자: 여권 · 시민권증명서 등
2. 대한민국의 교육기관에서 교육과정을 이수한 자: 해당 교육기관장 발행의 졸업증명서 등
3. 검정고시 합격자: 해당 검정고시 합격증 등
4. 배우자가 대한민국의 국민인 자: 가족관계등록부 등
5. 장애인: 「의료법」 제3조의3에 규정된 종합병원에서 발급한 진단서

제8조(면접심사의 면제) 법무부장관은 규칙 제4조제3항제4호에 따라 독립유공자의 후손(동반신청하는 배우자는 제외한다)에 대하여는 면접심사를 면제할 수 있다. 다만, 귀화허가 심사결정을 위해 면접심사가 필요하다고 판단되는 때에는 그러하지 아니하다.

제9조(귀화 부적격자의 처리 등) ① 법무부장관은 귀화적격심사를 위한 필기시험에서 영 제4조제6항에 규정된 점수(100점 만점에 60점 이상)를 얻지 못하거나 면접심사에서 부적합 판정을 받은 자에 대하여 각 1회에 한해 응시기회를 추가로 부여할 수 있다. 다만, 추가로 실시하는 면접심사는 출입국관리공무원이 이를 행한다.

② 법무부장관은 필기시험 또는 면접심사 결과 부적격자로 판정되어 불허가 처분을 받은 자가 그 처분일로부터 1년 내에 다시 귀화허가를 신청한 때에는 새로운 신청으로 접수하여 처리하되, 신청서류와 유관기관의 의견조회는 아래 각 호에서 규정하는 바에 따라 처리할 수 있다. 다만, 새로운 신청에 대한 심사에 중대한 영향을 미치는 때에는 그러하지 아니하다.

1. 신청자의 본국 사정 등에 의하여 신청서류를 다시 갖추기가 어렵다고 인정되는 때에는 종전 신청 시 제출한 서류로 대체 가능
2. 종전 신청 건에 대한 유관기관의 의견조회가 이루어진 경우 그 결과를 원용

제10조(귀화신청이 취하된 경우 등) ① 법무부장관은 귀화허가 신청자가 사망하거나 그 신청을 취하한 때에는 허가여부의 판단 없이 심사를 종결한다.

② 법무부장관은 귀화허가 신청자가 신원조사 · 체류동향조사 또는 적격심사 과정에서 소재불명된 것으로 확인되거나 심사를 위한 출석요구에 정당한 이유 없이 2회 이상 불응한 때에는 그 사실을 심사결정서에 기재하고 불허가 처분한다.

③ 법무부장관은 귀화허가 신청자가 신원조사 · 체류동향조사 또는 적격심사 과정에서 완전출국한 것으로 확인된 때에는 등록외국인기록표 등 관련 자료를 첨부하여 불허가 처분한다. 다만, 재입국허가(재입국허가 면제자를 포함한다)를 받고 출국한 자에 대해서는 재입국허가기간 내에 입국하는 경우에 한하여 신원조사를 다시 의뢰하거나 체류동향조사를 실시한다.

④ 제1항 내지 제3항은 국적회복허가 신청 또는 국적판정신청의 경우에도 이를 준용한다.

제11조(한국인 배우자와 혼인관계가 단절된 외국인의 귀화신청 접수 등) ① 법 제6조제2항제3호의 실종이라 함은 「민법」 제27조에 의한 실종선고를 받은 경우를 말한다.

② 법 제6조제2항제3호에 따라 귀화허가를 신청하는 자는 아래 각호의 어느

하나 이상의 자료에 의하여 자신의 귀책사유 없이 정상적인 혼인생활을 할 수 없었음을 증명하여야 한다.

1. 판결문
2. 한국인 배우자의 폭행 등을 고소하여 받은 검찰의 불기소 결정문이나 진단서
3. 한국인 배우자의 파산 결정문 등
4. 한국인 배우자의 가출신고서나 출국사실증명원
5. 한국인 배우자의 4촌 이내 친족이나 혼인관계 단절 당시의 주거지 통(반)장이 작성한 확인서
6. 공인된 여성 관련 단체가 작성한 별지 제4호서식의 확인서
7. 그 밖에 자신의 귀책사유 없이 정상적인 혼인생활을 할 수 없었음을 증명하는 자료

③ 법 제6조제2항제4호에 따라 미성년의 자를 양육하여야 할 자임을 이유로 귀화를 신청하는 자는 판결문, 이혼신고서 및 확인서등본, 한국인 배우자의 4촌 이내 친족 또는 주거지 통(반)장이 작성한 확인서 등에 의해 그 사실을 증명하여야 한다.

제12조(인도적 고려에 기한 특례) ① 법무부장관은 불법체류 중인 외국인으로서 다음 각 호의 어느 하나에 해당하고 인도적 고려가 필요하다고 인정되는 자에 대하여는 제2항 각 호의 절차를 이행한 경우에 한하여 귀화 또는 국적회복허가 여부를 심사 · 결정한다.

1. 법 제6조제2항제3호 또는 제4호에 해당하는 자
2. 1998. 6. 14. 전에 국민과 혼인하여 국적을 취득한 자로 혼인일로부터 6개월이 경과한 후 원 국적을 포기함으로써 무국적 상태에 있는 자

② 사무소장등은 제1항 각 호의 어느 하나에 해당하는 자가 불법체류 상태에서 귀화 또는 국적회복허가 신청을 하는 때에는 아래 각 호의 순서에 따라 처리한 후 심사를 진행한다.

1. 신청자가 국적취득에 필요한 서류를 구비하였는지 여부를 확인하고 그 결과를 출입국관리정보시스템의 국적업무 참고사항란에 "신청서류 구비자"로 입력한 후 그 신청을 접수하고 접수일로부터 7일 이내에 출입국사범심사결정을 위한 조사에 응하여야 함을 안내
2. 제1호에 따라 "신청서류 구비자"로 입력된 자에 한하여 「출입국관리법」 제102조(통고처분)에 따른 출입국사범심사결정

3. 제2호에 따른 통고처분을 「출입국관리법」 제105조제1항에 규정된 기간 내에 이행한 자에 한하여 「출입국관리법 시행령」 제12조 별표1의 체류자격 중 아래 목에 따라 체류허가

가. 제1항제1호 해당자는 거주(F-2-1)자격

나. 제1항제2호 해당자 중 국민과 혼인관계에 있는 자는 거주(F-2-1)자격

다. 제1항제2호 해당자 중 국민과 혼인관계가 단절된 자는 기타(G-1)자격

4. 신청자가 신청일로부터 7일 이내에 출입국사범심사결정을 위한 조사에 응하지 아니하거나 제2호에 따른 통고처분을 「출입국관리법」 제105조제1항에 규정된 기간 내에 이행하지 아니한 경우 그 사실을 심사결정서에 기재한 후 즉시 법무부장관에게 보고

③ 사무소장등은 불법체류의 점을 제외하고 국적취득에 필요한 서류를 구비한 제1항 각 호의 어느 하나에 해당하는 자가 출국명령을 받고 출국기한 내에 출국하지 아니한 사유 등으로 「출입국관리법」 제68조제4항의 적용대상이 되는 때에는 출입국사범심사결정 시 불법체류기간에 대한 범칙금처분과 함께 같은 법 제68조제4항에 따라 강제퇴거명령서를 발부하고 그 명령에 대한 이의신청을 접수한 후 같은 법 제61조에 따른 법무부장관의 결정에 따라 처리한다.

④ 사무소장등은 제1항 각 호에 해당하는 자가 제2항제1호부터 제3호까지의 절차를 진행하고 있거나 제3항에 해당하는 경우에는 출입국관리법령에 따른 강제퇴거 조치 등을 취하지 아니한다.

⑤ 법무부장관은 제2항제4호에 따라 보고를 받은 경우에는 그 신청자의 귀화 또는 국적회복 허가 신청에 대하여 불허가 처분한다.

제13조(모계출생자의 국적취득신고) 법무부장관은 법률 제5431호 법 부칙 제7조에 의한 국적취득신고를 받는 경우(법 제3조제1항에 의한 국적취득신고 중 우리 국민인 모가 인지한 자 중 부가 외국인인 자의 경우도 같다) 신고자의 가족관계등록 기재와 관련하여 부모 중 누구의 성을 따를 것인지 명백하게 선택하여 기재토록 하여야 한다.

제13조의2(병역의무의 이행) 국적법 제12조제3항제1호에서 "복무를 마친 것으로 보게 되는 경우" 란 부득이한 사유로 현역 · 상근예비역 또는 보충역의 복무기간을 채우지 못한 사람으로서 다음 각 호의 어느 하나에 해당하는 경우를 말한다.

1. 병역법 제62조제2항 및 제63조제1항에 따라 제2국민역에 편입된 경우
2. 병역법 제65조제1항제1호에 해당하여 제2국민역에 편입되었거나 병역면제 처분을 받은 경우
3. 병역법 시행령 제135조제3항 및 제137조제1항제3호에 해당하여 제2국민역에 편입된 경우
4. 군인사법 제37조제1항제1호 및 제3호에 따라 전역한 경우
5. 그 밖에 법무부장관이 제1호부터 제4호까지의 어느 하나에 상당하다고 인정하는 경우

제14조(국적이탈 신고 접수 등) ① 부 또는 모가 외국의 시민권이나 영주권을 취득한 상태에서 출생하였거나 규칙 제10조의2제1항제1호에 해당하여 국적이탈 신고를 하는 남자는 부 또는 모의 영주권 또는 시민권 사본과 외국의 기관에서 발행하는 출생증명서, 그 밖에 이에 준하는 서류 등에 의해 이를 증명하여야 한다.

② 규칙 제10조의2제1항제2호 또는 제3호에 해당하여 국적이탈 신고를 하는 남자는 부 또는 모의 영주권 또는 시민권 신청관련 접수증 사본과 외국의 기관에서 발행하는 출생증명서, 기타 이에 준하는 서류 등에 의해 이를 증명하여야 한다.
③ 규칙 제10조의2제1항제4호에 해당하여 국적이탈 신고를 하는 남자는 외국의 기관에서 발행하는 부 또는 모가 외국에서 본인 출생 후 17년 이상 계속하여 거주하였다는 공적서류(또는 사본)와 출생증명서, 기타 이에 준하는 서류 등에 의해 이를 증명하여야 한다.
④ 법무부장관은 국적이탈 신고를 접수한 경우에는 제1항부터 제3항까지의 서류가 진실한지 여부를 확인하고 진실하지 아니한 때에는 그 신고를 수리하지 아니한다.
⑤ 영 제18조제1항에 따라 국적이탈을 하고자 하는 자는 국적이탈 신고서를 제출하는 때 별지제6호서식의 국적이탈신고사유서를 작성하여 함께 제출하여야 한다.

제14조의2(원정출산 제외기준) ① 영 제17조제3항제1호에서 규정한 "2년 이상 계속하여 외국에서 체류한 경우"의 체류 기간을 계산함에 있어 1년 간 국내에서 체류한 총 일수가 30일 이상 90일 미만인 경우는 그 일수를 공제하고 90일 이상인 경우는 계속하여 외국에 체류한 것으로 보지 아니한다.

② 영 제17조제3항제3호에서 규정한 "자녀의 출생 당시 유학, 공무파견, 해외주재, 취업 등 사회통념상 상당한 사유로 법무부장관이 정하는 기간 동안 외국에서 체류한 경우"라 함은 다음 각 호의 어느 하나에 해당하는 경우를 말한다.

1. 외국의 정규대학에 입학하여 자녀의 출생을 전후하여 6개월 이상 수학한 사람(그 밖에 교육기관에서의 어학연수 등은 1년 이상 수학)
2. 국내의 기업이나 단체에 1년 이상 재직한 자로서 그 기업이나 단체의 외국에 소재한 지사 등에 파견(전근)명령을 받아 자녀의 출생을 전후하여 6개월 이상 근무한 사람
3. 「국가공무원법」 및 「지방공무원법」에 따른 공무원으로서 외국에 공무상 파견명령을 받아 자녀의 출생을 전후하여 6개월 이상 근무한 사람
4. 외국에 소재한 기업이나 단체에 고용되어 자녀의 출생을 전후하여 1년 이상 근무한 사실이 있는 사람(외국에서 1년 이상 자영업을 영위한 사실이 있는 사람 포함)

제14조의3(복수국적자 통보) ① 재외공관의 장이 직무상 복수국적자를 발견하면 외교통상부를 거쳐 법무부장관에게 통보한다.
② 영 제18조의4제1항 및 제2항에 따라 복수국적자를 통보하는 때에는 별지 제5호서식의 복수국적자 발견통보(보고)서를 작성하여 송부한다.

제15조(국적판정 심사) 법무부장관은 영 제24조제3항에 따라 국적판정에 대한 심사를 하는 때에는 별지제7호서식의 국적판정심사결정서를 작성한다.

제16조(출생 월일이 특정되지 않은 자의 처리) 법무부장관은 해당국의 신분등록제도의 불비로 인하여 출생 월일이 특정되지 않은 신분증을 소지하고 있고, 실제 출생 월일을 증명할 수 있는 별도의 자료가 없는 자가 귀화·국적회복 허가 신청을 하는 경우에는 신청자가 그의 국내 주재 자국대사관 또는 영사관 등을 통하여 출생 월일을 특정받은 후 「출입국관리법」 제35조에 의한 외국인등록사항 변경의 신고를 이행한 경우에 한하여 귀화·국적회복 허가 신청을 심사한다.

제17조(가족관계등록부 작성에 필요한 서류) ① 규칙 제2조제2항제4호, 제3조제2항제16호, 제6조제2항제5호, 제10제2항제3호, 제15제2항제5호 및 부칙

제2조제1항제6호에 의한 첨부서류는 다음 각호와 같다.

1. 귀화허가 등의 신청 또는 신고자가 자필로 작성한 별지제8호서식의 가족관계통보서
2. 귀화허가 등의 신청 또는 신고자의 부모, 배우자, 자녀, 혼인 또는 미혼, 입양 등의 신분사항에 관한 소명자료
3. 귀화허가 등의 신청 또는 신고자가 조선족인 경우 성명을 원지음이 아닌 한국식 발음으로 기재할 때 조선족임을 소명하는 중화인민공화국 발행의 공문서
4. 귀화허가 등의 신청 또는 신고자가 출생 월일을 새로이 특정할 경우 원국적국의 대사관 또는 영사관에서 발급한 증명서 등 출생 월일에 관한 소명자료

② 법무부장관은 첨부서류의 보완 요구에 정당한 이유 없이 2회 이상 응하지 아니한 자에 대해서는 귀화 · 국적회복 허가 신청에 대하여 불허가 처분할 수 있다.

제18조(생계유지능력 입증서류) ① 법무부장관은 법 제6조제2항(제3호를 제외한다)에 따라 귀화허가를 신청한 자가 다음 각 호의 어느 하나에 해당하는 경우 규칙 제3조제2항제4호에 따른 서류를 달리 정할 수 있다.

1. 자녀를 임신한 경우(유산한 경우를 포함)
2. 자녀를 출산하고자 불임시술을 받은 경우
3. 자녀를 출산하여 양육하고 있는 경우
4. 국민인 배우자의 부모를 1년 이상 부양하며 동거하고 있는 경우
5. 위 각 호에 준하는 상당한 사유가 있는 것으로 사무소장등이 인정하는 경우

② 법무부장관이 제1항에 따라 달리 정할 수 있는 서류는 다음 각 호의 어느 하나이다

1. 소액이라도 일정한 근로수입이 있는 경우(일용직 등): 통장입금내역 또는 기타 증빙자료
2. 학원, 직업훈련기관 등에서 취업교육을 받고 있는 경우: 교육기관 발급 확인서
3. 교용지원센터에 구직등록을 한 경우: 구직등록증
4. 실업급여를 수령 중인 경우: 통장입금내역

제19조(서약서의 제출) 영 제4조제4항에 따라 면접심사에 응시하는 자는 면접심사 시 사무소장등에게 별지제9호서식의 서약서를 서명하여 제출하여야 한다.

제20조(귀화허가 심사결과 등의 통지) ① 법무부장관은 귀화를 허가하거나 불허한 때, 국적회복을 허가하거나 불허한 때, 국적보유판정을 하거나 비보유판정을 한 때, 국적선택신고나 국적취득신고를 수리한 때에는 그 사실을 지체 없이 본인에게 통지하여야 한다.

② 법무부장관은 영 제5조제2항에 따라 귀화를 허가하는 때에는 별지 제10호의 서식의 귀화허가 통지서로, 귀화를 불허하는 때에는 별지 제11호 서식의 귀화불허 통지서로 통지한다.

③ 법무부장관은 영 제10조제1항에 따라 국적회복을 허가하는 때에는 별지 제12호서식의 국적회복허가 통지서로, 국적회복을 불허하는 때에는 별지 제13호서식의 국적회복불허 통지서로 통지한다.

④ 법무부장관은 영 제24조제4항에 따라 국적보유판정을 한 때에는 별지 제14호서식의 국적보유판정 통지서로, 국적비보유판정을 한 때에는 별지 제15호서식의 국적비보유판정 통지서로 통지한다.

⑤ 법무부장관은 영 제2조제2항, 제15조제2항 및 영 제22588호 부칙 제4조제4항에 따라 국적취득신고를 수리한 때에는 별지 제16호서식의 국적취득신고수리 통지서로 통지한다.

⑥ 법무부장관은 영 제17조제4항에 따라 국적선택신고를 수리한 때에는 별지 제17호 서식의 국적선택신고수리 통지서로 통지

⑦ 제1항부터 제6항까지에 따른 통지서는 본인에게 직접 교부하거나 우편등의 방법으로 송부하여야 한다.

제21조(재검토기한) 「훈령 · 예규 등의 발령 및 관리에 관한 규정」(대통령훈령 제248호)에 따라 이 예규 발령 후의 법령이나 현실여건의 변화 등을 검토하여 이 예규의 폐지, 개정 등의 조치를 하여야 하는 기한은 2014년 7월 18일까지로 한다.

부 칙

이 예규는 발령한 날부터 시행한다.

국적업무처리지침 [별지 제1호서식] 〈신설 2010.7.1.〉

귀화심사결정서

접수번호:

귀화종류	□ 일반 □ 간이 □특별	법 조 항			
외 국 명		생년월일		원 국적	
한 국 명		성 별		접수일자	

국적법 제4조제2항에 따라 위 귀화신청에 대하여 아래와 같이 심사 · 결정합니다.

첨부서류	□ 적합 □ 부적합

□ 외국인증명 □ 생계능력 □ 수반취득관계증명 □ 부 또는 모의 가족관계기록
□ 추천서 등 □ 대한민국출생증명 □ 입양사실증명 □ 한국인 배우자 가족관계기록
□ 혼인파탄증명 □ 미성년자녀양육증명 □ 특별공로증명 □ 가족관계등록부 작성서류
□ 면접심사결과 □ 실태조사보고서 □ 기 타 ( )

귀화요건	□ 적합 □ 부적합			
1. 거주요건	□ 5년 □ 3년 □ 2년 □ 혼인3년 거주1년 □ 국내주소 있음 □ 미충족			
2. 민법상 성년	□충족 □미충족 □비대상	3. 품행단정		□ 단정 □ 미단정
4. 생계유지능력	□유 □무 □비대상	5. 기본 소양	필기	□ 합격 □ 불합격 □ 면제
6. 실태조사	□허가 □불허 □비대상		면접	□ 합격 □ 불합격 □ 면제
7. 신원조회 *	□적합 □부적합 □비대상	8. 범죄경력*		□ 유( ) □ 무
9. 참고사항				

*는 본부 확인사항임

심사 의견	【○○출입국관리사무소】			□ 적격 □ 부적격			
심사일자		담당		과장		소장	

심사 · 결정				□ 허가 □ 불허			
결정일자		담당		사무관/서기관		국적 · 난민과장	

210㎜×297㎜[일반용지 60g/㎡]

국적업무처리지침 [별지 제2호서식] 〈신설 2010.7.1.〉

국적회복심사결정서

접수번호:

회복종류	□ 일반 □ 중국동포 1세			상실일자	
외 국 명		생년월일		원 국 적	
한 국 명		성　　별		접수일자	

국적법 제9조 제4항에 따라 위 국적회복 신청에 대하여 아래와 같이 심사·결정합니다.

첨부서류	□ 적합 □ 부적합

□ 대한민국 국민이었던 사실 증명서류	□ 국적상실의 원인을 증명하는 서류
□ 수반취득 신청자의 그 관계증명서류	□ 신원진술서
□ 가족관계등록부 작성서류	□ 재외공관접수서류(사유서, 외국거주사실증명)

회복요건	□ 적합 □ 부적합		
1. 국가 또는 사회에 위해를 끼친 사실	□ 있음 □ 없음	2. 품행이 단정하지 못한 사실	□ 있음 □ 없음
3. 병역기피 목적으로 국적을 상실 또는 이탈한 사실	□ 있음 □ 없음	4. 국가안전보장·질서유지·공공복리 배치 여부	□ 있음 □ 없음
5. 범죄경력 *	□ 있음 □ 없음	6. 신원조회*	□ 적합 □ 부적합
7. 참고사항			

*는 본부 확인사항임

심사 의견	【○○출입국관리사무소】			□ 적격 □ 부적격			
심사일자		담당		과장		소장	

심사·결정				□ 허가 □ 불허			
결정일자		담당		사무관/서기관		국적·난민과장	

210㎜×297㎜[일반용지 60g/㎡]

[별지 제3호 서식] 〈개정 2011. 7.19.〉

면접심사 결과보고서

※ 민간면접관은 굵은선 테두리 내 항목만 작성함

면접심사일: 20 . . .

1. 인적사항	국적		외국인등록번호	
	성명			
2. 가족사항 (동반참석자)	관계		주민등록번호 (생년월일)	
	성명			
3. 평가항목	구 분		적 합	부적합
	① 국어능력			
	② 대한민국 국민으로서의 자세			
	③ 자유민주적 기본질서에의 신념			
	④ 국민으로서 갖추어야 할 기본소양 (품행단정 등)			
	⑤ 애국가 가창 여부			
4. 특이사항	o 재면접 사유 (답변을 못한 질문항목 기재, 재면접시 활용) o 기타 특이사항			
5. 본국 관련 사항 (심사대상 아님)	o 최종학력: o 가족관계 (부모 생존, 혼인, 배우자 동거(생존) 등 여부) :		6. 민간면접관 성명 (정자로 기재)	

7. 면접심사 결과		8. 재면접 가능시기	9. 면접관 성명 (출입국관리공무원)
적합	부적합	개월 후 (면접심사관이 판단한 시기)	

210㎜×297㎜[일반용지 60g/㎡]

국적업무처리지침 [별지 제4호서식] 〈신설 2010. 7. 1.〉

혼인관계 단절 확인서

구 분	신청인	한국인배우자
국 적		
성명(성별)		
주민등록번호 (외국인등록번호)		
직 업		
주 소		

상담일시		상담횟수	
상담방법		상 담 자	
상담장소		연 락 처	
유 형	□ 신체적 학대 □ 정서적 학대 □ 경제적 학대 □ 성적 학대 □ 기타		

신청인 상담내용
상담내용의 개요, 상담의뢰인 필요로 하는 도움내용 등 ※ 첨부서류:
한국인배우자 면담내용
면담을 하지 못하였을 경우는 그 이유 등 ※ 첨부서류:
위와 같이 상담한 내용이 사실임을 확인함 상담기관: 직인

210㎜×297㎜[일반용지 60g/㎡]

국적업무처리지침 [별지 제5호서식] 〈신설 2011. 1. 6.〉

복수국적자 발견 통보(보고)서

한국성명	(한자명)	생년월일		성별	
국내 주소 전화번호					
등록기준지					

한국 인적 사항	한국국적취득일	한국국적취득사유	주민등록후단번호	여권번호

외국 인적 사항	외국국적취득일	외국국적취득사유	국 적	여권번호
	성 명			생년월일

가족관계

관계	성 명	성별	생년월일(외국인등록번호)	국적

첨부서류 및 기타 참고 사항

국적법 제14조의4 및 같은 법 시행령 제18조의4에 따라 복수국적자를 통보(보고)합니다.

년 월 일

통보(보고)기관명

210㎜×297㎜[일반용지 60g/㎡]

국적업무처리지침 [별지 제6호서식] 〈신설 2011. 1. 6.〉

국적이탈신고 사유서

<table>
<tr><td rowspan="2">성 명</td><td>한국명</td><td colspan="3"></td><td rowspan="2">성 별</td><td rowspan="2"></td></tr>
<tr><td>외국명</td><td colspan="3"></td></tr>
<tr><td>생년월일</td><td colspan="2">. . .</td><td>출생지</td><td></td><td>외국국적</td><td></td></tr>
</table>

1. 복수국적을 보유하게 된 사유

□ 출생으로 복수국적 보유

1. 국민인 부모가 출생지국가(미국 등)에 체류할 때 출생하여 외국국적도 보유
   - 부모의 외국체류 사유
     ▢ 유학 ▢ 상사주재 ▢ 이민 ▢ 공무 ▢ 관광 ▢ 사업 ▢ 기타
2. 부모 중 한사람은 국민이고, 다른 한사람은 외국인이기 때문에 부모의 국적에 따라 외국국적 보유
   - 출생지: ▢ 국내 ▢ 외국 • 부모의 국적: ▢ 부가 외국국적 ▢ 모가 외국국적

□ 출생 이외의 사유로 복수국적 보유

▢ 1998. 6. 14. 전 외국인인 부와 국민인 모 사이에 출생하여 외국국적만 보유 하였으나 우리 국적법 개정에 따른 모계특례신고로 우리국적도 보유하게 된 경우

▢ 대한민국 국적 취득 당시 미성년자이어서 외국국적포기가 유보되었던 경우

▢ 「국적법」 제15조 제2항에 따라 국적보유신고를 한 자로 우리국적과 외국국적을 함께 보유하게 된 경우

□ 기타( )

2. 외국 국적 선택 이유(복수 선택 가능)

□ 한국 국적이 더 이상 필요하지 않기 때문에 □ 생활기반이 외국에 있기 때문에
□ 교육이나 취업이 한국보다 유리하기 때문에 □ 부모 등 타인의 권유 때문에
□ 생활환경이 한국보다 더 좋기 때문에
□ 한국인보다는 외국인으로서의 정체성을 가지고 있기 때문에
□ 국민으로서의 의무(병역 등)가 부담되기 때문에
□ 외국의 안보, 안전성이 우리나라보다 더 좋기 때문에
□ 한국은 복수국적자에 대하여 차별을 하기 때문에
□ 기타 ( )

3. 대한민국의 병역의무 이행 여부에 관한 사항(남자만 해당)

○ 병역이행 여부: □ 이행 / □ 미이행
○ 병역을 이행했다면 해당사항에 기재
□ 현역: 입영일( ), 전역일( ) □ 상근예비역: 전역일( )
□ 보충역: 소집일( ), 소집해제일( )
□ 병역면제처분: 병역 면제일( ), 면제 사유:
□ 제2국민역에 편입: 편입일( )

4. 한국국적 포기(이탈)의 영향

○ 귀하는 한국 국적 포기(이탈)로 한국에서 외국인으로 처우 될 것이고, 외국인의 출입과 통제에 관한 한국의 모든 법과 절차의 적용을 받습니다. 따라서 귀하는 한국 출·입국시 외국여권을 사용하여야 하며 한국 국적 포기(이탈) 이후 한국법률의 적용에 있어서 외국인으로 처우됨을 참고하시기 바랍니다.

○ 국적법 제9조에서는 국적 이탈한 국민이 추후 국적회복을 신청할 경우 다음 각호에 해당하면 국적회복을 허가하지 아니한다고 규정하고 있으니 이점을 참고하시기 바랍니다.

＊「국적법」 제9조 제2항
1. 국가 또는 사회에 위해를 끼친 사실이 있는 자
2. 품행이 단정하지 못한 자
3. 병역을 기피할 목적으로 대한민국의 국적을 상실하였거나 이탈하였던 자
4. 국가안전보장·질서유지 또는 공공복리를 위하여 법무부장관이 국적회복을 허가함이 부적당하다고 인정하는 자

나는「국적법」 제14조에 따라 자발적으로 그리고 내 자신의 의지로 어떤 압력이나 부당한 위압 없이 대한민국 국적을 이탈한다는 뜻을 신고하며, 상기 한국국적 포기(이탈)의 영향에 대한 내용을 충분히 이해하였음을 확인합니다.

2010. . .

신고인 (서명)

210㎜×297㎜[일반용지 60g/㎡]

국적판정심사결정서

1. 신청인			
성 명	성별	생년월일	가족관계 등

위 국적판정 신청에 대하여 국적법 제20조에 따라 대한민국 국적 보유 여부에 대하여 다음과 같이 판정합니다.

2. 대한민국 입국 시 행사한 신분증 상 인적사항				
신분증 발급국가	성 명	성별	생년월일	참고사항

3. 심사사항			
입국일		적법 입국여부	
체류실태			
관계기관 의견			
참작 사유		서류 구비여부	

4. 심사 · 결정				□ 보유 □ 미보유	
담 당		사무관/서기관		국적 · 난민과장	

210㎜×297㎜[일반용지 60g/㎡]

국적업무처리지침 [별지 제8호서식] 〈신설 2011. 1. 6.〉

가족관계 통보서

구분	내용	
① 통 보 유 형 (※담당 공무원 기재란)	국적취득 등 사건발생일 년 월 일	□ 국적취득(원인: □ 인지, □ 재취득) □ 귀화허가 □ 수반취득(원인: □ 귀화, □ 국적회복) - 귀화(국적회복)자와의 관계: 의 □ 국적회복허가 - 한국국적상실일: 년 월 일 - 한국국적상실원인: □ 외국국적취득 □ 국적이탈 □ 국적판정

② 사건본인 (※이하 사건본인기재란)	등록기준예정지					
	□ 등록기준지 □ 본 적					
	성 명	외국어(한자포함)		생년월일		
		원지음의한글표기		주민등록번호		
	성 별	□ 남 □ 여	국적회복(취득)전 국적		본(한자)	
	기타사항					
	주 소			전화번호 (휴대폰)		

③ 배우자	성 명		국 적	
	생년월일		□ 등록기준지 □ 본 적	
	주민등록번호			
④ 부	성 명		국 적	
	생년월일		□ 등록기준지 □ 본 적	
	주민등록번호			
⑤ 모	성 명		국 적	
	생년월일		□ 등록기준지 □ 본 적	
	주민등록번호			

구분	성 명	생년월일	주민등록번호	국적	등록기준지 (본 적)
⑥ 자					

210mm × 297mm[일반용지 60g/m²]

국적업무처리지침 [별지 제9호서식] 〈신설 2011. 2. 1.〉

서 약 서

국 적 :

성 명: (서명)

생년월일 :

나는 대한민국에 귀화함에 있어
대한민국에 충성을 다하고
대한민국의 헌법과 법률이 정한
내용을 준수하며
자유민주적 기본질서를 존중하고
대한민국 국민으로서의 의무와 책임을
다할 것을 엄숙히 서약합니다.

년 월 일

법무부장관 귀하

210㎜×297㎜[일반용지 60g/㎡]

국적업무처리지침 [별지 제10호서식] 〈신설 2011. 2. 1.〉

법 무 부

고시 제 호

귀화허가 통지서

성 명 (귀화전 성명)	성별	생년월일	예정등록기준지	귀화허가일	전국적	근거규정
(　　　　　　) ※ 수반취득		외국인(거소) 등 록 번 호				

1. 귀하의 귀화허가 신청에 대하여 「국적법」 제5조 내지 제8조에 따라 귀화를 허가합니다.
2. 귀화허가일로부터 1년 내 외국국적포기 또는 외국국적불행사서약을 하지 아니하면 대한민국 국적을 상실합니다.

※ 외국국적포기 또는 외국국적불행사서약 절차는 다음을 참고하시기 바랍니다.
홈페이지: 출입국 · 외국인정책본부(www.immigration.go.kr) 업무안내-국적-외국국적포기의무 하이코리아(www.hikorea.go.kr) 정보마당-국적/귀화-외국국적포기의무
외국인종합안내전화: (국번없이) 1345

년 월 일

법 무 부 장 관

210㎜×297㎜[일반용지 60g/㎡]

법 무 부

귀화불허 통지서

국 적	성 명	성별	생년월일	귀화불허일	근거규정
			외국인(거소)등록번호		

1. 귀하의 귀화허가 신청에 대하여 심사한 결과, 귀하는 국적법상 요건(제5조~제8조)을 갖추지 못하여 불허 결정하였음을 알려 드립니다.
   ○ 불허사유:
   ※ 국적법: 법제처 홈페이지(www.moleg.go.kr)에서 "국적법" 검색

2. 귀하가 이 불허처분에 이의가 있는 때에는 아래 기간 내에 행정심판 또는 행정소송을 제기할 수 있습니다.

구 분	행정심판	행정소송
처분이 있음을 안 날부터	90일 이내	90일 이내
처분이 있은 날부터	180일 이내	1년 이내

년 월 일

법 무 부 장 관

210㎜×297㎜[일반용지 60g/㎡]

[별지 제12호서식] 〈신설 2011. 7.19.〉

법 무 부

고시 제 호

국적회복허가 통지서

성 명	성별	생년월일	예정등록기준지	국적회복 허가일	회복 이전 국적	원국적공부상 성명 (생년월일)
※ 수반취득		외국인(거소) 등 록 번 호				( )

1. 귀하의 대한민국의 국적회복허가 신청에 대하여 「국적법」제9조에 따라 국적회복을 허가합니다.
2. 국적회복일로부터 1년 내 외국국적포기 또는 외국국적불행사서약을 하지 아니하면 대한민국 국적을 상실합니다.

※ 외국국적포기 또는 외국국적불행사서약 절차는 다음을 참고하시기 바랍니다.
홈페이지: 출입국 · 외국인정책본부(www.immigration.go.kr) 업무안내-국적-외국국적포기의
무하이코리아(www.hikorea.go.kr) 정보마당-국적-외국국적포기의무
외국인종합안내전화: (국번없이) 1345

년 월 일

법 무 부 장 관

210㎜×297㎜[일반용지 60g/㎡]

[별지 제13호서식] 〈신설 2011. 7.19.〉

법 무 부

국적회복불허 통지서

국 적	성 명	성별	생년월일	국적회복불허일
			외국인(거소)등록번호	

1. 귀하의 국적회복허가 신청에 대하여 심사한 결과, 귀하는 국적법 제9조의 요건을 갖추지 못하여 불허결정 하였음을 알려 드립니다.
   ○ 불허사유:
   ※ 국적법: 법제처 홈페이지(www.moleg.go.kr)에서 "국적법" 검색

2. 귀하가 이 불허처분에 이의가 있는 때에는 아래 기간 내에 행정심판 또는 행정소송을 제기할 수있습니다.

구 분	행정심판	행정소송
처분이 있음을 안 날부터	90일 이내	90일 이내
처분이 있은 날부터	180일 이내	1년 이내

년 월 일

법 무 부 장 관

210㎜×297㎜[일반용지 60g/㎡]

[별지 제14호서식] 〈신설 2011. 7.19.〉

법 무 부

고시 제 호

국적보유판정 통지서

성 명	성별	생년월일	예정등록기준지	국적보유판정일
		외국인(거소) 등 록 번 호		

1. 귀하의 대한민국 국적판정 신청에 대하여「국적법」제20조에 따라 대한민국 국적을 보유하고 있음을 판정합니다.
2. 귀하는 가족관계등록법이 정하는 바에 따라 가족관계등록부를 창설할 수 있음을 알려드립니다.

※ 그 밖에 국적업무와 관련하여 궁금한 사항은 다음을 참고하시기 바랍니다.
홈페이지: 출입국 · 외국인정책본부(www.immigration.go.kr) 업무안내-국적
하이코리아(www.hikorea.go.kr) 정보마당-국적
외국인종합안내전화: (국번없이) 1345

년 월 일

법 무 부 장 관

210㎜×297㎜[일반용지 60g/㎡]

[별지 제15호서식] 〈신설 2011. 7.19.〉

법 무 부

국적비보유판정 통지서

국 적	성 명	성별	생년월일	국적비보유판정일
			외국인(거소)등록번호	

1. 국적법 제20조에 따라 귀하의 대한민국 국적판정 신청에 대하여 심사한 결과, 대한민국 국적을 보유하고 있는 것이 확인되지 아니하여 국적비보유판정 하였음을 알려 드립니다.
   ○ 국적비보유판정 사유:
   ※ 국적법: 법제처 홈페이지(www.moleg.go.kr)에서 "국적법" 검색

2. 귀하는 대한민국 국적자임을 입증할 수 있는 자료를 보완하여 국적판정을 재신청할 수 있으며, 국적법에 규정된 국적취득 요건을 갖출 경우 국적신청(국적회복 또는 귀화)이 가능함을 알려드립니다.

년 월 일

법 무 부 장 관

210㎜×297㎜[일반용지 60g/㎡]

[별지 제16호서식] 〈신설 2011. 7.19.〉

법 무 부

고시 제 호

국적취득신고수리 통지서

성 명 (취득전 성명)	성별	생년월일	예정등록기준지	한국 국적 취득일	전국적	근거규정 비 고
  ( )		 외국인(거소) 등 록 번 호 				

1. 귀하의 대한민국 국적취득신고를「국적법」제3조, 제11조 또는 부칙 제2조제1항에 따라 수리합니다.
2. 귀하는 뒷면 안내문을 참고하여 이후의 절차를 진행하기 바랍니다.

※ 그 밖에 국적업무와 관련하여 궁금한 사항은 다음을 참고하시기 바랍니다.
홈페이지: 출입국 · 외국인정책본부(www.immigration.go.kr) 업무안내-국적
하이코리아(www.hikorea.go.kr) 정보마당-국적
외국인종합안내전화: (국번없이) 1345

년 월 일

법 무 부 장 관(○○출입국관리사무소장)

210㎜×297㎜[일반용지 60g/㎡]

[별지 제17호서식] 〈신설 2011. 7.19.〉

법 무 부

국적선택신고수리 통지서

성 명 (외국 성명)	성별	생년월일	등록기준지	외국국적포기일 또는 외국국적불행사서약일	외국국적
				한국국적선택일	비 고
		외국인(거소) 등 록 번 호			

1. 귀하의 대한민국 국적선택신고를「국적법」제13조에 따라 수리합니다.
2. 주민등록번호가 없는 사람은 국적선택신고수리 통지서를 지참하시고 주소지 주민등록관서를 방문하시어 주민등록신고를 하시기 바랍니다.

※ 그 밖에 국적업무와 관련하여 궁금한 사항은 다음을 참고하시기 바랍니다.
홈페이지: 출입국·외국인정책본부(www.immigration.go.kr) 업무안내-
국적하이코리아(www.hikorea.go.kr) 정보마당-국적
외국인종합안내전화: (국번없이) 1345

년 월 일

법 무 부 장 관(○○출입국관리사무소장)

210㎜×297㎜[일반용지 60g/㎡]

5. 외국국적 동포의 국적회복 등에 관한 업무처리 지침

[시행 2010.3.1]
[법무부예규 제925호, 2010.2.23, 일부개정]

제1조(목적) 이 지침은 외국국적 동포가 국적법령에 따라 대한민국의 국적을 회복하거나 대한민국에 귀화함에 있어 그 업무처리에 필요한 사항을 정함을 목적으로 한다.

제2조(정의) 이 지침에서 외국국적 동포라 함은 대한민국의 국적을 보유하였던 자 또는 그 직계비속으로서 외국국적을 취득한 자를 말한다.

제3조(의제규정) 중국국적동포 중 1949년 10월 1일 전에 한반도 및 그 부속도서에서 중국으로 이주하였거나 중국에서 출생한 자는 1949년 10월 1일부로 중국국적을 취득함과 동시에 대한민국 국적을 상실한 것으로 본다.

제4조(심사업무의 위임) ① 법무부장관은 이 지침에 따른 국적회복 또는 귀화허가신청에 대한 심사업무의 일부를 출입국관리사무소장 (이하 "사무소장"이라 한다) 또는 출입국관리사무소출장소장(이하 "출장소장"이라 한다)에게 위임할 수 있다.

② 제1항에 따라 위임을 받은 사무소장 또는 출장소장은 국적회복 또는 귀화 허가 심사결정서에 심사의견을 기재하여 법무부장관에게 보고한다.

제5조(국내 신청자격) 외국국적 동포로서 이 지침에 따라 국내에서 국적회복 또는 귀화 허가 신청을 하고자 하는 자는 적법하게 입국·체류중인 때에 한하여 법무부장관에게 그 신청을 할 수 있다.

제6조(대한민국 국민이었던 사실의 증명) ① 국적회복허가를 신청하는 자는 다

음 각 호의 자료에 의하여 본인이 대한민국 국민이었던 사실을 증명하여야 한다.

1. 본인의 가족관계기록사항에 관한 증명서 · 제적등본
2. 본인의 부 또는 모의 가족관계기록사항에 관한 증명서 · 제적등본 및 본인과의 관계를 증명할 수 있는 출생증명서, 관련국의 공적서류 또는 공증증서 등
3. 6촌 이내 혈족의 가족관계기록사항에 관한 증명서 및 그 혈족과의 관계를 증명할 수 있는 가족관계기록사항에 관한 증명서 · 제적등본, 관련국의 공적서류 또는 공증증서, 족보와 친척관계확인서, 공인의료기관에서 발행하는 유전자감식결과 등
4. 그 밖에 위 각호에 준하는 증명자료

② 귀화허가를 신청하는 자가 본인의 부 또는 모가 대한민국 국민이었던 사실을 주장하기 위해서는 다음 각 호의 자료에 의하여 그 사실을 증명하여야 한다.

1. 부 또는 모의 가족관계기록사항에 관한 증명서 · 제적등본
2. 부 또는 모의 4촌 이내 혈족의 가족관계기록사항에 관한 증명서 및 그 혈족과 부 또는 모와의 관계를 증명할 수 있는 가족관계기록사항에 관한 증명서 · 제적등본, 족보와 친척관계확인서, 관련국의 공적서류 또는 공증증서, 공인의료기관에서 발행한 유전자 감식결과 등
3. 그 밖에 위 각호에 준하는 증명자료

③ 제1항 내지 제2항에 있어 본인, 부 또는 모의 가족관계기록사항에 관한 증명서 · 제적등본에 표시된 성명, 생년월일이 여권 기타 외국의 신분서류 기재사항과 다른 때에는 상당한 관계가 있는 자의 친척관계확인 등 적절한 방법으로 동일인인 사실을 증명하여야 한다.

제7조(관계기관 협의) 법무부장관은 다음 각호의 1에 해당하는 자에 대하여 국적회복 또는 귀화를 허가함에 있어서는 신원조회, 범죄경력조회, 체류동향조사 및 귀화적격심사 등 국적법령에 규정된 절차와 별도로 국가정보원장과의 협의를 거쳐야 한다.

1. 북한에 유학 또는 주재한 경력이 있는 자
2. 공산당, 소속국가의 군대 · 정부기관에 복무한 경력이 있는 자
3. 기타 안보상 필요하다고 판단되는 자

제8조(국적회복허가 신청자에 대한 면접심사) 법무부장관은 상당한 이유가 있는 때에는 국적회복허가 신청자에 대해서도 그 허가여부를 결정하기 전에 면접심사를 할 수 있다.

제9조(독립유공자등에 대한 특례) ① 법무부장관은 외국국적 동포 중 독립유공자·국가유공자 및 그 친족에 해당하는 자가 대한민국 국적의 취득을 원하는 때에는 국적법령에 반하지 않는 범위내에서 제5조 및 제6조의 규정에 불구하고 그 신청을 받아 국가보훈처와의 협의 등을 거쳐 국적회복 또는 귀화를 허가할 수 있다.

② 제1항에서 독립유공자라 함은 독립유공자예우에관한법률 제4조의 규정에 의한 독립유공자(순국선열 및 애국지사)를 말한다.

③ 제1항에서 국가유공자라 함은 국가유공자등예우및지원에관한법률 제4조의 규정에 의한 국가유공자를 말한다.

④ 제1항에서 친족이라 함은 독립유공자예우에관한법률 제5조 및 국가유공자예우및지원에관한법률 제5조의 규정에 의한 친족을 말한다.

제10조(가족의 동반신청) ① 외국국적 동포가 국적회복 또는 귀화 허가요건을 갖추고 그 신청서를 제출함에 있어 국내에서 함께 체류 중인 가족이 국적법령에 규정된 국적회복 또는 귀화 허가요건을 갖추지 못한 경우, 불법체류자가 아닌 한 그 가족도 신청자와 함께 국적회복 또는 귀화허가신청서를 제출할 수 있다.

② 제1항에 규정된 가족의 범위는 다음과 같다.

1. 배우자
2. 자녀 및 그 배우자

③ 법무부장관은 제1항의 규정에 따라 가족이 동반신청한 때에는 신청자 본인에 대해 먼저 국적회복 또는 귀화 허가여부를 심사하여 결정한 후 순차로 그 가족에 대하여 국적회복 또는 귀화 허가여부를 심사하여 결정한다.

제11조(국적회복허가 신청자 사망 시 동반신청자 처리) 국적회복허가를 신청한 자가 허가결정을 받기 전에 사망한 때에는 그 자가 생존해 있다면 국적회복허가 요건을 구비하여 허가가 가능하였을 것으로 인정되는 경우에 한하여 그와 동반신청한 자에 대해 아래 각 호의 규정에 따라 처리한다.

1. 배우자는 일반귀화허가 요건을 충족하는 경우 일반귀화허가 적격여부를

심사한다.

2. 자녀는 간이귀화허가 요건을 충족하는 경우 간이귀화허가 적격여부를 심사한다.

제12조(인도적 고려에 기한 특례) ① 법무부장관은 제5조의 규정에도 불구하고 불법체류중인 외국국적 동포 가운데 아래 각 호의 어느 하나에 해당하고 인도적 고려가 필요하다고 인정되는 자에 대하여는 제3항 각 호에 규정된 절차를 이행한 경우에 한하여 국적회복 또는 귀화 허가여부를 심사·결정한다. 다만 밀입국자, 위·변조여권소지자 등에 대해서는 그러하지 아니하다.

1. 대한민국 국적을 보유하였던 자로서 가족관계등록부에 등록(폐쇄된 경우를 포함한다)되어 있는 60세 이상의 자
2. 제1호에 해당하는 자와 동반신청하는 배우자, 자녀 및 그 배우자
3. 국적회복허가를 받고 외국국적의 포기절차를 마친 자의 배우자와 자녀
4. 제3호에 규정된 자녀와 동반신청하는 배우자

② 법무부장관은 제1항 제2호 또는 제4호에 해당하는 자의 동반신청을 접수한 때에는 같은 항 제1호 또는 제3호에 해당하는 자의 신청에 대해 먼저 국적회복 또는 귀화 허가여부를 심사하여 결정한 후 순차로 같은 항 제2호 또는 제4호에 해당하는 자의 신청에 대한 귀화 허가여부를 심사하여 결정한다.

③ 사무소장 또는 출장소장은 제1항 각 호에 규정된 자가 불법체류 상태에서 국적회복 또는 귀화 허가 신청을 하는 때에는 아래 각 호의 순서에 따라 처리한 후 신청에 대한 심사를 진행한다.

1. 신청자가 국적취득에 필요한 서류를 구비하였는지 여부를 확인하고 그 결과를 출입국관리정보시스템의 국적업무 참고사항란에 "신청서류 구비자"로 입력한 후 그 신청을 접수
2. 제1호에 따라 "신청서류 구비자"로 입력된 자에 한하여 출입국관리법 제102조(통고처분)에 따른 출입국사범심사결정
3. 제2호에 따른 통고처분을 출입국관리법 제105조 제1항에 규정된 기간 내에 이행한 자에 한하여 출입국관리법 시행령 제12조 별표1의 방문동거(F-1) 자격으로 체류허가
4. 제2호에 따른 통고처분을 출입국관리법 제105조 제1항에 규정된 기간 내에 이행하지 아니한 경우 그 사실을 즉시 법무부장관에게 보고

④ 사무소장 또는 출장소장은 제1항 각 호의 어느 하나에 해당하는 자에 대

해 제3항 제1호부터 제3호까지의 절차를 진행하고 있는 때에는 출입국관리 법령에 따른 강제퇴거 조치 등을 취하지 아니한다.

제13조(통고처분 미이행자 등에 대한 처리) 법무부장관은 제12조 제3항 제4호의 규정에 따라 보고를 받은 경우에는 통고처분을 이행하지 아니한 자의 국적회복 또는 귀화 허가 신청에 대해 불허 결정으로 심사를 종결한다.

부칙 〈제925호, 2010.3.1〉

제1조(시행일) 이 지침은 2010.3.1.부터 시행한다.

제2조(인도적 고려에 기한 특례 폐지)

이 지침의 시행과 동시에 2004. 4. 1.을 시행일로 하는 지침 부칙 제3조는 폐지한다.

6. 국적관련 국내문헌

1. 도서자료(단행본)

명순구 · 이철우 · 김기창, "국적과 법, 그 기원과 미래", 고려대학교 법학연구원, 2010년

차종환 · 박상원 · 김문철, "참정권시대 복수국적시대", 동양서적, 2010년

김정순, "외국인의 국적 취득 및 체류에 관한 법제연구 = (A) study on legislation for foreigners' acquisition of nationality and sojourn", 한국법제연구원, 2010년

법무부 · 국가경쟁력강화위원회, "국적제도 개선 방안: 엄격한 단일국적주의 완화 및 체계적 이중국적 관리방안을 중심으로", 법무부, 2008년

이병훈, "한국인은 누구인가?: 북한과 재외동포의 국적문제", 국회 선진헌법연구회, 2005년

차종환 · 강득휘 · 강상윤, "재외 동포들의 권익을 위한 법률: 참정권, 동포청, 기본법, 병역법 및 이중국적", 로스앤젤레스한인회 · 한미인권연구소 · 한미동포권익신장위원회, 2005년

이진영, "중국동포의 중국국적 취득 그 시점과 자발성을 중심으로", 인하대학교, 2005년

석동현, "국적법 연구", 동강, 2004년

정인섭, "이중국적", 사람생각, 2004년 서울대 BK21 법학연구단 공익인권법센터

하병욱 저 · 홍구희 역, "재외 한국인의 국적문제", 열린책들, 2002년

이장희, "통일시대를 대비한 국적법의 개정방향", 아사연, 1998년

손희두, "북한의 국적법", 한국법제연구원, 1997년

정인섭, "재일교포의 법적지위", 서울대학교 출판부, 1996년

차종환, "귀화동포와 이중국적문제", 한국인권문제연구소, 1994년

장대욱, "이중국적자", 성광문화사, 1990년

2. 일반논문 · 기사

박병도, "개정 국적법에 대한 비판적 고찰", 일감법학 제19호 pp.111-148,

이호문화사, 2011년 2월
이금로, "복수국적 허용의 국적법 개정과 의의", 홍익법학 제11권 제2호 pp.97-126, 홍익대학교 법학연구소, 2010년 6월
이종수, "다문화사회와 국적", 헌법학연구 제16권 제2호 pp.43-69, 한국헌법학회, 2010년 6월
이윤진, "원정출산, 복수국적 허용 대상 제외: 패키지 상품까지 등장해 사회적 논란 야기", 정경News=(The)Monthly political &economic news. 통권 128호 pp.188-191, JK미디어그룹, 2010년 11월
최윤철, "대한민국 국적법의 현황과 문제점", 일감법학 제17호 pp.3-35, 이호문화사, 2010년 2월
김수자, "대한민국 정부수립 전후 국적법 제정 논의 과정에 나타난 '국민' 경계 설정", 한국근현대사연구 제49집 pp.114-144, 한울, 2009년 6월
이승원, "지구화 시대의 민주주의의 문제: 「재외동포법」과 「국적법」 개정안을 통해 본 한국 민주주의에 대한 반성", 경제와사회 통권 제79호 pp.88-111, 한울, 2008년 9월
이주윤, "국제법적 시각에서 본 대한민국의 국적문제", 법학연구 제29집 pp.375-396, 한국법학회, 2008년 2월
정인섭, "1991-92년도 국적법 개정작업", 서울국제법연구 제14권 제2호 통권 제27호 pp.85-117, 서울국제법연구원, 2007년 12월
이성희, "한국과 일본의 배타적 정체성의 기원과 시민권제도: 국적법체계, 정주민 지위, 이주노동자 정책을 중심으로", 연세학술논집: Won Woo Ron Jib. 제45집 pp.185-231, 연세대학교대학원총학생회, 2007년 7월
안구환, "국적법상 국적의 선천적 취득의 요건: 호적실무를 중심으로", 법조 제56권 제2호 통권 제605호 pp.194-237, 법조협회, 2007년 2월
오종수, "원정 출산은 법으로도 못 막네: 신국적법 발효 후에 더 늘어, 2006년 만명 넘을 듯… 미국 정치권, 제재 움직임", 시사저널 통권 897호 pp.74-75, 독립신문사, 2007년 1월
현택수, "국적변경은 기본적 인권이다", 국제평화 제2권 제2호 pp.278-285, 서울평화상문화재단, 2005년 12월
조정남, "단일국적제와 그 변용의 확대", (시대의 논리)민족연구 통권 제24호 pp.76-99, 교양사회, 2005년 12월
석동현, "세계화 시대의 이중국적", 병무 제62호 pp.12-13, 병무청, 2005년 9월

권영규, "국적이탈자와 병역의무", 병무 제62호 pp.14-15, 병무청, 2005년 9월
김상겸, "국적은 장식품이 아니다: 국적법의 역사", 병무 제62호 pp.16-17, 병무청, 2005년 9월
김한수, "국적포기, 무엇을 얻기 위한 것일까", 병무 제62호 pp.18-19, 병무청, 2005년 9월
이철우, "개정 국적법은 부실 입법: '이중국적 득실 다시 따져라'", NEXT 통권 제21호 pp.96-100, 월간 NEXT, 2005년 7월
동아시아전략연구센터, "새국적법으로 인한 국적 포기 속출: 한국을 버리려는 사람들", 동북아포럼 통권 제13호 pp.134-136, 동북아포럼미디어센터, 2005년 7월
고선규, "재일 한국인 · 조선인문제와 한 · 일관계의 갈등", 분쟁해결연구 제3권 제1호 통권 제4호 pp.97-138, 단국대학교 분쟁해결연구소, 2005년 6월
김민경, "국적 포기자 '난 니들과 달라': '검은머리 독수리들' 병역기피 뜨거운 논란 … 인생 출발부터 불평등과 상대적 박탈감", 주간동아 통권 제489호 pp.42-45, 동아일보사, 2005년 6월
이정수, "국적법상 여러 논점들에 관한 소고", 법조 제54권 제6호 통권 제585호 pp.271-312, 법조협회, 2005년 6월
차형석, "저격수 홍준표, 국적법 '명중': 개정 국적법 대표 발의로 '홍사마' 수준 인기…후속 법안 마련 돌입", 시사저널 통권 제813호 pp.22-22, 독립신문사, 2005년 5월
이정훈, "동화정책 vs 동포정책 국적 선택 갈림길: 한 · 일 재일교포 잡아당기기 경쟁…日 국적법 개정 후 태어난 사람들의 선택은", 주간동아 통권 제475호 pp.18-19, 동아일보사, 2005년 3월
채한태, "중국동포근로자의 법적 지위에 관한 고찰", 중앙법학 제7집 제1호 pp.77-99, 중앙법학회, 2005년 2월
이철우, "이중국적의 규범적 평가", 법과사회 제27호 pp.249-279, 법과사회이론학회, 2004년 12월
서철원, "이중국적자의 법적문제", 서울국제법연구 제11권 제1호 통권 제20호 pp.29-56, 서울국제법연구, 2004년 6월
정대화, "중국동포 국적확인 소송", 공익과인권 제1권 제1호 pp.129-151, 서울대학교 BK21법학연구단 공익인권법연구센터, 2004년 2월
권영준, "근대 중국의 국적법과 조선인 귀화정책", 한일민족문제연구 제5호

pp.37-71, 한일민족문제학회, 2003년 12월
최정무, "이중국적과 탈혈연, 탈문화, 탈영토 공동체", 황해문화 제40호 pp.213-221, 새얼문화재단, 2003년 9월
노영돈, "역사적 관점에서 본 우리 국적법", 인천법조 제6집 pp.167-179, 인천지방변호사회, 2003년 12월
석동현, "이중국적 허용여부에 관한 논의의 필요성", 법률신문 제3179호, 법률신문사, 2003년 6월
정동욱, "이중국적의 문제", 경영법무 통권 제110호 pp.4-8, 한국경영법무연구소, 2003년 5월
김석재, "이중국적제도 개관", 법조 제52권 제3호 통권 제558호 pp.171-194, 법조협회, 2003년 3월
권덕영, "9세기 일본을 왕래한 이중국적 신라인", 한국사연구 제120호, pp.85-114, 한국사연구회, 2003년 3월
이철우, "이중국적의 논리와 유형", 법과사회 제25호 pp.111-144, 법과사회이론학회, 2003년 12월
한도현, "민족주의와 이중국적의 불안한 동거", 정신문화연구 제26권 제4호 통권 93호 pp.111-132, 한국정신문화연구원, 2003년 12월
노영돈, "우리 국적법상 '최초의 대한민국 국민의 범위'규정의 결여문제와 「국적에 관한 임시조례」의 효력", 인천법학논총 제5집 pp.69-91, 인천대학교법과대학법학연구소, 2002년 12월
김병천, "김영삼 정부의 재외동포정책에 관한 연구: 이중국적 허용 논의를 중심으로", 재외한인연구 제8권 pp.317-358, 재외한인학회, 1999년 12월
고계현, "이중국적 어떻게 봐야 하는가: 시민단체의 입장에서". 시민과 변호사 통권 제104호 pp.19-23, 서울지방변호사회, 2002년 9월
제성호, "이중국적, 어떻게 볼 것인가", 시민과 변호사 통권 제104호 pp.14-18, 서울지방변호사회, 2002년 9월
문창재, "이중국적을 보는 언론의 시각", 관훈저널 제43권 제3호 통권 제84호 pp.178-184, 관훈클럽, 2002년 가을
정경석, "국적과 병역의무에 관한 소고", 법조 제51권 제7호 통권 제550호 pp.185-209, 법조협회, 2002년 7월호
남복현, "판례평석: 개정된 국적법상 국적취득제한 경과규정의 헌법불합치 결정에 관한 헌법소송법적 검토: 대상판례: 헌재 2000. 8. 31. 97헌가12결정", 공법연구 제30집 제3호 pp.133-154, 한국공법학회, 2002년

2월
제성호, “한국 국적법의 문제점 및 개선방안”, 국제인권법 통권 제4호 pp.107-158, 국제인권법학회, 2001년 11월
석동현, “최초의 대한민국 국민에 관한 법적 흠결과 그 치유방안에 관한 소고”, 법무연구 제27호 pp.7-44, 법무연수원, 2000년 12월
노영돈, “국적법상 외국인 배우자의 법적 지위”, 시민과변호사 제78호 pp.72-75, 서울지방변호사회, 2000년 7월
최두훈, “우리 국적법에 있어서 몇가지 문제점: 북한주민과 재외동포를 중심으로”, 법정논총 제49호 pp.68-88, 중앙대학교법과대학, 2000년 1월
保坂祐二, “재일코리안의 법적 지위: 개정된 ‘국적법’과 ‘입관법’을 중심으로”, 평화연구 제8호 pp.55-78, 고려대학교 평화연구소, 1999년 12월
배병호, “북한국적 주민에 대한 강제퇴거명령의 적법성”, 행정판례연구 제4집 pp.505-518, 서울대학교출판부, 1999년 8월
석동현, “이중국적에 관한 미국의 법제 및 정책과 미 대법원 판례의 동향”, 법조 제48권 제7호 통권 제514호 pp.213-251, 법조협회, 1999년 7월
석동현, “신국적법의 성립경과 및 개정의 개요”, 저스티스 제32권 제2호 pp.140-181, 한국법학원, 1999년 6월
정주수, “국적법개정법률에 따른 호적신고절차의 고찰”, 법무사 제381호 pp.26-36, 대한법무사협회, 1999년 3월
김갑동, “호적: 개정 국적법에 따른 호적사무 처리절차(Ⅱ)”, 사법행정 제459호 pp.52-60, 한국사법행정학회, 1999년 3월
김갑동, “호적: 개정 국적법에 따른 호적사무처리절차(Ⅰ)”, 사법행정 제458호 pp.47-52, 한국사법행정학회, 1999년 2월
정주수, “국적관련 호적신고절차의 고찰: 국적법개정법률(97.12.13.제5431호)측면에서”, 법조 제508호 pp.194-234, 법조협회, 1999년 1월
이명재, “개정 국적법 해설”, 인권과정의 제269호 pp.37-44, 대한변호사협회, 1999년 1월
정인섭, “우리 국적법상 최초 국민 확정기준에 관한 검토”, 국제법학회논총 제84호 pp.235-248, 대한국제법학회, 1998년 12월
한효근, “이중국적자의 법적 지위와 처우방안”, 법무연구 제25호 pp.745-799, 법무연수원, 1998년 12월
이장희, “한국 국적법의 국제법적 검토와 개정방향”, 외법논집 제5호 pp.335-361, 한국외국어대학교 외국학종합연구센터 법학연구소, 1998년 12월

박장호, "달라진 국적법", 국회보 제382호 pp.122-125, 국회사무처, 1998년 8월
최형무 외, '이중국적 허용문제에 대해서: 그 찬반 양론을 알아본다', OK TIMES 제84호 pp.12-19, 해외교포문제연구소, 1998년 8월
오창유, "이중국적 문제의 허와 실", 민족연구 제1권 pp.65-69, 한국민족연구원, 1998년 7월
정인섭, "재일교포와 국적문제", 한민족공영체 제6권 pp.47-65, 해외한민족연구소, 1998년 5월
심현정, "국적법", 법제 제481호 pp.175-204, 법제처, 1998년 1월
석동현, "'부모양계 혈통주의' 채택으로 남녀평등 실현", 여성정책 제30호 pp.18-19, 정무장관제2실, 1997년 12월
석동현, "현행 국적법의 문제점과 개정방향 연구", 법조 제494호 pp.30-73, 법조협회, 1997년 11월
석동현 외, "국적法의 개정방향: 입법예고(안)의 해설", 서울국제법연구 제4권 제2호 pp.1-81, 서울국제법연구원, 1997년 11월

노영돈, "1997년 국적법 개정안의 검토", 서울국제법연구 제4권 제2호 pp.29-53, 서울국제법연구원, 1997년 11월
김경득, "국적법 개정과 재일한국인", 서울국제법연구 제4권 제2호 pp.55-62, 서울국제법연구원, 1997년 11월
이용인, "아버지 피만 피가 아니다": 국적법 개정 이은 '호주제 폐지' 주장... 부계혈통주의 몰락하는가", 한겨레21 제177호 pp.44-46, 한겨레신문사, 1997년 10월
이장희, "한국 국적법의 개정방향 검토", 국제법평론 제8권 pp.43-59, 국제법출판사, 1997년 8월
권영설, "헌법의 국민조항과 국적법", 고시계 제485호 pp.88-100, 국가고시학회 · 언약, 1997년 7월
노영돈, "우리나라 국적법의 몇 가지 문제에 관한 고찰", 국제법학회논총 제80호 pp.49-64, 대한국제법학회, 1996년 12월
노영돈, "해외교포의 이중국적 인정문제", 해외동포 제71호 pp.9-16, 해외교포문제연구소, 1995년 5월
노영돈, "통일에 대비한 남북한 국적법의 비교연구", 통일문제와국제관계 제5호 pp.221-246, 인천대학교평화통일연구소, 1994년 12월
강수웅, "이중국적을 생각한다", 사법행정 제287호 pp.4-6, 한국사법행정학회, 1984년 11월

최학규, "외국인과 혼인한 한국여자가 한국국적을 그대로 보유한 경우의 호주 및 재산상속의 문제점", 사법행정 제266호 pp.80-84, 한국사법행정학회, 1983년 2월

유병량, "이중국적자의 처우, 우리나라 출입국관리상의 처우를 중심으로", 법무연구 제9호 pp.166-214, 법무연수원, 1982년 12월

3. 학위논문

양 림, "중국 복수국적 정책에 관한 연구", 전남대 대학원 석사학위논문, 2011년 2월

이재홍, "결혼이주 여성의 국적취득에 대한 애로요인 영향 분석: 나주시 다문화가정을 중심으로", 동신대 대학원 박사학위논문, 2011년 2월

이승택, "국적에 관한 헌법적 고찰: 국적에 관한 이해의 변화와 한국 헌법상 국적 문제를 중심으로", 고려대 대학원 석사학위논문, 2008년 2월

김숙자, "재일조선인의 정체성과 국적: 재일조선인 3세를 중심으로", 동국대 대학원 석사학위논문, 2007년 8월

김광섭, "재일 코리안과 일본국적 취득문제: 법 · 제도와 아이덴티티를 중심으로", 서울대 대학원 석사학위논문, 2005년 8월

정대진, "국제법상 북한이탈주민의 법적지위와 보호방안", 한국외국어대 대학원 석사학위논문, 2004년 8월

태정규, "탈북자의 법적지위와 처리방안에 관한 연구", 충남대 행정대학원 석사학위논문, 2004년 2월

유병호, "재만한인의 국적문제 연구: 1881～1911", 중앙대 대학원 박사학위논문, 2002년 2월

임상원, "이중국적제도에 관한 연구: 현 국적법(97.12.13. 전문개정)을 중심으로", 경희대학교 행정대학원 석사학위논문, 1999년

석동현, "국적법의 헌법적 문제점에 관한 연구: 구 국적법(97.12.13. 전문개정)을 중심으로" 서울대학교 대학원 석사학위논문, 1998년

김병천, "김영삼 정부의 재외동포정책에 관한 연구: 이중국적 허용 논의를 중심으로", 연세대학교 대학원 석사학위논문, 1998년

이동렬, "국적 · 출입국 관련문제 연구: 국적의 저촉을 중심으로", 연세대학교 석사학위논문, 1993년

김철상, "한국계 외국국적 소지자의 체류관리에 관한 연구", 서울대학교 석사학위논문, 1985년

주요 참고문헌

• 국내 문헌

權寧星, 헌법학원론, 법문사, 2010.
金哲洙, 제10판 헌법개설, 박영사, 2010.
權寧星, 신판 헌법학원론, 법문사, 1997.
金哲洙, 제9전정 신판 헌법학개론, 박영사, 1997.
徐希源, 國際私法講義, 일조각, 1998.
柳炳華 · 朴魯馨 · 朴基甲, 국제법I, 법문사, 1999.
柳炳華 · 朴魯馨 · 朴基甲, 국제법Ⅱ, 법문사, 2000.
李錫龍, 국제법, 세창출판사, 2011.
李漢基, 국제법강의, 박영사, 2010.
丘秉朔, 신헌법원론, 박영사, 1998.
姜景根, 헌법학, 법문사, 1997.
崔大權, 사례중심 헌법학, 박영사, 1997.
桂禧悅, 헌법학(상), 박영사, 1995.
洪井善, 행정법원론(상) 제17판, 박영사, 2009.
申榮鎬, 가족법강의, 세창출판사, 2010.
金疇洙 · 金相容, 친족 · 상속법, 법문사, 2006.
白忠鉉, 우리나라 국적법의 국제법상의 문제점, 한국국제법학의 諸문제(箕堂李漢基博士古稀紀念論文集), 박영사, 1986.
鄭印燮, 재일교포의 법적지위, 서울대학교 출판부, 1996.
崔大權, 사례중심 헌법학, 박영사, 1997.
朴銃炘, 남북기본합의서의 이행에 따른 남북교류협력법령의 보완 · 발전방향, 서울대학교 법학 제34권 제1호.
金明基, 北韓住民을 大韓民國 國民으로 본 大法院 判決의 法理論, 저스티스 제30권 제2호, 1997.
李長熙, 남북한 통일방안의 법제도적 수렴가능성, 사법행정 390호, 1993.
都會根, 북한주민의 헌법상 지위에 관한 연구, 한국헌법학회 헌법학연구 제4집 제2호, 1998.

羅仁均, 한국헌법의 영토조항과 국적문제, 헌법논총(헌법재판소) 제5집, 1994.

張明奉, 남북한 기본관계정립을 위한 법적 대응, 유엔가입과 통일의 공법문제(한국공법학회), 1991.

張明奉, 領土條項을 근거로 北韓住民도 韓國國民으로 본 大法院 判決에 대한 평가, 헌법학연구 제3집, 1997.

崔大權, 한국헌법의 좌표 - 영토조항과 평화통일조항, 법제연구(한국법제연구원) 제2권제1호, 1992.

許 銓, 남북기본합의서와 헌법, 법학연구(충북대 법학연구소) 제5권, 1993.

李聖煥, 대한민국 국민의 범위, 법학논총(국민대 법학연구소) 제9집, 1997.

盧泳暾, 우리나라 국적법의 몇 가지 문제에 관한 고찰, 국제법학회 논총 제41권 제2호, 1996.

權寧卨, 헌법의 국민조항과 국적법, 고시계 1997년 7월호.

諸成鎬, 남북한 특수관계론, 한울아카데미, 1995.

李長熙, 통일시대를 대비한 한국 국적법의 개정방향 검토, 사단법인 아시아사회과학연구원 21회 학술시민포럼, 1997.

李時友, 東獨탈출자에 대한 西獨의 법적 대응방안, 인권과 정의(대한변호사협회지) 94년 6월호.

許 營, 독일통일의 법적조명, 박영사.

鄭印燮, 法的 기준에서 본 韓國人의 範圍(社會科學의 諸問題) 법문사, 1973.

石東炫, 國籍의 概念과 그 得喪에 관한 考察, 法曹 45권 12호, 1996.

石東炫, 新國籍法의 成立經過 및 改正의 概要, 한국법학원 저스티스 제32권제2호, 1999.

• 일본 문헌

江川英文 · 山田鐐一 · 早田芳郎, 國籍法, 有斐閣, 1989.

橫田喜三郎, 國際法 II (新版), 有斐閣, 1982.

山田三良, 國際私法, 有斐閣, 1932.

黑木忠正 · 細川清, 外事法 · 國籍法, 1988.

平賀健太, 國籍法(上), 帝國判例法規出版, 1950.

細川 淸, 개정국적법의 개요(개정국적법 · 가족관계등록법의 해설), 일본 법무성 민사국 법무연구회, 1985.

木棚照一, 逐條註解 國籍法, 일본 가제출판, 2003.

사항색인

ㄱ

ㄷ

ㅁ

ㅂ

ㅅ

ㅇ

ㅈ

ㅊ

ㅌ

ㅍ

ㅎ

[저자약력]

서울대학교 법학과 졸
서울대학교 대학원 졸(법학석사, 헌법전공)

■ 경 력

제25회 사법시험 합격(1983년)
서울중앙·부산·대구지검, 법무부 법무과 검사
법무부 법무과장
서울중앙지검 형사 1부장
대전고검 차장검사
법무부 출입국·외국인정책본부장
現, 부산지방검찰청 검사장

■ 저 서

국적법 연구(2004, 도서출판 동강)
대한민국 신국적법해설(1999 공저, 일본가제출판사)

■ 논 문

국적의 개념과 그 득상에 관한 고찰(법조 1996년)
국적법의 헌법적 문제점 연구(서울대학교 석사논문, 1999년)
신국적법의 성립경과 및 개정의 개요(법조 1999년)
이중국적에 관한 미국의 법제 및 정책과 미국 대법원판례의 동향(법조 1999년)
이중국적에 관한 각국의 입법동향과 한국의 대응모색(2004년 서울대 공익인권법 센터 학술회의)
1997년 유럽국적조약 해설(법조 2004년) 등 10여편

국적법

2011년 11월 20일 초판 인쇄
2011년 11월 25일 초판 발행

저 자 석 동 현
발행인 배 효 선
발행처 도서출판 法 文 社

413-756 경기도 파주시 교하읍 문발리 526-3
등 록 1957년 12월 12일/제2-76호(윤)
전 화 (031)955-6500~6 FAX (031)955-6525
E-mail (영업) bms@bobmunsa.co.kr
(편집) edit66@bobmunsa.co.kr
홈페이지 http://www.bobmunsa.co.kr

조 판 법 문 사 전 산 실

정가 33,000원 ISBN 978-89-18-08915-7